Insofern die soziale Welt in unterschiedlichen Erfahrungen begegnet, ist sie auch nur in diesen konkreten Versionen zu verstehen. Die soziologische Beispielhermeneutik interpretiert den ihr begegnenden einzelnen Fall als Beispiel einer sozialen Erfahrung, die Menschen in einer konkreten Gesellschaft machen. Verschiedene Fälle variieren den Begriff dieser sozialen Erfahrung, die sich »wiederholen« kann. Es interessiert das Fallbeispiel nicht als Exempel einer Theorie, über die man schon verfügt. Interpretieren bedeutet hier die Übernahme der alltäglichen Wörter und Begriffe unter Bewahrung der explizit gemachten ursprünglichen Hinsicht. Die soziologische Beispielhermeneutik versucht *reflexiv* zu veranschaulichen, auf was sich die Menschen schon im Zutunhaben mit den Dingen im Hinblick auf ihre Mitwelt verstehen und anderen *indirekt* mitteilen, was sie darin kennen und mitmeinen, aber nicht ausdrücklich »wissen«, insofern sie die Hinsichten ihres Tuns und Sprechens »unter der Hand« vollziehen. Die *Reihe* der Beispiele steht dann für die Breite einer sozialen Erfahrung (und deren Begriff), die Menschen in ihren je spezifischen geschichtlichen und mitweltlichen Situationen gemacht haben. Jedes Beispiel variiert das andere, alle zusammen sind kreative Wiederholungen der einen sozialen Erfahrung, die es nur in der Vielfalt ihrer Versionen gibt.

Achim Hahn, geb. 1951, Privatdozent für Soziologie an der TU Berlin. Studium von Architektur, Städtebau und Regionalplanung an der TH Aachen, Soziologie an der Universität Oldenburg. Arbeitsschwerpunkte: Architektur- und Wohnsoziologie; Stadt- und Regionalsoziologie; hermeneutische Logik und Erkenntnistheorie; nichtreduktive empirische Sozialforschung.

Achim Hahn

Erfahrung und Begriff

Zur Konzeption
einer soziologischen Erfahrungswissenschaft
als Beispielhermeneutik

Suhrkamp

Die Deutsche Bibliothek – CIP-Einheitsaufnahme
Hahn, Achim:
Erfahrung und Begriff : zur Konzeption
einer soziologischen Erfahrungswissenschaft
als Beispielhermeneutik /
Achim Hahn.
1. Aufl. – Frankfurt am Main :
Suhrkamp, 1994
(Suhrkamp-Taschenbuch Wissenschaft ; 1161)
ISBN 3-518-28761-3
NE: GT

suhrkamp taschenbuch wissenschaft 1161
Erste Auflage 1994

Satz und Druck: Wagner GmbH, Nördlingen
Printed in Germany
Umschlag nach Entwürfen von
Willy Fleckhaus und Rolf Staudt

1 2 3 4 5 6 – 00 99 98 97 96 95

Inhalt

Für Regina

Wenn die Sozialwissenschaften sich nicht in Beziehung
zur Philosophie setzen, sind sie verloren.
Anthonoy Giddens

Das wissentlich wahrnehmen, was andere auch wahrnehmen,
aber nicht wissen. Hoffen auf wenigstens nachträgliche
Gemeinschaft, beim Lesen.
Peter Handke

Vorbemerkung

Das vorliegende Buch ist eine leichte Überarbeitung meiner Habilitationsschrift, die ich im September 1992 dem damaligen Fachbereich 2, Kommunikations- und Planungswissenschaften, der TU Berlin vorgelegt habe. Mein besonderer Dank gilt den beiden Berichtern Herrn Prof. Dr. Rainer Mackensen und Herrn Prof. Dr. Gerd Vonderach. Rainer Mackensen danke ich vor allem für die institutionellen Voraussetzungen, die er während seiner langjährigen erfolgreichen Tätigkeit als Geschäftsführender Direktor des Instituts für Soziologie der TU Berlin geschaffen hat, und für seine menschliche und wissenschaftliche Offenheit, Liberalität und Toleranz mir und meiner Arbeit gegenüber. Gerd Vonderach hat über viele Jahre meinen soziologischen Werdegang zunächst mitgeprägt und später in freundschaftlicher Zuwendung meine Ideen stets diskussionsfreudig und kritisch unterstützt. In ihm weiß ich bis heute einen geistesverwandten Soziologen, dem es immer nur um die Sache selbst, die Menschen und ihre soziale Situation, geht. Das Habilitationsverfahren wurde im Februar 1993 abgeschlossen. Es war mir nicht mehr möglich, Literatur, die danach erschienen ist, zu berücksichtigen. Das hier vorgelegte Buch ist keiner »Richtung« der gegenwärtigen Soziologie verpflichtet, und ich habe auch nicht versucht, irgendeiner bestehenden soziologischen Formation zuzuarbeiten. Ich habe mich vielmehr gefragt, wie sich das, was wir tagtäglich tun und sind, bildet. Mein Interesse galt in erster Linie der Beschreibung von Bildungsprozessen, nicht deren Erklärung. Das Wohnen als praktisches Tun scheint mir ein ausgezeichnetes Beispiel zu ihrer Darstellung zu sein. Was Erfahrung »ist«, ihre Grenzen der Mitteilbarkeit, aber auch ihre praktisch-pragmatische »Wahrheit«, wurde mir als soziologisches Desiderat erst allmählich sichtbar. Das »Machen« guter wie schlechter Erfahrungen bildet uns Wohnende. Es macht uns aufmerksam für das, was wir wollen oder wollten, aber auch für das, was noch fehlt, damit für das, worauf es uns in unserem Wohnen ankommt. Ich hatte die großartige Gelegenheit, über das Wohnen gemeinsam mit Studentinnen und Studenten der Fachrichtung Architektur zu arbeiten. Darin habe ich viele Anregungen empfangen. Aus dem großen Kreis der Teilnehmer möchte ich meine beiden damaligen Mitarbeiter Herrn Dipl. Ing. M.A. Enrique Peiniger und Herrn cand. arch. Karsten Feucht hervorheben. Ihnen verdanke ich manche Zustimmungen und Einwände.

Berlin, zwischen den Jahren 1993 und 1994

Einführender Problemaufriß

In Abwandlung einer Bemerkung Hegels aus der Einleitung der Enzyklopädie läßt sich sagen, daß der Inhalt der Soziologie kein anderer sein kann als die Wirklichkeit; das nächste Wissen dieses Inhalts nennen wir Erfahrung (vgl. Landgrebe 1963, S. 125). Das vorliegende Buch fragt nach den Möglichkeiten einer sinnverstehenden erfahrungswissenschaftlichen Soziologie, die sich phänomenologisch-hermeneutisch konzipiert hat. Wie jede wissenschaftliche Erfahrung entwirft sie sich aus einer Vorstellung vom Menschen heraus. Sie ist »ein intellektuelles Ergreifen der Welt in Bausch und Bogen« (Simmel 1923, S. 120). So beginnt die Arbeit mit einem Vorgriff auf die »menschliche Natur«. Es zeigt sich, daß die »Natur« des Menschen nach allen Seiten offen ist für den Reichtum seines Erfahrungslebens. Daß der Mensch Erfahrungen macht, gute wie schlechte, ermöglicht ihn als geschichtliches Wesen. Erfahrungen begleiten das ganze Leben. Erfahrungenmachen ist das Sichbegegnenlassen der Welt. Selbst mitten in seiner Umwelt begegnen dem Menschen seine Mitmenschen, die Dinge der näheren und ferneren Umgebung, das eigene Selbst: das ist die *eine* Welt seiner Möglichkeiten, zu der er sich immer schon so oder so verhält.

Erfahrung ist ein komplexes Geschehen. Man kann darin so etwas wie eine Gangstruktur der Erfahrung feststellen. Vereinfachend läßt sich sagen, daß wir nur je von einer »neuen« Erfahrung, bezogen auf eine »erste«, sprechen können. Es gibt dabei keinen absoluten Anfang. Das »Wissen«, insofern man seine Erfahrungen auf einen aktuellen Praxisfall anwendet, trifft keine Feststellungen darüber, was in der Welt der Fall ist. Erfahrung ist ein besonderes Wissen, das nichts über einen Gegenstand behauptet. Erfahrung ist Wissen des Besonderen, nämlich die Fähigkeit und Fertigkeit, konkrete Situationen zu meistern. Über sie kann in der mitteilenden Rede gesprochen werden. Rede und Text sind lediglich Dokumente solcher Erfahrungen. Man spricht mit dem anderen über seine Erfahrungen, jedoch die Hinsicht, von woher und woraufhin dann gesprochen wird, bleibt im Sprechen meist unausdrücklich. Die Grenze der *direkten* Mitteilbarkeit von Erfahrungswissen, die in dieser Unausdrücklichkeit liegt, wird umgangsweltlich gemeistert durch das Erzählen von Geschichten und Geben von Beispielen, durch die wir etwas Unanschauliches veranschaulichen und so versuchen, den anderen in jene Hinsicht zu versetzen. Erfahrung ist aber kein kraftloser Reflex auf die Übermächtigkeit von Welt und Dasein bzw. darauf, was beide schon vorher an sich waren. Zur Erfahrung gehört untrennbar ein Sichverstehen und Sichwissen. Darin macht der Mensch sich »einen Entwurf von dem, was er sein kann und sein soll, und er greift damit über all das hinaus, was er schon war« (Landgrebe 1958, S. 28). Der »Weg« der Erfahrung ist ein »geschichtlicher«, ein Weg, der die »Geschichte« (Schapp) ist, in die man verstrickt ist. Er besitzt die Zeitlichkeit eines je gelebten Lebens inmitten einer Weltzeit.

Ein Verhältnis von Empirie und Begriff, von Erfahrung und Wort, entsteht nicht erst mit der wissenschaftlichen Forschung und Theoriebildung. Wir nutzen und gestalten schon immer dieses Verhältnis – im Befragen und Begreifen der umgangsweltlichen Dinge, der *pragmata*. Schon im alltagsweltlichen Sprechen gebrauchen wir Begriffe hinsichtlich unserer Erfahrungen. Z.B. berichtet jemand über seine Wohn-Erfahrungen, oder Kinder erzählen davon, was sie in der Schule erfahren haben. Etwas »auf den Begriff bringen« heißt also schon erfahrungsweltlich das Prinzip einer bestimmten Sache »kennen«. Dieses Auf-den-Begriff-Bringen gelingt nicht durch beweisendes Schließen oder Deduktionen und Ableitungen. Denn so lernen wir ja nicht das im Umgang sich uns zeigende »Wesen« der Dinge. Man muß schon all seine vielen Erfahrungen *zusammensehen* können, damit plötzlich der geglückte Einfall das richtige Wort hervorbringt. Was ich hier das kreativ Überschüssige der Erfahrung für die Interpretation von situativen Gegebenheiten nennen könnte, hat noch Aristoteles am besten, das heißt einfachsten aufgezeigt. In der *Nikomachischen Ethik* berichtet Aristoteles von der Beobachtung, daß junge Menschen zwar mit Geometrie und Mathematik gescheit werden können, sie jedoch nicht zu einer festen Einsicht in den praktischen Einzelfall (*phronesis*) kommen. Und weiter führt Aristoteles (in der Übersetzung von F. Dirlmeier, 1957) aus: »Die Ursache davon ist, daß solche Einsicht sich (auf das Allgemeine, insbesondere aber) auch auf das Einzelne bezieht. Mit diesem aber wird man vertraut durch Erfahrung. Ein junger Mensch aber hat keine Erfahrung – denn nur ein langer Zeitraum kann Erfahrung schaffen. Und in der Tat kann man die Frage auch

so stellen: Warum kann ein junger Mensch zwar ein Mathematiker, nicht aber ein Philosoph oder Naturwissenschaftler werden? Ist der Grund nicht der, daß die Gegenstände der Mathematik abstrakt sind, während man den Ausgangspunkten der Philosophie und Naturerkenntnis durch Erfahrung näherkommt, und daß junge Leute von den letztgenannten Gegenständen keine feste Ansicht haben können, sondern nur so davon sprechen, während ihnen mathematische Wahrheiten ohne weiteres einleuchten?«
Unter der soziologisch relevanten Empirie (griech. *empeiria*; dt. Erfahrung) wird der gesamte Erfahrungsreichtum der Menschen gefaßt. Im Sichbegegnenlassen dieser Erfahrungen macht der Soziologe seine Erfahrungen, wie je Menschen die Wirklichkeit ihrer Welt in Griff nehmen. Das Soziale, insofern wir es nur aus der Begegnungserfahrung der Menschen im Zutun-haben mit den menschlichen Angelegenheiten als wirklich und (etwas) bedeutend erfassen können, ist sozusagen erstes Bezugsfeld einer phänomenologisch-hermeneutisch konzipierten Soziologie. Das Dasein in der Mitwelt ist immer schon vorgängig jeder reflexiven Zuwendung mit der Absicht begrifflich und wissenschaftlich methodisierter Systematik. Insofern nun diese soziale Welt soziologisch nicht als neutrales Datum aufgefaßt werden soll, als welches ihre Phänomene ja schon unwiederbringlich von ihrem Bedeutungskontext abgeschnitten sind, stellt sich die Frage nach der besonderen Qualität und Eigenart des Erfahrungsreichtums. Nur unter einem Entwurf, nämlich seinem Vor-Urteil, bringt der Soziologe die Empirie in Verwahrung. Sein Vorwissen *methodologisch* entwerfend, greift der Soziologe einem bestimmten Verständnis der in Verwahrung zu nehmenden Erfahrung immer schon vor. Folgende zwei Wege des wissenschaftlichen Zugehens sind unterscheidbar: »Gesellschaft« kann zum einen als mitweltlicher Orientierungsausdruck verstanden werden, der das Leben mit anderen in einem mehr oder weniger einheitlichen und geschichtlichen Rahmen ordnet. »Gesellschaft« ist dann der antizipierte unmittelbare Kontext unserer Handlungen und der der anderen, insofern wir ein gemeinsames Interesse aller Gesellschaftsmitglieder an den menschlichen Angelegenheiten unterstellen. Aber dieser unmittelbare Kontext, und das ist entscheidend, realisiert sich in praktisch-lokalen Lebensformen oder Situationen, in die wir verstrickt sind. Zum anderen kann »Gesellschaft« als durch Formalisierung und Abstraktion gewonnener, vermit-

telter Vorgriff auf ein System von Handlungs- und Wissensschemata aufgefaßt werden, im Hinblick darauf das Tun und Lassen der Menschen zweck- und zielgerichtet und regelgeleitet erscheint. – Wie auch immer, die hier verfolgte hermeneutische Soziologie kann nur immer diese Vorgriffe im »Texthandeln« zu entdecken suchen und dabei die vollzogenen Hinsichten je zu veranschaulichen sich anstrengen.

Empeiria ist ein empirisches Wissen, das sich auf das *Allgemeine*, wie Aristoteles sagt, insbesondere aber auf das *Einzelne* bezieht. Wer in seinem Leben mehrere Schulen besucht hat, weiß eher, was »Schule« ist, als derjenige, der nur eine einzige kennt. Was Schule ist, meint nun nicht das Wissen einer exakten Definition. Es meint aber auch nicht eine (ideal-)typische Idee von Schule vor dem Hintergrund eines Gattungsbegriffs, so daß jeder empirische Fall als »Exemplar dieser Gattung« ausgelegt werden müßte. Sondern der *Umgang* mit vielen Einzelfällen lehrt vor allem, was etwas *alles* sein kann. Das »Allgemeine«, mit dem wir in der situativen *Umgangserfahrung* zunächst den Dingen begegnen, bezieht sich nicht auf eine Regelmäßigkeit, nach der sich »Gegenstände« identisch und Handlungen reproduktiv und einer Regel folgend als immer dieselben zeigen, sondern es umfaßt das Wissen um die *Gestreutheit* des erwartbaren und möglichen Zu-tun-Habens mit den Dingen, um die *Vielgestaltigkeit*, in der sich etwas zeigen kann und nutzen läßt. Im Umgang mit den Dingen wird jedoch etwas »als allgemein« gewonnen, wenn einer bestimmten Hinsicht nicht vorgegriffen werden soll. Dies geschieht dann nicht als Abstraktion im Sinne einer Abblendung gegen die Aufnahme der Hinsicht, die hier gerade konstitutiv ist. Um eine Regelmäßigkeit zu erkennen, reichen oft schon statistische Kenntnisse aus. Damit ist jedoch bereits das uns angehende Phänomen in den gleichgültigen Bezirk der Datenanhäufung entlassen. Die Vielgestaltigkeit der Praxis hingegen lehrt nur ein (mitunter langes) Erfahrungsleben. Daß in meinem Beispiel dennoch der Begriff »Schule« jeweils paßt, zeigt die Möglichkeit, in der Parallele der Fälle eine vielleicht soziologisch interessante Hinsicht zu interpretieren, nämlich eine gewisse Ähnlichkeit und Verwandtschaft der Beispiele aufzunehmen. Das *praktische Wissen*, mit dem es die Umgangserfahrung zu tun hat, ist also recht besehen weniger ein Wissen-von als ein Können-mit. Ein Verständnis des »Allgemeinen«, auch bezogen auf die Dinge der sozialen Welt, »gewinnt man aber nur aus innerweltlichen Situationen heraus, sofern man mit ihnen in der *Breite* seiner Erfahrungen zu tun hat« (Lipps 1938, S. 60; Hvhg. von mir). Hermeneutik hat diese »Breite« und Variationsfülle im Sinne der verschiedenen Möglichkeiten des Erfahrens und Auslegens aufzuklären. Denn beim Auslegen der eigenen Möglichkeiten – angesichts der begegnenden Dinge – ist man schon mitten im Umgangshandeln. Davon wird in diesem Buch ausführlich die Rede sein.

Hermeneutische Soziologie interessiert sich für die Mannigfaltigkeit der sozialen Praxis, wie der Mensch je bezogen auf seine Möglichkeiten die Welt in Griff nimmt. Deshalb fragt sie nach Sinn und Bedeutung sozialer Phänomene in der Bewandtnisganzheit des individuellen Lebensverständnisses inmitten seiner Welt. Das angedeutete hermeneutische Verständnis von Besonderem und Allgemeinem, Erfahrung und Begriff, so wie es in der menschlichen Praxis in Erscheinung tritt, schwingt sich auch in den Bereich der soziologischen Handlungstheorie und der Wissenssoziologie hinein. Im folgenden wird der Versuch unternommen, »Handeln und Wissen« von einem Verständnis der Erfahrung her in die Methodologie der Soziologie hineinpendeln zu lassen. Verstehende Soziologie in der Nachfolge Max Webers und Georg Simmels muß, so der Vorgriff meiner Überlegungen, einen Begriff von Erfahrung zurückgewinnen, wie ihn etwa die philosophische Hermeneutik schon vorgeprägt hat. Dies soll zu Beginn des Buchs zunächst an den Arbeiten von Wilhelm Schapp und Hans Lipps für die Soziologie aufgewiesen werden.

Sinn und Bedeutung sozialer Phänomene realisieren sich im Umgang mit den Dingen. Umgangserfahrung ist deshalb das nächste Verständnis dieses Vollzugs, dessen der Soziologe überhaupt habhaft werden kann. Die Umgangserfahrung des je vollzogenen Umgangs mit den Dingen ist Thema der *Mitteilung*. Wir haben niemals einen direkten Zugriff auf die Erfahrungen des anderen, insofern das Erfahrungswissen gar nicht erkenntnismäßig ist, sondern sich nur in der Anwendung zeigt. In Rede und Text stellt sich dieses Wissen »lediglich« dar. »Doch der Zugang zu den Dokumentationen des Wissens garantiert noch lange nicht den Zugang zu diesem Wissen selbst« (Wieland 1982, S. 46). Mitgeteilt wird ja in der Regel nicht eine regelmäßige Allgemeinheit des Alltagslebens, sondern das je einem selbst »exklusiv« Widerfahrene. Bedeutungen werden gerade immer dann »Gegenstand« von Mitteilungen, wenn die Erwartungen, die das Nehmen der Dinge im Umgang antizipieren, enttäuscht wurden bzw. enttäuscht zu werden drohten. Sinn wird nicht in sogenannten »Routinehandlungen« virulent, sondern dann, wenn die Gleichgültigkeit der »Routine« aufzubrechen droht, ja man aus ihr herausgerissen wird und sie ihre »Entlastungsfunktion« verliert. »Erst im Erstaunen, daß es nicht mehr so ist, zeigt sich an, wie es gewesen war« (Blumenberg 1986, S. 23). Es tritt eine Phase des »improvisierten Lebens« ein, wenn das Leben »sich zu wissen nicht mehr sicher ist, was es angeht und worauf es ankommt« (S. 23). Wenn etwas nicht wie gewohnt »klappt«, wird man stutzig und erfährt schmerzlich den Verlust der »normalen« Umgangsbedeutung z.B. von Dingen. Es ist aber immer ein raumzeitlich konkretes Selbst in seiner Situation, das diese »neue« Erfahrung macht und dabei auch sich selbst in ein »neues« Verhältnis zu den Dingen stellt. Insofern diese Orientierung in der Mitwelt zugleich auch ein Sichorientieren einschließt, ist der Erwartungshorizont an unser Handeln nicht durch den punktuell durch Mittel zu erreichenden, vom Zusammenhang des Erfahrungslebens isolierten Zweck begrenzt, sondern wir handeln stets auch auf unser Leben als Ganzes hin. Dieses situative Verfügenkönnen über die Verwendung unserer Erfahrungen zeichnet sich nicht durch das Wissen von einzelnen wahren Sätzen aus. Und für den Soziologen kommt es gerade darauf an, nicht nur Behauptungen des anderen aufzusammeln, sondern den in Rede und Text mitdokumentierten Erfahrungszusammenhang zu interpretieren.

Wenn ich die mitweltlichen Erfahrungen und ihre »Begriffe« in den Mittelpunkt einer hermeneutisch belehrten verstehenden Soziologie rücke, dann stellt sich die Position des Handelns also neu. Man handelt nämlich immer vor dem Hintergrund schon gemachter Erfahrungen. Bevor nicht geklärt ist, was unter Erfahrung soziologisch zu verstehen ist, scheint es mir müßig, von Handeln, Handlung usw. im Sinne einer hermeneutischen Soziologie zu sprechen. Der ganze Erfahrungsreichtum geht ja mit ein in das, worin der Mensch schon immer sich befindet, nämlich in einer »Lage«, die er als seine Situation begreift. Dieses Sichbefinden ist nicht blind, sondern stets schon verstanden und gewußt als Sichbefinden-in einer Situation. »Die Situation, das, was ihn (den Menschen, A.H.) zum Handeln zwingt, was für ihn zu bewältigende Aufgabe ist, ist nicht ein Inbegriff objektiver Gegebenheiten, sondern die Art und Weise, wie er sich inmitten des Gegebenen schon immer weiß und auf Grund davon sich selbst in den Möglichkeiten seines Handelns versteht« (Landgrebe 1958, S. 104). Damit ist das Handeln eingebunden in den lebensgeschichtlichen und mitweltlichen Prozeß der Umgangserfahrung. Mehr noch: Im Handeln stellt sich das vorgängige Verstehen der Welt als Können (oder Nicht-Können) der Situation dar und heraus. Zugleich wird es notwendig sein, das (sogenannte Alltags-) »Wissen« lebenssituativ als »Funktion« des Sichentwerfens auf je gegebene und je verstandene Möglichkeiten des Handelns zu betrachten. Das in der Mitwelt wurzelnde »Wissen« greift jedem Handeln vor. Es ist so als ein Sich-verstehen-auf, als ein gekonntes Umgehen-mit soziologisch auszuweisen. Dies setzt freilich das Sichwissen und Sichverstehen in jeweiligen Situationen voraus.

Der sogenannte »linguistic turn« der Sozialwissenschaften hat u. a. für die Soziologie zur Folge gehabt, daß auch »das Sprechen« im weitesten Sinne als Handeln, die Rede als Sprechhandlung aufgefaßt werden kann. Eingeleitet wurde diese sprachanalytische Wende durch die Rezeption des Werks von Ludwig Wittgenstein, vor allem seiner berühmten, gleichwohl wie selbstverständlich vorgebrachten Einsicht, daß das Sprechen der Sprache ein Teil einer Tätigkeit oder einer *Lebensform* sei. Davon »profitierte« auch die sogenannte qualitative empirische Sozialforschung. Sie will und kann, so ihr Selbstverständnis, »Wissen« konkret abfragen. Auf dieses »Wissen« hin bzw. auf das Verhältnis von Handeln und Wissen sind nun verschiedene »interpretative« soziologische Ausrichtungen konzipiert. Ich interessiere mich in dieser Arbeit für die phänomenologischen und hermeneutischen Ansätze. Zu fragen ist, was dieses »Wissen« den verschiedenen Richtungen tatsächlich bedeutet. Was nimmt in diesem »Wissen« nun eigentlich sprachliche Gestalt an? Was kommt in diesem »Wissen« zum Ausdruck? Wie verschafft sich hier ein soziales Handeln (sprechen, mitteilen, »texthandeln«) seinen »Begriff«? – Doch der Ausdruck Lebensform – und daran wird in diesem Buch festgehalten – will ja alles Handeln und Sprechen auf seinen Beispielcharakter zurückführen, insofern Beispiele nur durch ihre Situierung in praktisch-lokale Kontexte das leisten können, was Wittgenstein forderte: die Veranschaulichung von Begriffen durch ihren Gebrauch. Wenn Handeln und Wissen in den umfassenden Zusammenhang der Umgangserfahrung gestellt werden, dann müssen sie als Phänomene der lebendigen Praxis verstanden werden. Lebensform wird deshalb hier als methodologischer Ausdruck gebraucht. Die auf Wittgenstein zurückgehende sprachanalytische Wende wird als *beispielpragmatische* Wende ausgelegt, die angestrebte soziologische Erfahrungswissenschaft als Beispielhermeneutik.

Damit müssen wir uns jedoch auch mit dem Problem beschäftigen, inwiefern es gerechtfertigt und überhaupt sinnvoll ist, Handeln und Wissen erst durch Typenbildung zu formalisieren, um es dann erkenntnistheoretisch erklären zu wollen. Vor allem der Begriff der Regel scheint geeignet, menschliches Verhalten logisch zu erklären. Doch inwiefern läßt sich durch die theoretische Einführung einer Regel der Schluß ziehen, daß Menschen in ihrem Verhalten tatsächlich dieser Regel auch gefolgt sind? In die erkenntnislogische Bedeutung und Reichweite, menschlich-soziales Verhalten durch Rückgriff auf Regeln zu formalisieren, hat Hubert Dreyfus am folgenden Beispiel eingeführt: »Ein Mann auf einem Fahrrad kann das Gleichgewicht halten, indem er sein Gewicht entsprechend verlagert. Das für uns Einsichtige seines Verhaltens läßt sich ebensogut als Befolgung der Regel ausdrücken: Fahre eine Reihe kleiner Kurven, deren Krümmung im umgekehrten Verhältnis zum Quadrat der Geschwindigkeit steht. Der Radfahrer befolgt diese Regel sicher nicht bewußt, und es gibt keinen Grund anzunehmen, daß er sie unbewußt befolgt. Doch diese Formalisierung ermöglicht uns, seine Kompetenz, d.h. das, was er leisten kann, zu beschreiben oder zu verstehen. Sie ist jedoch keineswegs eine Erklärung seiner Leistung. Sie sagt uns, was es bedeutet, richtig Fahrrad zu fahren, aber nicht, was in ihm vorgeht, wenn er dies tut« (Dreyfus 1985, S. 137). Dreyfus macht hier auf zwei Wege des Kenntnisgewinns aufmerksam, mit denen ich mich in diesem Buch auseinandersetzen werde und die zu zwei verschiedenen Wissensformen führen: ein Wissen, das für uns einsichtiger und bekannter ist und ein Wissen, das von Natur her einsichtiger, für uns jedoch unbekannter ist. Beide Wege sind gehbar. Worauf es ankommt, ist den für eine soziologische Erfahrungswissenschaft sinnvollen, *besonderen Anfang und Gang des Wissenserwerbs* zu beschreiben.

Bei der Auseinandersetzung mit der phänomenologischen Soziologie, der interpretativen Soziologie sowie der »objektiven Hermeneutik« wird es in diesem Buch auch um diese Fragen der

Regelgeleitetheit sozialen Handelns gehen, ebenso um die dort daraus gezogene weiterreichende soziologische Folgerung: daß wir ein menschlich-soziales Verhalten nur verstehen, wenn wir dieses durch Erkenntnis allgemeingültiger Regeln formalisieren können. Nur durch Rückgriff auf den Formalismus kann man dann davon sprechen, daß Handlungen reproduziert werden. Erst diese Voraussetzung der Reproduktion erlaubt die Aufstellung von soziologischen Typenbegriffen des sozialen Handelns. Die phänomenologische Soziologie Alfred Schütz' versucht, die methodologischen Verfahren in den Sozialwissenschaften »zur Entdeckung der allgemeinen Prinzipien zu führen, die jedes menschliche Wissen leiten« (Schütz zitiert bei Grathoff 1989, S. 152). Diesen Vorgriff auf den Entwurf und die Möglichkeit einer allgemeinen Prinzipienlehre, getrennt also vom jeweiligen konkreten Verständnis eines Sachverhalts, dessen Prinzip in Frage steht, werde ich als den mitweltlichen Erfahrungen und Begriffsverwendungen unangemessen kritisieren. Die soziologische Beispielhermeneutik richtet ihre reflexive Aufmerksamkeit auf das, was man bei aller Erfahrung der sozialen Welt, einschließlich dem, was man bei allem Reden über die soziale Welt gemeinhin schon unwissentlich vorweggenommen hat. Der Zusammenhang von Prinzip und Sache, um deren Prinzip es geht, wird in dieser Arbeit vom griechischen Ausdruck der *Epagogé* her für die Soziologie gewonnen. Es soll gezeigt werden, daß Erfahrung ihre eigene »Methode« des Kenntniserwerbs und -gebrauchs ausbildet, die sich nicht mit den wissenschaftlich üblichen logischen Schlußverfahren deckt. Wie kann nun aber die Soziologie Anschluß finden an die mitweltlichen Erfahrungen der Menschen?
Die Erfahrung von der Gesellschaft, die wir alle »sind«, macht nur der, der auch ihr *Zeuge* ist. So wie der Soziologe die Erfahrung, die er als qualitativ forschender Sozialwissenschaftler macht, selbst bezeugen kann, so auch die mitweltlich Erfahrenen, um deren bezeugte Erfahrung es dem Soziologen zu tun ist. Zuzuhören ist also denjenigen, die dabei gewesen sind. Dies gilt im übrigen nicht nur für den »sinnverstehenden Soziologen«. Auch der Historiker Arno Borst, der nach den »Lebensformen im Mittelalter« fragt, läßt die Zeugnisse der Menschen zu Wort kommen, denen es um dieses Leben als zu bewältigendes geht bzw. gegangen ist. »Über das Elend des Menschenlebens kann der schön schreiben, dessen Leben nicht elend ist. Er kann stilisieren, woran

andere laborieren. Das macht sein Zeugnis nicht falsch, aber einseitig« (Borst 1973, S. 33). Nur der Zeuge, der tatsächlich mittendrin gestanden hat, kann etwas bezeugen. Deshalb muß der »mitleidende Zeuge« (Borst) gehört werden, »wenn wir wissen wollen, wie mittelalterliche Menschen mit ihrem gefährdeten Leben fertig wurden« (S. 33).
Eine Soziologie, die ihre Prämissen schon vor jeder Phänomenwahrnehmung erkenntnislogisch sanktioniert hat, kann an den empirischen Daten und Befunden lediglich noch das demonstrieren, was sie in ihren Prämissen vorausgesetzt und an ihnen schon erkannt hat. Das Zwanghafte dieser formalen Logik liegt darin, daß die Voraussetzungen selbst nicht mehr thematisch werden. Es war vor allem der »späte« Georg Simmel, der in seinen »vier metaphysischen Kapiteln« die formale Logik an ihre Grenzen stoßen sah, sobald nämlich Philosophie und Wissenschaft sich dem Leben als Dasein zuwenden. Denn was »jenseits« des Lebens bislang als Nicht-Subjekt, nämlich als diesem gegenüberliegendes Objekt, verstanden wurde, zeigt sich Simmel klar als Funktion und Bedingung des Lebens, des Daseins selbst. Vor allem der im »vierten Kapitel« entwickelte Begriff des »individuellen Gesetzes« ist für eine formale Logik (und formale Soziologie) kaum mehr haltbar. Es wird in meinem Buch nicht der Ort sein können, sich angemessen ausführlich mit der »Lebensanschauung« Georg Simmels zu beschäftigen. Es scheint mir jedoch in diesem späten Werk der Versuch eines neuen Ausdrucks von sozialem Handeln geglückt, den sich die Soziologie offensichtlich erst noch voll erschließen muß. Wenn mich nicht alles täuscht, dann ist die soziologische Beispielhermeneutik in vergleichbarer Richtung unterwegs.

Das Leben findet sein Wesen, seinen Prozeß darin, Mehr-Leben und Mehr-als-Leben zu sein, sein Positiv ist als solcher schon sein Komparativ. Ich weiß sehr wohl, welche logischen Schwierigkeiten dem begrifflichen Ausdruck dieser Art, das Leben zu schauen, entgegenstehen. Ich habe sie, in voller Gegenwart der logischen Gefahr, zu formulieren versucht, da doch immerhin möglicherweise die Schicht hier erreicht ist, in der logische Schwierigkeiten nicht ohne weiteres Schweigen gebieten – weil sie diejenige ist, aus der sich die metaphysische Wurzel der Logik selbst erst nährt. (Simmel 1918, S. 27)

KAPITEL I

Das »Verstricktsein« in Geschichten und Konzeptionen

Der anthropologisch-hermeneutische Vorgriff einer empirischen Erfahrungswissenschaft

1. Einleitung

Die kritische Einlassung auf eine interpretative Soziologie soll jenen Mangel zunächst bewußt machen, vielleicht auch ein wenig beheben helfen, der dadurch verursacht ist, daß die sogenannte phänomenologische Soziologie sich die Phänomenologie über die spezifische bewußtseinssoziologische Vermittlung durch Alfred Schütz angeeignet hat. Obwohl sich die Soziologie, oft angeregt durch die phänomenologische Ausgestaltung der Weberschen verstehenden Soziologie durch Alfred Schütz, eingehend vor allem mit dem Spätwerk Husserls, dem sogenannten »Krisis-Aufsatz«, beschäftigt hat (vgl. Hahn 1988), wurden die »frühen« Husserlschüler und -kritiker für eine philosophische Begründung der verstehenden oder interpretativen Sozialwissenschaften nicht herangezogen. Von daher hat man nur die klassische Phänomenologie Husserls in Betracht gezogen, denn mit ihm (und freilich mit Max Weber) hat sich Schütz in erster Linie auseinandergesetzt und diesbezüglich auch seine phänomenologischen Deutungen einer »mundanen Soziologie« entworfen. Weder in Schütz' Werk noch in dem Husserls jedoch spielt die hermeneutische »Opposition« gegen die klassische Phänomenologie eine Rolle. Diese »Opposition« ist spätestens seit den frühen 20er Jahren nachzuweisen. Die umgangsweltlichen und umgangssprachlichen Basiserfahrungen einer Phänomenologie der Lebenswelt als soziale Welt der Praxis, wie sie bezeichnend sind für die hermeneutischen Philosophien von Schapp, des »frühen« Heidegger, von Lipps, Szilasi, Gadamer, Kamlah, Buck, Wieland u. a., spielen innerhalb der Diskussionen einer »mundanen Soziologie« im Anschluß an Schütz und seine Schüler keine oder lediglich eine randständige Rolle. Doch der *Verzicht* auf diese in kritischer, hermeneutischer Weiterfüh-

rung der klassischen Phänomenologie gewonnenen Erfahrungen und Einsichten bedeutet, so mein Ausgangspunkt, die Reduktion der phänomenologischen Soziologie auf eine dem jeweiligen isolierten einzelnen Bewußtsein nachsprechende sogenannte Wissenssoziologie. Damit erscheint mir jedoch das Potential der verstehenden oder interpretativen Soziologie entscheidend geschwächt. Denn das schon methodologisch wirksame Abschneiden des Handelns und Wissens vom Daseinszusammenhang des konkreten Umgangs mit der Welt ist dem Begriff des autonomen, welt-vorgelagerten Bewußtseins geschuldet. Aber – und dies wird jetzt zu zeigen sein – das sogenannte »Bewußtsein« ist selbst in der Welt und nicht in einem weltlosen Zustand unserer Welt gegenüber. Unser Erfahren, Können und Wissen ist unlöslich in die Wirklichkeit *verstrickt*.
Ausgearbeitet, das heißt eigenwillig interpretiert und in vielen Winkeln der Lebenswelt aufgespürt, wurde dieses hermeneutische Verständnis des »Verstricktseins« in Geschichten und Konzeptionen unabhängig voneinander von Wilhelm Schapp und Hans Lipps. Sie liefern der soziologischen Wissenschaft eine anthropologisch-hermeneutische Grundlage (vgl. auch Rentsch 1985, dem es freilich um eine »logische Propädeutik der Anthropologie« (S. 15) geht). Mit »Anthropologie« meine ich selbstverständlich nicht die Bereitstellung eines statischen Wissens vom ewigen, das ist geschichts- und geschichtenlosen Wesen des Menschen (vgl. auch Joas 1988). Das sogenannte »Wesen des Menschen« ist überhaupt nicht auf ein unhistorisches System zu pflanzen, sondern es vollzieht sich je in der Vielgestaltigkeit der Praxis, was etwas anderes ist als die »vielfältig alltäglichen Typisierungen« (Grathoff 1989, S. 51). Auch Max Weber sei es ja, so Wilhelm Hennis in seinen spannenden Studien zu Fragestellung und Thema Max Webers, nicht darum gegangen, »anthropologische Invarianten, sondern die historisch gegebenen Möglichkeiten des Menschen in ihrer unendlichen plastischen Fülle vor Augen zu führen« (Hennis 1987, S. 91). Hermeneutische Anthropologie ist das Gegenteil einer gesetzesmäßigen, quasi-naturwissenschaftlichen Bestimmung des Menschen. Sie verweist vielmehr auf den geschichtlich *offenen* Charakter der menschlichen Möglichkeiten, in der Begegnung mit Weltlichem sich so oder so in die »Wirklichkeit« zu entwerfen. In dem Sinne formuliert auch Richard Rorty als die wichtigste Aufgabe der Geisteswissenschaften, »uns immer wie-

der auf neue Weise zu beschreiben« (Rorty 1981, S. 389). Nicht zeitlose Invarianten einer von allen unvorhergesehenen Widerfahrnissen und von aller sozialer Geschichtlichkeit unberührten Lebenswelt ist die »Grunderfahrung« in der Mitwelt, sondern die enttäuschte Erwartung, aus der man etwas lernen kann. Hans Blumenberg hat dem »Lebenswelt«-Begriff der klassischen Phänomenologie vorgehalten, er fasse die »Rücksichtslosigkeit der Welt« als eine dem phänomenologischen Ich-Subjekt nur durch den naturwissenschaftlichen und technischen Realismus aufgezwungene. So bleibe aber das Geschichtliche unseres Lebensverständnisses – unsere Lebenserfahrung – unbetrachtet, nämlich »daß jenseits der Lebenswelt die Erwartungen sich von den Erfahrungen gerade deshalb ablösen, weil die Grunderfahrung der Veränderung durch ›Ereignisse‹ und ›Taten‹, also durch Geschichte, mehr und anderes erwarten zu können suggeriert, als je im Bereich der Erfahrung gelegen hatte. Geschichte *ist* die Trennung von Erwartung und Erfahrung« (Blumenberg 1986, S. 66).

In folgenden Punkten scheint mir die Beschäftigung mit Schapp und Lipps die soziologische Diskussion der Konstitution des Sozialen und die Möglichkeit seiner wissenschaftlichen Erfassung und Bearbeitung zu bereichern: Kritik am überkommenen Begriff der Erfahrung als »sinnliche Wahrnehmung« und damit Kritik an der »formalen Logik« überhaupt. Darin ist freilich die Aufhebung der Konfrontation von »Bewußtsein« und »Welt« schon vollzogen. Es gibt keinen Ort und keine Zeit, die vor bzw. hinter unserer Verstrickung in die Welt aufgesucht werden könnten. Verstrickung heißt aber: immer schon in einem Verhältnis-zu den anderen, den Dingen und dem eigenen Selbst zu stehen. »Sinn« und »Bedeutung« sind keine autonomen Setzungen eines nur immer bei-sich-seienden Bewußtseins. Sie stimmen vielmehr mit der Notwendigkeit des Orientierungswesens Mensch überein, im Umgang mit der Wirklichkeit dieser einen umweltlichen Aspekt abzugewinnen. Dabei kommt den Vorprägungen der Umgangssprache, dem überkommenen Vor-Verständnis, eine besondere Rolle zu. Unter Wissen lassen sich nicht lediglich Behauptungen über das fassen, was in der Welt der Fall ist. Das »Wissen« oder Können zeigt sich im Vollzug eines Vorhabens im situativen Umgang. »Wissenssoziologie« wird so zur Hermeneutik der sinnleitenden Konzeption im Spannungsfeld von Ausdrücklich- und Unausdrücklichkeit. Soziales Handeln, verstanden als tätiges

Sich-Umtun in der mitweltlich strukturierten Wirklichkeit, ist in eine Begegnissituation eingebettet. Schapp und Lipps stellen der soziologischen Theorie und Methodologie keine Anfangsgründe einer Wissenschaft bereit, denn ein absoluter Anfang ist nicht zu entdecken. Inmitten seiner Welt verhält sich der Mensch immer schon zur Welt. Dahinter kann auch eine »Anthropologie«, aber ebenso eine Soziologie, nicht zurück. Schapp und Lipps legen bei der phänomenologischen Analyse unserer Verstrickungen eine Hinsicht frei, unter der jedes theoretisch-methodologische Vorhaben einer empirischen Erfahrungswissenschaft erst soziologisch-praktisch wird.

Der Zusammenhang von Theorie, Methodologie und Empirie ist für jede Sozialwissenschaft ein grundlegendes Thema. Max Weber hat darüber wiederholt nachgedacht. Dabei kommt der Methodologie eine entscheidende Aufgabe zu, insofern sie das Verhältnis von logisch-systematischem Entwurf (Vorgriff) und der Nachträglichkeit von Forschungsergebnissen bestimmt. Denn die als »wertfreie« Methode stillschweigend anerkannten Voraussetzungen einer jeden empirischen Wissenschaft greifen dem »Sein« des untersuchten Gegenstands schon entschieden vor. Die neuzeitliche Setzung des »Seins« als *Regelmäßigkeit* und *Zählbarkeit* ist indes keine Selbstverständlichkeit, sondern das spezifische Seinsverständnis des neuzeitlichen, von Galilei und Newton »erfundenen« mathematisch-physikalischen Wissens von der äußeren Natur (vgl. Gethmann 1974, S. 200 f.). Sie nimmt sich aus der »Welt« das, was es vorher selbst in sie hineingelegt hat. Friedrich Wagner hat die mathematische Abstraktion und die methodische Ausschaltung vom Menschen und seiner Umwelt sowie die Ersetzung weltlicher Erfahrung und Zeugenschaft durch apodiktisches Schlußfolgern als »Wesen« der neuzeitlichen Wissenschaftswelt prägnant beschrieben: Die »Herauslösung einzelner Vorgänge aus dem Zusammenhang der Natur macht, wie die mathematische Festlegung ihrer gesetzmäßigen Funktions- und Bewegungsbeziehungen, diese Natur zu einem ›objektiven‹ Bereich, der sich vom Menschen emanzipiert, obgleich er doch durch die Forschung des Menschen besteht. Diese ›Natur‹ ist nicht mehr das Ganze, Umfassende der Erscheinungen, das auch den Menschen als Ganzes umgreift, sondern nur noch jener Ausschnitt, der durch die Forschungsmethode ausgegrenzt wird, und jener Abschnitt des Ausschnittes, dem eine Untersuchung gilt. Auch die ›Beobachtung‹

solcher Forschung ist nicht mehr gegenständlich und unmittelbar, sondern schon an bestimmten Denkregeln orientiert, die durch die Wechselbeziehung ihrer ›Erfahrung‹ zu den auf mathematischen Schlüssen beruhenden ›Hypothesen‹ begründet sind. *Primär* ist in dieser Forschungsart nicht mehr die *Sinnen*erfahrung oder gar eine *Welt*erfahrung im geistigen Sinn, sondern die mathematische Kalkulation oder Intuition der ›Gesetze‹, die einer Prüfung durch den Versuch nur dann bedarf, wenn ihre Schlüssigkeit nicht rational oder intuitiv zu erweisen ist« (Wagner 1964, S. 31; Hvhg. im Original). Die hermeneutische Philosophie versucht, dieses neuzeitlich-naturwissenschaftliche Seinsverständnis »aufzulösen«, indem sie das für empirische Wissenschaften vermeintlich hinzunehmende Faktum der Getrenntheit von Praxis und Theorie zurückverfolgt bis zu seinem lebensweltlichen Ursprung: der dialektischen Spannung von Erfahrung und ihrer Begrifflichkeit.

Die in den »lebensweltlich« orientierten Soziologien auffindbare Rede von vor-logisch, vor-interpretiert, vor-wissenschaftlich, vor-theoretisch usw. in bezug auf den sogenannten gesunden Menschen- oder Alltagsverstand suggeriert schon eine »begriffliche« Entwicklung von einer niederen, rudimentären sozialweltlichen zu einer höheren, ausgebildeten soziologischen Wahrheit. Danach seien die sogenannten Alltagsbegriffe Vorformen oder Vorstufen von Erkenntnisprozessen, die erst in den und durch die Sozialwissenschaften ihre völlige Reife entfalteten. Dieses Verständnis der alltäglichen Begriffe unterstellt, daß das sogenannte Alltagswissen sozusagen seiner eigenen Problematik hinterherhinkt, seine Aufgabe nicht adäquat löst und also verbessert werden könnte und müßte. Im Sinne dieses verbreiteten soziologischen Verständnisses kann auch Giddens fragen: »Warum sollten wir nicht sagen, daß es eine prinzipielle Aufgabe der Sozialwissenschaft sei, den gesunden Menschenverstand zu prüfen, um herauszubekommen, ob die Gesellschaftsmitglieder wirklich das wissen, was sie zu wissen vorgeben?« (Giddens 1984, S. 16) An welchem *Maßstab* läßt sich indes der sogenannte Alltagsverstand prüfen? Und – inwiefern ist denn ausgemacht, daß die alltagsweltliche Begrifflichkeit überhaupt zum soziologischen Begriff unterwegs ist?! Stimmt hier überhaupt die stillschweigend unterstellte *Richtung* der sogenannten Wahrheitsfindung? Als ob das außerwissenschaftliche Erfahren und Begreifen nicht ganz andere Aufgaben und Probleme zu erfüllen hat und tatsächlich löst als das wissenschaftliche logische Schließen. Ich bin weit davon entfernt, den etwa in der empirischen Sozialforschung mir begegnenden Menschen als einen stets scheiternden, ja geradezu zum Scheitern verurteilten Hobby-Soziologen aufzufassen, dessen Stichworte vom professionellen Soziologen nur durch Formalisierung präzisiert gehörten, um als wahre Theorie bestehen zu können. Aber auch die andere, entgegengesetzte Position, die davon ausgeht, daß mit dem Nachsprechen der alltäglichen Dialoge durch den soziologischen Forscher sich jede weitere soziologische Beschäftigung erübrige, geht von der grundsätzlichen *Gleichförmigkeit* alltäglicher und wissenschaftlicher Begriffe aus. Was muß eine Soziologie schon vorausgesetzt haben, um in jenem Selbstverständnis die Beziehung von Alltagsverstand und wissenschaftlich-rationaler Vernunft aufzufassen? Auch zu diesen Vorgriffen der phänomenologischen Soziologie und besonders der sogenannten qualitativen empirischen Sozialforschung können die gründenden Sichtnahmen der »hermeneutischen Logik« bzw. der »Geschichten«- (Gerd Vonderach) oder Beispielhermeneutik fruchtbare Einsichten in das »ursprüngliche« Vernehmen der Welt geben. Wenn von einem »vor« hier die Rede sein soll, dann nur in dem konkreten geschichtlichen Sinne, daß man immer schon die Welt verstanden und begriffen hat, wenn man dann noch – zusätzlich/nachträglich – »wissenschaftlich« nach ihr fragt.

Schapp und Lipps geht es gerade um den außerwissenschaftlichen Bereich des Erfahrens und Erkennens, der gar keinen eigenen Anspruch erhebt, sich zur wissenschaftlichen Erkenntnis durchzuschlagen. Man will doch nur mit dem, worin man stockt, weiterkommen. Beide wenden sich, wenn sie von Geschichten bzw. von Situationen sprechen, zum einen gegen Husserls Begriff der »transzendentalen Subjektivität« als Leistung eines einsamen Bewußtseins; zum anderen können sie aber auch gelesen werden als Versuche zur Rehabilitierung der »ursprünglichen«, sozusagen im Umgang praktisch werdenden Erfahrung. Die naturwissenschaftliche Kritik an der Erfahrung hebt bekanntlich darauf ab, daß die sogenannte »sinnliche Erfahrung« keine Gewähr dafür leiste, daß die »sinnlich wahrgenommene« Welt tatsächlich in der Weise existiere, wie sie den Sinnen erscheine. Noch Anthony Giddens wiederholt das Argument kritisch gegen die Phänomenologie, daß sie ihre »Grundlagen« in der »Sinneserfahrung« gesucht und gefunden habe (vgl. Giddens 1984, S. 163 f.). Es ist deshalb wichtig, diesen Begriff der »Sinneserfahrung«, da er die Praxis der Erfahrung nur einseitig und verkürzt zu fassen imstande ist, zurückzuweisen und statt dessen von *Umgangserfahrung* zu sprechen. Damit ist ein erster wesentlicher Schritt zur Begründung einer soziologischen Erfahrungswissenschaft jenseits irgendeines psychologischen oder biologischen Reduktionismus, aber auch jenseits einer »phänomenologischen Reduktion« getan. Dies ist vor allem möglich geworden durch die radikale Kritik an der überkommenen Vorstellung von der »sinnlichen Wahrnehmung«, wie sie Schapp und Lipps sowohl gegenüber dem Empirismus als auch gegenüber der klassischen Phänomenologie leisten. Damit wird es dann auch möglich, die erkenntnistheoretische und forschungslogische Immunisierung gegen die alltägliche wie Lebenserfahrung auszusetzen. Die einheitswissenschaftliche »Logik der Forschung« kennt Praxis nämlich nur noch als Anwendung der Wissenschaft und darin nurmehr Erkenntnis, nicht mehr das ursprüngliche Begreifen und Erkennen.

2. Wilhelm Schapp: Das Auftauchen der Welt in Geschichten

Wilhelm Schapp, 1884-1965, Rechtsanwalt und Philosoph, war Schüler Husserls und sein Doktorand mit der 1910 erschienenen und viel gerühmten Schrift *Beiträge zur Phänomenologie der Wahrnehmung* (im folgenden zitiert: BPW). Seine »Geschichtenphilosophie« entfaltet Schapp erst in seinem dreibändigen Spätwerk *In Geschichten verstrickt* von 1953 (im folgenden zitiert: IGv), *Philosophie der Geschichten* von 1959 (im folgenden zitiert: PdG) und *Wissen in Geschichten* von 1965 (im folgenden zitiert: WiG).*

* Sekundärliteratur: H.Lübbe, Critische Studie. Das Ende des phänomenologischen Platonismus. Tijdschrift voor Philosophie. 16. Jg. Nr. 4. Utrecht 1954; ders.: »Sprachspiele« und »Geschichten«. Neopositivismus und Phänomenologie im Spätstadium. Kant-Studien, Band 52, Heft 1-4, 1960/61, S. 220-243; M.Theunissen, Der Andere. Studien zur Sozialontologie der Gegenwart. Berlin 1965; Jan Schapp, Sein und Ort der Rechtsgebilde. Den Haag 1968; ders.: Hauptprobleme der juristischen Methodenlehre. Tübingen 1983; M.Wälde, Husserl und Schapp.

Schapps Kernthese behauptet, daß wir ohne Geschichten nichts vom Menschen erfassen können. »Das Wesentliche, was wir von den Menschen kennen, scheinen ihre Geschichten und die Geschichten um sie zu sein. Durch seine Geschichte kommen wir mit einem Selbst in Berührung. Der Mensch ist nicht der Mensch von Fleisch und Blut. An seine Stelle drängt sich uns seine Geschichte auf« (IGv, S. 105). Was der Mensch ist, ist er in und durch seine Geschichten. Auch der Zugang zum anderen erfolgt nur über seine Geschichten. »Die Geschichte steht für den Mann. Wir meinen damit, daß wir den letztmöglichen Zugang zu dem Menschen über Geschichten von ihm haben« (IGv, S. 103). Was und wer wir jeweils sind, sind wir durch die Geschichten, in die wir verstrickt sind. Geschichten sind »meine«, sofern sie mir passiert sind. Darin, daß sie mir widerfahren sind, liegt meine Verstrikkung. Da Geschichten aber auch erzählbar sind und das Erfahrene mitteilbar ist, muß ich das mir Passierte irgendwie verstanden und als mich-angehend aufgefaßt haben. Darin liegt eine zweite Bedeutung von Geschichten, daß sie nämlich als erlebte und dann erzählte eine Funktion für die individuelle und soziale Identität besitzen. In Geschichten schlägt sich so letztlich auch immer die Erfahrung der Verstrickung in die Welt nieder.

Basel, Stuttgart 1985; A.Müller, Geschichten und die Kategorien der Sozialwissenschaft. Frankfurt/M. 1986; ders., Identität und Geschichten. Gezeiten Nr. 8. Oldenburg 1987; G.Vonderach, Verstricktsein in Sprachspiele, Metaphern und Geschichten. 2. Aufl. Leer 1986; R.Welter, Der Begriff der Lebenswelt. München 1986; A.Hahn, F.Reuter, G.Vonderach, Fremdenverkehr in der dörflichen Lebensumwelt. Frankfurt/M., New York 1987; A.Hahn, Die Konstitution sozialer Lebensformen. Frankfurt/M. u.a. 1988; G.Vonderach, Geschichtenhermeneutische Fallanalyse und typisierende Fallreihenbildung am Beispiel der lebensgeschichtlichen Bewältigung von Arbeitslosigkeit. In: Jung/Müller-Doohm, »Wirklichkeit im Deutungsprozeß«. Frankfurt/M. 1993.

2.1 Der Ausgang bei der »Wahrnehmung«

Das Stichwort der »Geschichten« wird sich nicht in alle Horizonte der Soziologie oder besser: nicht in die Erfahrungshorizonte aller Soziologen einpassen können. Nur das Vorverständnis, das für dieses Stichwort einen Platz bereithält, wird einen Zugang zu Wilhelm Schapps »Geschichtenwelt« finden. Schapps Wissenschaftswerk läßt sich vielleicht am besten als »Lehre vom Auftauchen der Welt in Geschichten« umschreiben. Darin lehrt er, daß Geschichten – das heißt alles, was wir von der Welt erfahren und wissen – nicht wissenschaftlich-methodisch erkannt, sondern nur beschrieben und gedeutet werden können. Da jedes Erkennen selbst wieder eine eigene, einmalige Geschichte ist, kann auch das, was eine Geschichte eigentlich ist, niemals »definiert« werden. Es »gibt« Geschichten nur in unseren vielfältigen Auffassungen. Schapp sieht keine Möglichkeit, Geschichten und Verstricktsein durch eine Wissenschaft einzuholen, um so irgendwie hinter sie zu gelangen. Im Gegenteil: Jede Wissenschaft ist selbst ein »Wissen in Geschichten«. Unser In-Geschichten-verstrickt-Sein ist nicht kontingent, sondern essentiell. Darin liegt offenbar die unüberwindbare Differenz zu jeder Soziologie, welche die soziale Welt nurmehr mit methodisch gestützten Erkenntnisentwürfen wahrnehmen und verfolgen zu können glaubt. Die Philosophie Wilhelm Schapps verzichtet auf einen theoretisch-methodischen Weltentwurf, der Lebenswelt, (gesellschaftliches) System und wissenschaftlichen Vorgriff getrennten Erfahrungs- bzw. Erkenntnissphären zudiktiert: hier wahrnehmen, handeln und erfahren, dort vorstellen, beobachten und erkennen. Das Ausleuchten unser aller In-Geschichten-verstrickt-Sein führt uns ganz unspektakulär immer wieder an die pragmatisch und sprachlich organisierte Wirklichkeit heran, die wir doch nie zu verlassen imstande sind. Wenn Schapp sich von der philosophischen Tradition (namentlich: Descartes, Kant, Husserl) lösen will und jede überkommene Lehre von der Wahrnehmung und Vorstellung ablehnt, so spricht er, um sein Einsetzen zu charakterisieren, provokativ von einer »Lehre vom Auftauchen in Geschichten und mit Geschichten« (IGv, S. 148). Die Auseinandersetzung damit, was man traditionell unter Wahrnehmung und Sinnesqualitäten versteht, zieht sich denn auch wie ein roter Faden durch die Arbeiten von Wilhelm Schapp und führt ihn schließlich zu seinem eigenen Verständnis unserer

Beziehung zur Welt. Im folgenden soll es um ein soziologisch relevantes Lesen dieser Lehre vom Auftauchen der Welt in Geschichten gehen unter Berücksichtigung der für eine Erfahrungswissenschaft wesentlichen Gesichtspunkte.
Im Zentrum von Schapps Lehre vom Auftauchen der Welt und Gegenständlichwerden der Dinge steht die Zurückführung der Darstellung irdischer Körper in den »Kreis unseres Hantierens«. Weltliches stellt sich dar, nur so ist es überhaupt verstehbar. Der wahrnehmbare Ausdruck des Dargestellten führt uns jedoch nicht zu etwas Exemplarischem und schließlich Gattungsmäßigem, sondern zunächst und unmittelbar ist das Dargestellte Ausdruck des Herstellens-von und Umgehens-mit Dingen der Praxis. So wendet sich Schapp in seiner Kritik an der Tradition gegen deren Voraussetzen von abstrakten Wahrnehmungsgegenständen wie »Raum« und »Zeit«. Für Schapp ist es offensichtlich, daß jede Rede von Wahrnehmung »auf der Erde« beim alltäglichen Umgang der Menschen miteinander und mit den nahen Dingen der Umgebung beginnen muß. »Die Rede von Wahrnehmung hat ihren Ursprung in dem Gegenständlichwerden von Gebilden in der Nähe und auf Erden. (...) Mit den Gebilden auf Erden hantieren wir in erster Linie. Das Sehen, Hören, Fühlen, Empfinden oder wie man es sonst nennen mag, hat hier seinen Platz« (PdG, S. 104). Wird versucht, Wahrnehmung allein von den Sinnen her zu erfassen, und wird dabei von Sinnesqualitäten (Farben, Töne, Gerüche; schwer, leicht, hart usw.) ausgegangen und behauptet, sie seien wahrgenommen, so hält Schapp dies für eine unzulässige Abstraktion. Wenn wir in die Welt hineinschauen, hineinhören und hineintasten, begegnen uns ja nicht solche Abstraktionen, »sondern stets schon eine Art Welt, eine geordnete Welt im Sinne des starren Systems, aus der wir nicht die Sinnesqualitäten wie mit einem Löffel abschöpfen können« (PdG, S. 159). Wir können diese geordnete Welt, »in der wir täglich leben, nicht aufteilen in Sinneseindrücke und einen Rest, sondern wir leben von jeher, soweit unsere Erinnerung reicht, in einer Welt von Tischen, Stühlen, Häusern, Bäumen, Tieren, Menschen« (PdG, S. 162). Mit »System« kann primär also nur die vertraute und geordnete Welt gemeint sein, die sich uns durch Starrheit und Dauer darstellt. Ein Stuhl ist nicht im nächsten Moment eine Schreibmaschine und dann ein Laib Brot. Daß der Stuhl dieses Ding zum Sitzen bleibt, auch wenn ich an ihm noch andere Möglichkeiten des Umgangs

entdecke, gehört zu unserer Gewißheit dieser normalerweise »festen« Welt als geordnete und gefügte. Der Versuch, durch die Spaltung und Aufteilung der Wahrnehmung in ein Sehen, Tasten, Greifen, Hören, Schmecken und Riechen etwas Näheres über den inneren Gehalt der Wahrnehmung zu erfahren, läuft darauf hinaus, daß (Sinnes-)Qualitäten, die man in der Außenwelt vorfindet, aus dem *Gesamtgefüge*, in dem sie sich befinden, herausgenommen, verselbständigt und zum *Gegenstand* der Untersuchung gemacht werden. Dem horizonthaft Ganzen und Gefügten entspricht das Auftauchen von »Momenten« (Individualitäten) dieser Welt in vielfältigen Zusammenhängen und nicht davon isolierten Sinnesqualitäten. Die Sinne vermögen den Bezug zur Welt (vgl. BPW, S. 44). »Wir hören eine Stechmücke, die uns angreift, wir hören, wie jemand an die Tür klopft, wir hören einen Wagen über die holprige Straße fahren, wir hören ein Automobil über die Straße sausen. Wir sehen Menschen, wir sehen Häuser, Bäume« (IGv, S. 75).

Gehen wir mit Schapp von der Einheit der Phänomene aus, dann wird es uns unmöglich, »das Geräusch des fahrenden Wagens von dem fahrenden Wagen zu trennen oder die Farben des Hauses von dem Haus« (IGv, S. 75). Die auftauchenden Dinge der Welt lassen sich nicht aus ihren mitauftauchenden Horizonten herauslösen. Es hat keinen Sinn, von einem »bloßen Ton« auszugehen und ihn zu einem Gegenstand zu verselbständigen. Man kann »nicht etwa den Ton und seinen Ausdruck, das, was er ausdrückt, trennen, sondern beides bildet eine untrennbare Einheit« (IGv, S. 179). Freilich ist es möglich, daß wir nur einen Ausschnitt der Außenwelt einsehen können, so wie ein Fensterrahmen den Ausblick auf die Landschaft dahinter einschränkt. Dieser Rahmen begrenzt jedoch nicht tatsächlich die Landschaft. Er verdeckt nur die seitlichen Fortsetzungen der auftauchenden Dinge, die im Horizont angelegt sind. Die Landschaft geht nach allen Seiten »hinter« dem Fensterrahmen weiter (vgl. IGv, S. 76f.).

2.2 Der Wirklichkeitsaspekt der Erfahrung: Deutlichkeit

Daß Wahrnehmen nicht eine bewußtlose sinnliche Rezeption äußerer Reize ist, macht Schapp an der lebensweltlichen Stellung deutlich, die er der sogenannten »deutlichen Wahrnehmung« verschafft. Er spricht davon, daß Gebilde in der Welt »deutlich gegeben« auftauchen. Gefragt ist nach unserer Begegnung mit Menschen und im weitesten Sinne mit sozialen Gebilden und danach, was wir in dieser Begegnung erfassen können. Schapp leitet ein umgangsweltliches Verständnis, was Wahrnehmen als weltliches Tun je ist, nicht von einer konstruierten Weise ab, wie »Raum« und »Zeit« vorgestellt werden sollten, um daraus ein folgenreiches Paradigma der Wahrnehmung abzuleiten; sondern sein »Pragmatismus« drückt sich darin aus, daß er von den lebensnahen irdischen Dingen, den *pragmata*, ausgeht. Mit Deutlichkeit qualifiziert Schapp eine »Wahrnehmung«, insofern man von ihr sagen kann, daß man das, was einem begegnet, was auftaucht, verstanden hat. Verstanden jedoch nicht als erster Vorgriff auf eine Erkenntnis, sondern verstanden im Hinblick auf praktische Orientierung. Mit dieser Qualifizierung rückt die vermeintliche Bedeutung irgendwelcher äußerlicher (psychologischer, biologischer usw.) Einzelaspekte in den Hintergrund. Bei dem auftauchenden Gebilde treten statt dessen seine Bestimmtheiten und der Sinn, der mit auftaucht, in den Vordergrund. Jedes Gebilde taucht auf in einer Geschichte und mit allem, was in Geschichten vorkommt. Wenn Schapp also von Auftauchendem spricht, so meint er zugleich die Geschichte, die dazu gehört.
Offensichtlich gibt es kein Weiterkommen, wenn die Frage nach dem »Sein von Mensch und Ding« (so der Untertitel von Schapps Buch von 1953) vom Wahrnehmungsaspekt und damit von den »Sinnen« her begonnen wird. Statt dessen muß von dem *Wirklichkeitsaspekt* der Erfahrung ausgegangen werden. Die Isolierung von Mensch und Bewußtsein auf der einen Seite und Ding und Außenwelt auf der anderen, wobei das eine entweder zum anderen addierbar oder von ihm abziehbar vorgestellt wird, führt nur zu Problemen, die nicht sinnvoll beantwortet werden können. Schapp sieht den Menschen immer schon in ein Verständnis und eine Auffassung von der Welt verstrickt, die im alltäglichen Umgang der Menschen miteinander und im Hantieren mit den nahen Dingen begründet liegen. Statt von Wahrnehmung im traditionel-

len Sinne auszugehen, etabliert Schapp den Ausdruck »Geschichten« im Zentrum seiner Philosophie. Die Menschen sind immer schon in Geschichten verstrickt, wenn sie wahrnehmen, verstehen, handeln. (...) Es gibt überhaupt kein Apriori des Denkens, der Erkenntnis oder des Bewußtseins, stellt Schapp fest, sondern nur das Apriori des In-Geschichten-verstrickt-Seins. Zu Ende gedacht besagt dies eine deutliche Zurückweisung der neuzeitlichen Vorstellung von einem Subjekt, das sich seine Welt autonom entwirft und in der »Welt« dasjenige erkennt, was der methodisierte Seinsentwurf zuvor in diese »Welt« hineingelegt hat. Mit Recht beschreibt H. Lübbe die Schappsche hermeneutische Philosophie der Wahrnehmung als »Befreiung des Sehens aus seiner Gebundenheit in das neuzeitliche naturwissenschaftliche Vorstellen« (Lübbe 1954, S. 649).

Um seine Auffassung der Verstrickung in Geschichten plausibel zu machen, kann Schapp stets einprägsame Beispiele vorbringen: Wie ist es zu verstehen, daß der Naturforscher, der die Amöbe nicht aus der Erfahrung kennt, die er mitbringt, das Mikroskop so einstellt, daß das mikroskopische Bild vergleichbar wird damit, wie ihm im alltäglichen Leben größere Dinge erscheinen? Natürlich muß er das Gerät so einstellen, daß es ihm diese deutliche Wahrnehmung verschafft. Der Forscher »sieht die Dinge unter dem Mikroskop so, wie wir größere Dinge im täglichen Leben sehen, in derselben Deutlichkeit, in derselben Art. (...) Die Art der Deutlichkeit, der Gegebenheitsweise der Dinge scheint also dieselbe zu sein, die wir im täglichen Leben haben, wenn wir eben ein Ding deutlich sehen« (BPW, S. 74). Der Forscher bringt offensichtlich den Wirklichkeitsaspekt, unter dem er nur deutlich wahrnehmen kann, als seine Sicht der Dinge schon mit. Die jeweilige Art der Deutlichkeit der Dinge hängt demnach zusammen mit dem *Vor(be)griff* oder *Vorverständnis*, mit dem wir den auftauchenden Dingen begegnen und sie irgendwie zu nehmen wissen. Der Naturforscher sieht unter dem Mikroskop nur das, was er schon kennt. Auftauchen ist immer ein Auftauchen von etwas, dessen Sinn mit auftaucht. Ist in der Wahrnehmung ein Wirklichkeitsaspekt gewonnen, dann kann man darauf bezogen von Deutlichkeit sprechen. Man kommt dann auf etwas zurück, was man schon weiß. Deswegen »erscheint« in der sogenannten Wahrnehmung niemals ein isolierter Sinneseindruck, sondern es taucht die vertraute Welt mit auf, auf die hin das Begegnende verstanden, und gleichsam wiedererkannt wird. Was Deutlichkeit heißt, ist am Auftauchenden stets zu prüfen: »Wann ist ein menschliches Antlitz deutlich gegeben, wann ein Käfer, wann eine Dampfmaschine, wann ein Kieselstein, wann ein Atom?« (PdG, S. 98), wann eine Amöbe, können wir ergänzen. Hängt ein Undeutlichwerden mit Entfernung und Beleuchtung zusammen, welche Rolle spielt hier das Sehen, wo doch das »sozusagen Gesehene« zu Gebieten führt, nämlich zu Geschichten, die nicht gesehen werden können? Schapp hält uns immer an, daran zu denken, daß die auftauchenden Gebilde nicht ihre Entsprechung »in dem Blick der Augen haben, daß dies nicht mehr als ein Symbol ist« (PdG, S. 80).

Im Wahrnehmen und Verstehen stößt nicht nur Weltliches einem zu, vielmehr wird hier Welt zu jemandes *Situation*. Ich verstehe das deutlich Wahrgenommene als einen Teil meiner Welt, auf den ich einwirken bzw. mit dem ich umgehen kann. In der Begegnungssituation überschneiden sich Wahrnehmungs- und Handlungsbereich und verschmelzen zu meinem *Wirksamkeitsbereich*. In der Situation »des deutlichen Sehens (habe ich) in den gesehenen Gegenständen einen Wirksamkeitsbereich, in welchem ich mit meinem Leib schwimme. Schon im Sitzen, Gehen, Liegen ist der Wirksamkeitsbereich vorhanden« (WiG, S. 53). Das »Schwimmen des Leibes« meint ein Getragensein, das nicht ohne eigenes Können gelingt. Im Tun und Lassen, überhaupt im Wirken, widerfährt einem gleichsam der Grund, der einen trägt. Der Wirksamkeitsbereich ist »meine« Gelegenheit, darin ich mich bewähren muß. Das »Schwimmen des Leibes«, wie Schapp sagt, ist ein tätiges Sichbewegen und Sichverhalten in einer Welt, die ich verstehe und in der ich wirksam sein kann, die mir aber auch begegnend widerfährt – dies kennzeichnet meine »Situation«, in der ich »handgreiflich« ge-legen bin. »In diesem Wirksamkeitsbereich ist alles mehr oder weniger meinem Eingreifen ausgesetzt. Dem aktuellen Eingreifen liegt immer ein Spielen mit dem Eingreifen oder den Eingreifmöglichkeiten zugrunde« (WiG, S. 53); das Vermögen der Gelegenheit – der Situation: das ist mein Vermögen der Eingreifmöglichkeiten bezogen auf Lage und Umstände.

In der deutlichen Wahrnehmung taucht dem in Geschichten Verstrickten eine Welt auf, in der Dinge unmittelbar gegenständlich werden und »sicher« und »gewiß« verstanden begegnen. Schon 1910 schreibt Schapp in seiner Doktorarbeit bei Husserl, welcher der Philosophiehistoriker Herrmann Noack schon eine gewisse Verwandtschaft mit der späteren »hermeneutischen« Philosophie attestiert (Noack 1962, S. 226): »Die deutliche Wahrnehmung versteht man, wie man eine gut vorgetragene Erzählung versteht« (BPW, S. 145). Man versteht sie so, als ob hier etwas mit Händen zu greifen ist. Mit der »Handgreiflichkeit« ist für Schapp aber auch eine Grenze benannt, innerhalb der etwas unmittelbar, sozusagen ohne methodisches oder technisches Hilfsmittel, deutlich, das heißt verständlich sein kann. »Ein besonders guter Ausdruck scheint mir in diesem Zusammenhang das Wort handgreiflich zu sein in seiner Zusammensetzung aus Hand und Greifen. So könnte man etwa sagen, daß der Bereich der deutlichen Wahrnehmung sich auf den Bereich des Handgreiflichen beschränkt. (...) So weit die Erde reicht, reicht das Handgreifliche. Damit ist aber zugleich Schluß mit der deutlichen Wahrnehmung« (WiG, S. 53).

2.3 Der Wozu-Charakter der weltlich begegnenden Dinge

Was kommt in Geschichten vor, in die wir auch schon verstrickt sind, wenn wir auf ein Denken, Erkennen, Bewußtsein reflektieren? In welchem Sinne kommt »etwas« in Geschichten vor? Welche innere Verbindung läßt sich zwischen den Geschichten und der Außenwelt offenlegen? – so fragt Schapp und trifft auf die von ihm so genannten »Wozudinge«. Diese begegnen als die Nahtstelle zwischen den Geschichten und der Außenwelt. Mit dem Wort »Außenwelt« erinnert Schapp an diejenigen Wahrnehmungstheorien, die ihr Augenmerk von Anfang an auf die Anschauuung richten, so jedoch unsere Umgangsweise mit den Dingen verkennen: »Die durch die Sinne vermittelte Wahrnehmung, die sogenannte äußere Wahrnehmung, soll keine Sicherheit dafür geben, daß das Wahrgenommene so existiert, wie es wahrgenommen ist. Wenn man diese Ansicht auf die Wozudinge anwendet, so versagt sie oder führt nicht weit genug« (PdG, S. 175). Schapp entdeckt an der Erfahrung von Wozudingen das Wirken einer Vor-Gegebenheit, insofern das begegnende Ding fähig ist, eine Welt darzustellen – jedoch, »daß ein Ding dasteht und sich leibhaft als das oder das darstellt: das ist ein Titel für Vorgegebenheiten, die vor aller Theorie über Dinge und Dingwahrnehmungen liegen« (BPW, S. 37). Offensichtlich *kommen* wir auf

irgend etwas *zurück*, wenn wir die Dinge wahrnehmen. Das Ding *erinnert* uns an etwas, was uns schon vor der Wahrnehmung dieses Dings bekannt gewesen sein muß.
Was meint dieses »Erinnern« in der Begegnung mit Wozudingen? Das Wozuding stellt die Verbindung zwischen Geschichten und der Außenwelt her. Wozudinge sind die von Menschen geschaffenen starren, festen Umgangsdinge wie Tisch, Haus, Straße. Schon daraus läßt sich ersehen, daß »jedes Wozuding gleichsam auch eine Geschichte hat« (IGv, S. 3). Es wurde geplant zu irgend einem Zweck, in einem konkreten Sinnzusammenhang. Das Wozuding kann nur über seinen »Schöpfer« und seine Herstellung verstanden werden. Mit dem Produzieren beginnt sozusagen die Geschichte von Wozudingen mit allen ihren Sinnzusammenhängen. Darin, daß Sinn immer schon bei den hergestellten Dingen ist, zeichnet sich das »methodische Apriori« der Geschichtenphilosophie aus: »Schon das Suchen nach einem solchen Sinnzusammenhang, der der Bedeutsamkeit des Werkes entspricht, zeigt das, was wir hier zeigen wollen« (IGv, S. 4). Da Sinn und Zweck im Schaffensprozeß den Dingen beikommen, geht der Zugang zur »Außenwelt« auf das Herstellen von Wozudingen zurück. Die »Außenwelt« beginnt nicht mit dem Übergang vom menschlichen Körper zu einer sinn- und strukturlosen Welt-Gegenüber. Das jeweilige Umgangsding begegnet in der sogenannten Außenwelt stets in seinem *Um-zu*, das sind seine Bestimmtheiten und sein Charakter, was als seine Geschichte den Horizont der Begegnung ausfüllt. Diese »Außenwelt« würde dann nämlich in ein Nichts zerfallen, wenn die Wozudinge und der Zusammenhang, in dem sie auftauchen, weggedacht würden: »Wenn die Wozudinge aber einen solchen Zusammenhang zwischen Geschichten und Außenwelt vermitteln, so wäre damit der Primat der Geschichten vor der der Außenwelt dargetan« (IGv, S. 4).
Jedes Wozuding hat sein »Auswas«. Es verweist auf einen Stoff, aus dem es gemacht ist. Dabei läßt sich ein »Bestehen-aus« und ein »Aus-etwas-Sein« unterscheiden. Bronze besteht aus Kupfer und Zinn, eine Tasse ist aus Porzellan. Nur den Wozudingen kommt dieses »Aus-etwas-Sein« zu. Zu den Bestimmtheiten von Wozudingen gehören ferner ihre Vergangenheit, ihre Geschichten, ihr Alter. Sie sind mit dem Auftauchen gegenwärtig: Die Vergangenheit taucht im Horizont mehr oder weniger deutlich oder ausgefüllt auf. So ist das Wozuding eingereiht in all die anderen

Wozudinge mit ihrem Alter. Die Reihe der Boote mag mit dem Einbaum beginnen und sein vorläufiges Ende im modernen Ozeandampfer haben. Am Beginn dieses »geschichtlichen Horizonts« steht der Mensch als Schöpfer des Dings und seiner Bestimmung und niemals ein Stoff »an sich«. Die Geschichte von Wozudingen reicht nach vorne bis zu seinem heutigen Zustand, ja bis zu utopischen Plänen und den zukünftigen Möglichkeiten, in dem es noch vor uns auftauchen mag. Diese Beziehung zum Horizont kann nicht als Assoziation, als Auftauchen von Erinnerungsbildern oder Phantasievorstellungen, erklärt werden. Vielmehr tritt uns das Wozuding in einem Sinnzusammenhang entgegen. »Die Welt ist, wenn wir die Augen aufmachen, nicht mit farbigen Gespenstern oder mit Kulissen ausgefüllt, sondern mit Dingen, mit den Charakteren und Bestimmtheiten (...)« (IGv, S. 19). Jedes Ding, das in der farbigen Welt sichtbar ist, stellt etwas dar, zeigt etwas, was aufnehmbar ist. An den Dingen läßt sich für den Menschen etwas ablesen, weil er schon immer gelernt hat, die Welt zu lesen, insofern er sich in ihr orientieren muß. Das im Umgang mit den Dingen stets anwesende »Verstehen« der Eigenschaften der Dinge kommt nicht nachträglich zu einer bloßen Dingwahrnehmung hinzu. Alles, was in der Welt begegnet, wird von vornherein im Horizont eines bestimmten Verständnisses und einer besonderen Auslegung »begriffen«. Wir Menschen begreifen diese »Eigenschaften« der Dinge als »Geschichte der Dinge« in dieser Eigenart, weil wir *als* In-Geschichten-Verstrickte sie wahrnehmen und erkennen. Wir nehmen die Dinge als Dinge mit besonderen Eigenschaften in der farbigen Welt wahr. Schapp verwendet hier den Ausdruck Eigenschaften bezogen auf die Umstände, in denen ein Ding gebraucht wird und seinen Zweck und seine Bestimmung deutlich zu erkennen gibt. Für Schapp haben die sogenannten Eigenschaften nicht die Funktion, einem Gegenstandsbegriff seine Prädikate zu verschaffen. Mit der Aufzählung von Eigenschaften drücken wir vielmehr das *Wozu* eines Dings aus, seinen *Gebrauchscharakter*. Seinen Wozu-Charakter entdecken wir am besten, wenn wir seinen Herstellungsprozeß verfolgen, »(...) wenn wir zu dem einzelnen Handwerker gehen und zusehen, wie die Dinge bearbeitet werden« (BPW, S. 25).

Diese Grundeinsicht der Schappschen Philosophie taucht explizit erst in seinem Spätwerk auf. Dennoch ist es interessant, die Vorform und die Anlage dazu kennenzulernen, die bereits 1910 formuliert ist: »Wir sehen diese Eigenschaften vom Dinge nun am besten, wenn sie erprobt werden, wenn die Schwere auf die Waagschale, die Härte, Festigkeit unter dem Hammer, die Elastizität bei Anspannung sich ausweist. Aber auch schon vorher haben wir einen gewissen Eindruck von diesen Eigenschaften. Es ist, als ob jedes Ding seine Geschichte habe und als ob diese Geschichte Spuren in ihm hinterlasse. Diese Spuren, zuweilen erscheinen sie uns fast wie Narben, verstehen wir zu lesen; unmittelbar darin sehen wir, was es mit dem Ding ist. (...) Jedes Ding zeigt immer in seiner zufälligen Gestaltung das, was es schon durchgemacht hat und damit seine Geschichte, seine Eigenart, die Art, wie es seine Schicksale überstanden hat. Die Dinge sind ja nicht, wenn wir sie zum ersten Male sehen, wie aus der Schachtel genommen – sie haben ihre Schicksale – und die Spuren ihrer Schicksale tragen sie immer mit sich. Und wenn sie frisch aus der Fabrik kommen, so zeigen sie doch, wie sie bearbeitet sind« (BPW, S. 117). Nicht anhand irgendwelcher stofflichen Prädikate stellen sich die Dinge dar, sondern wir lesen den Charakter von Dingen, ihr Wozu, unmittelbar im Gebrauch ab. Die Spuren, die sie hinterlassen, die Geschichten, die in sie eingeschrieben sind, sind Gebrauchsspuren, Geschichten handgreiflichen Umgangs.

Die Bestimmtheiten des Stoffes sind keine prädikativ dem Auswas von Wozudingen zugesprochenen Eigenschaften, die man als »Materie« vorfindet. Sie werden nur verständlich aus dem Umgang, im Zusammenhang mit dem Herstellen der Dinge: dem Sägen, Bohren, Hämmern, Feilen usw. des Handwerkers und Arbeiters. Der tätige Mensch arbeitet nicht an einer vorgefundenen Materie oder an einem vorgefundenen Stoff. Die Bestimmtheiten des Stoffes bilden mit den verschiedenen Arten der Tätigkeiten einen geschlossenen Kreis: »So mag im Schleppen, Ziehen, Wuchten sich ein Kreis vollenden, dem die Schwere entspricht, im Biegen, Brechen, Hämmern (...) ein Kreis (...), dem beim Stoff die Starrheit entspricht. In diesen Tätigkeiten des Menschen (...) tritt primär Stoff auf. Das sekundäre Auftauchen von Stoff in der farbigen Welt ist dann ein Derivat dieses Auftauchens« (IGv, S. 20).

2.4 Auch Zeit und Raum sind in der Welt

Das Phänomen der Deutlichkeit ist nicht davon zu trennen, daß uns Dinge in einem konkreten Raum- und Zeitbezug begegnen. Jedes Element der Begegnung hat seinen eigenen Ort in der Welt und sein eigenes Alter: sein konkretes Hier und Jetzt. Ein erster Zusammenhang besteht zwischen Wahrnehmung, Deutlichkeit und Alter. Denn wahrnehmen im Sinne von sehen, hören, tasten usw. bedeutet, daß die Augen in die Vergangenheit sehen, die Ohren in die Vergangenheit hören, die Hände in die Vergangenheit tasten. Die Begegnung mit etwas, was ein Alter hat, wie Mensch, Tier, Pflanze, Wozuding, nämlich mehr ist als eine Augenblickserscheinung, ist eine Begegnung auch mit einem Horizont von Vergangenheit und »Zeit«. Jedes Gebilde in der Welt begegnet uns mit seinen Horizonten, mit seinem Alters- bzw. Zeithorizont. Der Horizont und auch die Zeit sind in der Welt, »alles was in der Welt ist, hat sein Alter« (PdG, S. 96). Das Alter des Menschen ist ausgefüllt durch und in Geschichten. Auch hier zeichnet sich Schapp durch ein spezifisches Verständnis aus: »Wenn wir etwa das Alter des Menschen mit dem Alter der Maus vergleichen, so können wir unmöglich sagen, daß der Mensch xmal so alt wird wie eine Maus, sondern beide werden genau gleich alt von innen gesehen. Beide erfüllen ihr Leben in ihrem Alter« (PdG, S. 97). Vor diesem Hintergrund des Alters des Menschen, in welchem die »Summe« seiner Erfahrungen, das heißt die »Summe« seiner Geschichten gezogen ist, läßt sich erst sprechen von wahrnehmen oder besser von: auftauchen von, begegnen mit, gegenständlich werden von. Die »Zeit« ist kein Apriori der Dinge. Denn die Zeit taucht als Alter der Menschen und der Dinge mit ihnen zugleich auf. Auch die Welt hat ihr Alter: »Wenn ich die Welt wahrnehme, so nehme ich sie ähnlich wie die einzelnen Gebilde in der Welt in ihrem Alter wahr, stets neu und stets alt« (PdG, S. 117).

Im Bereich der deutlichen Wahrnehmung ist *Gleichzeitigkeit* konkret aufweisbar. Die Dinge sind unter sich gleichzeitig und gleichzeitig mit dem wahrnehmenden Leib. Oder sie tauchen in einem Verhältnis von Vorher und Nachher auf. Das Vorher und Nachher ergibt sich aus dem Sinnzusammenhang der Geschichte bzw. aus ihrem Stellenwert in der Geschichte (vgl. IGv, S. 140). »Unter diesem Gesichtspunkt der Gleichzeitigkeit, des Vorher und Nachher, kann ich alles, was mir von der Welt in deutlicher Wahrnehmung handgreiflich entgegentritt, prüfen« (WiG, S. 54). Zeit in diesem konkreten Sinne setzt das Jetzt eines konkreten, in Geschichten verstrickten Menschen voraus. Dieses Jetzt hat nur in Geschichten eine feste Stelle, und was Zeit und Raum jeweils bedeutet, läßt sich nur innerhalb einer Geschichte aufklären (vgl. WiG, S. 55). Zeit tritt nie als Abstraktum in den Blickpunkt, »sondern als konkretes Moment in Zusammenhängen der Geschichten« (WiG, S. 79). Das Früher und Später zweier Ereignisse ist eng verknüpft mit der Dauer der Zwischenzeit, die nicht als leere Zeit aufgefaßt werden darf. Diese Zwischenzeit ist vielmehr »ausgefüllt mit Welt, (...) oder mit dem, was die Ereignisse verbindet« (WiG, S. 79).

Die Welt taucht mit ihren Wozudingen auf, bzw. die Wozudinge tauchen in der Welt auf. Welt ist in erster Linie die sichtbare Welt, wobei die getastete, gehörte usw. Welt stets mit der sichtbaren gegenwärtig ist. Dieselbe Welt ist immer gegenwärtig, gegenständlich. So ist das Auftauchen von Gebilden oder von Welt »eine Fortsetzung der Gegenwart von Welt auf andere Art (...), und zwar der Gegenwart einer Welt, die auch die Gebilde, welche ich jetzt sehe, bereits in sich enthielt« (PdG, S. 117). Wenn ich in einem dunklen Zimmer ein Streichholz entzünde, so haben die Gegenstände, die ich beim Schein des Streichholzes jetzt wahrnehme, alle ihr Alter. Sie waren auch schon vorher da, und zwar an derselben Stelle.

Ist bei der Wahrnehmung »Raum« oder »Räumliches« zu isolieren? Schon in seinem ersten Buch zur Wahrnehmungsproblematik von 1910, das noch ganz unter dem Einfluß der Göttinger phänomenologischen Schule steht, weist Schapp darauf hin, daß der Raum nie »für sich« oder abstrakt wahrgenommen wird, sondern stets von den nahen farbigen und deutlichen Dingen her. Schapp weist hier auf eine eigentümliche und selten so gesehene Verbindung von Raum und Ding hin: »Kann man jemand klarer zeigen, was Raum ist, als wenn man ihn hinweist auf die farbige Welt, in der die Dinge sich befinden? Hat irgendeine andere Anschauung des Raumes etwas vor dieser voraus?« (BPW, S. 17) Was heißt es ferner, davon zu sprechen, Farben stellen Raum dar? Wohl nicht, der Raum sei für die Farben ein Prinzip der Ordnung. Die Farbe für sich betrachtet hat keine Beziehung zum Raum. Nur das, was die Farbe darstellt, ist im Raum: »(...) die Farbe selbst für sich genommen ist gleichgültig gegen jede Raumform, sie bringt Raum und Raumformen zur Darstellung, ist aber nicht raumhaft. Nur soweit sie Farbe des Dings ist, nimmt sie Anteil an dem Raum, den das Ding einnimmt und den die Dingfarbe bedeckt, erfüllt. Dadurch gewinnt sie gewissermaßen einen Ort im Raum« (BPW, S. 46). Entsprechendes gilt auch für Töne und Data des Druck- und Tastsinns. Niemals ist der Raum eine Form für sie. Vielmehr stellt sich in ihnen der Raum dar. Alle »Eigenschaften«, mit denen nun die Wozudinge in der sichtbaren Außenwelt auftauchen, verstehen sich erst aus dem Zusammenhang, in den das Wozuding gestellt ist.

Zu den Phänomenen des erfahrbaren Raums gehört die Leere vor dem »Etwas«, das auftaucht, und gleichsam am anderen Endpunkt dieser Leere unser Standpunkt oder Ort in der Welt. Die Leere taucht nie für sich allein auf. Ein Auftauchen von Leere ist davon abhängig, »daß uns im Leeren Dinge und (...) in erster Linie Wozudinge entgegentreten« (IGv, S. 26). Erst die farbigen (das heißt nicht durchsichtigen und nicht glänzenden) Dinge lassen die Leere in Klarheit und Deutlichkeit auftauchen. Die Leere taucht zwischen uns und den Dingen auf, aber auch links und rechts von den Dingen und hinter den Dingen. Diese Leere in der Umgebung der Dinge, »die uns von den Dingen trennt und uns gleichzeitig mit den Dingen verbindet« (IGv, S. 29), mag man im Sinne eines Verhältnisses der Dinge zu uns auch als Distanz bezeichnen. Der Trennung der Dinge von uns durch die Leere entspricht eine »Verbindung der Dinge zu uns über den Boden, über den Erdboden« (IGv, S. 37). Es ist also nicht so, als ob die Dinge ohne Verbindung zu uns in vollendeter Ruhe verharren und wir sie im reinen Anschauen – im reinen Gegenüber als Abgesetztheit der Dinge von uns – erschließen und begreifen. Schapp weist auf die »unmittelbare unterirdische Verbindung« zwischen dem Leib und den Wozudingen hin. Der »Boden«, der beide trägt, ist als dieser tragende Boden stets im aufgetauchten Zustand gegenwärtig. Er schafft die Verbindung mit dem Wozuding und den anderen umgebenden Dingen. Diese starre, feste Verbindung »begleitet das ganze wache Leben. In der Dunkelheit steht sie im Mittelpunkt alles dessen, was auftaucht. Sie hält aber auch durch am hellen Tage« (IGv, S. 30).

In der sichtbaren Welt tauchen die Dinge verschieden groß auf, in Abhängigkeit ihrer Entfernung von uns. Groß und klein scheinen also eine Funktion der Entfernung zu sein. Doch wann ist ein

Ding zu groß, wann zu klein? Diese Frage gehört offensichtlich in einen Zusammenhang, wo wir sagen können, dieses Ding hat seine normale Größe. Ein solcher Zusammenhang verweist jedoch wieder auf unser Verhältnis zu den Dingen als deren Produzenten und Nutzer. Ein Ding hat seine »normale« Größe, wenn es seiner Bestimmung gemäß hergestellt ist und gebraucht werden kann. Die Rede von groß und klein, voll und leer, schmutzig und sauber ist »nur aus dem Zusammenhang zu verstehen, (...) aus der Geschichte des Wozudings« (IGv, S. 35). Das Wozuding behält seine »Normalität« oder Bestimmtheit »so lange, als sein Wozucharakter, der Sinn, in den es hineingestellt ist, noch auftaucht. So bleibt ein Haus, solange wir es als Haus erkennen und sehen, solange es als Haus auftaucht, immer von konstanter Größe. Erst wenn es in großer Entfernung zu einem Etwas wird, dessen Sinn nicht mehr auszumachen ist, verliert dies Etwas damit auch seine Größenbestimmtheit« (IGv, S. 35). Mit dem Verlust seiner »Wozudingbestimmtheit« geht auch die Einheit des Dings verloren, es scheint einer »anderen Welt« anzugehören. Wenn Schapp von Deutlichkeit spricht, so meint er sowohl Möglichkeit als auch »Qualität« der Erfahrbarkeit von Bestimmtheit und Bedeutsamkeit. »Das Wozuding ist in dem Maße deutlich gegeben, in welchem sich seine Gegebenheitsweise in den Sinnzusammenhang einfügt, in dem es steht« (IGv, S. 36).

2.5 Verstehen und Auffassen

In seinem frühen Buch zur Wahrnehmungsproblematik hat Schapp den Ausdruck *Verstehen* hervorgehoben verwendet, um die deutliche Wahrnehmung zu charakterisieren. Selbstverständlich gibt es Situationen, in denen nur undeutlich und unverständlich wahrgenommen wird. »Ähnlich wie eine verworrene Erzählung als unverständlich bezeichnet wird, ist die Wahrnehmung des Entfernten, der in Dämmerung eingehüllten Welt unverständlich« (BPW, S. 145). Jedes Wahrnehmen strebt danach, das Wahrgenommene auch deutlich vor Augen zu bringen. Es ist unbefriedigend, etwas nur schemenhaft erfassen zu können, nämlich ohne die Gewißheit zu haben, das Gesehene und Gehörte usw. zu verstehen. Das Verstehen ist in diesem Zusammenhang »etwas durchaus Eigenartiges, das von dem Gegenüberhaben – Empfinden durchaus verschieden ist« (BPW, S. 145). Mit dem Verstehen erreicht die Wahrnehmung eine neue Qualität, insofern das Verstehen den Sinn und die Bedeutung des Wahrgenommenen erfaßt. »Es scheint uns dann so, als ob diese Bedeutung das letzte ist, was von der Wahrnehmung am sichersten und längsten aufbewahrt wird, woran jede Erinnerung an die Wahrnehmung sich wieder aufbaut. Die Wahrnehmung, in der etwas verstanden ist, ist damit an ihrem Ziel angelangt« (BPW, S. 146).

Schapp hält es hier für wenig überzeugend, von einem »Fortschritt« innerhalb der Wahrnehmung auszugehen. So als gäbe es eine stufenweise Entwicklung von der unverständlichen zur verständlichen Wahrnehmung, die man dann mit »Erfahrung« erklären könnte. »Nichts scheint mir verfehlter als diese Theorie. Alles lernen – und wir lernen in dem Sinne täglich – ist Erleuchtung. Es ist ein Hineinspringen in die Wahrheit, ein Verstehen. Dabei von Stufen zu sprechen, gibt keinen Sinn. (...) Jedes Lernen, wo es einem um Verstehen zu tun ist, jedes Begreifen vollzieht (...) sich plötzlich. Man weiß nicht, woher das Verstehen kommt; es ist mit einem Schlage da« (BPW, S. 147). Damit beschreibt Schapp den Gang des Lernens und der Erfahrung als *Epagogé*. Die Erfahrung setzt an einem früheren, einem »ersten« Verstehen an, das als Erinnerung die »neue« Erfahrung leitet, uns zu ihr »hinführt«. Das plötzliche Gewinnen einer »Gewißheit«, das »Hineinspringen in die Wahrheit«, daß man mit einem Mal etwas »Neues« gelernt hat, ist ein Unterbrechen, eine Epoché des Wie-gewohnt-Bekannten.

Mit äußerster Radikalität verficht Schapp hier die Auffassung, daß man das Wahrnehmungsgeschehen nicht von dem gleichzeitigen Geschehen des Verstehens und Begreifens abkoppeln kann. Wenn in diesem Zusammenhang überhaupt von »Wahrheit« gesprochen werden soll, dann liegt diese sozusagen in der unhintergehbaren Unmittelbarkeit des verständlich Wahrgenommenen als etwas Sinnvollem und Bedeutsamem. »Das Verstehen gibt sich selbst als Licht kund. Es liegt in ihm das, was keine Wiederholung geben kann, daß hier ein Ziel erreicht ist, daß man hier Recht hat, wenn man vertraut, daß hier etwas Absolutes ist, auf das man bauen kann. Absolut soll hier heißen, daß es sich hier nicht mehr um etwas Menschliches handelt, etwas, das nur für Menschen gilt, sondern um etwas, was in Wahrheit so ist, was wir nur anerkennen, verstehen können. Damit ist ausgeschlossen jeder Begriff der Entwicklung. (...) Wo wir verstehen, da ist jede Änderung ausgeschlossen. Was für uns sinnvoll ist, ist auch an sich sinnvoll« (BPW, S. 148). Was nicht »nur für Menschen gilt«, gilt »absolut«, das heißt von Natur aus. Damit hat Schapp die Dialektik von *proteron pros hemas* (»für uns«) und *proteron physei* (»an sich«) in seiner Geschichtenphilosophie etabliert. Mehr als das Wahrgenommene verstehen, kann der sogenannte Wahrnehmungsprozeß nicht leisten. Eine neue Erfahrung machen, das ist nämlich hier Schapps Thema, heißt eine Gewißheit erlangen, nämlich die, daß man Prinzip und Sache, deren Prinzip es ist, verstanden hat. Es ist die Einsicht in das Prinzip einer bestimmten Sache. Diese Einsicht ist nicht das logische Ergebnis eines Beweisschlusses. Vielmehr beschreibt Schapp diese Gangstruktur der Erfahrung als plötzliches Hineinspringen in eine Gewißheit. Das »Telos« jeder Wahrnehmung des praktischen Lebens ist das Verstehen, das als neue Erfahrung von etwas Richtigem und Sicherem das weitere Leben zu führen vermag.

In den späteren Schriften benutzt Schapp das Wort *Auffassung*, um auf so etwas wie einen Standpunkt, den man vertritt und der bei der Wahrnehmung der Dinge in der Außenwelt wirksam ist, aufmerksam zu machen. Dadurch bekommt der Ausdruck Verstehen einen erweiterten Sinn: Verstehen bedeutet nicht mehr allein das Wahrgenommene unmittelbar erfassen und deuten. Vielmehr gelangt Schapp zu der Einsicht, daß Dinge vor dem Hintergrund mitgebrachter Anschauungen und Vorstellungen – im Sinne von Überlieferungen, Gewohnheiten und Gepflogenheiten oder eben auch Standpunkten – wahrgenommen werden. Die Wörter Anschauung und Vorstellung sollen also das Eingebettetsein jedes Verstehens in eine soziale Praxis der Üblichkeiten, über die man immer schon im Umgang mit den Dingen verfügt, verdeutlichen. Denn das Verstandene und die als Vorverständnis den Umgang leitende Sicherheit verfestigt sich zu einer mehr oder weniger festen Auffassung, einem Standpunkt, den man vertritt.

Der Standort, den ich gegenüber den Dingen einnehme, ist zugleich mein Ort in der Welt. Die Welt, die mit den Dingen auftaucht, liegt sowohl vor als auch hinter mir. »Bei uns selbst scheint eine gewisse Wendung stattzufinden. Mit dieser Wendung oder Drehung setzt sich die Welt in unserem Rücken fort, ohne daß wir den genauen Ort dieser Wendung angeben könnten. Wir selbst scheinen uns zwischen Vorder- und Rückseite in dieser Welt zu befinden« (PdG, S. 116). Mit jeder deutlichen Wahrnehmung haben wir schon eine bestimmte Auffassung (Vor-Verständnis) mit vollzogen: »Dies Moment der Auffassung ist nun, vergleichbar mit dem Moment der Deutlichkeit, in jeder Wahrnehmung enthalten. Unter Wahrnehmung ohne Auffassung kann man sich schlecht etwas vorstellen« (WiG, S. 14 f.). Das heißt, es ist unmöglich, die wahrgenommenen Dinge von der Auffassung zu trennen, die als Vorgriff mit jeder Wahrnehmung der Dinge verbunden ist.

2.6 Die Wahrnehmung des Mit-Menschen und die »Selbstdarstellung« in der Begegnung

Wenn wir von Wahrnehmung im Bereich des Mitmenschen sprechen, so erfassen wir zunächst seine körperliche Erscheinung, das heißt den *Ausdruck* des konkreten Leibes. Dabei stehen Gesicht und Hand im Vordergrund. »Was zunächst den Menschen betrifft, so ist das, was man vom Menschen sieht, sicher das wenigste vom Menschen, jedenfalls wenn man nur auf das Stoffliche sieht« (PdG, S. 24). Der auftauchende Mensch als »ganzer Mensch« ist der in Geschichten Verstrickte. So rücken Ausdruck und Geschichten beim Menschen untrennbar zusammen, »die Geschichten leuchten tausendfach aus dem Leib, insbesondere aus Gesicht und Hand heraus« (WiG, S. 4). Zwar erfahren wir vom Menschen nichts ohne Geschichten, gleichwohl finden wir ohne den Ausdruck des konkreten Leibes keinen Zugang zu den Geschichten des Mitmenschen (vgl. WiG, S. 116). Der Leib ist ein »Ausdrucksfeld« oder eine »Illustration« zu den Geschichten, davon man nicht absehen kann. Wenn wir jedoch dieses Ausdrucksfeld bei unserem Zugang zum Menschen mitsprechen lassen, so sind wir schon mitten drin in Geschichten (vgl. IGv, S. 193 f.). Schon die Physiognomie des Menschen, die Einheit von Ausdruck und Leib, eröffnet einen Ausblick auf Geschichten, denn wir können »im Gesicht ähnlich wie in einem Buch lesen, Geschichten lesen« (IGv, S. 105 f.). Wenn Schapp auch hier statt von wahrnehmen von auftauchen spricht, so will er über eine Vorstellung vom bloßen Sehen und optischen Wahrnehmen des Menschen hinaus. Das leibliche Auftauchen des Menschen ist immer schon ein Auftauchen seiner Geschichten. Der Leib wäre nicht Leib eines konkreten Menschen ohne dieses Auf-eigene-Art-Geschichten-Erzählen: »(...) der Leib (ist) für uns nur insofern Leib, als er

Geschichten erzählt oder, was dasselbe ist, Geschichten verdeckt oder zu verdecken versucht« (IGv, S. 100). Auch für diesen Bereich des leiblichen Auftauchens des Menschen kann man von Deutlichkeit und Undeutlichkeit sprechen. Nicht das tausendfach vergrößerte Gesicht wäre dann das Deutlichste, was man vom Menschen erfahren kann. Schapp denkt vielmehr an eine »vollendete Biographie«, wenn von Deutlichkeit, bezogen auf den Menschen, gesprochen wird (vgl. WiG, S. 16).

In gewissem Sinne kann man beim auftauchenden konkreten Menschen auch von »Selbstdarstellung« sprechen. Das »eigene« Selbst stellt sich nur in Geschichten dar. Auch jedes Selbstbewußtsein kann die Apriorität der Geschichten nicht hintergehen. Man begegnet darin sich selbst, indem man seinen eigenen Geschichten begegnet. Die eigenen Geschichten leise oder laut »erzählend«, stellt man sein Selbst sich und anderen dar. Im Mittelpunkt der Selbstdarstellung steht die Begegnung mit einem Selbst, worunter Schapp das Verstricktsein in die »laufenden« Geschichten versteht. Zwar kann das eigene Verstricktsein thematisiert werden, aber diese Thematisierung ist selbst wieder eine Geschichte, in die sich das sich thematisierende Selbst gerade verstrickt. »Wenn diese Begegnung mit uns selbst der Urtyp einer Begegnung ist, so würden wir hier auch den Ursprung von Deutlichkeit und Undeutlichkeit oder von Selbstdarstellung und Selbstdarstellung letzter Potenz suchen müssen. Die eine Seite dieser Selbstdarstellung wären dann die Geschichten, die andere Seite der Leib und das Gesicht, sofern sie Geschichten wiedergeben, erzählen« (PdG, S. 122). Diese Begegnung mit uns schließt die Begegnung mit den anderen ein. Unser Zugang zu den Geschichten der anderen wird von unseren eigenen Geschichten ständig ermöglicht, erhalten und erweitert. Unsere eigene Verstrickung und unsere eigenen Geschichten sind die Grundlage unserer Begegnung und Verbindung mit den anderen. Versuchten wir bei dieser Begegnung, uns von unserer Eigenverstrickung zu lösen, so würde uns eine Verständigung über die uns fremden Geschichten des anderen fast unmöglich (vgl. PdG, S. 19). »Vielleicht berühren uns die Fremdgeschichten nur, weil sie ihrem Sinne nach eigene oder eigenste Geschichten sind, die uns ebenso hätten passieren können, wie sie dem Helden der Geschichte passiert sind« (PdG, S. 25). Die eigene wie die andere Person stellt einen »Zusammenhang« dar, der nicht in einem Äußerlichen, sondern in der Geschichte zu sehen ist. Die Menschen werden erst in »ihrer« Geschichte zu dem, was sie sind.

2.7 Mit-Verstrickung, Wir-Geschichte und aufgefaßte Welt

Mit dem ersten Auftauchen des fremden konkreten Menschen, den ich bei seinem Tun beobachte, erfasse ich immer schon ein Selbst in seinen Geschichten. Dies will zunächst nur heißen, daß man nicht unverbundene Einzelheiten erfährt, sondern daß das Erfahren eines Menschen immer auf den »ganzen« Menschen gerichtet ist. »Bei dem Zeugen, der die Geschichte ganz oder zum Teil verfolgt, ist dies Selbst mit dem Zeugen gegeben oder in dem Zeugen verkörpert« (IGv, S. 183). Mit dem Bericht des Zeugen oder Beobachters taucht schon Wirklichkeit auf, »aber doch nie in demselben Sinne wie die Wirklichkeit, in die der Täter verstrickt ist« (IGv, S. 184). Dies Auftauchen von Wirklichkeit für den Beobachter, insofern er nämlich selbst mit dabei ist und eine Gegenwart teilt, ist nur möglich über das Mitverstrickt-Sein. Nur Mitverstrickung im Sinne von echter Teilhabe ermöglicht den Zugang zu den Geschichten des anderen. Gleichwohl bleibt zu beachten, daß ein Dritter an fremde Geschichten »nie so nahe herankommen (kann) wie der, der sie erlebt, erleidet« (IGv, S. 148). Jeder Mensch ist sich selbst am nächsten in seinen Geschichten. Auch wenn wir ihn besser verstehen sollten, als er sich selbst versteht, so ist dies Verstehen oder auch dieses bessere Verständnis, zu dem wir den anderen bringen können, selbst wieder eine »neue Geschichte für uns und für den anderen« (PdG, S. 12).

Was Schapp unter Mitverstrickt-Sein versteht, erläutert er, wenn er das Erzählen und Hören einer Geschichte beschreibt. Mitverstrickung setzt ein Bekanntsein von Geschichten voraus. Dies Bekanntsein »realisiert sich immer nur im Kopfe eines anderen« (IGv, S. 116), der einer Geschichte zuhört. »Realisierung« meint hier ein Entsprechen, nämlich insofern der Sinn einer erzählten Geschichte beim Hörer eine Fortsetzung findet. Von »Stichworten« aus, die der andere der erzählten Geschichte entnimmt, taucht die erzählte »Geschichte mit ihrem Horizont in einem Horizont auf« (IGv, S. 113), der den Hörer umgibt. In diesem Sinne kann Schapp sagen, daß man fremde Geschichten nur verstehen kann, wenn man selbst eine eigene Geschichte bereithält (vgl.

PdG, S. 3). Aber das Bekanntsein der Geschichte, das Erzählen, Hören und Verstehen der Geschichte scheint schon wieder eine neue Geschichte zu sein und »nur im Rahmen einer Geschichte erfaßt, gefaßt werden zu können« (IGv, S. 101). Im Erzählen und Hören setzen sich Geschichten fort – im Rahmen einer Wirgeschichte (vgl. IGv, S. 148). Eine Fortsetzung wird zwar nicht selbstverständlich zur Eigengeschichte des Hörers; »andererseits ist es aber auch keine Geschichte, die ihn nichts angeht« (IGv, S. 108). Das Hören und Verstehen fremder Geschichten setzt ein Vorbereitetsein und ein Mitwirken voraus. Man muß hören und verstehen können. »In dem Hörer muß der Boden vorbereitet sein. Er muß empfänglich sein für die Geschichten. Die Geschichten müssen sich in die Horizonte, die bei dem Hörer vorhanden sind, einfügen (...). Die Geschichte kann nur eingebaut werden in vorhandene Horizonte« (IGv, S. 119). Nicht jeder kann jede beliebige Geschichte, die er hört, auch verstehen. Zumindest die »Anlage« oder das »Grundschema«, nämlich worauf die erzählte Geschichte ihre Ordnung aufbaut, muß dem Hörer bekannt sein.

Geschichten können für einen anderen anscheinend nur dann deutlich gegeben auftauchen, wenn ein gemeinsamer Weltbezug von Erzähler und Hörer vorliegt. »Verständigung« ist nicht der je subjektive Akt zweier »einsamer Bewußtseins«, sondern es vollzieht sich als Vermögen der Rede und des Zu-Hörens, als Sinndarstellung und Sinnentsprechung. Dies setzt Mitverstrickung bzw. die entsprechende Befangenheit in einer gemeinsamen Geschichte voraus. Schapp geht offensichtlich davon aus, daß Verständigung nur vor dem Hintergrund einer Wirgeschichte und einer (Sprach-) Gemeinschaft gelingen kann, in der Sprecher und Hörer verwurzelt sind: »Jede Verständigung setzt voraus, daß die, welche sich verständigen, schon in einer gemeinsamen Geschichte befangen sind und daß sie mit dieser Geschichte in Vorzeiten und Urzeiten verwurzelt sind« (PdG, S. 273). Auch wenn Auffassungen (Konzeptionen, Hinsichten) sich ändern, so bleibt doch innerhalb einer »Welt-Anschauung« als ständiger Horizont der Ich- und Wirgeschichten kontinuierliche Verständigung möglich.

Wer den anderen verstehen will, muß *Anschluß* an dessen Geschichten finden. Jede Verständigung hängt davon ab, daß eine reziproke Beziehung zu den jeweiligen Um-Welten gefunden wird, nämlich daß sich des einen Rede in das Gedankengebilde des Hörers einfügt. Ein Anschluß an die Geschichten des anderen kann nur auf der Grundlage der eigenen Geschichten gefunden werden. Man muß dabei »nach Berührungspunkten suchen, die sich in seinen Geschichten finden« (PdG, S. 276). Für Schapp ist am »Wunder« der Verständigung nicht allein bedeutsam, »daß einer den anderen versteht, sondern daß das Wunder die Empfangsmöglichkeit, die Empfangsbereitschaft und diese Empfangsbereitschaft schon immer den ganzen Menschen mit seiner ganzen Geschichte innerhalb der Menschheit mit ihrer Geschichte voraussetzt« (PdG, S. 273). Allein die Bereitschaft, etwas von dem anderen empfangen zu wollen, ist nur möglich auf der Grundlage der vergangenen Geschichten, die wiederum für Sprecher und Hörer in irgendeinem Sinne gemeinsam sein müssen. Verständigung gelingt nur so weit, »als die, die sich verständigen wollen, in eine große Geschichte verstrickt sind« (PdG, S. 275). Die »große Geschichte«, von der Schapp spricht, meint eine »Weltgeschichte«, in der uns das Wir als etwas Geschlossenes und Greifbares entgegentritt, »das Wir, zu dem wir selbst gehören« (IGv, S. 198). Diese »geformte Weltgeschichte« oder »positive Großgeschichte« bildet eine Einheit. Wie jede andere ist sie eine einheitliche Geschichte, in der wir alle Platz haben und einen Ort einnehmen. Jeder Mensch hat aber nur in einer Weltgeschichte seinen Platz. »In dieser Weltgeschichte muß nun nicht nur jedes Ich als in Geschichten verstricktes einen Platz oder Ort haben, sondern es muß mit seinen Geschichten sinnvoll in das Ganze eingehen. Das Ganze muß einen Sinn haben, ähnlich wie die Einzelgeschichte, und dieser Sinn kann, wenn wir richtig sehen, nur anknüpfen an das Wir, zu dem jeder einzelne gehört. So wie der einzelne in seine Geschichte verstrickt ist, so ist er auch in die Weltgeschichte verstrickt, und zwar zusammen mit seinen Mitverstrickten als zugehörig zu einem Wir« (IGv, S. 198 f.).

Dieser Zusammenhang von geformter Geschichte, positiver Welt und Gemeinschafts-Wir, der heute offensichtlich wieder als philosophischer und soziologischer »Kommunitarismus« von sich reden macht (vgl. u. a. McIntyre 1987; Bellah et al. 1985), ist nicht nur hintergründig für Schapps Deutung der Verständigung, sondern für seine Wissenschaftskritik insgesamt, der es um die Überwindung der »klassischen Phänomenologie« geht. Die Absichten Husserls aufnehmend, nämlich ein Verständnis der »menschlich-natürlichen Welt« zu begründen, das »auf jede Erklärung verzich-

tet, in der das erlebnismäßig Gegebene als solches völlig verschwindet« (Noack 1962, S. 226), geht Schapp jedoch radikal über Husserl hinaus. Er kritisiert die Versuche Husserls, »eine Einheit des Erlebniszusammenhanges noch in der fortlaufenden Reflexion auf den ›Erlebnisstrom‹ (...) und in den ›habituell‹ gewordenen Entscheidungen des Subjekts« zu suchen (S. 227). Für Schapp gibt es die Einheit des Menschen nur in den Geschichten, in die er verstrickt ist. Damit lehnt er die isolierten »intentionalen Erlebnisse« ebenso ab wie den abstrakten »Bewußtseinsstrom«. Es gibt nur konkrete Geschichten, »in die man verwickelt wird, alltägliche oder bedeutende, private oder öffentliche, besondere oder allumfassende. (...) Nur innerhalb des Horizontes der ›Geschichten‹ hat das Erlebte und Gedachte seine ›Bedeutung‹ (...). So entfernt sich freilich Schapp von der am Ideal der Erfassung reiner ›Wesenheiten‹ orientierten Phänomenologie, um doch gerade an ihrer epochal entscheidenden Hinwendung zur Welt der ›menschlichen‹ Erfahrung festzuhalten« (S. 227).
In seiner *Philosophie der Geschichten* deckt Schapp das geschichtenbeladene Verhältnis von »Wahrnehmung« und positiver Welt auf. Er wählt das Beispiel einer Inderin, die sich mit dem morgendlichen Anzünden der Herdstelle den Feuergott persönlich in ihre Hütte holt. Die Vorstellung des Feuergottes, der mit dem Feuer ankommt und mit dem Erlöschen des Feuers die Hütte verläßt, gehört einer »positiven Großgeschichte« an. Dieses Beispiel dient Schapp zu zeigen, »wie schwierig es ist, über Gegenstand und Wahrnehmung oder über Gegenstand und Selbstgegebenheit zu sprechen« (PdG, S. 21). In andere geformte Weltgeschichten (wie Judentum, Christentum, heidnisches Griechenland usw.) würden diese Vorstellungen nicht hineinpassen. »Wenn wir selbst aber mit der Frage nach der Wahrnehmung, nach der Gegenstandsnatur, nach der Selbstgegebenheit in diese positive Welt der Inderin eintreten, so wagen wir nicht zu sagen, daß sie den Feuergott nicht wahrgenommen habe« (PdG, S. 22). Die klassische Phänomenologie unterscheidet das Gemeinte von dem Selbstgegebenen, um aus deren Differenz das Nichtselbstgegebene, das lediglich Gemeinte aufdecken zu können. Auf unser Beispiel bezogen sei dann das Phänomen der Flamme für jeden Menschen dasselbe und nur die dazugehörigen Meinungen verschieden. Die Geschichtenhermeneutik sieht dies natürlich anders, da »der Feuergott mit seiner ganzen Geschichte persönlich

die Inderin aufsucht und daß es keinen Sinn hat, die Flamme gleichsam als Haut von dem Feuergott zu trennen, ebensowenig wie man einem Menschen die Haut abziehen kann, ohne ihn zu töten« (PdG, S. 22). Vielleicht hat Schapp hier etwas aufgenommen, was schon Simmel in seinem »Begriff« des Individuums gegenüber jeder fest-fixierten Begriffsbildung angesprochen hat: »Das Individuum ist der ganze Mensch, nicht der Rest, der bleibt, wenn man von diesem alles auch anderen Zukommende abzieht« (Simmel 1918, S. 234). Da die Dinge der Welt immer in Verbindung mit Geschichten stehen, ist ein Wahrnehmen der Dinge im Sinne eines »reinen« Gegebenseins ein Wunschbild. Vielmehr kann man hier nur auf die Vielfältigkeit hinweisen, in der die Dinge und Gebilde unserer Welt mit ihren Bestimmtheiten je auftauchen, vielleicht in immer neuen Abarten von Deutlichkeit. Dies gilt auch für die Gebilde und Gegenstände der Wissenschaften und deren Begriffe und Ausdrücke (vgl. PdG, S. 28).
Ich bin in meiner Skizze zu Schapps »Wahrnehmungslehre« von dem ausgegangen, was man traditionell unter Erkenntnis eines Gegenstands verstehen mag, und von dem, was »deutliche Wahrnehmung« heißt. Zum Auftauchen oder Gegenständlichwerden gehören die Geschichten der Menschen und die Vorgeschichten der Dinge und Gebilde. Nur wenn es ein Sein *außerhalb* von Geschichten gäbe, könnten Dinge, Gebilde usw. isolierbarer Gegenstand von Wahrnehmung und Erkenntnis sein. Wenn man mit Schapp davon ausgeht, daß wir selbst immer die in Geschichten Verstrickten sind, »so ist sicher, daß man Geschichten nicht wahrnehmen kann. So können wir auch den Menschen nicht wahrnehmen, den Hund nicht wahrnehmen, die Rose nicht wahrnehmen, wenn nämlich diese drei die eigentlich in Geschichten Verstrickten sind. So können wir auch das Wozuding nicht wahrnehmen, wenn und soweit es sein Sein den Geschichten verdankt« (PdG, S. 81). Alles, was in einer Begegnung auftaucht, taucht in einer geordneten Welt auf, die mitgegeben ist. Und diese Welt, zusammen mit dem, was in oder mit ihr im Horizont – bei deutlicher Wahrnehmung unmittelbar – auftaucht, ist jeweils schon aufgefaßt bzw. vorverstanden. Mit dem aufgefaßten Gebilde ist die zugehörige Welt stets mitaufgefaßt. Erst durch die »Vergegenwärtigung« der mitauftauchenden Welt erhält das Gebilde seinen »normalen Charakter« (vgl. WiG, S. 110f.). Die wissenschaftliche Rede von System, Ordnung und Struktur hat hier offensichtlich ihren prak-

tischen Ursprung, den sie leider in ihrer Selbstvergessenheit mit vergessen hat. Nichts, was von der Welt vor uns auftauchen mag, begegnet uns also »vorurteilsfrei«. Schapp hat dies sehr treffend formuliert, wenn er davon spricht, daß »jeder Blick in die Welt, in dem etwas gemeint wird, (...) jedes Umschauen mit den auftauchenden Dingen eine Art Urteil über die Dinge mit sich führt« (WiG, S. 120). Mit Urteil ist nicht das logische Aussage-Urteil gemeint, sondern der Vor-Griff auf das »Prinzip« der Dinge, den wir nur durch Erinnerung und Erfahrung vermögen. So ist unsere Begegnung mit den Menschen und Gebilden stets begleitet von einer »Vorstellung der Vergangenheit« (WiG, S. 120).

Begegnen wir einem Menschen, so tauchen neben seiner Umgebung sein Gesicht und sein Leib auf. Vom Ausdruck von Gesicht und Leib führt eine gerade Linie zur »Welt«. »Mit jeder Geschichte ist eine Beziehung zur Welt gegeben« (WiG, S. 4). Alles, was uns begegnet, begegnet uns in einer Welt. Mit jedem Einzelgebilde ist schon jeweils Welt mitgegeben. Und zur Welt gehören eine Auffassung, eine Meinung, eine Anschauung. Schapp meint mit »Welt« nicht die »natürliche Welt in der Wahrnehmung«, von der die Phänomenologen erwarteten oder erhofften, sie könnten in ihr »Wesensgesetze« erkennen (vgl. PdG, S. 120). Für Schapp ist »Welt« aufgefaßte oder gemeinte Welt, da sie uns in einer Auffassung in Geschichten gegeben ist – »in immer neuen Abwandlungen« (WiG, S. 133). »Bei uns trennt sich nicht die Welt in Sein und Denken, sondern diese Welt ist zwar nur in Geschichten und über Geschichten, aber in der Weise dessen, was in Geschichten vorkommt, ist sie ständig im Horizont der Ich- und Wirgeschichten. Es hat keinen Sinn, nach dem Dasein außerhalb dieser Geschichten zu fragen. Dies Sein in Geschichten erhält sich auch bei allen Änderungen der Auffassung« (IGv, S. 166). Die »Welt« ist ein Universum von Möglichkeiten, in Geschichten verstrickt zu sein. Die »Welt« bezeichnet so die Grenze, innerhalb der Menschen nur in Geschichten verstrickt sein können. Der Horizont der Geschichten ist selbst welthaft. Zugleich ist Welt nichts ohne Geschichten. Dieses scheinbare Paradoxon löst sich auf, wenn man bedenkt, daß die einzelnen Geschichten, in die wir verstrickt sind, zwar in der Welt sind, daß aber unser Verstricktsein in Geschichten vorgängig jeder Weltauslegung ist.

Alles, was auftaucht, taucht in der Welt auf – mit einem Horizont oder Hintergrund. »Wenn aber die Rede von der Welt selbst einen

Sinn haben soll, so kann diese Welt nicht in Horizonten auftreten, sondern diese gehören zu ihr. (...) Die Welt als Ganzes, wenn es sie gäbe, könnte niemals vor einem Hintergrund erscheinen, weil dieser wieder zu ihr gehören würde« (PdG, S. 96). Die Welt als Lebenswelt und als soziale Praxis ist nicht entwerfbar, wie sich die Physik die »Welt« als Universum entwirft. Genausowenig können wir als »weltliche Menschen« einen Standpunkt außerhalb dieser unserer Welt einnehmen, so daß man erst eine *Methode* bräuchte, um künstlich in diese »Welt« zu kommen. Die Welt ist das Grundlegende von allem, was auftaucht. Sie taucht mit jedem Gebilde auf. Und indem sie sozusagen mit den Gebilden begegnet und ist, so doch immer nur als gemeinte, aufgefaßte Welt. Doch in Geschichten verstrickt sind wir nicht aufgrund einer Meinung oder Auffassung, sondern ursprünglich. In alle »Geschichten sind wir mehr oder weniger verstrickt, und gleichzeitig fassen wir sie auf als Geschichten. Das Verstricktsein bildet aber die Grundlage für die Auffassung« (WiG, S. 133). In Geschichten verstrickt zu sein und immer wieder »neu« uns zu verstricken, ist das Geschehen der Lebensgeschichte, aber für Schapp ebenso die Möglichkeit von »Weltgeschichte« überhaupt. Es ist ein Geschehen, das wir handelnd vermögen und das uns zugleich zustößt. Mitten zwischen Umgangserfahrung und Umgangswiderfahrnis stehend, sind wir die in Geschichten Verstrickten.

3. Hans Lipps: Die Wirklichkeit des Menschen

Hans Lipps, 1889-1941, Arzt und Philosoph, stand zunächst dem Göttinger Phänomenologenkreis um Husserl und Adolf Reinach nahe. Schon mit seinem ersten Buch von 1927/28 bemühte er sich jedoch um eine ganz eigenständige Ausarbeitung der hermeneutischen Logik. Die *Untersuchungen zur Phänomenologie der Erkenntnis* (im folgenden zitiert: PdE I bzw. PdE II) erschienen in zwei Teilen 1927 und 1928. 1938 veröffentlichte er sein zweites Buch *Untersuchungen zu einer hermeneutischen Logik* (im folgenden zitiert: HL). Es folgte 1941 *Die menschliche Natur* (im folgenden zitiert: MN). Erst nach seinem Tod (1941) wurden die beiden Aufsatzbände *Die Verbindlichkeit der Sprache* (im folgenden zitiert: VdS) und *Die Wirklichkeit des Menschen* (im folgenden zitiert: WdM) von seiner Schülerin Evamaria von Busse herausgegeben. Sie versammeln vereinzelte Schriften und Zeitschriftenaufsätze, die zwischen 1921 und 1941 entstanden sind. 1976-1977 erschienen bei Klostermann Lipps' Werke in fünf Bänden. Ende 1989, zum hundertsten Geburtstag, wurden im *Dilthey-Jahrbuch* in der Werkausgabe nicht enthaltene Rezensionen und weitere Dokumente zu Leben und Werk veröffentlicht.* Lipps' hermeneutische Logik und hermeneutisch inspirierte Anthropologie spielen in der gegenwärtigen Diskussion um eine hermeneutische Soziologie keine Rolle. Das mag damit zusammenhängen, daß Gadamer nur flüchtig, Habermas und Giddens in ihrer Auseinandersetzung mit der Phänomenologie, Hermeneutik, Sprachanalyse und interpretativen Soziologie Lipps' Ansatz überhaupt nicht zur Kenntnis genommen haben (vgl. Gadamer 1986; Habermas 1981, 1982; Giddens 1984, 1988). Lediglich Ludwig Landgrebe, vor allem aber Otto F. Bollnow haben in einer gewissen Kontinuität das Werk des schon 1941 verstorbenen Lipps gewürdigt. Gegenüber einer hermeneutischen Philosophie, wie sie von Dilthey, Heidegger und Gadamer entwickelt worden sei, so hebt Bollnow hervor, »geht Lipps in einer ganz neuen und lebensnahen Weise auf die Vorgänge ein, in denen sich beim konkreten einzelnen Menschen – also nicht abstrakt in ›der‹ Wissen-

* Sekundärliteratur: O.F. Bollnow (1942/43), Hans Lipps. Ein Beitrag zur philosophischen Lage der Gegenwart. Blätter für deutsche Philosophie 16, S. 293-323; ders. (1970), Philosophie der Erkenntnis. Das Vorverständnis und die Erfahrung des Neuen, Stuttgart u. a.; ders. (1983), Studien zur Hermeneutik, Bd. II, Freiburg/München; E. von Busse (1954), Nachwort. Hans Lipps. Die Wirklichkeit des Menschen. Frankfurt/M., S. 206-219; L. Landgrebe (1956), Das Problem der ursprünglichen Erfahrung im Werke von Hans Lipps. Philosophische Rundschau 3/4, S. 166-182; L. Landgrebe (1958), Philosophie der Gegenwart, West-Berlin; G. Buck (1967), Lernen und Erfahrung, 1. Auflage Stuttgart u. a.; H.-G. Gadamer (1976), Vorwort. Hans Lipps, Werke, Frankfurt/M., Bd. 1, S. VII ff.; J. Hennigfeld (1985), Der Mensch und seine Sprache. Aspekte der Phänomenologie bei Hans Lipps. Philosophische Rundschau 1/2, S. 104-111; F. Rodi (Hg.) (1989), Beiträge zum 100. Geburtstag von Hans Lipps. Dilthey-Jahrbuch für Philosophie und Geschichte der Geisteswissenschaften, Bd. 6, Göttingen; A. Hahn (1993), »Statt der Intentionalität ... haben wir tatsächlich nur den konkreten Umgang mit den Dingen«. Ein soziologischer Annäherungsversuch an die verschollene Hermeneutik des Hans Lipps. In: Jung/Müller-Doohm, »Wirklichkeit« im Deutungsprozeß. Frankfurt/M.

schaft – die Welt- und Lebenserfahrung ausbildet« (Bollnow 1989, S. 124). Aber auch die Eigenarten des Lippsschen Werks mag die Leser abgeschreckt haben, seine eigentümliche Denkform, die sich auch in seinem Stil niederschlägt. Gadamer spricht in seinem Vorwort zur Werkausgabe vom »seltsame(n) Stakkato im Stil seiner Prosa (...): kurze, abgehackte Sätze, abrupt einsetzend, pointiert endend, die sich, dem Zwange einer ganz inneren Logik folgend, aneinanderreihen« (Gadamer 1976, S. VIII). Für Bollnow springen Lipps' Gedanken jedesmal anders gegen die Wirklichkeit an, »jeder Satz stößt neu vor auf eine Wirklichkeit, die er letztlich doch nicht fassen, sondern immer nur anschlagen kann« (Bollnow 1983, S. 204).

Die Richtung von Lipps' Beitrag zur philosophisch-anthropologischen Begründung der interpretativen Sozialwissenschaften wird man in dem finden können, was Lipps als »Natur des Menschen« auffaßt. Wissenschaftliches Erkennen beruht nicht auf sich selbst und läßt sich nicht aus sich begründen. Es kann nicht von einem ersten Anfang her aufgebaut werden. Erkenntnislehre und Wissenschaftstheorie basieren immer auf einer Vorstellung vom Menschen. Lipps will auf diese Vorwegnahmen zurückführen und zeigen, wie die Hermeneutik das wissenschaftliche Erkennen und seine Aussagen auf ihre Lebensursprünge und Entstehungssituationen zurückbringt. Der wissenschaftlichen Erkenntnis ist nur etwas im Kontext konkreter Praxis zugänglich. Um die Möglichkeiten einer hermeneutischen Logik zu entfalten, muß deshalb ihr Ausgang bei der ursprünglichen Erfahrung freigelegt werden. Das Ursprüngliche ist in der Praxis, im umgänglichen Tun und Lassen, zu suchen. In immer neuen Anläufen entwirft Lipps eine Phänomenologie der menschlichen Möglichkeiten, die Welt in Griff zu nehmen. Der pragmatisch-praktische Umgang mit der Welt entfaltet die Spannweite der menschlichen Möglichkeiten und richtet sich darin aus auf ein Verständnis des Selbst wie der Dinge. Im Umgang mit den Dingen, wie Evamaria von Busse in ihrem Nachwort treffend beschreibt, »indem er (der Mensch, A.H.) sie als dies und jenes nimmt, hat er sie überhaupt je immer schon genommen, nämlich auf einen Sinn hin, von dem her sie allererst dies Bestimmte sind. (...). Er hat sich dabei selbst mit in den Griff bekommen, denn indem er so sich die Dinge immer schon Bestimmtes sein, sie etwas bedeuten läßt, hat er je mit der Wirklichkeit auch schon sich selbst auf einen Sinn hin gedeutet und bestimmt« (von Busse 1954, S. 212 f.). Das gesprochene Wort, die situative Rede beschließen gleichsam diesen Umgang. Sprechen wie Handeln sind für Lipps Weisen des Sich-Verhaltens zur Welt als Begegnung mit anderen, deren Vollzug nur in der Einheit von Empfinden, Wahrnehmen, Begreifen, Handeln und Sprechen statthat. Das, was wir erkennen und Erkenntnis nennen, kann nur mit Blick auf die unmittelbare Begegnung mit der Welt aufgefunden werden, in der wir in vielfältigen Bezügen zu unserer Wirklichkeit stehen.

Das von Lipps in vielen Einzelbezügen analysierte Verhältnis zur Welt kann nicht als geschlossenes System, als Konstruktion, wiedergegeben werden. Lipps blieb zeit seines Lebens »methodisch« insofern Phänomenologe, als er jedem systematischen Aufbau mißtraute. Die menschliche Wirklichkeit läßt sich für Lipps in einem System überhaupt nicht fassen. Systeme sind Konstruktionen des wissenschaftlichen Verstandes, »der den Menschen vom unmittelbaren Verhältnis zur Wirklichkeit abschneidet« (Bollnow 1983, S. 204). Es geht Lipps vielmehr darum, immer von neuem anzusetzen, um den verschiedenen Richtungen der Kenntnis vom Menschen und dem, was unter je anderen Seiten darin gestreift und angeschnitten ist, gerecht zu werden. Die »menschliche Natur« zeigt sich in dem, wie der Mensch sich selbst im Umgang mit der Welt »vollzieht« und wie er so die Wirklichkeit der Welt in den Griff bekommt. Die Bildung des Selbst und die Auffasung der Welt sind unlösbar ineinander verschränkt. Wenn Lipps sagt, der Mensch lebe »verhältnismäßig«, so meint er, daß das Verhältnis zu sich und zu den Dingen in einer ursprünglichen Einheit verbunden ist. Jede Trennung wäre eine künstlich-formale.

Ich werde mich im folgenden auf die Gesichtspunkte im Werk von Lipps konzentrieren, die auch dem inneren Zusammenhang seiner hermeneutischen Logik entsprechen. Zunächst stellt Lipps die verdeckten Voraussetzungen von Logik und Erkenntnistheorie fest und verfolgt dann im außerwissenschaftlichen Begreifen der Dinge das »ursprüngliche« Fragen, Suchen und Bestimmen. So erst kann auf die Wissenschaften wieder zurückgekommen und danach gefragt werden, inwiefern deren Begriffe notwendigerweise hypothetisch angesetzte sind, aber auch, wie statt dessen »Begriffe« gebildet werden können, die der hermeneutisch gewonnene »Nachtrag« ursprünglicher Erfahrungen sind.

Schon in seinem Habilitationsvortrag von 1921 zeigt sich Lipps' eigener, von der klassischen Phänomenologie verschiedener Ansatz, das Verhältnis von Erkenntnis und Sein aufzufassen. In diesem Vortrag setzt er sich, am Beispiel naturwissenschaftlicher Probleme, auseinander mit der »Spannung, die zwischen dem Vollgegenstand des vorwissenschaftlichen Weltbildes und dem Gegenstand der Wissenschaft besteht« (WdM, S. 152). Schon in dieser Schrift taucht der für Lipps' Denken zentrale Begriff der *Antizipation* auf. Für den Neukantianismus, mit dem sich Lipps hier auseinandersetzt, bedeute »Antizipation« eine gesetzte Hypothese, die sich in der weiteren Bearbeitung zu bewähren habe. Der Neukantianismus gehe aus von der Idee eines Gegenstands, der mit dem hypothetisch gebildeten Begriff als Gegenstand der Erkenntnis angesetzt werde. Lipps gebraucht »Antizipation« in einem ganz anderen Sinne: »Unsere Antizipation (ist) kein ›Begriff‹, den man hypothetisch ansetzen könnte« (WdM, S. 151). Immer ist man schon da, in die Wirklichkeit eingestellt und verschränkt, wie Lipps sagt, wenn man sucht, fragt, beobachtet, die Sinne etwas tun läßt. Nur darin ist überhaupt das »Apriorische« greifbar, nämlich in den »Antizipationen der Einstellung«. Antizipationen sind keine Voraussetzungen, denn es wird in ihnen nichts »gesetzt«. Sie sind Vorwegnahmen, denn sofern man fragt und sucht, wird schon etwas vorweggenommen. »Antizipationen« sind für Lipps keine Hypothesen, die sich im Laufe der wissenschaftlichen Untersuchung zu bewähren haben. Sie sind »lediglich der Vorgriff, ohne den ein Befragen der Dinge überhaupt sinnlos wäre. Es ist der Modus, unter dem man die Dinge nimmt, indem man ihnen überhaupt gegenübertritt« (MN, S. 151).

1927, noch vor dem Erscheinen von Heideggers *Sein und Zeit*, macht Lipps deutlich, warum er in seinem Philosophieren »eine Wendung« gegenüber seinem Lehrer Husserl gesehen hat (PdE 1, Vorwort). Es ist vor allem »die Stellung der Logik im Aufbau der sogenannten Erkenntnis« (VdS, S. 194), an der sich seine Kritik entzündet. Die Theorien der formalen (traditionellen) Logik kritisiert er, da sie »in den Eigenschaften eines Dings etwas bezeichnen, was das Ding als Subjekt von Prädikationen ›ist‹« (PdE 1, Vorwort). Damit unterstellt die traditionelle Erkenntnistheorie die Erkenntnis als das Ursprünglichere gegenüber dem »Sein«. Dieses wird erst nachträglich in Urteilen gesetzt. Doch darin, so Lipps, mißversteht sich Erkenntnistheorie. Denn in der Konzeption des »ens praedicabile« hat die Logik bereits eine Einstellung vollzogen, die nur von einer bestimmten »Lage« (Da-Sein) her begriffen werden kann. Und diese »Lage« gründet im befragenden Umgang mit den Dingen. Was ein Ding ist, ist nur aus dem im Umgang mitgesetzten (Frage-)Horizont zu begreifen. Die traditionelle Stellung des Apriori im Aufbau der Erkenntnis ist nicht mehr haltbar. Denn wenn wir bei der Erkenntnis einsetzen, beim Kennen und Wissen, ist schon ein bestimmtes *Seinsverhältnis* gegeben. Jedes Fragen nach dem Sein verbirgt *Antizipationen*.

Die Transzendentalphilosophie analysiert den Gegenstand als das in ursprünglicher Synthesis Entstandene. Die »Welt« kann unter einem solchen Vorgriff nur in der Darstellung gefunden werden. Der Begriff des transzendentalen Objekts nimmt zu dem Begriff der Vorstellung noch den der »Intention« mit auf. »Idee« meint den in Prädikationen definierten Bestand eines »Gegenstands«. Der »Begriff« gibt schließlich an, worunter die individuellen Gegenstände fallen. Am Anfang der Kantschen Vernunftkritik und Erkenntnistheorie steht eine bestimmte Antizipation, nämlich die Konstitution der »ursprünglichen Synthesis a priori«. »Kant nahm den ›Gegenstand‹ aus der ›Erfahrung‹ im Sinn einer vollzogenen Synthesis. ›Ein existierendes Ding‹ ist bei ihm nicht das, was als auf irgendeine Seite hin angesprochen begegnet« (PdE 1, S. 50). Sofern nur irgend etwas mit Prädikaten verbunden werden kann – etwa ein Dreieck –, so ist von vornherein seine »Existenz« mit anzusetzen. »Deshalb, weil es überhaupt nur in einer Synthesis vorkommen kann und weil es dann von ungefähr konstruiert ist, d.i. da ist mit seinen Eigenschaften. Es konstituiert sich in einem transzendentalen Tun, dessen eine Seite eben diese schicksalsmäßige Konstitution ist, dessen andere Seite sich aber als ein Erfassen des so und so Konstituierten darstellt« (PdE 1, S. 44). Lipps kritisiert an dieser »Konstitution« vor allem zweierlei: zum einen den stillschweigend hingenommenen Vorgriff der Setzung von Dingen als »Gegenstände«; zum anderen – damit zusammenhängend – das völlig unbeachtet bleibende Problem der Zeitlichkeit von Sein. So hebt Lipps hervor, daß der »Ausgang von der Wirklichkeit, d.i. von der Mannigfaltigkeit, in die sich die Welt auseinanderlegt, so in merkwürdiger Weise in etwas anderes ver-

schoben« (PdE I, S. 44) ist. Antizipiert ist hier nämlich eine »zeitliche Neutralität«, die es für das Tun und Lassen der Menschen *nicht* gibt. Damit hat »die in dem Umstand meines Daseins bezeichnete Gelegenheit meiner selbst eine merkwürdige Übersteigerung erfahren. Die Welt ist verschoben in ihre Darstellung« (PdE I, S. 45). Unter diesem »Seins-Entwurf« läßt sich »Welt« nun darstellen in einer Mannigfaltigkeit von Thesen. Ferner setzt dieser »Entwurf« ein Bewußtsein als eine entwurzelte und sachleere Sphäre der Sinngebung: »Für ein solches sublimiertes Bewußtsein konstituieren sich nur ›Gegenstände‹. Sie sind Korrelate von Thesen« (PdE I, S. 45). Nur rückwärts, gleichsam durch Herausstellung und den expliziten Vollzug von Konstitutionen, kann dasjenige festgehalten werden, was eigentlich gemeint ist. Das *Bewußtsein* wird zum Ort der Entscheidung. »Nur dadurch, daß sie in dem zeitlich neutralen Gefüge eines prädikativen Sachverhaltes reflektiert sind, konstituieren sich hier die sogenannten Objekte« (PdE I, S. 46). Im reinen Bewußtsein entscheidet und konstituiert sich das Sein – »mit dem Index der Wahrheit, in das die Wirklichkeit übersetzt wurde« (PdE I, S. 46). Daß nach etwas gefragt, die Wahrheit gesucht wurde, wird einfach wie etwas Unvermeidliches dem Prozeß der transzendentalen Konstitution zugeschlagen. Die formale Logik strebt nach Erkenntnis als Bestand. Damit widerspricht sie aber geradezu der *Zeitlichkeit des Daseins*. Denn im Dasein ist Zeit »angelegt« (vgl. PdE, 47).
Daseiend ist man »gelegen« in der Welt. In die Welt ist man »verschränkt«. Anders die Dinge: Sie stehen nicht in diesem Verhältnis zur Welt. Sie gehören zur Welt, falls sie vorkommen oder vorhanden sind. Vorkommen, Vorhandensein oder Fehlen sind Modi innerweltlicher Existenz. Dasein bezeichnet demgegenüber aber ein Verhältnis zur Welt, wobei Welt ihrerseits in Daseiendes verschränkt ist. Der »Lage« des Daseienden in der Welt entspricht bei den Dingen das Gehören-zur-Welt. Nur infolge dieser primären Zugehörigkeit zur Welt kann etwas an seinem Orte vorkommen bzw. an seinem Platze fehlen. Der Mensch ist auf die Welt »gewiesen«, aber nicht ihr zugehörig. »Man setzt sich-auseinander-mit den Dingen. Das Bestimmen bleibt insofern Möglichkeit, als es nur unter einem Entwurf ein Bestimmen ist. Die sogenannte Intentionalität des Bewußtseins ist von daher abzuleiten« (PdE II, S. 11). Es gibt für Lipps weder ein »reines Bewußtsein« noch eine »autonome Vernunft«, so als ob beide »nur eben hineingesetzt

wären in eine brute Wirklichkeit, an die sie lediglich als an ihr Thema gebunden« sind (PdE I, S. 48). Hinter der Rede vom »unmittelbar Vorgefundenen« läßt sich nur unschwer die Leistung verbergen, die das sogenannte Bewußsein zu vollbringen hat: die Konstitution von »Gegenständlichem«. Der klassischen Transzendentalphilosophie setzt Lipps eine »transzendentalphilosophische Besinnung« gegenüber. Jene stellt apriorische Bedingungen der Möglichkeit von Wissenschaft heraus. Mit dieser Vorstellung bricht Lipps, denn apriorische Prinzipien lassen sich nicht feststellen. Prinzipien kann man nur hypothetisch einführen. Statt ein solches »Apriori« sich zum Thema zu machen, soll sich Philosophie darin verstehen, daß sie selbst ein Nachtrag ist. »Ein Nachtrag insofern, als sie die Selbstverständlichkeiten herausstellt, die in der natürlichen Einstellung maßgebend sind und damit auch mit in der wissenschaftlichen Untersuchung« (WdM, S. 151). Damit ist auch der Weg ausgeschlossen, mit der Wissenschaft zu beginnen. Denn diese ist selbst in vorwissenschaftliche Konzeptionen verstrickt. Da der lebendige Umgang mit den Dingen unserem Verstehen und Erkennen vorangeht, kann Philosophie wie Wissenschaft dieser Praxis nur nachgetragen werden.

3.2 Erkennen und Erkenntnis

Für Lipps sind die »Natur des Menschen« und die »Möglichkeiten seines Daseins« der Schlüssel zur Bestimmung des »In-Wirklichkeit-Seins«. Nur daraus läßt sich so etwas wie »Erkenntnis« verstehen. Die Wirklichkeit ist zunächst etwas, worin der Mensch steht; unter ihrem Horizont werden die Dinge weniger erkannt als auf einen Sinn hin verstanden und in eine Sprache gebracht. Man muß sich mit den Dingen auseinandersetzen, damit so etwas wie deren Bedeutung entsteht. Im Umgang mit den Dingen werden diese auf etwas Bestimmtes hin angesprochen. Bestimmen meint hier, daß man etwas »kennt« oder »nicht kennt«. Jedem Bestimmen liegt ein Befragen voraus. Im Befragen der Dinge ist schon etwas im voraus konzipiert, ist man gleichsam sich voraus. Man antizipiert dasjenige, was auf seine Bestimmung wartet. Sich vorsehen, beobachten, sich kümmern um, dafür sorgen, daß usw. weisen auf ein bestimmtes Verhältnis zur Welt: immer kennt man die Dinge schon irgendwie, auch wenn man etwas Bestimmtes noch nicht ergründet hat. Vorgreifend verfügt man über die Dinge. Als seine »Eigenschaft« wird etwas an einem Ding ausgelegt. Jede Auslegung ist jedoch eine bestimmte – »bestimmt durch den Sinn, unter dessen Horizont sie vollzogen wird« (PdE II, S. 13). Denn je auf einen bestimmten Sinn werden die Dinge verstanden. Dessen Inhalt steht unter dem Horizont einer bestimmten Auslegung des Daseins selbst. Der Sinn der Auslegung wird »nur als das Woraufhin ihres Bestimmens nachträglich faßbar« (PdE II, S. 13). Auslegung der Welt ist noch keine »Erkenntnis«. Aber: Die Konzeption jeder Erkenntnis ist »in eine besondere Richtung der Auslegung meines Daseins geknüpft« (PdE II, S. 13).

Für Lipps' Begriff von Erkenntnis ist zweierlei wesentlich: Zum einen ist Erkenntnis »abgeleitet« von einem innerweltlichen Verstehen der Dinge; zum anderen ist aber »Erkenntnis« gar nicht unser unmittelbares Bemühen, dem Begegnenden einen »Begriff« zu verschaffen. Das ursprüngliche Begreifen ist ein Sich-verstehen-auf, ein Können-mit. Die »Erkenntnis« eines Dings kommt also zu einem irgendwie schon gearteten Verhalten zu den Dingen hinzu. Das Erkennen »betrifft« einen beim Hantieren mit den Dingen und unterbricht es »gewaltsam«. Erkennen bedeutet so viel wie: etwas, sofern man es begreift bzw. sich vorstellt, »in Verwahrung bringen«. Der so in Besitz genommene »Bestand« gilt dann als wahr. Man versteht sich dann so auf die Dinge und den Umgang mit ihnen, daß man damit Bescheid weiß. – Weiß man nicht mehr weiter im Tun, ist die Aktivität unterbrochen, wird nun statt dessen »gefragt«: untersucht, zugesehen, geprüft usw. Man steckt sichtlich in einer Verlegenheit, sobald das eigene Bescheidwissen in eine »Krise« gekommen ist. Erkenntnis will nun in die Umgangssicherheit zurückführen. »Also ist Erkenntnis immer eingelagert in einen Horizont, der selber nicht erkenntnismäßig ist, der aber andererseits gerade das erkennende Subjekt hält, weiterträgt und insgeheim leitet« (PuE I, 41). Erkenntnis ist nicht desinteressiert; vielmehr will man wieder verfügen können über die Dinge. Erkenntnis will wieder zurückführen in die Umgänglichkeit der Dinge, damit man wieder mit ihnen handgemein wird.

Ich begegne den Dingen immer in einer bestimmten Richtung, die durch meine Vorauslage motiviert ist. Ich kann Dingen interessiert gegenüberstehen oder sie als bedeutungslos dahingestellt sein

lassen. Etwas als etwas zu begreifen, ist dabei lediglich der aufmerkende Hintergrund, daß man etwas irgendwie zu nehmen weiß. Damit geht niemals einher, etwas »an sich« bestimmen zu wollen. Auch »etwas sehen« geschieht niemals voraussetzungslos. Jedem Sehen geht ein Vorblick voraus. Dieser »Vorblick ist richtungsweisend für das, als was man etwas sieht« (HL, S. 58). Ohne Vorblick wäre jedes Sehen sozusagen blind, das heißt ohne Bedeutung und Sinn. Der Vorblick garantiert erst, daß etwas überhaupt in irgendeinen »Blick« genommen und »richtig« gesehen werden kann. Die sogenannte Deutlichkeit im Sehen wird gesucht und erreicht im »Einstellen« eines bestimmten Aspekts. Der so gewonnene bevorzugte Aspekt ist nur aus dem zu begreifen, was schon »im Sehen« zum voraus konzipiert worden war, als man das Ding befragte. Das Sehen des *Wesentlichen* zu vermögen, gelingt nur durch Blicknahme der Mannigfaltigkeit der Erscheinungen. »Daß aber z.B. ein Gesicht verschieden und in seinen Zügen richtig nur von dem gesehen werden wird, dem es in seinen *Wandlungen* bekannt ist, zeigt, wie dies ›Anschauungen auf Begriffe zu bringen‹ keine Bestimmung durch Hinblick auf *Allgemeines* bedeutet« (HL, S. 58; Hvhg. von mir).
Etwas »richtig« sehen kann nur im Kontext der Wirklichkeit gelingen. Diese »Stelle« anzugeben, das heißt, das zu finden, was es in Wirklichkeit ist, was es im Kontext des Umgangs bedeutet, ist die Aufgabe der Erkenntnis der Dinge. Wirklichkeit zeichnet sich sowohl durch die Umgänglichkeit der Dinge als auch durch die Vielgestaltigkeit der Praxis aus. Eins zeigt sich im anderen, nirgends findet sich Allgemeines; vielmehr gehört »Gestreutheit zum Begriff der Dinge als Phainomena« (HL, S. 59). Die Auslegungen, die im Umgang mit den Dingen in Situationen wirksam werden, lassen es trotz der vorgreifenden Vorentscheidungen nicht zu einer stationären Erkenntnis der Dinge kommen. Vorentscheidungen und Vorgriffe, unter denen die Dinge immer schon irgendworaufhin genommen sind, beziehen sich nicht nur auf die Richtung meines Vorhabens, durch die sich die maßgebliche Seite der Dinge bestimmt; noch geschehen solche Vorgriffe aus »Motiven« heraus. »Vorgreifend« verweisen Bedeutungen auf je eine bestimmte Gerichtetheit des Daseins. Die Dinge werden auf je einen bestimmten Sinn hin verstanden. Die Vorgriffe stehen unter dem Horizont einer bestimmten Auslegung des Daseins selbst (vgl. WdM, S. 26). Die Ansicht der Wirklichkeit, die so gewonnen

wird, ist keine stationäre Vorstellung von der Wirklichkeit, wie sie sich der Physiker macht, der sich die Welt hypothetisch-systematisch als Universum entwirft. Die Ansicht der Dinge wird nur aus innerweltlichen Situationen gewonnen, wobei sich die Horizonte verschieben. Situationen gründen immer einen anderen Kontext der Wirklichkeit, unter dem sie nach verschiedenen Richtungen aufgenommen wird. Die Sichtung einer Möglichkeit bedeutet die Abblendung anderer Möglichkeiten. Eine Auslegung ist offen für die Wendung, die das Sich-Erschließen der Dinge unter je neuem Horizont nehmen kann. Die Vorentscheidungen, die wir beim Hantieren mit den Dingen im Rücken haben, bilden unter sich kein stilliegendes System, sondern sind selber dynamisch situiert unter der Offenheit und dem »Sich-Durcheinanderschieben und -Verqueren der Horizonte«, aber ebenso auch »nicht verschlossen gegen unvorhersehbare Wendungen, die der Weg dieses Sich-die-Dinge-Erschließens nehmen kann« (HL, S. 60).

3.3 Die hermeneutische Logik

Das Bewußtsein ist für Lipps nichts, was man von einem selbst oder der Welt isolieren kann. Die Verstrickung des Bewußtseins in seine Welt läßt die Idee einer Frontalstellung bloß gegebener Dinge gegenüber dem Menschen nicht mehr zu. Die Dinge »animieren« den Menschen, der sie daraufhin zu nehmen weiß. Was wir als ein Ding verstehen, ist nicht durch den Rückgang auf die apriorischen Gesetzmäßigkeiten des Bewußtseins, auf die reinen Verstandesbegriffe, zu erklären. Nur dem, dessen Sinne für die Wirklichkeit aufgeschlossen sind, kann etwas bewußt sein. Nur von einem in die Welt verschränkten Standpunkt aus kann etwas als etwas angesprochen und etwas »getroffen«, die Natur beobachtet, können Dinge befragt werden. Das, was von mir angesprochen wird, läßt sich nicht aus dem Umstand meines Daseins lösen. Für Lipps konstituiert sich die Wirklichkeit nicht von einem Subjekt her, auch nicht in einer Sphäre der Sinngebung: sondern das Erkennen – das Kennen und Wissen – ist unlöslich in die Wirklichkeit eingeflochten. Darin sieht Lipps die entscheidende Wendung gegenüber der Lehre von der Konstitution der Wirklichkeit durch ein sinngebendes Bewußtsein, das ja doch nur immer sich selbst beantworten könnte. Dem Bewußtsein ist nichts unmittelbar gegeben. »Gegeben« ist mein Leib und das »Hier«, das um mich herum ist. »Gegeben« im eigentlichen Sinne meint, daß ich nicht davon loskomme. Damit ist eine Situation fixiert, die, daß ich mich hier in meiner Lage finde. Der Mensch ist immer irgendwie in einer »Lage«, d.h. in seiner Situation. Das Erschließen der Situation zielt ab auf die praktische Orientierung über die Dinge. Für Lipps zeigt sich im »Schluß« das eigentliche »Prinzip der Erkenntnis« (HL, S. 40). Denn die Situation, in der man je steht, fordert, sich hier umsichtig zu begründen und dabei die Um- und Widerstände der gegebenen Lage zu berücksichtigen.

Lipps' philosophisches Programm gilt dem Ausdrücklichmachen unserer Konzeptionen und Vorgriffe, die im alltäglichen wie im wissenschaftlichen Umgang mit den Dingen vollzogen werden. Dieses Offenlegen kann nur nachträglich gelingen, denn wir können nicht »hinter« bzw. »vor« unser Dasein kommen. Der Mensch verfügt, so Lipps, nicht über seinen Anfang, weil er immer schon in der Welt da ist, bei den Dingen, nämlich sich in seiner Situation und den sich darin für ihn ergebenden Möglichkeiten vorfindet. Damit hat Lipps zumindest implizit eine philosophisch-anthropologische Grundlegung auch der Sozialwissenschaften formuliert. Seine hermeneutische Logik ist sowohl relevant für das Selbstverständnis der jeweiligen wissenschaftlichen Disziplin und ihrer Forscher als auch für das Verständnis der sogenannten »sozialen Wirklichkeit« im Kontext individueller und gemeinschaftlicher Erfahrungen, denen die interpretative Sozialforschung ihre Aufmerksamkeit widmet. Für Lipps kann sich die »Erkenntnis der Dinge« nur aus dem wirklichen Kontext des Umgangs in der Vielgestaltigkeit der Praxis ergeben. Dadurch, daß wir Aspekte der Welt schon vorweg antizipiert haben, bevor wir überhaupt *bestimmt* in die Welt hineinfragen, gewinnt die sogenannte »Intentionalität des Bewußtseins« einen neuen Ort für die Erkenntnis. »Allererst auf dem Boden, der durch mein eingestellt-sein-in die Welt gegeben ist, allererst aus dem Umstand meiner Lage kann die in der Erkenntnis bezeichnete Art der Auseinandersetzung mit der Welt begreiflich gemacht werden« (PdE II, S. 8). Nur verkürzt kann diese Auseinandersetzung als »Intentionalität des Bewußtseins« gelesen werden. Denn die sogenannten Eigenschaften und Beschaffenheiten eines Dings werden als etwas Bestimmtes an ihnen entdeckt. Die Farbe eines Dings z.B. entsteht allererst in meiner Begegnung mit den Dingen. Auch die

Frage, was etwas »eigentlich« sei, kann erst gestellt werden im Umgang und Hantieren mit den Dingen. »Allererst auf dem Boden eines solchen Umgangs kann das konzipiert werden, was etwas ›an sich‹ ist« (PdE 1, S. 47).

»Wirklichkeit« und »Wahrheit« werden für Lipps wurzellos, wenn nicht von einem Standpunkt innerhalb der Welt aus ein Aspekt dieser Welt gewonnen wird. Im Fragen und Ansprechen der Dinge steckt schon die Verschränktheit in eben diese Welt als transzendentale Antizipation. »Nur intramundan kann die Welt begriffen werden« (PdE 1, S. 51). Nimmt man jedoch in purer Auffassung den Gegenstand eines Begriffs an, so verliert das »In-Wirklichkeit-Sein« seinen Sinn, da es die Verschränkung in die Welt preisgegeben hat. Nur als »Nachtrag« können die Selbstverständlichkeiten herausgestellt werden, die in der »natürlichen Einstellung« maßgebend sind. Für Lipps ist eine *Ontologie der Lebenswelt* sinnlos, in der vorab theoretisch das zu bestimmen wäre, was wesentlich jeder »Behandlung« der Dinge vorausgeht. Es gibt hier kein *analytisch* zu gewinnendes Apriori; ursprünglich kann nur heißen: Rückgang auf den expliziten Vollzug der Auslegung von Weltlichem. Der lebendige Umgang mit den Dingen und das, was nur vorgängig leitend ist bei der Auseinandersetzung mit der Welt, kann als »deren« Interpretation notwendig nur nachgetragen werden. Der »methodische« Vorrang dieser hermeneutischen Wissenschaft gehört der Welt der Praxis.

3.4 Das menschliche Vermögen, die Welt »in Griff« zu nehmen

Lipps' Position der hermeneutischen Logik hat nachhaltige Konsequenzen für das, was er die »menschliche Natur« nennt. Den soziologisch interessantesten Aspekt sehe ich in dem Geschehen, wie der Mensch bezogen auf seine Möglichkeiten seine Mitwelt und die Dinge erfährt. Von »Möglichkeiten« ist hier weder abstrakt noch allgemein die Rede, da sie nicht definitorisch vorgebracht werden können. »Möglichkeiten« zeigen sich erst darin, wie einer in seiner Situation die Welt in seinen Griff nimmt. Das unmittelbare Haben der Welt ist je nur als Sich-Verhalten in Situationen aufweisbar. Lipps' hermeneutische Phänomenologie ist keine Bewußtseinsphilosophie. Denn gerade das in »natürlicher

Einstellung Gegebene« wird nicht eingeklammert, sondern in immer neuen Anläufen werden dessen »fürs erste verdeckten Motive zurückverfolgt« und aus dem mitgesetzten Horizont einer bestimmten »Lage« begriffen (VdS, S. 195). Der »Rückgang« auf die »menschliche Natur« richtet sich dabei nicht auf ein weltabgewandtes Wissen, sondern darauf, wie wir im praktischen Leben mit den Dingen umgehen und sie zu fassen bekommen. Es soll nicht das »Wesen« des Menschen definiert werden. Vielmehr zielt Lipps in der Verfolgung der verschiedenen Bezüge, die unser Handeln und Sprechen leiten, immer auf das vielfältige Verhältnis, das der Mensch zu den Dingen einnimmt. Bezüge herstellen, die Welt so in den Griff bekommen: darin spiegelt sich das menschliche Vermögen, der Wirklichkeit einen umweltlichen Aspekt abzugewinnen. Die Möglichkeiten des Menschen im Umgang mit der Welt liegen in seinen »Griffen«.
Die Sinne sind gleichsam die »Schaltstelle«, worin der Mensch für das aufgeschlossen ist, womit er ist. Nur unter der Leitung einer *Hinsicht* fallen die Dinge auf, kann etwas gesucht und gefunden werden. Empfinden, Wahrnehmen, Handeln und Ansprechen werden so erst sichtbar als mein Vermögen, der Welt zu begegnen. Sie sind – dabei graduell abgestuft – aneinander gebundene Weisen zu verstehen, zu bestimmen und auszulegen, mit denen wir nicht nur die Auffassung unserer Welt, sondern davon untrennbar das Verständnis von uns selbst vollziehen. Der Mensch lebt in der »Einheitlichkeit seines Wesens, in der Geistigkeit seiner Natur« (Lipps). Man muß sich unter den Dingen bewegen und mit ihnen zu tun haben, um empfinden zu können. Die Dinge müssen gewendet werden, um begriffen werden zu können. Noch vor jedem Begreifen liegt das Greifen, auch das will erst gekonnt sein. Die Sinne des Menschen schließen ihm die Dinge auf. In Auge und Ohr etwa sind bestimmte »Vermögen« des Gesichts organisiert (vgl. MN, S. 76; Anm. 1). Schon beim Empfinden, beim Sehen und Hören ist man bei der Welt. Ich bin nie nur das Subjekt des Sehens als eines Akts. Was sich etwa im Tasten ereignet, kann nicht von den Sinnesorganen her bestimmt werden. Auch empfunden wird nur aus der Begegnung mit der Welt heraus. »In den verschiedenen Richtungen und Wegen, die das Empfinden geht, kommt schon ein Vorgriff auf ein Ganzes zum Vorschein. (...) Das Empfinden zeigt sich im Sich-Einstellen auf die Dinge. Es ist gar nicht zu trennen davon, sofern das Worauf dieser Einstellung gerade im Empfinden gehabt wird« (MN, S. 78).

»Begreifen« ist ein Sich-verstehen-auf, ein Können-mit. Eine Leiter »begreift« man darin, daß man sie richtig hinaufsteigt. Und eine Treppe »nimmt« man richtig im Dunkeln. »Im richtigen Umgriff versteht man sich auf die Zange. Ich bin es, was hier ausgerichtet und bestimmt wird durch die Dinge« (MN, S. 60). Was in den Umgriffen gelernt und gekonnt wird, ist nichts äußerlich Nachzumachendes. Es ist eine Weise des Greifens und Fassens, dessen Spannweite auch im Übergang zum je anderen Fall seiner Anwendung sich bewährt. Im richtig Bemessenen zeigt sich das wirklich Gekonnte. So wie man etwas »im Gefühl« hat. Schon im Empfinden erfaßt man etwas; unmittelbar wird darin etwas wiedergefunden: »Und eine ›Recognition‹ gibt es hierbei zufolge eines ›Schemas‹, das man in der Hand, im Fuß hat, das sich in einer den Dingen entsprechenden körperhaften Aktion zeigt« (MN, S. 60). Dieses Erfassen »bezieht sich auf ein In-die-Hand-Bekommen des Empfundenen, so daß dessen Konturierung nur die Kehrseite dieses Damit-könnens ist« (MN, S. 61). Im Können des Umgriffes wie im Empfinden ist man aufgeschlossen für die Wirklichkeit.

Die Sinne haben also eine ausgezeichnete Stelle im Hantieren mit den Dingen. Mit ihnen tritt man den Dingen gegenüber. Sie sind eine Art des Hantierens, und die Wahrnehmung ist ein tatsächlicher Umgang mit den Dingen. Die Sicherheit im Umgang ist zunächst eine Fertigkeit. Sind die Dinge umgriffen, so noch nicht eigentlich »bestimmt«. Die Dinge zeigen sich noch nicht. Um sie zu erkennen, muß ihnen etwas »an«gesehen werden. Erst dann versteht man sie in ihrer Bedeutung, das heißt von einem Sinn her. »Gesehen« werden kann aber nur das, auf was man die Dinge schon genommen hat. Es ist unmöglich, das Sehen auf ein »Objekt« zu beziehen. Nur in der Wirklichkeit, in der man steht, haben die Sinne eine Funktion. Wahrnehmung ist in der Tat blind, »wenn sie nicht geleitet wird von dem vorgängig konzipierten Modus, unter dem die Dinge daraufhin befragt werden, ›was‹ die Dinge und ›wie‹ sie sind« (PdE 1, S. 47). Gerade in der sogenannten »Intentionaliät« der Sinne ist deren Verstrickung in die Wirklichkeit angezeigt, wie man nämlich im »sinnlichen Spüren der Dinge« in die Wirklichkeit verstrickt ist. Nur dort haben die Sinne eine Funktion. »Statt der Intentionalität (...) haben wir tatsächlich nur den konkreten Umgang mit den Dingen« (PdE 1, S. 89).

Indem ich mit den Dingen umgehe, betrachtend mich mit ihnen befasse, unter bestimmten Gesichtspunkten sie mir vornehme, werden die Dinge das, was sie sind. In diesem pragmatischen Kontext der Wirklichkeit, da ich die Dinge zu fassen suche, helfen *Konzeptionen*. Unter Konzeptionen versteht Lipps die »Begriffe« des alltäglichen Lebens. Diese sind *gekonnte Griffe*, die mir die Dinge zu erschließen ermöglichen.

Die formale Logik bestimmt das Verhältnis des Begriffs zur Wirklichkeit als Beziehung eines Begriffs zu seinem Gegenstand. Doch ein solcher Gegenstand ist nirgends zu finden, »wenn Konzeptionen Griffe sind, in denen man die Wirklichkeit unter wechselnden Seiten zu fassen kriegt, wenn Konzeptionen gleichsam die verordnende Mitte sind, von der her die Wirklichkeit erschlossen wird« (HL, S. 61). Die formale Logik trennt den Begriff von der Wirklichkeit (»Existenz«) des Dings, so daß der Begriff der Wirklichkeit des Dings gegenübergestellt wird. Man erkennt aber doch nicht »so etwas wie« ein Ding, sondern z. B. sein Vorhandensein an seinem Platz, worin auch die Möglichkeit seiner »Streuung« liegt, denn er könnte auch woanders sich befinden. »Die Wirklichkeit eines Tisches bedeutet dessen tatsächliches Vorhandensein an einem Platz. (...) Eine Wagenspur existiert, sofern sie deutlich zu sehen und nicht verwischt ist. Existenz bedeutet Verschiedenes bei verschiedenen Dingen« (HL, S. 61). Ein Ding ist kein Gegenstand in Beziehung auf einen Begriff, der all seine Merkmale enthielte. Ein Ding kann für sich allein, isoliert, überhaupt nicht vorhanden sein; es kann so nicht einmal vorgestellt werden. Ein Ding kann nur unter einem *Umgangsaspekt* in der *Situationshaftigkeit* konkreter Praxis vorgestellt werden. Es gibt keine isolierten Dinge außerhalb jeglichen Situationskontextes, die man dennoch diesseits der Wirklichkeit wähnen könnte.

Es gibt nur ein Begreifen im Sinne eines die Dinge In-Griff-Nehmens, eines Sich-Umtuns in den tatsächlichen Verhältnissen, die als die wirklichen im Umgang mit den Dingen maßgebend sind. Wenn die formale Logik den »Begriff« diesseits der Wirklichkeit ansiedelt, so wird ihm ein besonderes Verhältnis zur Welt unterstellt: als ob das Ding das Subjekt seiner Existenz sei und der Ding-Begriff durch die Wirklichkeit lediglich komplettiert werde. Das Verhältnis des Begriffs zur Wirklichkeit ist jedoch kein Anhängsel, das nur irgendeine »Position« ausdrückt. Vielmehr: »Im Vollzug des concipere behandelt man die Dinge, nimmt sie, nämlich zugreifend, ausgreifend, aufgreifend. Unaufhebbar gehört zum Begreifen das Transzendieren. Keine Konzeption ist ohne irgendein Verhältnis zur Wirklichkeit. Die Konzeptionen des alltäglichen Lebens werden wach, bei den Dingen seiend, im Zutunhaben mit ihnen, in ihrer Umgänglichkeit vollzogen« (HL, S. 62 f.). Was handelnd und sprechend in den Griff genommen wird, umreißt sich seine Bedeutung erst in der Konzeption. Der Begriff ist niemals das erste, unter dem wir den Dingen in Situationen begegnen. Vor dem mitweltlichen Verstehen und Verständlichmachen steht noch das Fassen-Können, Zu-fassen-Bekommen, nämlich der Blick für etwas und die Perspektive, unter der etwas genommen wird. Denn auch ein Gesicht wird zunächst als Ausdruck erkannt und die Gestalt eines Baumes als natürlicher Wuchs gesehen (vgl. HL, S. 63).

»Nicht von sich aus, sondern von mir aus zeigen sich die Dinge« (HL, S. 56). So ist jeder gekonnte Griff auch ein Schritt zu mir selbst. Konstitutiv für die Auslegung im situativen Begreifen ist die *Hinsicht*, mit der etwas in den Griff genommen und festgehalten wird. Hermeneutische Logik beläßt die Dinge in diesem Griff, in dem die maßgebliche Bedeutung der Dinge für mich gefaßt ist. Die Konzeptionen der Dinge sind nur in dem zu entdecken, »als was sie da sind für mich« (HL, S. 65). Konzeptionen sind mein Vermögen, mit den Dingen »fertig« zu werden. In der Begegnung mit den Dingen in Situationen zeigen diese sich mir in ihrer Umgänglichkeit, die auf meine Möglichkeiten zurückzeigen. Dies »mein« und »mir« darf jedoch nicht isoliert als mein privates, einsam gebildetes Selbstwissen verstanden werden. Konzeptionen werden gelernt und durch die *Sprache* vermittelt. Und darin ist allemal schon der Richtung vorgegriffen, unter der die Dinge von mir entdeckt werden können. »Und ›die‹ Erfahrung ist maßgebend für unsere Auffassung der Dinge – nämlich nicht meine oder sonst eines Erfahrung, sondern die, die ›man‹ gemacht hat« (HL, S. 70). Daraus erwächst durch Tradition und Gewohnheit das Konventionelle unserer Auffassungen, indem der überkommene Umgang mit den Dingen »als fraglos hingenommen und als bloß eben bekannt bereitgestellt wird« (HL, S. 70). In dieser »Banalisierung« sieht Lipps zugleich eine bequeme Entlastung, selbst eigene Bahnen aufnehmen zu sollen. Statt dessen wird oftmals lediglich ausgelegten Spuren gefolgt. Gerade darin weist sich die »realste Alltäglichkeit« aus.

Durch Hin- und Herwendung der Dinge sucht man sich die *Situation* zu erschließen. Die Situation wahrzunehmen, bedeutet deren praktische Erledigung, der bündige Schluß ein Weiterkommen. »Erkenntnis« spielt hier insofern herein, als man sich nicht zum bloßen Objekt seiner Lage entgleitet, sondern sich in der Erkenntnis der Situation als deren Subjekt durchsetzt. Die Aufnahme der Situation geschieht als Sicht; schon die Feststellung des in ihr Gegebenen folgt unter einer Richtung, die meinem Vorhaben angemessen ist. »Das Erschließen der Situation vollzieht sich im Erkennen und Bestimmen von etwas als etwas. Man orientiert sich über die Dinge« (HL, S. 26). In der Orientierung werden nicht Gegenstände oder Objekte erkannt, sondern das Vorhandensein z. B. eines Stuhls. »Die Dinge werden in ihrer verhältnismäßigen Bedeutung, praktisch geradezu als die Angriffspunkte der Situation erkannt« (MN, 68). Etwas erkennen heißt, dessen Vorhandensein erfassen. Nicht das Einzelne, sondern das »Allgemeine« im Sinne des *Wiederkehrenden* wird sehend erfaßt; als »ein« Stuhl wird dies hier gesehen. Erkannt wird etwas auf die Konstanz des Umstandes hin, zu dem es gehört, und verstanden auf sein gelegentliches hic et nunc. Vorhanden-Sein bezeichnet also eine bestimmte *Bezüglichkeit*. Die Dinge begegnen als Vorhandenes, man ist ihrer Gegenwart versichert. Als »vorhanden« wird etwas von mir genommen, bezogen auf meine Lage hin.

3.6 Sprechen und Sprache

Beim Umgang mit den Dingen in Situationen kommt der *Sprache* eine besondere Bedeutung zu. »Hermeneutische Logik« ist für Lipps Sprachphilosophie. Denn zuerst sehen wir die Welt in der »Ansicht unserer Sprache«. Im Sprechen nehmen wir das in der Sprache hinterlegte Verhältnis zu den Dingen auf, »die Dinge werden auf das Wort gebracht« (MN, S. 71). Die Sprache, zu der ein Wort gehört, ist eine bestimmte hinsichtlich der Ebene und Richtung, in der die Dinge gefaßt und einem zu erkennen gegeben werden. »Meine Sprache ist verbindliche Basis meiner Auseinandersetzung der Dinge« (HL, S. 80).

Im *Wort* werden die Dinge erkannt, d. h. ausgelegt. Ausgangspunkt der hermeneutischen Logik ist die Situation, »so wie sie zu Wort kommt (...). Das wirklich gesprochene Wort gilt es, in dem Selbstverständnis seines Vollzuges sich ausdrücklich anzueignen« (HL, S. 20). Was zu Wort kommt, ist eine Erkenntnis, die sich nur in der Situation halten kann. Worte lassen sich nicht als Bestand ausweisen, sondern sie müssen, bezogen auf die Wirklichkeit, in ihrer Aktualität verstanden und ausgelegt werden. Wovon die Rede ist, ihr Sinn, ist die je gegebene Situation. »Heute«, »gestern« usw. können nicht aus dem Umstand meines Daseins gelöst werden. Wenn gesagt wird: »es ist noch weit«, dann ist nicht irgendein Weg gemeint, sondern »mein« Weg. Mein Weg ist nicht nur auf mich bezogen; dessen »Länge« bezeichnet aber vor allem meine »Lage«, die auf mich hin konstituiert ist. »Das ›Hier‹ ist als das in ›es regnet‹ implizit genommen bzw. ›gegebene‹ Hier ebensowenig ein identifizierbarer Ort als das ›Jetzt‹ des Augenblicks eine identifizierbare Zeitstelle bezeichnet. Das Wort ›hier‹ hat nicht einfach die Funktion, die räumliche Umgebung der redenden Person zu bezeichnen. So als ob sich seine eigentliche Bedeutung erst auf Grund der jeweiligen Vorstellung dieses Ortes konstituierte. Die Bedeutung von ›heute‹ ist überhaupt nichts, was man so ›verstehen‹ kann« (PdE I, S. 62). Für Lipps ist darin vielmehr eine *Konzeption* bezeichnet, die in einer »unmittelbaren Vorstellung« überhaupt nicht vollzogen werden kann. Eine Konzeption kann nur explizit gemacht werden, insofern ihr Inhalt hermeneutisch sich erschließen läßt.

In der Sprache ist eine Weltansicht hinterlegt, die im Lernen der Sprache angeeignet wird. Diese Ansicht von der Welt wird in der inneren Form bzw. in den Bedeutungen und Kategorien faßbar, die in der Sprache führend sind. Durch die Überkommenheit der Sprache, in der ich stehe, bin ich in eine *Gemeinschaft* eingestellt. Sprache ist immer je eine Gemeinsprache. Sie ist etwas, was man lernt, aber nicht sich gebildet hat. Die Sprache, in die ich hineingewachsen bin, gestaltet »Griffe« vor, die jedoch keine praktischen, sondern *sichtende Konzeptionen* sind (vgl. HL, S. 92). »Die Wirklichkeit der Sprache als das, worin ihre Möglichkeiten am Werke sind, liegt in den Wendungen, in denen das Wort vollzogen wird« (MN, S. 75). Erst die situative Aufnahme der in der gemeinschaftlichen Sprache hinterlegten Konzeptionen bringt mich zu meiner mir eigentümlichen Sprache. Wenn Lipps sagt: »Jede Sprache ist je eines Sprache« und: »Meine Sprache – das bin ich selbst«

(HL, S. 78 und 79), so meint er diesen schöpferisch nachzeugenden und ausprägenden Vollzug der in der Gemeinsprache angelegten Möglichkeiten. Eine fremde Sprache ist immer auch eine fremde Welt. Daß jede Sprache eine bestimmte Sprache ist, bedeutet keine Beschränkung. Jede Sprache hält sich innerhalb eines Horizonts, in dem alles irgendwie gesagt werden kann.

Das Wort, das zu einer bestimmten Sprache gehört, in der die Dinge hinsichtlich einer entschiedenen Richtung genommen werden, wird in seiner Bedeutung verstanden. Es gibt mir die Dinge zu fassen. »Was ein Wort ›im Grunde‹ bedeutet, ist nie sachlich anzugeben. (...) Die Dinge werden interpretiert, nämlich gleichsam verschieden gebrochen durch die Sprache« (MN, S. 71). Wird das Wort in den umfassenden Zusammenhang des Zeichens oder des Symbols eingeordnet, dann ist für Lipps der Eingang in die eigentlichen Probleme der Sprachphilosophie verbaut. Die Erkenntnis des Zusammenhangs zwischen Sprache und Begriffsbildung weiß um die verschiedene Bedeutung des Worts im alltäglichen Sprachverständnis. Lipps' hermeneutische Logik löst die Wortbedeutung aus dem logischen Schema, in das man sie formallogisch einzustellen gewohnt ist. Der Sinn eines »Begriffs« ist in die Art, wie man den Dingen gegenübertritt, eingestellt. Weder ist die Bedeutung von dem Wort als von einem bloßen Zeichen ablösbar, noch ist dessen Bedeutung durch Abstraktion von der Aktualität seines Gebrauchs zu gewinnen. Die Bedeutung eines Worts ist nicht ein durch Verallgemeinerung gewonnener »Begriff«: »Gerade die Sprache bewahrt aber in den Wortbedeutungen die ursprünglichen ›Begriffe‹. Und ›ursprünglich‹ meint hier nicht – genetisch – primitiv, sondern den Gegensatz zu dem ›Begriff‹, wie er wortfremd in der Logik als Prädikat auftritt« (PdE II, S. 27). Der Begriff ist nichts, was in einem Wort wie in einer Formel enthalten ist. Nur *im Gebrauch* können die jeweiligen Bedeutungen zutage treten. In Situationen wird die Bedeutung eines Worts aufgenommen, und erst in dieser Aufnahme kann sich seine Bedeutung konkretisieren. Lipps meint damit nicht, daß eigentlich »Bedeutungen« verstanden werden, sondern Wörter werden in dem verstanden, was sie bedeuten. Die Bedeutung eines Worts kann nur *interpretiert* werden. Ein Wort ist als Wort deutlich, insofern es die zuspitzende Fassung von dem ist, was man im Sinn hat.

»Ohr und Auge sind auf die Welt im Ganzen bezogen. Auch in

der Stille ›spricht‹ sie noch zu uns. (...) Das Gehör ist aber vorzüglich das Organ zum Vernehmen des anderen« (HL, S. 76). Man vernimmt das Wort, versteht und begreift es. Im Nach- und Umdenken beschäftigt man sich mit dem Vernommenen. Durch das gesprochene Wort soll der andere auf etwas gebracht werden. Es bezeichnet nicht einfach etwas, sondern bezeichnet *dem anderen* etwas. Was durch das Wort der Rede gemeint ist, was es zu verstehen gibt, dem kann nur der andere entsprechen, indem er dessen Bedeutung aufnimmt und vollzieht. Im Entsprechen nimmt der Hörer die Sicht des Sprechers auf, je nach den Umständen der Situation. Die Situation ist das, worin einer dem anderen begegnet. Nur in der Situation kann der eine den anderen als in seiner Situation ansprechen. In meiner Ansprache wird der andere gestellt, das heißt veranlaßt, *sich* zur Sprache zu bringen. Das Eingehen auf das Gesagte bedeutet eine Sichtnahme.

Ich »übersetze« etwas in die Sprache des anderen, wenn ich es in seine Art, die Dinge zu sehen und aufzufassen, übertrage. Damit trage ich dem Rechnung, daß jedes Wort zu einer »bestimmten« Sprache gehört und das Gepräge seiner Konzeptionen einen eigenen Geist verrät. Den anderen verstehen, heißt die Bestimmtheit »seiner« Sprache verstehen, das heißt ihn verstehen. In der Begegnung mit dem anderen entfaltet man sich. Dadurch, daß der eine die Auslegung des anderen seinerseits aufnimmt, bekommt man sich selbst zurück. Der eine setzt beim anderen die *gemeinsame* Welt voraus, nämlich daß diese je unter ihrem Horizont gegenwärtig ist. Die Sprache des einen weckt daraufhin die Sprache des anderen. Den anderen, ihn selbst, verstehe ich, sofern er sich als er selbst – seine Sorgen und Gedanken mitteilend – »verhältnismäßig vollzieht« – nämlich im Verhältnis zu unserer gemeinsamen Welt. – Doch zunächst bleibt jeder befangen in seiner Sicht. Objektivität heißt aber gerade eine Sicht finden, die ihr Maß daran orientiert, daß die Welt mit anderen geteilt wird.

3.7 Die Antizipationen der Wissenschaften

Lipps hat seine hermeneutische Logik aus der Kritik an der formalen Logik und den modernen Wissenschaften von der Natur gewonnen, deren »Antizipationen« er aufgedeckt und »nachgetragen« hat. Die Aufdeckung der Voraussetzungen, die die Wissenschaften je leiten, macht erst die Spannung greifbar, die zwischen dem außerwissenschaftlichen und dem wissenschaftlich-methodischen Nehmen der Dinge besteht.

Für Lipps' Blickrichtung ist gerade die des »praktizierenden« Naturkundigen (Arzt, Biologe) typisch, der, wie Evamaria von Busse hervorhebt, »in seinen Untersuchungen ›von unten‹ anfängt, d.h. für den es immer das einzelne Bestimmte ist, was das Fragen in Gang bringt und hält« (1954, S. 217). Am Beispiel der modernen Biologie seiner Zeit zeigt Lipps den Wandel der Naturforschung von einer Erfahrungswissenschaft zu einer voraussetzungslosen Wissenschaft, die – frei von weltanschaulichen Bindungen – mit einer theoretischen Vorstellung von der Natur beginnt. Darin liegt aber gerade ihre weltanschauliche Antizipation, in der Behauptung nämlich, die Natur könne durch Verzicht auf deren umgängliche Anschaulichkeit und Erfahrbarkeit *erklärt* werden. Es gibt indes ein »natürliches« Interesse an den Dingen und Erscheinungen dieser Welt, die als eine allen gemeinsame Welt genommen wird. Der Naturforscher tritt darin als »Zeuge« auf, der der Natur etwas ansieht und bestimmt, das in der Fortsetzung der natürlich-gemeinschaftlichen Blickrichtung liegt. Die moderne Wissenschaft hat wie selbstverständlich diese Ursprungseinstellung gegenüber der Welt zerstört. »Welt-bild‹ heißt jetzt die theoretische Vorstellung, die man sich von der Natur macht« (WdM, S. 12). So gibt es auch ein physikalisches »Bild« von der Welt als Universum. Man steht aber nicht in dieser Welt. Es gibt keine »Ansicht« davon. »Methode« wird jetzt das Mittel, in dieses Weltbild gleichsam einzuspringen. Das ursprüngliche Ansprechen der Dinge kann ganz verschieden sein. Dieser Verschiedenheit korrespondiert die »Offenheit der natürlichen Weltansicht«. Die »Ansicht« der Dinge ist nicht nur eine vorgezeichnete Perspektive, unter der sich die Welt zeigt. Die »Lage«, zu der eine »Ansicht« gehört, ist nämlich kein Standpunkt der Welt gegenüber. Sie ist nicht eine von den Dingen her bestimmte »Situation«. Es ist meine Lage. Die »Ansicht« der Welt ist »etwas Vorgängiges gegenüber einem Bild, das man sich von demjenigen macht, was als ›Welt‹ hierbei bereits erschlossen ist« (WdM, S. 29).

Die je die Wissenschaften leitenden weltanschaulichen Antizipationen werden von Lipps nicht aufgedeckt, um die Leistungen der Fachgebiete abzuwerten. Lipps geht es vielmehr darum, an den notwendig willkürlich gesetzten Vorgaben die Grenzen der wissenschaftlichen Fragestellungen aufzuzeigen. Was den modernen Wissenschaften als Fortschritt erscheint, nämlich die Überwindung der »Zeugen- und Kundschaft« des Forschers von merkwürdigen Phänomenen einer allen gemeinsamen natürlichen Umwelt, stellt sich Lipps dar als Verlust ursprünglicher Erfahrungen. Was dort mittels kausaler und teleologischer Erklärung ins Reich nichtwissenschaftlicher Spekulation verwiesen wird, läßt sich, so Lipps, als tatsächlich aufweisbare Phänomene beschreiben. Am Beispiel von Goethes Naturforschung, der es um die Auslegung der jeder Naturwissenschaft vorausliegenden ursprünglichen *Erfahrung* der Natur ging, macht Lipps deutlich, daß die »Wirklichkeit der Natur«, wie Landgrebe sagt, ein »verstehbarer ›Gegenstand‹ unmittelbarer sinnlicher Anschauung und darin gründender Erfahrung ist« (Landgrebe 1956, S. 171). Schon die außerwissenschaftliche sinnliche Anschauung des umweltlich und umgänglich Gegebenen kommt zu *Begriffen*, die deshalb auch nicht blind sind, weil sie sich nicht von kausal-logischen Prinzipien leiten lassen. Der Umgang mit den Phänomenen der Natur spricht denn auch mit das Verhältnis an, in das sich der Forscher selbst zu den Dingen setzt. Die naturwissenschaftliche Methode des neuzeitlichen Experiments entstellt dieses Verhältnis, denn Experimente sondern gleichsam vom Menschen ab. Auch in Hypothesen ist das ursprüngliche Verhältnis zur Welt abgebrochen. Es geht dem Experimentator nicht darum, selbst Fuß zu fassen in Situationen. Vielmehr strebt etwa die Physik nach einer Grundlegung der »Natur«, indem ihr »theoretischer Ansatz Natur die Ebene aufzwingt, auf der sie sich im Experiment zu stellen hat« (HL, S. 46). Goethe wollte nur nach Bedingungen und Umständen fragen, »bei deren Gelegenheit eine Erscheinung auftritt« (WdM, S. 19). Umstände sind aber nichts, was man herauslösen und isoliert betrachten kann. »Nur für bestimmtes Lebendiges sind sie dessen Umstände« (WdM, S. 19). Auch wenn Lipps sich der Schwächen der »Methode« Goethes bewußt ist (vgl. zu Goethe auch: König 1926, S. 120 ff.), so erkennt er doch eine gewisse Verwandtschaft zu seiner Phänomenologie, die den »Charakter« der menschlichen Wirklichkeit nicht für objektiv wissenschaftlich bestimmbar hält; vielmehr muß dieser aus dem jeweiligen Umgang mit den Dingen in Situationen immer neu ausgelegt werden.

Hermeneutik hat die Aufgabe, den Boden einer Erfahrung sichtbar zu machen, der in einer Gegenüberstellung von erkennendem Subjekt und Objekt bereits entstellt ist. Ursprüngliche Erfahrung heißt für Lipps, daß die Dinge nur »als ganze und im Rahmen einer Welt« (WdM, S. 112) erfahren werden. Bleibt die Frage, wie wissenschaftliche Begriffe möglich sind, die gerade das in ursprünglichen Konzeptionen Verstandene nicht erledigen. Lipps ist dieses Problem selbst nicht mehr angegangen, wiewohl er nur der Hermeneutik zutraute, die in der natürlichen Einstellung maßgebenden Selbstverständlichkeiten herauszustellen. In verschiedenen Behandlungen des Zusammenhangs von »Begriff«, »Beispiel« und »Fall« zeigen sich jedoch Hinweise und Umrisse, wie Lipps sich eine hermeneutische Wissenschaft vorgestellt hat (vgl. unten Kapitel 2, Abschnitt 2.8). Wissenschaft ist immer an bestimmte Situationen und an konkrete Forscher gebunden. Sie ist getragen von einem bestimmten Bezug zur Welt. Das Selbstverständnis des Forschers und seiner Forschung kann sich als bestimmter Standpunkt verfestigen, wenn der Forscher von vornherein schon über sein Objekt verfügt und dieses sich nur als das darstellen kann, woraufhin er es ausprobiert. Als *Objekt* reagiert es lediglich auf die schon bekannten theoretischen Lehrbegriffe. Wissenschaftliche Standpunkte werden so als begrifflich fixierte Aussagen vertreten. Der Bezug des Wissenschaftlers zur Welt kann aber auch »in der Souveränität einer bestimmten Lebenshinsicht faßbar werden« (WdM, S. 9). Dafür bedarf es keines besonderen Weltbilds, sondern die befragten und entdeckten »Fälle« verbleiben in der Welt, die allen gemeinsam ist. Der wissenschaftlichen Erkenntnis der Welt gehen die weltanschaulichen Antizipationen voraus, in denen man die Welt immer schon sprachlich »in Griff« genommen hat.

4. Der umgangsweltliche Erfahrungsbegriff – Umgangs-Erfahrung und Begegnung als zentrale Kategorien

Die Soziologie als praktische Erfahrungswissenschaft zu gestalten – freilich in einem anderen Sinne als Popper von »Erfahrungswissenschaften« spricht und darin von »Erfahrung als Methode« (vgl. Popper 1966, S. 13 ff.) –, setzt eine die interpretativen Sozialwissenschaften begründende und deren Forschung leitende Vorstellung oder Auffassung vom Menschen voraus. Dazu erschien mir neben anderem wesentlich, den Begriff der »ursprünglichen Erfahrung« (vgl. Landgrebe 1956) in einem soziologisch relevanten Zusammenhang erneut zu diskutieren. Immer noch ist es wissenschaftstheoretisch ungeklärt, welche Rolle der Erfahrung im Prozeß der Erkenntnis zukommt. Für Gadamer gehört der Begriff der Erfahrung » – so paradox es klingt – zu den unaufgeklärtesten Begriffen (...), die wir besitzen« (Gadamer 1986, S. 352).

»Handeln«, »Sinn« und »Wissen«, die zentralen Begriffe einer verstehenden Soziologie, sollen im folgenden aus dem oben aufgewiesenen Kontext phänomenologisch-hermeneutischer Methodologie ausgelegt und entwickelt werden. Handeln braucht sein begegnendes »Mitweltliches«, auf das es stößt, ob als Ding, als der andere, als Selbst. Nur dem, was bei-mir und mit-mir in der Welt »ist«, kann ich begegnen. Sinn ist dem Menschen als primäre Vertrautheit und Orientiertheit innerhalb einer Welterschlossenheit (»Verstehen«) schon im Rücken, wenn er handelt und spricht, nämlich als sein Vorhaben und Vorwissen. Im Vollzug, im praktischen Schließen der Situation, im Sprechen und Handeln, stellt sich dieser Sinn dar, insofern jedes Tun und Lassen nur unter der Hinsicht eines »Um-zu« praktisch wird (vgl. Gethmann 1988, S. 149). Die aus dem Vorverständnis in die Praxis des Vollzugs entlassene »Hinsicht«, die im jeweiligen Um-zu die Richtung des Handelns führt, wird handelnd nicht eigens thematisch, sondern im Gebrauch sozusagen unter der Hand exemplifiziert. Der Umgang ist zugleich sinnstiftend und sinnauslegend bezogen auf Vorverständnis und Einzigartigkeit der Situation.

Das jeweilige Vorverständnis wird in der situativen Auslegung praktisch, aber so, daß Vorverständnis und Auslegung nicht identisch sind. Nur im Beschluß der Situation, dessen Offenheit auf keine Weise theoretisch-methodisch verstellt werden darf, vollzieht sich die Auslegung. Am »Lesen« dessen, was im situativen Verfassen von Bedeutsamem als gewußter oder besser: gekonnter Sinn unausdrücklich bleibt, orientiert sich das ausdrückliche hermeneutische Verstehen, das, bezogen auf das »Geschehen« der situativen Auslegung, des Fassens der Situation unter Konzeptionen, nur nachträglich sein kann. Hermeneutische Soziologie ist Ausdrücklichmachen eines Sinns, der notwendigerweise unausdrücklich bleibt. Denn wenn man etwas tut, kann man nicht zugleich über das Tun sprechen. Spricht man über sein Tun, kann man nicht zugleich über sein Sprechen sprechen. Nachträglich soll nun heißen, daß das »Erkennen« sich auf einen vorgängigen Handlungs- oder Umgangszusammenhang bezieht. Das Erkennen ist »methodisch als defizienter Modus eines primären, umfassenden Handelns zu verstehen« (Gethmann 1988, S. 150). Dabei kann man sich vor Augen führen, daß das Erklären, wenn unsere Begriffe nicht ausreichen, letztlich »auf das einfache Vormachen zurückkommen muß« (S. 150). Will ich nämlich jemandem erklären, was hämmern ist, so werde ich schließlich, wenn alles begriffliche Auseinandersetzen nicht zum Ziel kommt, in meinen Werkraum gehen, ein Stück Holz, einen Nagel und einen Hammer hervorholen und zu hämmern beginnen.

Inwiefern ergibt sich aus der hermeneutischen Pragmatik bei Schapp und Lipps ein soziologisch aufnehmbarer Zugang zum Phänomen der Erfahrung, und welches methodologische Verständnis läßt sich interpretieren? Für Schapp wie für Lipps hat die Hermeneutik die Aufgabe, den Boden einer Erfahrung sichtbar zu machen, der in der Gegenüberstellung von erkennendem Subjekt und erkanntem Objekt bereits entstellt ist. Sie lassen keinen Zweifel daran, daß das, was in der Welt begegnet, außerwissenschaftlich verstehbar und erfahrbar ist. Im alltäglichen Umgang mit den Dingen in Situationen werden die Dinge das, was sie für uns sind. Und auch nur in bezug auf diesen wechselnden Umgang innerhalb mitweltlicher Lagen »bedeuten« uns die Dinge und Gebilde in der Welt etwas. Damit hat die pragmatische Hermeneutik einen Begriff von Erfahrung gewonnen, der vor jeder Trennung von Forscher und Forschungsgegenstand angesiedelt ist. Soziale Wirklichkeit läßt sich nicht unter Laborbedingungen umwelt- und kontextfrei simulieren oder rekonstruieren. Sondern der Soziologe muß den Menschen inmitten seiner Welt wieder als denjenigen verstehen, der er z.B. noch für den Erfahrungsforscher Goethe war, nämlich als Zeugen der sozialen und natürlichen Welt, der von ihren Phänomenen Kunde gibt in der Weise, wie er sie von ihrem Wirken auf ihn hin erfährt. Bedingungen und Umstände als *Hypothesen* setzen heißt, die Sozialwelt diesen zu unterwerfen. Bedingungen sind dann dasjenige, was der Soziologe sozusagen technisch in der Hand hat. In dieser Haltung läßt man sich als Forscher nicht von Erfahrungen, die Menschen inmitten ihrer Welt gemacht haben, überraschen. Sondern »Erfahrungen« werden vorsätzlich vom Soziologen veranstaltet.

Eine interpretative Soziologie, die die Erfahrung wieder bedenken will, antizipiert ein soziales Geschehen, das sich im umsichtigen Umgang der Menschen miteinander und mit den Dingen konstituiert. Diese soziale Praxis findet ihren Niederschlag in der jeweils gebräuchlichen Umgangssprache. Inmitten dieser Umgänglichkeit befindet der Mensch sich in einer »Lage«, die er als seine Situation und als seine Geschichte versteht. Sein Tun und Lassen hat den spezifisch pragmatischen Charakter des Verfügens über Möglichkeiten und des Fertigwerdens mit Um- und Widerständen. In einer schönen Wendung, mit der Schapp das Verständnis von Erfahrung bei Homer hervorhebt, nämlich daß »Odysseus die Städte vieler Menschen gesehen hat und das Sinnen (und Trachten) vieler Menschen erkannte und daß er viel geduldet hat«, und schließlich feststellt, daß das, »was etwa Homer unter Erfahrung versteht (...) sich ungefähr mit dem deckt, was wir unter Geschichten verstehen, in die wir verstrickt sind« (PdG, S. 134) – in dieser Wendung also wird Erfahrung als Lebenserfahrung und Lebensklugheit verstanden, als eine Erfahrung, die man selbst sozusagen »am eigenen Leibe« gemacht hat.

Aber auch Konzeptionen, wie sie Lipps hervorhebt, spielen hier insofern herein, als der Mensch sich inmitten des sozialen Geschehens immer schon weiß und darin sich selbst in den Möglichkeiten seines Handelns versteht. Lebenserfahrung – so stellt Lipps fest – »hat es eigentlich immer nur mit sich selbst zu tun. Die Menschen gelten ihr wie das Leben als etwas, worin man sich auszukennen hat« (MN, S. 7). Konzeptionen helfen dem Menschen, zu möglichen Zielen seines Handelns sich zu stellen. In Konzeptionen wird das je Gegebene als Ausdruck der Lage erkannt, wobei auf vorangegangene Auslegungen immer wieder zugekommen wird. Die Grenzen seiner Entwürfe und Pläne liegen in der den Menschen begrenzenden Lage und Situation, den Bedingungen und Umständen, die dem Handeln jeweils vorgegeben sind. Darunter wird man die Mitwelt ebenso zu fassen haben wie die sogenannte sozialkulturelle Welt mit ihren sozialen, wirtschaftlichen und politischen Institutionen, die man mit den anderen Menschen teilt.

Für Schapp besteht immer eine Priorität der Verstrickung in Geschichten vor dem Handeln; »das Handeln betrifft nur Momente in der Geschichte« (IGv, S. 158). Wenn Handeln als ein Tun verstanden werden muß, das auf Situationen gewissermaßen antwortet, so ist Handeln immer in eine Geschichte (mit ihrem Alter) eingebettet (vgl. IGv, S. 158). Das Handeln kommt nur in Geschichten vor. »Mit dem Handeln erhebt man sich nicht über die Geschichte, ragt man nicht über die Geschichte hinaus, sondern das Handeln ist eingebettet in die Geschichte, gehört zum Verlauf der Geschichte. An der Stelle, wo es auftaucht, ist es vorbereitet in der Geschichte« (IGv, S. 158). Jedes konkrete Handeln kommt zu einem Ende, während die Geschichte, in die wir verstrickt sind, weitergeht. Erst mit dem Tod eines Menschen endet sein Verstricktsein, jedenfalls in dem Sinne, in dem wir überhaupt nur sinnvoll von Geschichten und Verstricktsein sprechen können. Aber sicher ist dies auch nicht.

Ins Zentrum der soziologischen Antizipationen rückt damit die *Geschichtlichkeit* der individuellen Situation wie die der sozialen Welt, zu der der Mensch sich je verstehend verhält. Unter der Lebensgeschichte eines Menschen muß dann die Erfahrung verstanden werden, die als innerer Bezug »seiner« Situationen untereinander sich konstituiert und die »wirklich in der Zeit auch der eigenen Geschichte« (zur Lippe 1989, S. 49) sich vollzieht. In der *Geschichtlichkeit der Umgangserfahrung* liegt der tiefere Grund für die Unmöglichkeit, das Wesen der sozialen Natur des Menschen vorweg und isoliert vom je konkreten Weltbezug als Prinzip oder als Idee sich vor- und darzustellen.

Eine in diesem Sinne eingestellte Sozialforschung begreift den Menschen als den in Lage und Situation Verstrickten. Der Sozialforscher kann den anderen nur darin verstehen, wie er dessen »Erfahrungshorizont« mit versteht. Was zu einer geschichtlichen Situation gehört, muß als Strukturmoment der Lage begriffen werden, in der sich der Mensch vorfindet und auf die er in seinem Verhalten antwortet. In der Aufnahme und im Beschluß der Situation wird diese dann erledigt, gleichsam umgebogen und modifiziert. Diese Wechselwirkung von Lage und Beschluß läßt jeweils soziologisch interessante Tendenzen und Richtungen des Umgangs geschichtlich handelnder Individuen sichtbar werden. Darin zeigt sich, wie der Mensch mit seiner Lage je fertig geworden ist, aber auch, wie sein Selbst- und Weltverständnis im pragmatischen Umgang und in der Begegnung mit sozialen Geschehnissen »akut« wird und in der Aufnahme seiner Möglichkeiten sich auslegt.

5. Weitere hermeneutische bzw. pragmatische Erfahrungsbegriffe

Im folgenden müssen wir noch tiefer nach der Erfahrung fragen – nun aber konfrontiert mit der neuzeitlichen Erkenntnisgewißheit, das heißt mit der modernen Vorstellung, Erfahrung habe mit einer Erkenntnis sozusagen abzuschließen, Erfahrung sei lediglich ein Glied des Erkenntnisprozesses. Welches »Bild« muß sich eine Wissenschaft von ihrem »Gegenstand« bereits gemacht haben, wenn sich mit dem messenden Experiment das »Wesen des Gegenstands« zeigen lassen soll; oder wenn eine sogenannte »Erfahrungswissenschaft« Phänomene der sozialen Welt als »Daten« auffaßt und sie damit gezielt von jenen isoliert, denen diese Phänomene umgangsweltlich etwas bedeuten? Kant hat der Erfahrung kein Apriori zugestanden. Denn das Erste wird bei ihm nicht »erfahren« an einem »äußeren« Ding, sondern es entspringt schlagartig aus dem Subjekt selbst. Das Apriorische ist zwar etwas Gewordenes, aber auf einen Schlag Gewordenes. Erfahrung dagegen ist für Kant eine abkünftige Erwerbung aufgrund einer vom Subjekt bereits gestellten Voraussetzung. Indem Kant die *Einheit* von Erfahrung und Apriori aufgibt, hält auch die Bezeichnung »a priori« an keiner Herkunft von einem »Früheren« mehr fest, wie dies noch bei Aristoteles der Fall war. Für Kant fangen das Erkennen und die Erkenntnisse mit dem Vorstellen an. Der zurückgewonnene griechische Ausdruck *empeiria*, den wir in den hermeneutischen Begriffsklärungen antreffen, wirft nun seinerseits Licht auf eine gewisse Einseitigkeit im Umgang mit Erfahrung seit dem neuzeitlichen Auftreten von Wissenschaft und Philosophie. Das Ungenügen dieser modernen begriffsgeschichtlichen Überlieferung, Erfahrung nur mehr im Rahmen naturwissenschaftlicher Gesetzessuche und ihrer Methoden zu verorten, führt uns zur Notwendigkeit, wieder die ganze Breite der Möglichkeiten menschlicher Erfahrung aufzufächern.

Kommt Erfahrung in den Gesichtskreis der Wissenschaft, muß stets im Auge behalten werden, daß wir Erfahrung heute in einer doppelten Ausprägung kennen und vorfinden. Denn der Umgang mit *empeiria* gabelt sich einmal in den Gewinn von »Lebenserfahrung« und zum anderen in die Anwendung des (nicht nur naturwissenschaftlichen) Experiments. Inwiefern sind nun beide Verwendungen von Erfahrung untereinander in ein »zeitliches« Verhältnis zu bringen? Welche Bezüge zwischen dem Erfahren und dem Empirischen (der Empirie) lassen sich aufweisen, insofern Erfahren im Sinne des Widerfahrens von Ereignissen vom veranstalteten Umgang mit gemachten Erfahrungen schon geschieden ist? Nur unter Beachtung solcher Fragestellungen kann es gelingen, den »Weg der Erfahrung« zu verfolgen. Erfahrung und Experiment sind auch deshalb zunächst unter einen einheitlichen Gesichtspunkt zu stellen, weil wir ja auch danach fragen müssen, welches Selbstverständnis eine hermeneutisch ausgerichtete, »verstehende« soziologische Erfahrungswissenschaft eignet. Insofern sie sich den sogenannten Alltagserfahrungen zuwenden will, weil sie meint, nur darin das »unmittelbare Nehmen der Welt« entdecken zu können, muß sie schon wissen, was und wie Erfahrung ist bzw. wird. Wenn es stimmt, was die »exakten Wissenschaften« begründet, daß nur das methodisch kontrollierte Experiment wissenschaftliche »Wahrheit« zutage fördert, dann muß geprüft werden, ob dies in gleicher Weise für die soziologische Wissenschaft von der Alltagserfahrung gilt. Sollte sich jedoch zeigen, daß die »alltägliche Erfahrung« eine epagogische Hinführung zu ihren Kenntnissen und ihrem Können und keine auf Beweis gründende Urteils-Struktur aufweist, dann muß dies Konsequenzen für die soziologische Theorie und Methodologie haben; auch muß dann erneut nach der Reichweite soziologischer Begriffe gefragt werden. Wenn die hermeneutische Soziologie sich als Erfahrungswissenschaft interpretiert, dann wird sie selbstverständlich auch ihr eigenes »Erfahren« methodologisch zu reflektieren haben. Der wissenschaftliche Umgang mit Erfahrung ist ja nur der Widerschein des Vorgriffs, unter dem schon der Begriff der Erfahrung im Entwurf einer Wissenschaft vollzogen wurde.

5.1 Zur Stufenfolge des Erfahrens – Martin Heidegger

»Was ist ›sicherer‹: die unmittelbare naive Beschreibung oder das exakte Experiment? Die erstere, weil sie ›weniger‹ Theorie voraussetzt!« (Heidegger 1989, S. 166) Die Entwicklung von der griechischen *empeiria* zum lateinischen *experimentum*, schließlich zum neuzeitlichen Experiment zeigt an, in welchem sozialen und wissenschaftlichen Rahmen von Erfahrung gesprochen werden kann. Am deutlichsten zeigt sich diese Spannweite an der modernen Forderung nach der Wiederholbarkeit des Experiments. Aber im Erfahren wird nichts konstruiert, was sich dann beliebig (oft) rekonstruieren ließe. Und Wiederholbarkeit im neuzeitlichen Sinne setzt die Austauschbarkeit desjenigen voraus, um dessen Erfahrung es gehen soll. Im Experiment wird gerade von dem abgesehen, was die Erfahrung erst als jemandes Erfahrung ausmacht. Nur wenn man wieder eine deutliche Vorstellung davon zurückgewinnt, was erfahren »alles« sein kann, bekommt man ein Verständnis von dem, was im Experiment verloren gegangen ist. Auf einen vorläufigen Nenner gebracht, unterscheidet sich Erfahrung vom Experiment durch ihre jeweilige Methode. Genauer: Das praktische Erfahren besitzt überhaupt keine Methode, die man lehren und lernen und bewußt anwenden könnte. Aber, und darauf will Heidegger hinweisen, das Fehlen einer exakten Methode ist gar kein Nachteil. Denn was die Methode den untersuchten Phänomenen »antut« – antun muß, um »exakt« zu sein –, dies hinterläßt in den so gewonnenen »Theorien« Spuren, die unser Erfahrungsleben insgesamt entwerten. Um dies zeigen zu können, unterscheidet Heidegger Stufen und Weisen des Erfahrens, zu denen auch das wissenschaftliche Experiment gehört.

Die Stufenfolge, nicht die Wortgeschichte, findet »erfahren« zunächst als widerfahren vor, als auf etwas stoßen, was einem zustößt; etwas trifft einen, was man hinnehmen muß; es wird uns etwas »angetan«, was uns »affiziert«. Unsere Sinne »empfinden« etwas, was uns ohne unser Zutun begegnet; man macht seine Erfahrungen, die auch »schlechte« sein können. Eine nächste Stufe zeigt er-fahren als aktives Zugehen auf etwas, Sichumsehen und Nachsehen, schließlich Auskundschaften, »und zwar einfach nur in der Hinsicht darauf, wie es aussieht und ob es überhaupt vorhanden und antreffbar ist« (Heidegger 1989, S. 160). Auf dieser zweiten Stufe bleibt noch unbestimmt, was mir ohne eigenes Zutun zustößt. Die nächste Weise des Erfahrens verfolgt das obige Zugehen-auf nun in der Absicht auf Erprobung und Beobachtung, nämlich des »wie« und »unter welchen Umständen«. Man fragt, ob eine Kausalität vorliegt: wenn – dann? Schon in diesem Fragen liegt ein deutlicher Eingriff vor. Auf der zweiten und dritten Stufe geht dem Erfahren bereits ein eigenes Suchen, ein gezieltes Vorgehen, um etwas zu zeigen, voraus. Wichtig ist je-

doch zu unterscheiden, »was« und »wie« erprobt wird: ob einfach beschrieben wird oder ob das Bestehen einer Ursache-Wirkung-Beziehung und diese auch noch quantitativ bestimmt ausgemacht wird, wobei zusätzlich bestimmte Hilfsmittel (Lupe, Mikroskop, Fernrohr usw.) zur Anwendung kommen. »Das bloße Sichumsehen und Hinsehen wird zu einem Beobachten, das das Begegnende verfolgt und zwar unter wechselnden Bedingungen seines Begegnens und Vorkommens« (S. 160). Das Sammeln und Beobachten kann in zweierlei Richtung gehen: in der einfachen Sicht auf Mannigfaltigkeit und Auffälligkeit, in der theoretisch-instrumentell vermittelten aber auch schon »in der Absicht auf eine Ordnung, deren ›Prinzip‹ noch gar nicht aus den beobachteten Gegenständen entnommen ist« (S. 161).
Wieder eine andere Weise zeigt das Erfahren als werkzeugliches erprobendes Zugehen und Beobachten in der bestimmten Absicht auf die Herausstellung einer Regelmäßigkeit. Wesentlich ist hier der Vorgriff auf das Regelhafte, insofern nach dem beständig Wiederkehrenden bei gleichen Bedingungen gesucht wird. »Versuch« heißt hier nicht lediglich »Probieren«, »sondern das Gegenständliche ›in Versuchung bringen‹, eine Falle stellen, in den Fall bringen, daß-daß nicht« (S. 162). Einen vorläufigen Endpunkt sieht Heidegger darin erreicht, daß das Zugehen und Erproben unter dem Vorgriff auf einen nurmehr quantitativ-regelhaft bestimmten Gegenstandsbereich veranstaltet wird. Gegenstand und Gegenstandsbereich werden nur noch durch die Herausstellung der Regeln faßbar, die ihrerseits nurmehr durch Aufweisung der Regelmäßigkeit in Griff genommen werden können. Erst jetzt besteht die Möglichkeit, daß das Experiment zum notwendigen Bestandteil der Erkenntnis vorrückt. Dazu tritt als grundsätzlich Neues, daß die neuzeitliche Wissenschaft »mathematisch« wird und nicht mehr »empirisch«. – »Gerade der Entwurf der Natur im mathematischen Sinne ist die Voraussetzung für die Notwendigkeit und Möglichkeit des ›Experimentes‹ als des messenden« (S. 163). Der Unterschied zwischen erfahren, auf etwas stoßen, Erfahrungen machen usw. und Experiment liegt im *mathematischen Vorgriff* auf den Gegenstandsbereich. Die sogenannten »exakten Wissenschaften« setzen sich damit entscheidend ab »gegen das nur Beschreiben und Aufnehmen und Feststellen, was sich bietet, ohne den bestimmten, das Vorgehen vorzeichnenden Vorgriff« (S. 186). Im Aufsatz »Die Zeit des Weltbildes« von 1938

hat Heidegger die neuzeitliche Wissenschaft weiter beschrieben und deren Elemente: Regel, Erklärung, Gesetz und Experiment gewürdigt (vgl. Heidegger 1950). Das braucht hier nicht weiter verfolgt zu werden.

5.2 »Vom Wesen der Erfahrung« – Arnold Gehlen

Wen nennen wir einen »erfahrenen« Menschen? In diesem Fragehorizont, der auf Aristoteles und das griechische Wort *empeiria* zurückgeht, bewegt sich zunächst Gehlens früher Aufsatz von 1936. In diesem überkommenen Ausdruck liegt neben einer fachlichen Tüchtigkeit auch der Vorgriff auf die Lebenserfahrung. Durch langjährige Übung und so erworbene Geschicklichkeit und Fachkunde ist der erfahrene Mensch den Situationen des Lebens nicht eigentlich unterworfen, sondern vielmehr »gewachsen, und er begegnet der Breite der Lebenssituationen mit derselben Bestimmtheit, die im Wollen eindeutig und gerade deshalb im Durchführen vielseitig ist, wie es der hervorragende Fachmann auf seinem Gebiete tut« (1961, S. 26). Es hat sich jedoch in der Philosophie und den Wissenschaften ein Begriff von Erfahrung durchgesetzt, der offensichtlich den Zusammenhang mit der *empeiria* aufgegeben hat. Vor allem wird in der neuzeitlichen Begriffsbildung die Erfahrung als sinnliche Wahrnehmung verstanden und als Bewußtseinsvorgang ausgelegt, schließlich als eine »Art des Wissens«. Erfahrung hat nun nichts mehr mit dem umsichtigen Können im Umgang mit Lebenslagen zu tun, sondern sie ist – vor allem in der Nachfolge Kants – als Erkenntnisart definiert. »Die Philosophie läßt also ganz allgemein und wie selbstverständlich die Erfahrung im *Urteil* enden, betrachtet sie als eine oder im Empirismus als die einzige Quelle des *Wissens*, und Erfahrung ist ihr ein Begriff der Erkenntnistheorie« (S. 27). Gehlens Rückgriff auf Aristoteles soll nun wieder einen unverkürzten und lebensnahen Begriff von Erfahrung in Erinnerung bringen. Darin hebt nun Gehlen hervor, daß Aristoteles begrifflich zwischen der bloßen Erfahrung auf der einen Seite und dem Können auf der anderen unterscheidet. Das *Können* ist von Aristoteles gewissermaßen als das Ende, nämlich ihr Ziel, der einzelnen Erfahrungen verstanden. Der Kenntnis des einzelnen und von

Einzelfällen steht das Können, das ein allgemeines ist, entgegen. Diese Unterscheidung gilt aber mehr im Bereich der Wissenschaften, weniger im Bereich der Handlung. Für das Gebiet der Handlung zeigt Aristoteles die Überlegenheit von Erfahrung und Können gegenüber dem bloßen Wissen allgemeiner Vorstellungen, weil nämlich die Erfahrung die Kenntnis von Einzelfällen ist und Menschen stets im einzelnen handeln. Im Vergleich Kant und Aristoteles bietet die griechische Vorstellung von Erfahrung entschieden mehr Breite und Tiefe, da sie sowohl auf das tätige Erfahren als auch auf dessen Ziel des Verfügenkönnens reflektiert. Die Behauptung Kants, Erfahrung sei eine Kognitionsart, wird von Gehlen verworfen: »Ein erfahrener Mensch ist natürlich in erster Linie nicht einer, der richtige Urteile zur Hand hat, sondern einer, der auf irgendeinem Gebiete, und mag es sich schließlich um bloße, körperliche Geschicklichkeit handeln, etwas aufgebaut, verfügbar hat und einfach *kann*« (S. 28).

Gehlen knüpft an den *Prozeßcharakter* der Erfahrung an. Bis man eine Sache richtig beherrschen kann, vergeht eine gewisse Zeitspanne. Hat man sie jedoch endlich im Griff, so verfügt man am Ende über eine besondere Leistung. Dieser Prozeß des Lernens »ist zusammengeschlossen und vollendet, wenn die Leistungen wieder aus der Hand gegeben werden können, wenn man sie erst großgezogen und dann wieder in die bloße Möglichkeit entlassen hat, in die Verfügbarkeit: so wie man reiten oder schwimmen ›kann‹, wenn man es auch jahrelang nicht tat« (S. 29). Die Herausarbeitung dieses prozeßhaften Zusammenhangs von Erledigung oder Fertigwerden und Verfügbarkeit ist Gehlens Beitrag zum »Wesen der Erfahrung« im expliziten Anschluß an die griechische *Empeiria*.

Erfahrungen, die zu einem umsichtigen Können sich entfalten, müssen zumindest zwei Seiten ihres Wesens aufweisen. Zum einen ist es notwendig, daß jeder die betreffenden Erfahrungen *selbst* gemacht haben muß. Es läßt sich hier nichts delegieren, man muß schon selbst mit dem, was einem begegnet, fertig werden. Zum anderen kommt es darauf an, »erste« Erfahrungen im entscheidenden Moment auch zu *erinnern*, sie situativ wachzurufen und tatsächlich sich verfügbar zu machen. »Erfahrungen auch wirkend zu halten, sie nicht zu überhören oder leichtsinnig vorbeilaufen zu lassen, sondern ein vergegenwärtigendes, verfügendes Können aufzubauen, das ist die andere Seite, die sie so vom bloß Gewußthaben unterscheidet« (S. 29 f.). Damit hat Gehlen hervorgehoben, daß eine Soziologie, die an der Erfahrung im Zusammenhang von Verfügen und Erledigen sich orientiert, nicht als Wissenssoziologie organisiert sein kann. Bei der Erfahrung im Umgang mit Weltlichem geht es gar nicht primär um ein Wissen, sondern um das verstehende Können in Situationen und Begegnungen.

Führt man die Betrachtung der Auseinandersetzung von Fertigwerden und Verfügen fort, so lassen sich drei Tendenzen abheben. Gehlen konkretisiert dieses Verhältnis zunächst dahingehend, daß der mit Hilfe von Erfahrungen Situationen sichtende Mensch diesen nur jene bereitliegenden Möglichkeiten entnimmt bzw. entgegenbringt, deren Wert eben durch Erfahrung schon ihm verbürgt erscheint. Darin sieht Gehlen eine im Leben selbst liegende »Richtung zur Verhärtung«, deren Umfang an Vorurteilen im Laufe des Erfahrungslebens ständig zunimmt. Man läßt sich nun nicht mehr vom Leben überraschen, insofern der Vorrat an Erfahrungen darüber, was das Leben zu bieten hat, recht vielseitig geworden ist. Ein zweiter, ganz anderer Zusammenhang von Verfügen und Erledigen liegt in der besonnenen Erweiterung dessen, was eine Erfahrung tatsächlich »bewiesen« hat. Im Verlauf des Erfahrungslebens erweitert sich das Erfahrene nicht mehr nur stur am positiv-bestimmten Wert der Erfahrung. Der erfahrene Mensch nimmt nun auch das Mitgemeinte und Mitgekonnte auf. »Aber dieser Hof unbestimmter weiterer Ergiebigkeit ist begrenzt (...) (der) Tiefgang (der Erfahrung) überschreitet nicht einen gewissen, sehr sicher zu ahnenden Bereich« (S. 30, 31). Dennoch gelingt eine Entzifferung über das Offensichtliche hinaus, so daß auch versteckten »Hinweisen« und leiblichen »Gefühlen« nachgegangen wird. Wichtig ist vor allem die Bedeutung des Mitvernehmens der Grenze der Erfahrung, was vor allem bei der Menschenkenntnis eine wichtige Rolle spielt, insofern es leicht bei Unerfahrenen zu Fehleinschätzungen kommen kann. »In einer umschriebenen Erfahrung ist immer das Nichtbeherrschte und Ausgeschlossene mitgegeben, und auch in dieser Bedeutung ist sie artikuliert, in sich vollendet und zusammengeschlossen« (S. 31). Drittens nun liegt, so Gehlen, in der lebenslangen Ausbildung des fachmännischen Könnens eine notwendige Eindeutigkeit, aber auch Einseitigkeit. Denn von den dargebotenen Möglichkeiten wird willentlich hauptsächlich nur in einer Richtung diszipliniert sich entschieden, unter notwendigem und systematischem Verzicht auf andere. Vor allem Ablenkungen und Gelegenheiten dürfen nicht spontan ignoriert, sie müssen vielmehr gewohnheitsmäßig erledigt werden. »Dabei ist auch hier Sache der Erfahrung festzustellen, was in die Richtung unserer Lebensordnung, unseres Lebensplanes eingearbeitet werden kann und was fernzuhalten ist, so daß immer eine auswählende und erledigende Erfahrung in den Dienst der festzuhaltenden und auszubauenden tritt« (S. 31). Der willentliche Verzicht auf alle Aspekte des Lebens ist nur die Kehrseite des umsichtigen Könnens des Wesentlichen. Die Erfahrung des Wesentlichen ist selbst Ziel der Erfahrung.

Was nun das sogenannte Bewußtsein angeht, so ist es nicht anders als vom Prozeß der Umweltaneignung her begreifbar. Es steht nicht irgendwie zwecklos als »Bewußtseinsstrom« über oder außerhalb irdischer Angelegenheiten, sondern es muß als ein Moment in der Auseinandersetzung mit der Wirklichkeit erfaßt werden. Das menschliche Bewußtsein muß im Zusammenhang des Verhaltens verstanden werden, ja, so Gehlen in seinem vier Jahre später veröffentlichten ersten Hauptwerk *Der Mensch*, man »muß es geradezu als eine *Phase der Handlung* definieren« (Gehlen 1940, S. 62). Wie bei allen Lebenserscheinungen muß auch hier nach deren Leistung gefragt werden. Vorgängig der möglichen Wirklichkeitserfahrungen ist Gehlens Begriff des Menschen. Der Mensch ist der unbestimmten und offenen Umwelt ausgeliefert, die zugleich ungeahnte Möglichkeiten für ihn bereithält. »Waffenlos, instinktlos, unspezialisiert, d. h. unangepaßt ist der Mensch in eine Welt geworfen, die eben deshalb so ungeheuer inhaltsreich ist, weil sie ein Wesen mit Eindrücken überwältigt und überschwemmt« (Gehlen 1961, S. 33). In dieser unendlichen Welt ist der Mensch in seiner Grundsituation richtiggehend dazu verdammt zu handeln. Da ihm von Natur nichts zufällt, muß er diese Welt und sich selbst erst deuten und tätig aneignen. Dieses mühsame Ringen, die Dinge zu greifen und zu begreifen, sind langwierige Leistungen des Kindes, die im Schutze einer Gemeinschaft gelingen. Die Aneignung der offenen Welt, wie sie sich im Sosein der Dinge dem Menschen darbietet, ist »Entwicklung unserer Handlungsmöglichkeiten, Aufbau von Leistungsfähigkeiten und Bereitschaften, die erst erworbene sind« (S. 33).

Wir eignen uns – »der Welt entgegen« – die Dinge an, indem wir die möglichen Dinge als Dinge für uns bewältigen. Die Erfahrung der Wirklichkeiten steht am Ende dieses Aneignungsprozesses, der mit der praktischen Auseinandersetzung beginnt und im Ansprechen der Dinge eine neue Qualität erreicht. Im Zu-tun-Haben mit den Dingen verwandeln wir sie gemäß unserer Möglichkeiten und Ansprüche. »Wir haben eben die Dinge nicht ›selbst‹, sondern nur als assimilierte und angeeignete, eingeschmolzen in die Vielfalt unserer Tätigkeiten, mit der wir das Gesehene betasten, das Erwartete aussprechen, das Erinnerte ›begreifen‹ und das Bewegliche behandeln« (S. 34). Wir machen mit den Dingen unsere Erfahrungen nur für den Fall, daß sie uns tatsächlich angehen. Schon das Wahrnehmen folgt der Pragmatik der tätigen Auseinandersetzung. Erfahrungen machen dient so dem Ziel, »die Art und Weise dieses Angehens eindeutig zu künftiger Verfügbarkeit fest(zu)legen« (S. 34). Stehen sie uns nun in ihrem Sosein zur Verfügung, dann zeigen die Dinge sich uns in ihrem »an sich«. Auf dieser grundlegenden Schicht von Leistungen der Erfahrung aufsitzend, haben sich nun höhere, symbolische, kurz: entlastende Formen der Wahrnehmung und des vitalen Könnens herausgebildet. Wir brauchen nicht mehr unbedingt selbst die »Umgangswerte« der Dinge tastend zu prüfen, sondern wir vermögen die Dinge symbolisch zu sehen. Das Sehen ist für den Erwachsenen zu einem Übersehen geworden »in dem doppelten Sinne: Übersicht im großen, der ein bloß symbolisches Ausgedeutetsein der Dinge genügt, und gerichtetes Übersehen des gegenwärtig nicht Interessierenden oder Belangvollen« (S. 35).

Der Gang der Erfahrung ist der vom Entdecken zum Verwenden. Das Entdecken selbst, wie es Kindern im Hantieren »zufällig« gelingen mag, geschieht »nicht durch das Bewußtsein hindurch, nicht einsichtsvoll (...), sondern mit eben der Weisheit der Physis, die schon die Sprachfähigkeit entwickelt, ehe sie gebraucht wird« (S. 36). Hat das Kind erst die »Umgangswerte« der Dinge »sehend gelernt«, so ist es von der »Aufgabe des Entdeckens entlastet und frei geworden für eine Verwendung der Dinge« (S. 36). Der Erfahrungsprozeß, der vom Entdecken zum Verwenden übergegangen ist, ist ein praktischer. In ihm ist ein »Können angelegt (...), das in den Dienst der Handlung tritt« (S. 37). Die mühsam erworbene Welt hat sich schließlich zur völlig beherrschten Welt entwikkelt. Darin finden sich nun auch wieder die beiden Seiten jeder Erfahrung: das »Erledigen« und das »Verfügen«. Die Erfahrungssymbole entlasten von dauernd zu wiederholenden Elementarerfahrungen. Sie sind aber, was noch entscheidender ist, die

Bedingungen aller intelligenten menschlichen Leistungen wie »Planung und Vorgriff, Verständigung und Gesittung« (S. 36).

5.3 Das hermeneutische Apriori – Wilhelm Szilasi

»Schon den Schwefelwasserstoffgeruch, der jedem chemischen Laboratorium anhaftet, als das zu vernehmen, was er bedeutet, hat die Kenntnis des ganzen Zusammenhanges der chemischen Analyse zur Voraussetzung. Dieser Zusammenhang ist a priori für das Vernehmen, in diesen Zusammenhang hinein haben Sie schon je das einzeln Gegebene überschritten, und aus diesem Zusammenhang zurückkehrend, vernehmen Sie das Seiende als das, was es ist« (Szilasi 1945, S. 22). Was in einer aktuellen Situation unser Vorhaben und unsere Absichten unter der Hand leitet, bestimmt auch schon unser Verständnis, worin und wobei wir uns aufhalten. Es ist vor allem unser schon *Orientiert-sein*, nicht das unmittelbar Gegebene, was das Begegnende als etwas Bestimmtes verstehen läßt.

Szilasi ist vor allem daran interessiert, gerade das *Übersteigen* oder *Überschreiten* des unmittelbar Gegebenen und Wahrnehmbaren in seiner Struktur zu zeigen. Er unterscheidet drei Momente der Struktur der »Transzendenz«: erstens die je aktuelle Situation, welche die jeweilige Verstehensweise bestimmt (aktuelles situatives Vernehmen des Schwefelwasserstoffgeruchs); zweitens das im Vernehmen aktivierte Mitverstehen eines schon bekannten Zusammenhangs (chemisches Laboratorium als etwas »Ganzheitliches«); drittens die anderen mitteilbare Sinnfälligkeit und ihnen zugängliche Verbindlichkeit des dargebotenen Beispiels (die durch Beispielgeben geschaffene Möglichkeit, andere in dasselbe Verständnis zu bringen).

Ein zweites Beispiel: In der Wahrnehmung dieses Schreibtisches wird die *Tischhaftigkeit* immer schon mit wahrgenommen, sonst könnten wir dieses Ding überhaupt nicht in die Reihe der Tische einordnen (vgl. Szilasi 1959, S. 46). Diesem Vernehmen des Dinghorizonts liegt ein »anschauliches Apriori«, nämlich die Anschauung des Generellen, zugrunde. Daß ich dieses begegnende Ding in die Reihe der Tische einordnen kann, dieses Können stammt von einem *Früheren* her. Das »Tischhaftige«, als das ich die Reihe der mir je bekannt gewordenen Tische wie in einem Brennglas *zusammensehe*, ist also a priori dieses konkreten Tisches. In einer weiteren Spezifizierung liegt nun noch die Mit-Wahrnehmung der besonderen »Funktion« oder Dienstbarkeit des Tisches – sein *umgängliches Wozu* – als das Sehen des Wesentlichen dieses Umgangsdings. Das Wesentliche dieses Tisches für mein konkretes Zu-tun-haben-mit liegt nun nicht in seiner Gestalt als einer Spezifizierung des Wesens Tisch. Vielmehr bedeutet mein Nehmen dieses Tisches *als* Schreibtisch »eine Spezifizierung der Funktion des Tisches« (S. 47). »Das anschauliche Apriori zeigt (...) die generellen Funktionsmöglichkeiten dieses Tisches da (was er alles sein kann); (...) wozu etwas dienen kann, was es leisten kann, was es sein kann, das Sehen des Bereiches dieses Könnens erlaubt zu erkennen, was es ist« (S. 47). Die Anschauung des Apriori – der »Natur« einer Sache – ist nicht an sinnliche Daten gebunden, sondern an das vorgängige Verständnis der Welt. Insofern enthält es die Übersicht der (Umgangs-)Möglichkeiten einer Sache.

In gewisser Weise hat man es immer mit einem »Vergangenen«, mit etwas irgendwie schon Bekanntem zu tun, wenn einem etwas begegnet, sofern man den Horizont der begegnenden Sache schon zur Verfügung hat. Das verschiedene *Seinkönnen* einer Sache, das sich als deren mögliche Wirkungen zeigt, behält insofern einen geschlossenen Umkreis seiner Abwandlungsmöglichkeiten ebenso wie ein Beständiges, das sich in der *Verschiedenheit* des Seinkönnens durchhält. Das tatsächlich Wirksame des »Vergangenen« wirkt aber erst in der Erfahrung. Was man immer schon mitbringt, wenn einem eine »neue« Situation zustößt, nennt Wilhelm Szilasi die »erste Erfahrung«. Und diese »erste Erfahrung« ist kein neutraler Bestand an allgemeinem, sozial typisiertem Wissen, sondern sie ist immer je eines Erfahrung. »Erfahrungen im eigentlichen Sinne machen wir immer nur uns selbst betreffend« (Szilasi 1945, S. 89). Ihre »Funktion« ist die »Verdichtung« der je leitenden Antizipationen: »An jeder Erfahrung macht das Dasein seine Erfahrungen bezüglich der ersten Erfahrung. Die zweite Erfahrung bezieht sich nicht auf das in der ersten Erfahrung Erfahrene, sondern darauf, was die erste Erfahrung als solche bedeutet, bzw. darauf, in welcher Weise die erste Erfahrung die Konsequenz bezüglich weiterer Erfahrungen im Vorhinein bestimmt. In einem damit hat das Dasein auch etwas über seine Verhaltensweisen erfahren und für künftige Verhaltensweisen etwas gelernt« (Szilasi

1961, S. 28). Man hat immer schon eine Erfahrung gemacht, wenn man einem »Neuen« begegnet. Von der Enttäuschung einer Erwartung wird stets der Erfahrene selbst betroffen.
Erfahren, Erfahrungen machen ist eine Art, sich zu verhalten. Man lernt dabei etwas, insofern man darin etwas »Neues« erfährt. Dieses Neue kann sich jedoch nur am schon Bekannten orientieren, insofern an einem schon geläufigen Gegenstand etwas vorher Ungewußtes erkannt wird. Das weitere Verhalten kann sich nun daran richten. Dabei geht es nicht um einzelne Aspekte am Erfahrenen, sondern das begegnende Ding, der begegnende Mensch wird als eine Einheit genommen, auf dessen Mitte, auf dessen Charakteristisches die Erfahrung zielt. An seinen verschiedenen Aspekten wird der ganze Mensch erfahren. »Wenn wir sagen: mit diesem Menschen habe ich die und die Erfahrung gemacht, ich weiß jetzt, wie ich mich ihm gegenüber verhalten soll, dann denken wir nicht an die einzelnen Erfahrungen, d. h. wir erzählen uns nicht, was dieses oder jenes Mal geschah. Mit der Aussage: Ich habe meine Erfahrungen mit ihm gemacht, meinen wir nicht die Erfahrungen, sondern den Menschen selbst, seine Art und Weise. Das Interesse richtet sich nicht auf den Inhalt der gemachten Erfahrungen, sondern auf die Struktureinheit von möglichen Erfahrungen. Diese Einheit verlegen wir in die Person des anderen, bzw. wir verstehen unter Person diese Struktureinheit« (Szilasi 1961, S. 28). So kann einsichtig werden, daß es sich bei meinen Erfahrungen vom anderen Menschen nicht um ein Bündel von einzelnen Wissensinhalten oder gar getrennten Wissenssegmenten handelt, die sich wiederum aus isolierbaren kognitiven Prozessen zusammensetzen. Sondern wir kennen schließlich den anderen in der *Einheit seiner Persönlichkeit* und haben damit auch uns selbst besser kennengelernt.

5.4 Die Erfahrung des Neuen – Otto Friedrich Bollnow

Die Problemkonstellation: was ist Erfahrung, sollte zunächst dahingehend umgestellt werden, zu fragen: was bedeutet das *Wort* Erfahrung? Der Rückgang auf das ursprüngliche Sprachverständnis hütet erst einmal davor, den in unterschiedlichen philosophisch-wissenschaftlichen Traditionen überkommenen Begriff

der Erfahrung widerstandslos zu übernehmen. Das Wort »Erfahrung« bezeichnet ursprünglich eine Ortsbewegung, hängt aber darüber hinaus auch mit dem Wort »Gefahr« zusammen. Der weitere Blick auf die Wortgeschichte erschließt ferner, »daß das ›erfahren‹ nämlich von dem einfachen ›fahren‹ herkommt, wobei das ›fahren‹ selber früher ja noch eine allgemeinere Bedeutung hatte und jedes Sichfortbewegen im Raum (...) bezeichnete. Und wie die Vorsilbe ›er‹ allgemein ein Durchhalten bis zum erreichten Ende bedeutet, (...) so heißt ›erfahren‹ zunächst im ganz konkreten Sinn: an das Ziel des Fahrens gelangen, also etwas im Fahren einholen, etwas, zunächst ebenfalls im rein räumlichen Sinn, erreichen, oder auch eine Gegend durchreisen (...). Daraus ergibt sich dann die übertragene Bedeutung von ›erfahren‹ im Sinn von: etwas dadurch kennenlernen, daß man im ›Fahren‹, auf der ›Fahrt‹, damit in Berührung kommt (...)« (Bollnow 1970, S. 129).
Verfolgt man so die Wortgeschichte, dann gehört es bereits zum »Wesen« des Wortsinns, daß man Erfahrungen selbst machen muß. Daß man einem anderen diese mitteilen kann, heißt eben nicht zugleich, daß man sie ihm auch übertragen kann. Es gehört zu diesem »Wesen« weiterhin, daß man Erfahrungen nicht bewußt veranstalten kann, wie man etwa Erlebnisse gezielt ansteuern kann. Ferner bleibt ein Erlebnis, da es immer als Einzelnes erinnert wird, ganz in sich ruhend, während wir umgangssprachlich durchaus davon sprechen, daß jemand »seine Erfahrungen« (nämlich im Plural) gemacht hat. Aus der Summe dieser Erfahrungen entsteht dann etwas Umfassendes, das wir als *Lebenserfahrung* bezeichnen. Erfahrungen treffen einen unverhofft. Oft sind es gerade schmerzliche Erfahrungen, die plötzlich über uns hereinbrechen. Das »Machen« von Erfahrungen ist aber kein Herstellen oder Erzeugen, es ist überhaupt keine Tätigkeit. »Der Mensch ist in der Erfahrung dem ausgeliefert, was auf ihn zukommt« (Bollnow 1974, S. 20). So kann Bollnow eine Nähe zwischen den Wortbedeutungen von »erfahren« und »erleiden« feststellen, »denn ›leiden‹ bedeutet ursprünglich ebensoviel wie ›fahren‹ und ›gehen‹ (wie auch das Faktitivum ›leiten‹ soviel wie gehen-machen, führen bedeutet) und hat sich über die Zwischenstufe ›durchgehen‹ zu der heutigen Bedeutung des ›Schweres durchmachen‹ entwickelt« (Bollnow 1970, S. 131).
Bollnow hat schon auf die besondere Bedeutung der Pluralbildung aufmerksam gemacht, in der sich offenbar die Zeitlichkeit des eige-

nen Lebens und seiner Geschichte spiegelt. Nur im langen und steten Umgang mit Menschen und Dingen entwickelt man ein unmittelbar eigenes Können, indem man mit etwas selbst umzugehen gelernt hat. Dieses Lernen aus Erfahrungen häuft nicht ein objektivierbares Wissen an, das dann z. B. dem erfahrenen Arzt als neutraler Wissensbestand zur Verfügung stünde. »Es bezeichnet vielmehr ein spezifisches Können in der Ausübung eines Berufs, das er erst durch immer neue Übung im Verlauf eines langen Lebens erworben hat. Das verlangt die Sicherheit des Blicks, die aus vielen einzelnen Fällen gewonen ist und die jetzt die Vielzahl der Möglichkeiten übersieht, die dabei zu unterscheiden versteht und ohne viel Überlegung das Richtige trifft« (S. 136). »In etwas« erfahren sein heißt denn auch, daß die vielen Erfahrungen in ein umfassendes Können übergegangen sind, so daß man daraus nicht wieder die eingegangenen Erfahrungen – wie etwas äußerlich Gebliebenes – irgendwie abheben könnte. Die Erfahrungen sind dem Erfahrenen gar nicht im Wissen gegenwärtig.

Im Zusammenhang mit der Lebenserfahrung macht Bollnow nun eine wichtige Bemerkung, die die *Nachträglichkeit* der Erfahrung gegenüber einem Ereignis betrifft, das uns widerfährt. Man kann nicht vorher absichtsvoll aus einer Erfahrung lernen wollen, wenn ein Ereignis, aus dem etwas zu lernen ist, noch gar nicht in unser Leben eingetreten ist. Ereignisse, insofern sie uns betreffen und wir so durch sie gewissermaßen gezwungen werden, etwas daraus zu lernen, treten nicht angekündigt wie vorherbestimmbare Naturgesetze in unser Leben ein. Das *uns (be)treffende* Ereignis kann erst nachträglich durch reflexive Besinnung »verarbeitet« werden, um etwa als Erfahrungsschatz uns auch für künftigen Umgang sicher zu sein. »Erst in der nachträglichen Verarbeitung und Aneignung, in der Nutzanwendung auf das kommende Handeln und allgemein in der Hineinnahme in das eigne Leben, wird das Ereignis zur Erfahrung« (S. 143). Das bloß erst Hingenommene, als welches das Ereignis zunächst begegnet, erfährt in der deutenden Behandlung und Anwendung seinen Platz im Ganzen der Lebenserfahrung. So erst entstehen aus Ereignissen Erfahrungen, die man anderen mitteilen, entstehen Geschichten, die man anderen erzählen kann. Es besteht aber offensichtlich keine Möglichkeit, hinter die ausgebildeten Erfahrungen zurückzugehen, um etwa in ihre Entstehung hineinsehen zu wollen. Nur nachträglich oder gleichsam als »fertige«, so man sich auf sie als auf bedeutende »Geschichten« besinnen kann, stehen sie uns reflexiv zur Verfügung. Dieses sehr wichtige Verhältnis zwischen Ereignis, das sich vielleicht als Enttäuschung entpuppt, und dessen mitteilbarer Geschichte besteht zugleich als ein Verhältnis zwischen Ereignis bzw. Widerfahrnis und Sinn. Denn nur dadurch, daß das Geschehnis *als Erfahrung* verstanden und »verarbeitet« wird, kann es *sinnhaft* in die Lebensgeschichte eingeordnet werden und so seinen Platz in der Hierarchie der biographischen Ereignisse bekommen. Erfahrung ist die durch und durch *produktive* Antwort des Menschen auf das, was ihm widerfahren ist.

Bollnow macht darauf aufmerksam, daß der Ausdruck Lebenserfahrung nicht den Bereich völlig abdeckt, den man gemeinhin als vorwissenschaftliches Welt- und Lebensverständnis bezeichnet. Letzteres versteht Bollnow vielmehr als das (leitende) Vorverständnis, dessen wir selbst nicht voll bewußt sind, das aber dennoch in uns eine starke Wirksamkeit entfalten kann. In meiner Terminologie könnte man von dem unbestimmt Vorbegrifflichen sprechen, unter dessen Leitung wir jedes Fragen, Bestimmen und Begreifen in Gang setzen. Aber, so Bollnow, dieses Vorverständnis ist uns nicht erkenntnismäßig erschließbar. Wir sind ihm mehr oder weniger schutzlos ausgesetzt. In diesem Zusammenhang kritisiert er auch Lipps' Wort von »Verstrickt-sein-in-Konzeptionen«, da es nur ein geschlossenes Verständnis, das uns unfrei mache, ausbilde. Bollnow interpretiert Lipps dahingehend, daß man eigentlich keine echte Erfahrung der eigenen Verstrickung in Konzeptionen machen könnte. Statt dessen »(identifiziert) der Mensch sich in Freiheit mit seinen Konzeptionen. Aber er muß sie dabei nehmen, wie sie sind, ohne daran zu ändern, sie erweitern oder berichtigen zu können« (Bollnow 1970, S. 116). Um diesen »Verstrickungen« im Sinne von »Schicksal« zu entgehen, unterscheidet Bollnow zwischen tradiertem Vorverständnis und selbstgemachten Erfahrungen: »Man kann das allgemeine Welt- und Lebensverständnis nicht einfach mit der Lebenserfahrung gleichsetzen; denn im ersteren ist vieles enthalten, was der Mensch mit der Sprache und Kultur aus seiner Umgebung aufgenommen hat, was der Mensch vielleicht auch (...) als natürliche Anlage mit auf die Welt gebracht hat. Die Erfahrung unterscheidet sich von diesem allgemeinen Verständnis dadurch, daß der Mensch sie selber gemacht haben muß. Sie ist insofern ein engerer Ausschnitt aus dem allgemeinen überlieferten Verständnis, das der Mensch schrittweise mit eigner Anschauung und eignem Leben erfüllt. Er realisiert gewissermaßen schrittweise die im allgemeinen Verständnis vorgezeichneten Möglichkeiten, füllt sie mit konkreten Daten aus und bringt, was darin vage vorgezeichnet war, zur klaren Bestimmtheit« (S. 145). Auf diese Weise gelingt es Bollnow, etwas »Neues« in ein nicht als geschlossen vorgestelltes »Vorverständnis« zu integrieren. Man kann nämlich erst dann von *echter* Erfahrung sprechen, wenn etwas *Neues* in unser Verständnis von der Welt und uns selbst eingedrungen ist. Bollnow unterscheidet das »relativ Neue« vom »absolut Neuen«. Gemessen wird das Neue daran, ob es den Verständnishorizont, mit dem wir der Welt begegnen, verwandelt oder nur erweitert. Wenn ich eine »neue« Stadt besuche und kennenlerne, ist dies ein Beispiel für etwas *relativ* Neues. Wenn sich jedoch das Neue »nicht mehr in den bisherigen Erkenntnishorizont einordnen läßt, diesen vielmehr im ganzen sprengt und zu einer grundsätzlichen neuen Bestimmung zwingt« (S. 145), dann muß von einem *absolut* Neuen gesprochen werden.

Damit hat nun Bollnow eine »Hermeneutik der Erfahrung« entworfen, der es in bewußter, auch kritischer Anknüpfung an Lipps vor allem darum geht, das *geschichtlich Offene* des menschlich-sozialen Lebens und seiner erkenntnismäßigen Auslegung zu sichern. Das Verständnis, mit dem wir der Welt begegnen und das uns vielfach durch Tradition und Vorbild übergeben ist, ist kein fester Bestand, sondern es ist stets der Überprüfung durch unser Erfahrungsleben ausgesetzt. Ja, man muß Erfahrung gewissermaßen in einen lebendigen Kreisprozeß des Verstehens selbst eingeordnet sehen, »in dem das die Erfahrung leitende Vorverständnis wiederum abhängig wird von der unvorhersehbaren neuen Erfahrung« (S. 152). Ob jedoch die Vorstellung Bollnows, daß die »Formen des Begreifens« im Lauf der Geschichte »wachsen«, tatsächlich unseren mitweltlichen Erfahrungen entspricht, hängt wohl vom jeweiligen Verständnis von »wachsen« ab. Jedenfalls ist das Offene unseres Fragehorizonts die Bedingung der Möglichkeit einer neuen Antwort auf unsere persönliche und gesellschaftliche Lage. Diese Offenheit, die durch das Neue in unseren Erfahrungen erst gesichert wird, ist die unserer individuellen und der menschlich-sozialen Geschichte überhaupt. Deshalb ist Erfahrung »die Grundkategorie der menschlichen Geschichtlichkeit« (Bollnow 1975, S. 28).

Zusammenfassung

Ich habe in einem ersten Anlauf versucht zu zeigen, daß der mit Recht obsolet gewordene Begriff der »sinnlichen Erfahrung« nicht geeignet ist, das Phänomen des primären Vernehmens der Welt zu beschreiben. Damit ist dieser Begriff auch unhaltbar, das soziale Geschehen des mitweltlichen Handelns und Wissens soziologisch in den Griff zu bekommen. Daraus nun aber den Schluß zu ziehen, die soziale Welt müsse statt dessen durch andere synthetische Begriffe methodisiert werden, halte ich genauso für unannehmbar. Der Soziologe muß die Menschen dort aufsuchen, wo sie sich in die Praxis des mitweltlichen Lebens entwerfen. In dieser Praxis spielen Umgangserfahrungen eine herausgehobene Rolle. Deshalb war es nützlich, sich jenen »Erfahrungsforschern« zu nähern, die im situativen Umgang mit der Welt unsere ursprüngliche Begegnung mit den Dingen sehen, auf den wir immer wieder zurückkommen müssen, wollen wir Handeln und Wissen verstehen und beschreiben. Damit haben wir überdies uns begrifflich-konzeptionelle Voraussetzungen geschaffen, unter deren Führung wir unsere soziologische Hermeneutik der Erfahrung fortführen können.

KAPITEL 2

Überlegungen zu einer erfahrungswissenschaftlichen »Erkenntnislehre«

> Das ontologisch Entscheidende liegt darin, die Sprengung des Phänomens vorgängig zu verhüten, das heißt seinen positiven phänomenalen Bestand zu sichern. (...) Die Auslegung kann die dem auszulegenden Seienden zugehörige Begrifflichkeit aus diesem selbst schöpfen oder aber in Begriffe zwängen, denen sich das Seiende gemäß seiner Seinsart widersetzt. Wie immer – die Auslegung hat sich je schon endgültig oder vorbehaltlich für eine bestimmte Begrifflichkeit entschieden; sie gründet in einem Vorgriff.
>
> M. Heidegger

> Wenn man also fragt: wie ist Idee und Erfahrung am besten zu verbinden? so würde ich antworten: praktisch!
>
> Goethe

1. Verstehen als *epagogé*

1.1 Exposition der Fragestellung – Konzeptionen der »sinnverstehenden Soziologie«

Jedes Fragen und Forschen, ob es mit wissenschaftlichem Anspruch oder ohne auftritt, geschieht unter dem Vorgriff einer Konzeption. Denn sofern man fragt und sucht, wird schon stillschweigend etwas vorweggenommen. Jede Art von Sozialforschung antizipiert die Hinsicht, unter der sie ihren »Gegenstand« nehmen will. Gerade dann, wenn einem etwas unbekannt ist, müssen die gesuchten Dinge schon vorgängig erschlossen sein. Immer ist es ja etwas Bestimmtes, was einem noch unbekannt ist. Man versteht sein »Problem« bereits irgendwie, auch wenn man etwas Bestimmtes noch nicht weiß. Was man sucht, muß in der Richtung der Fraglichkeit von Forschungsproblemen bereits erschlossen sein. Man greift auf Kategorien der Untersuchung gewissermaßen vor, wenn man die Dinge befragt. Damit verfügt man schon über die Dinge, da die Kategorien in je einer bestimmten Richtung auf das Fragen zurückkommen. So verbergen sich hinter den soziologischen Termini, seien sie theoretisch oder methodisch gezielt, recht eigentlich *Konzeptionen*, das sind »Griffe«, mit denen man ganz selbstverständlich der wissenschaftlichen Auslegung schon vorgegriffen hat. Insofern nun die Soziologie das soziale Geschehen mit Handlungsbegriffen, -typologien und -schemata zu fassen und mit Theorien sozialen Handelns zu erklären unternimmt, hat sie schon einem bestimmten Verständnis des sozialen Lebens entschieden den Weg gebahnt. Am Beispiel des soziologischen »Sinn-Begriffs« kann kurz eingeführt werden, wie vor allem *methodische Voraussetzungen* es sind, die unter der Hand das »soziologische Verständnis« sozialer Gegebenheiten prägen. Welche Konzeptionen etwa bei der Setzung bestimmter sozialwissenschaftlicher Begriffe der verstehenden Soziologie (Max Weber) leitend sind, ist eine Frage, die dann noch zu beantworten sein wird.

Seit sich die Soziologie als eigenständige Wissenschaft begründete, steht das Handeln in der Mitwelt zentral für die Konstitution sozialer Wirklichkeit. So spricht etwa Hans Haferkamp in seiner viel beachteten Schrift »Soziologie als Handlungstheorie« von der »Plausibilität handlungstheoretischer Überlegungen bei der Bestimmung und Erklärung von Situationen alltäglichen Lebens« (Haferkamp 1975, S. 9). Soziologie begreift sich seit jeher als Wissenschaft vom sozialen Handeln, so schon in der klassischen Version von Max Weber: »Handeln soll dabei ein menschliches Verhalten (...) heißen, wenn und insofern als der oder die Handelnden mit ihm einen subjektiven Sinn verbinden« (Weber 1988, S. 542). Ausgangspunkt der Soziologie ist für Weber das Handeln Einzelner. Soziale Gebilde gibt es für ihn nur als Zusammenhang des Handelns vieler Menschen. Auf Gebilde wie Familie, Gesellschaft, Staat usw. ist der Begriff des sozialen Handelns nicht anwendbar. Insofern ist *systemisches* Handeln unvereinbar mit dem Grundverständnis *verstehender* Soziologie. Nur einzelne, nicht soziale Gebilde können »subjektiven Sinn meinen«. Der Terminus Sinn nimmt eine zentrale Position für die Begründung der Soziologie als wissenschaftliche Disziplin ein. Denn offensichtlich orientiert Weber – neben der theoretischen Bedeutung von »Sinn« – »auch die methodische Anlage der Sozialwissenschaft am Sinnbegriff« (Bubner 1976, S. 17). Die soziologische

Wissenschaft will soziales Handeln »deutend verstehen und dadurch in seinem Ablauf und seinen Wirkungen ursächlich erklären« (Weber 1988, S. 542). Der soziologischen Erklärung muß das deutende Verstehen des »subjektiv gemeinten Sinns« (Weber) des Handelns vorangehen. Rüdiger Bubner (1976) und auch Karl-Heinz Nusser (1986) arbeiten heraus, wie Webers Sinnbegriff sich aus der Rickertschen Definition von Kulturwissenschaft ableitet. Die Kulturwissenschaften haben nach Rickert die Aufgabe, zu einer Erkenntnis des Einzelnen zu kommen, nämlich Sinngebilde zu verstehen. Dafür wird der Begriff der »theoretischen Wertbeziehung« relevant. Die einzelne historische Erscheinung wird in theoretische Beziehung zu einem »Wert« von allgemeiner Relevanz gesetzt und kann so in ihrer Kulturbedeutung erkannt werden. »Das Anerkennen der Geltung eines Wertes durch den Wissenschaftler und die konstitutive Beziehung zu diesem Wert (...) verleihen dem Erkenntnisobjekt seinen Sinn« (Bubner 1976, S. 18).

Erst der Aufweis von Sinnhaftigkeit macht dann die einzelne historische Individualität verständlich. Der »kultursoziologisch« hier vermeinte »Sinn« ist also nicht ganz selbstverständlich schon »in« der sozialen Welt. Vielmehr konstituiert der Wissenschaftler erst »Sinn«, indem er die empirische Wirklichkeit mit »Wertideen« in Beziehung setzt. Nicht das *vernehmende* Verstehen von Weltlichem ist schon sinnvoll und am Umgang orientiert und ausgerichtet, sondern erst die bewußtseinsmäßige Zuordnung von an sich Sinnlosem zu einem »Wert« konstituiert »Sinn« für das Weltgeschehen. So hat die durch Rickert postulierte Kultur- und Wirklichkeitswissenschaft ihre Existenzberechtigung nur in dem Umstand, daß sie (resp. der Wissenschaftler) »aus der sinnlosen Unendlichkeit des Weltgeschehens« einer bestimmten Wirklichkeit »Sinn« zuschreibt und »Werte« beimißt (Weber 1988, S. 180). Deshalb verfährt diese Kulturwissenschaft *sinnkonstruierend* und nicht sinnverstehend. Über dieses Rickertsche Modell von Kulturwissenschaft kommt auch Weber zum Sinnbegriff in seiner Handlungsdefinition. Allerdings ist »Sinn« für Weber nicht von überindividueller Bedeutung: Der Sinn soll subjektiv sein, das heißt, er leitet tatsächlich den je Handelnden. Bezeichnend für Webers Erkenntnistheorie ist der Schluß, nur jene empirische Wirklichkeit als wissenswert gelten zu lassen, welcher der *erkennende* Verstand des Sozialwissenschaftlers eine Kulturbedeutung beimessen kann. Hier ist nun festzuhalten, daß Weber an den *historischen Bedingungen* von Handeln und Sinn interessiert war und nicht an ihrem *situativen und lebensweltlichen Kontext*. Diese Antizipation von historischen Bedingungen und Handlungsbegriff erfolgte bei Weber in Hinsicht auf die »seines Erachtens wachsende Rationalität aller Lebensbereiche« (Vossenkuhl 1982).

»Sinn« ist also real und wissenschaftlich erforschbar. Der »subjektiv gemeinte Sinn« kann objektiv erfaßt und »verstanden« werden. Doch dieses »Verstehen« kann nach Weber nicht auf direktem Wege geschehen; vielmehr unterliegt dem sozialwissenschaftlichen Verstehen eine *idealtypische Konstruktion*: Verstehen muß methodisiert werden. Insofern die Soziologie in ein *System zweckrationalen Erklärens* eingelassen ist, dessen Horizont in der Durchrationalisierung der Gesellschaft sich entwirft, ist auch schon der wesentlichen Hinsicht ihrer methodischen Verfahren vorgegriffen. Der Gegenstand der Soziologie ist ein »Sichverhalten«. Das »Verständliche« hat für die soziologische Wissenschaft weiche Konturen. Als wissenschaftlich stärkste Deutung setzt Weber die *zweckrationale* an; sie besitzt »das Höchstmaß von Evidenz« (Weber 1988, S. 543). Dem wissenschaftlichen Deuten korrespondiert nun die spezifische Objektweise des soziologischen Gegenstands: das *deutbare Sichverhalten* bzw. *soziale Handeln*. »Zweckrationalität« wird zum stärksten Kriterium des wissenschaftlichen Zugriffs, insofern Weber (nur) das »menschliche Verhalten« als Gegenstand der Soziologie definiert, welches sich durch »Zusammenhänge und Regelmäßigkeiten, deren Ablauf verständlich deutbar ist« (S. 428), auszeichnet. »Verständlich deutbar« ist aber vor allem und im höchsten Maße das *zweckrationale Handeln*. Die wissenschaftliche »Erfahrung«, die dabei durch die Anwendung einer bestimmten Methode gemacht werden kann, sieht es also im vorhinein ab auf die Herausbildung einer *Regelmäßigkeit*. Dazu ist es aber notwendig, das je empirisch wirksame Handeln von Menschen zu schematisieren: »Die Soziologie bildet (...) Typen-Begriffe und sucht generelle Regeln des Geschehens« (Weber 1980, S. 9). So bietet Weber seine bekannten vier Typen des sozialen Handelns an: zweckrational, wertrational, affektuell, traditional. Damit ist der wissenschaftlichen Erfahrung schon entscheidend vorgegriffen. Ziel der soziologischen »Erfahrung« ist die *Erklärung*, das heißt die rationale

Rückführung des »sozialen Handelns« auf das »Verständliche«. Insofern sich jedoch das »Verständliche« am Regelmäßigen und Generellen orientiert, bleibt der »Maßstab« der Erklärung das Formalisierte und Durchschnittliche. Wesentlich für die Struktur der »soziologischen Erfahrung« ist der Vorgriff auf etwas *Regelhaftes*, das heißt auf etwas beständig Wiederkehrendes bei gleichen Bedingungen.

Der Begriff der *Zweckrationalität* orientiert sich bei Weber an der Rationalität der Wissenschaft selbst. Rationalität erscheint als wissenschaftliches Erklärungsschema, indem der Sozialwissenschaftler, analog dem Naturwissenschaftler, nach »Ursache-Wirkung«-Beziehungen sucht und diese dann in formallogischen »wenn-dann«-Aussagen darstellt. Für den methodisch entsprechend eingestellten Wissenschaftler ist das Handeln am »verständlichsten«, das heißt am logischsten, das zweckrational verfährt. Diese, wenn man so will, zweckrational eingerichtete Methodik kann aber nur dann Plausibilität für sich beanspruchen, insofern sie bereits unterstellt hat, »daß die Zweckrationalität im Untersuchungsgegenstand selbst steckt, daß die Handlung mit anderen Worten zweckrational ist« (Bubner 1976, S. 21). Um dieses einzulösen, wird offensichtlich der *Sinnbegriff* gebraucht. »Die Zweckrationalität gilt von demjenigen Sinn, den ein Handelnder mit seinem Tun verbindet, das heißt Zweckrationalität muß vom Handlungssubjekt sinnhaft gemeint sein« (S. 22). Bubner sieht darin eine nicht gerechtfertigte Übertragung. »Sinn« wird zu einem methodologischen Konstrukt, das offenbar deshalb benutzt wird, um die »Rationalität« des *verstehenden* Soziologen zu begründen. Zum weiteren, darauf komme ich noch zurück, versteht Weber Sinn als *gewußter und gemeinter Sinn*. Sinn ist dann das, was wir eigentlich von unserem Handeln zumindest wissen *sollten*, wenn wir handeln. Rationalität und Wissen sind nicht nur systematisch, sondern auch normativ aufeinander bezogen. Je mehr mir mein Handeln und seine Motive »handelnd« bewußt sind (gemeinter Sinn), desto rationaler werde ich handeln können.

»Sinnverstehende Soziologie« methodologisch zu konstruieren, wird auch deshalb notwendig, weil das subjektive Verstehen *vor* dem kausalen Erklären logisch angeordnet wird. Nur so können die Kulturwissenschaften überhaupt neben den Naturwissenschaften begründet werden. »Die Priorität des deutenden Sinnverstehens vor dem Erklären nach Ursache und Wirkung gewinnt ihre Notwendigkeit aus dem komplizierten Übertragungsmechanismus eines methodologischen Konzepts auf einen angenommenen Untersuchungsgegenstand« (Bubner 1976, S. 22). Die Definition der Handlung nach zweckrationaler Evidenz »soll den Realgegenstand treffen, die Subjektivität des Handelnden selber, und ist dennoch auf den Beobachter zugeschnitten, die Subjektivität des verstehenden Soziologen« (S. 22). Das »subjektive Verstehen« muß in eine Kausalität von Sinn und Motiven eingelassen werden, weil es nur so als *logische Vorstufe* der rationalen Erkenntnis eignet. Der *methodische Vorgriff* auf *Zweckrationalität* nimmt nicht nur das Telos der Gesellschaft und der in ihr handelnden Menschen vorweg, sondern – selbstverständlich – ebenso das der soziologischen Wissenschaft.

Es ist jedoch gar nicht einzusehen, warum wir uns solcher *idealtypischen Konstrukte* bedienen müssen, wenn wir ein Sich-Verhalten des anderen Menschen verstehen wollen. Den Mit-Menschen verstehen wir auch als Wissenschaftler nicht aufgrund irgendeiner Forschungsmethode, sondern nur, weil wir uns auch schon so oder ähnlich verhalten haben oder verhalten könnten. Die nur über den Vorgriff oder den Umweg normativer und regelgeleiteter Typen *verstehende Soziologie* sieht sich so außerstande, einen direkten Zugang zur sozialen Welt zu finden. Sie geht vielmehr aus von einer vom wissenschaftlichen Forschen, aber auch von der Person des Forschers isolierten, ganz für sich bestehenden und nur *methodisch* erreichbaren »Außenwelt«. So spricht auch Haferkamp von einer an und für sich strukturlosen Welt, die erst nachträglich durch »Handeln« aufgeordnet werden muß (vgl. Haferkamp 1975, S. 11 f.). »Auch das wissenschaftliche Wissen kommt der Welt nicht a priori zu, auch für dies Wissen ist Welt zunächst strukturlos.« Die Welt ist aber nicht erst strukturlos, um dann vom Menschen nachträglich durch »Handeln« und »Begriffe« geordnet zu werden. Was immer *Sinn* heißen und bedeuten mag, er wird nicht nachträglich in eine zunächst sinnlose Welt hineingebracht. *Sinn* ist immer *Auslegung* in bezug auf ein Vor-Wissen, unter dem man die Welt schon irgendwie verstanden hat.

Julius Stenzel hat in seiner Sprachphilosophie auf den Zusammenhang von *Sinn* und *Verstehen* hingewiesen, an dem sich auch Soziologen vorzüglich orientieren können. Der *Sinn* ist nichts Nachträgliches bezogen auf Handeln oder »Erfahrung«. *Sinn* liegt immer schon als Vorgriff auf ein Tun und Lassen im Vermögen des

Sprechenden. »In der Tat ist bei dem einfachsten sprachlichen Gebilde, das in sich *sinnvoll* sein kann, dem Satze, stets vorauszusetzen, daß der *Sinn* des Ganzen *vorher* besteht, ehe er sich in die einzelnen Worte gliedert. Ich ›weiß‹ in irgendeiner Weise, was ich sagen will, ›bevor‹ ich weiß, welche Worte ich gebrauche« (Stenzel 1925, S. 18). Dieser Vorgriff bezieht sich jedoch nicht auf irgendeine Regel oder Norm, sondern er steht einzig unter der »Gesetzmäßigkeit« kommunikativen Geschehens: dem *Darstellen von etwas Sinnvollem* gegenüber den Mitmenschen. Nicht durch bewußte kognitive Akte, indem wir irgendwelchen erst bloß vorgestellten Ereignissen gezielt einen Wert beimessen, bringen wir Sinn in die Welt, sondern wir sind als schon in einer sinnvollen Welt lebende Menschen daran interessiert, Erfahrungen den Mitmenschen mitzuteilen. Das einzige »Gesetz«, das darin zu entdekken wäre, ist, daß wir immer schon in einer vertrauten und orientierten Welt heimisch sein müssen, um etwas Bedeutsames zu verstehen und darzustellen. »Die Wahl des ersten Wortes bereits steht unter einer Gesetzmäßigkeit, die ›vor‹ den Worten da sein muß, und die Wahl der anderen Worte erfolgt im steten Hinblick auf den einen, gemeinten Sinn, den ich ausdrücken will« (Stenzel 1925, S. 18). Was in der Sprechsituation zur Darstellung kommt, ist das *gerichtete* Wort des einen an den anderen. Vom *Sinn* eines *Wortes* läßt sich aber nur sprechen, insofern es von dem *anderen verstanden* werden kann. Von »Sinn« läßt sich also auch dann soziologisch nur zureichend sprechen, sofern die Rede die »Form« der *Mitteilung* besitzt. Nur wenn zwei die Worte einer Rede »teilen«, kann der gemeinte Sinn verstanden werden (vgl. S. 13). Aber die Mitteilung selbst geschieht nur in der *Situation*, in der der eine in seiner Situation auf den anderen in dessen Situation trifft. »Die einzelnen Worte eines Satzes sind als ›Wörter‹ mehrdeutig; erst als ›Worte‹ – die Sprache bezeichnet diesen feinen Unterschied deutlich durch die andere Form! – erhalten sie aus dem Zusammenhang ihre jeweilige Bedeutung, oder wie ich gerade hier sagen kann, ihren *Sinn*; dieser Zusammenhang ist dasselbe wie der gemeinte Sinn, der natürlich nur von einem Ich gemeint sein kann« (S. 18). Erst in einer Situation stehend können aus Wörtern sinnvoll gemeinte Worte werden. Umgekehrt ist jedes (echte) Verstehen ein Verstehen nicht von Wörtern, sondern von einer *Situation*, die durch Worte sinnvoll ausgedrückt wird. Insofern ist aber Sinn *nicht* allein durch den »gemeinten Sinn«

schon soziologisch gefaßt. Denn in einer Situation stellt sich immer *mehr* dar als der *gewußte* gemeinte Sinn.

Gerhard Mackenroth hat in seiner Schrift, die dem *Ausdrucksverstehen* gewidmet ist, eine, wie ich meine, viel zu wenig beachtete Kritik des Weberschen Sinnbegriffs geliefert. Seinen Sinnbegriff habe Weber wohl vor allem deshalb gebildet, um »so allein etwas empirisch, erfahrungswissenschaftlich Faßbares zu haben« (Mackenroth 1952, S. 76). Mackenroth interessiert sich zunächst für Webers Konzeption einer *verstehenden Soziologie* und fragt nach dem, was sie alles »schon in der Optik, mit der man das Erkenntnisobjekt avisiert« (S. 76), ausschließt. Einzig der »subjektiv gemeinte Sinn« hebe sich in seiner Wertfreiheit ab von einem »objektiv richtigen« Sinn, ebenso wie von dem nur metaphysisch gebildeten »wahren« Sinn. »Darin liegt der Unterschied der empirischen Wissenschaften vom Handeln: der Soziologie und der Geschichte gegenüber allen dogmatischen: Jurisprudenz, Logik, Ethik, Aesthetik, welche an ihren Objekten den ›richtigen‹, ›gültigen‹ Sinn erforschen wollen« (Weber, zitiert bei Mackenroth 1952, S. 76). Bezogen nun auf die bekannte Stelle, an der Weber »aktuelles« und »erklärendes« Sinn-Verstehen unterscheidet, behauptet Mackenroth, daß dort Sinnbegriff und Verstehensbegriff nicht zueinander passen. Wenn Weber feststellt, wir verstünden »endlich motivationsmäßig den Zorn, wenn wir wissen, daß ihm Eifersucht, gekränkte Eitelkeit, verletzte Ehre zugrunde liegt« (Weber, zitiert bei Mackenroth 1952, S. 77), dann hält ihm Mackenroth entgegen, daß »das Verstehen eines Zornesausbruchs niemals das Verstehen eines ›gemeinten Sinnes‹ sein (kann), weil hier gar kein Sinn gemeint ist« (S. 77). Nicht daß es sich überhaupt nicht um Sinn handele, so Mackenroth, nur eben *nicht* um »gemeinten Sinn«. Es ist vielmehr ein soziologisch durchaus relevantes Ausdrucksverhalten, das verstehbar ist. Was man am Zornesausbruch versteht, ist eine *Ausdrucksgestalt*, die sich in Gesicht und Haltung des Menschen manifestiert. Der »Sinn« des Verhaltens ist Zorn. Seine Gestalt drückt sich in einem bestimmten Ausdrucksfeld aus. Diese Gestalt wird in ihrer Ganzheit »verstanden«.

Mackenroth sieht Webers Versuch, den »gemeinten Sinn« als einzige soziologisch zugängliche empirische Faßbarkeit von Sinn zu gebrauchen (vgl. S. 79), insofern als gescheitert an, als es ihm nicht gelungen ist, der Fülle der Sinnprobleme adäquat gerecht zu werden. Webers Entwurf einer »verstehenden Soziologie« unterstellt eine durchgängige Rationalisierung sozialen Handelns. Wie der Soziologe Rationalisierbarkeit seiner Gegenstände unterstellt, entsprechend *soll* der Handelnde sich sein Verhalten *aus Motiven* erklären. Sind die Motive dem Handelnden nicht schon evident, verhüllt diese Einsicht Vorgeschobenes und Verdrängtes. Mackenroth kritisiert die von Weber unterstellte Rationalität des Sinns von Handeln ebenso wie die Gleichsetzung von kausal-gültiger Deutung mit evidenter Deutung: »Das scheint doch recht bedenklich. Die Frage ist zunächst, wer sich denn anmaßen will zu entscheiden, ob ein Motiv vorgeschoben oder echt ist. Wir werden noch sehen, daß es der Handelnde selbst am allerwenigsten kann, der sein Verhalten ständig aus Motiven geschehend sich selbst rationalisiert. Es ist das Systembedürfnis des durchrationalisierten Abendländers, das ihn überall, auch in seinem eigenen Verhalten, ›Motive‹ sehen läßt. Diese populäre Introspektion dürfen wir eben gerade nicht übernehmen (...)« (S. 79f.). Im Falle des verborgenen oder verdrängten Sinnzusammenhangs unterstellt Weber, dieser wurde eben nicht »voll als in concreto ›gemeint‹ ins *Bewußtsein* gehoben« (Weber, zitiert bei Mackenroth 1952, S. 80). Aber es ist überaus bedenklich und widersprüchlich, einen »gemeinten Sinn« anzunehmen, der dem *Meinenden* verborgen sein soll. Mackenroth zieht den Schluß, daß der Begriff »gemeinter Sinn« gar nicht das leisten kann, was er in Webers Augen leisten soll, nämlich die *soziologisch relevanten Sinnzusammenhänge* begrifflich zu fassen. Aber auch Schütz' Versuch, die Webersche »verstehende Soziologie« zu erweitern, indem er Handeln und Handlung trennt und »gemeinten Sinn« durch Termini wie »Handlungsziel« und »Entwurf« ersetzt, ist gescheitert. Schütz' Bemühungen, dem »traditionalen Handeln« ein *Handlungsziel* und damit einen »gemeinten Sinn« unterzuschieben, war, so Mackenroth, ein mißlungener Rettungsversuch, dem es um die *Rationalität des Handlungsbegriffs* und eine »rationalistische Umdeutung der Sozialwelt« ging. »Hier versucht man, Weber dadurch zu retten, daß man ein Handlungsziel oder einen Entwurf fingiert, wo ganz offenbar keiner da ist. Dann hat man es leicht, auch einen ›gemeinten Sinn‹ daraus abzuleiten. Es ist doch mit Händen zu greifen, wie hier ein ganz offenbar doch eben nicht rationales Verhalten hintenherum wieder rationalisiert wird, indem ihm ›Handlungsziel‹, ›Entwurf‹ und ›gemeinter Sinn‹ aufgepaßt werden. (...) Traditionales Verhalten hat keinen ›gemeinten Sinn‹, damit ›verbindet sich‹ kein subjektiver Sinn« (S. 81).

Ein soziologischer Begriff sinnhaften Handelns, das sich seines Sinns als gemeinter *bewußt* ist und *dadurch* das Prädikat »rational« erhält, darum geht es Mackenroth, verfehlt den phänomenal aufweisbaren Befund des Wahrnehmens von Ausdrucksgestalten. *Verstehen*, nicht im Sinne eines Vorentwurfs von Erkenntnis, sondern im Hinblick auf (das Leben führende) *Sinnorientierung*, darf nicht in einer »rationalen Bewußtseinsschicht« (Mackenroth) verankert werden. Sinn ist Bezugssinn, nämlich bezogen auf unser »Leben im Verständnis« (Mackenroth). Damit hebt Mackenroth hervor, daß im Vorgriff der »verstehenden Soziologie« sowohl bei Weber als auch bei Schütz *Sinn* immer als *bewußter*, Handeln immer *bewußt* sinnorientiert verläuft. Von daher ist Rationalität nicht nur oder erst Ausdruck einer verstehenden Soziologie, sondern diese Rationalität wird künstlich hineinverlagert in den Gegenstand der Soziologie: Rationales Handeln wird zum *typischen Fall* in der Sozialwelt, insofern sich der Handelnde der Zwecke, Motive, Werte und Ziele seines Handelns bewußt ist bzw. sein soll.

Ist die Realität einmal in ihrer mehr oder weniger durchgängigen Rationalität konstruiert, dann ist es nur noch ein kurzer logischer Schluß, darauf in der soziologischen Analyse der sozialen Welt Rücksicht zu nehmen. Die Soziologie bildet »ihre Begriffe durch Klassifikation des möglichen ›gemeinten Sinns‹, also so, als ob das Handeln tatsächlich bewußt sinnorientiert verliefe« (Weber 1980, S. 11). Darin kulminiert noch einmal die bis heute ungelöste Problematik des soziologischen Sinnbegriffs. Weber »betrachtet die soziale Welt, als ob es überall gemeinten Sinn gäbe, als ob alles Handeln rational kalkuliert und nach den Kategorien von Zweck und Mittel ausgerichtet wäre« (Mackenroth 1952, S. 83). Mackenroth ging es mit seinem Begriff des »Ausdrucksverstehens« darum, die aufweisbaren Fälle von Sinn zu fassen, die nicht durch »gemeinten Sinn« sich auszeichnen. Er versuchte jedoch nicht, den Sinnbegriff insgesamt auf eine entscheidend *neue* Basis zu stellen.

Es hat den Anschein, als ob die »verstehende Soziologie« zumindest in ihren Anfängen davon ausging, daß erst das *wissenschaftliche Schließen*, das Mittel und Zweck richtig (re)konstruiert, so etwas wie »Sinn« überhaupt erst konstituiere. Wenn dem so wäre, dann wäre freilich Erkenntnis selbst a priori. Wenn wir von Sinn sprechen, dann unterstellen wir ja, daß wir nicht rein triebhaft oder mechanisch die Welt in Griff nehmen, sondern daß sie uns etwas bedeutet, sofern wir etwas vorhaben mit den Dingen und sie im Umgang deuten. Sinn wird weder »von außen« an eine an sich sinnlose Welt herangetragen noch durch »Erkenntnis« gestiftet. Die kulturwissenschaftliche »Idee« der *Zweckrationalität* konzipiert eine soziologische »Erkenntnis«, die ihren Gegenstand vorgreifend auf die Möglichkeit einer »idealtypischen« Methodik hin entwirft. So wird der Welt ihr »eigentliches« Sein aber gleichsam vorgeschrieben. Die Aufmerksamkeit des soziologischen Forschers konzentriert sich ganz auf das Hineinbringen und Einschleusen formallogisch bestimmter Kontexte von »Welt« und »Sinn« in dieses immer schon welt- und sinnhafte Leben bei den Dingen. Soziologie begreift sich hier als Ein-Griff mit der Absicht auf eine Ordnung, deren Prinzip nicht aus den begegnenden Phänomenen entnommen ist.

Heidegger nannte die wissenschaftliche Verfolgung der Dinge unter Leitung einer Methode, die aus ist auf das Regelmäßige (und nur in diesem Sinne spricht sich bei Weber das »Typische« aus), den »mathematischen Seinsentwurf« (vgl. auch Gethmann 1974, S. 201). Der »mathematische Entwurf« setzt eine Gleichmäßigkeit aller Körper nach Raum und Zeit an, womit schon der wesentlichen Bestimmungsart der »Dinge« vorgegriffen ist. Dies zeigt sich durch das *Abschneiden* der Bewandtnisganzheit, in der jedes Umgangsding praktisch begegnet. Das hermeneutische »Als« der Dinge, insofern wir die Dinge zunächst im umsichtigen Umgang *als* etwas Bedeutsames verstehen, »ist bezüglich seiner Möglichkeiten der Artikulation von Verweisungsbezügen von der Bedeutsamkeit, als welche die Umweltlichkeit konstituiert, abgeschnitten« (Heidegger 1984, S. 158). Das von seinen vorwissenschaftlichen Erfahrungen emanzipierte »Wissenschaftler-Subjekt« setzt sich seinen Entwurf der Welt. Um über *seinen* Gegenstand, sein »Objekt«, verfügen zu können, muß der Gegenstand dem selbstbewußten Forscher gehorchen. Die Gegenstände müssen jenem Entwurf entsprechen, damit das Forscher-Subjekt über sie methodisch adäquat verfügen kann. Sie müssen den gleichen Regeln Folge leisten, die im Entwurf vorausgesetzt sind. »Regelmäßigkeit« der Gegenstände heißt dann: Das »Sein« der Gegenstände ist gesetzt »als« gleichartig in bezug auf eine Regel. Unter dem Griff einer solchen *Regel* können die Gegenstände nur mehr *rational* »vorhanden« sein, und damit sind sie nivelliert bezüglich der Umgangswirklichkeit und der umsichtig verstehenden Auslegung. Das hermeneutische »Als« wird »in die gleichmäßige Ebene des nur Vorhandenen zurückgedrängt« (Heidegger 1984, S. 158), an seine Stelle tritt das apophantische »Als« der Aussagelogik. Der Gegenstand wird zum »Ding« möglicher Erfahrung, von dem in wahren Sätzen Aussagen gemacht werden können.

Damit sei kurz und unvollständig in die Problematik sozialwissenschaftlicher Konzeptionen eingeführt. Konzeptionen als ungewußte Vorwegnahmen lassen sich nicht durch bewußten Verzicht neutralisieren. Konzeptionen sind verdichtete Erfahrungen, mit denen wir zunächst Unbekanntes von dem uns Bekannten her verstehen. Was im alltäglichen Umgang mit den Dingen wohl unproblematisch erscheint, kann die interpretativen Wissenschaften jedoch auf einen Irrweg führen, insofern sie sich als »neutrale Beobachter« und ihr Tun als »neutrale Beobachtung« mißverstehen. Denn so lange es Menschen sind, die Wissenschaft betreiben, lassen sie sich von Konzeptionen führen, über die sie erst »nachträglich« verfügen. Die Antizipationen der Wissenschaften unterscheiden sich insofern von den umgangssprachlichen Konzeptionen, als jene *Voraussetzungen* sind und nicht wie diese dem Umgang Orientierung gebende Vorwegnahmen. Vorausgesetzt wird nämlich der Entwurf von einer »sozialen Welt«, in die man nurmehr *methodisch* eindringen kann. Methoden zeichnen aber immer schon den Gewinn ihrer Anwendung vor. Mit Mikroskop und Fernrohr beginnt schon die Distanzierung vom »ursprünglichen« Vernehmen der Welt. Wieviel mehr verstellen erst Experiment, Standardisierung, Fragebogen u. ä. den Blick auf das umgängliche Erfahren von Mitmensch und Dingen.

Für die Soziologie gilt zu bedenken, sofern sie sich als Erfahrungswissenschaft im wohlverstandenen Sinne betrachtet, daß es vor allem die umgangsweltlichen Konzeptionen sind, die ihr eigentliches und vornehmstes Thema sind. Denn der »Sinn« sozialen Handelns, um an oben und Max Weber anzuknüpfen, erschließt sich dem Soziologen, insofern er sich Zugang zu den handlungsführenden Konzeptionen und Hinsichten verschaffen kann. Für die Konzeptionen ist immer schon ein, wenn auch unausdrückliches, Vor-Wissen leitend. In der Vor-Struktur jedes Kennens und jeder Erkenntnis liegt das »Apriorische«. Insofern das apriorische »Vor« als Verstehensentwurf (Hinsicht) Bedingung der Möglichkeiten des Verhaltens zu Weltlichem ist, ist das schon Verstandene und deshalb apriorische »Als« *hinführend* zum soziologischen »Sinn«-Begriff. »Sinn ist das durch Vorhabe, Vorsicht und Vorgriff strukturierte Woraufhin des Entwurfs, aus dem her etwas als etwas verständlich wird« (Heidegger 1984, S. 151). Eine Soziologie des »Sinns« ist insofern auch eine Soziologie des »Wissens«, als sie die Vor-Struktur *jedes* Wissens beachtet und sich dazu in ein hermeneutisches Verständnis bringt.

Was Konzeptionen »eigentlich« sind, läßt sich aber nur über das *Wie* ihrer Veranschaulichung einsehen; Konzeptionen – nämlich, »was sie eigentlich sollen« –: dies läßt sich nur über *Beispiele* zeigen. Das heißt: Fragen wir nach dem »Wesen« der Konzeptionen, so müssen wir zugleich nach dem »Wesen« des Beispiels fragen. Dies führt zu der Eigentümlichkeit – und das verspricht die spannendste Seite der folgenden Untersuchung zu werden –, daß sich dem Soziologen die soziale Welt der Phänomene erschließt analog der »Methode«, wie überhaupt Menschen im Umgang mit den Dingen von Konzeptionen sich betreffen lassen. Es ist vor allem die »pragmatisch« und sprachphilosophisch, das heißt am Umgangshandeln und an der Umgangssprache orientierte hermeneutische Denkrichtung, die durch Dilthey und Husserl angeregt (vgl. Grondin 1991) und bald schon über die klassische Phänomenologie hinausweisend hier die entscheidenden Impulse der gefragten interpretativen Soziologie zu geben vermag. Auf die dort hinterlegten Konzeptionen bezugnehmend, spreche ich von einer soziologischen *Beispielhermeneutik* der *narrativen Pragmatik von Umgangserfahrungen.*

Im folgenden geht es mir um die Diskussion der Lippsschen hermeneutischen Logik und deren Kernstück: die Konzeptionen – das sind Begriffe des alltäglichen Lebens. Hans Lipps hat sich wie kein zweiter aus dem Kreis der hermeneutischen Phänomenologen mit der »Methode« auseinandergesetzt, die die Welt der Praxis, das heißt das alltägliche Umgangshandeln und -sprechen, auszeichnet. Ich werde zunächst zu zeigen versuchen, daß das Lippssche hermeneutische Fragen und Interpretieren eine Umsetzung und Weiterführung der aristotelischen *Epagogé* ist. Es war ja für den Kreis von Phänomenologen und Hermeneutikern in den 20er und 30er Jahren keineswegs ungewöhnlich gewesen, sich intensiv mit der aristotelischen »Erkenntnistheorie« zu beschäftigen. Hans-Georg Gadamer ist wegen des Aristoteles-Studiums bei Heidegger diesem nach Freiburg gefolgt und weniger wegen des Studiums der Phänomenologie bei Husserl. »Beides schloß sich jedoch nicht aus. Im Gegenteil. Heidegger hatte es verstanden, Husserl (...) davon zu überzeugen, daß in Aristoteles eine wirkliche Phänomenologie der Lebenswelt zu finden sei« (Gadamer 1988, S. 13; vgl. 1986, S. 422). Darüber hinaus scheint mir diese hermeneutische Logik geeignet, das wissenschaftstheoretische Verständnis einer interpretativen Soziologie zu formen und deren forschungsmäßige Anwendung theoretisch und methodologisch zu stützen und auszubauen.

In seiner *Hermeneutischen Logik* erörtert Hans Lipps den Ausdruck *Konzeptionen* folgendermaßen: »Diese Konzeptionen gibt es nur im Vollzug als Griff. Deshalb können sie allerdings wohl veranschaulicht, aber nicht wie die vorstellungsmäßigen Begriffe, unter die subsumiert wird, bestandhaft vorgeführt werden. Nur Beispiele können in die Aufnahme solcher Konzeptionen versetzen: dadurch, daß sie – durch die einsinnige Ausrichtung ihrer Konkretion – unter der Hand die Hinsicht aufnehmen lassen, die hier leitend wird für das Zusammensehen, allgemein für die Aktivierung der Bezüglichkeiten, die konstitutiv sind für (...)« (HL, S. 56f.) Im Vollzug der Konzeption wird etwas *zusammengesehen*, dessen man sich nicht bewußt ist, wenn man eine Konzeption gebraucht. Dieses »Zusammen« von etwas als Konzeption ist jedoch nicht ein Subsumieren von Fällen unter einen Begriff. Der Konzeption als Griff, das heißt auch als Be-griff, gehen keine Vorstellungen oder Auffassungen voraus, über die ich verfügen, die ich mitteilen kann. Begriffe, unter die *subsumiert* wird, stehen in einem eindeutigen und nachvollziehbaren Verhältnis zu den Fällen, die unter sie fallen. Konzeptionen in ihrem Zustandekommen dagegen bleiben völlig im Dunkeln. Offensichtlich spielen beim Vollzug einer Konzeption *Beispiele* die entscheidende Rolle. Nur Beispiele können *in die Aufnahme solcher Konzeptionen versetzen;* diese Aufnahme geschieht *unter der Hand*. Man wird versetzt; das heißt, hier passiert etwas »plötzlich«, durch einen »Sprung« oder »Stoß« (hier gehört offensichtlich die *epoché* hin! – davon später); aber wiederum nicht zwangsläufig und logischerweise, sondern *unter der Hand*, das heißt eher beiläufig und unversehens. Das ist schon recht merkwürdig!

Aufgenommen wird eine Konzeption, insofern die *Hinsicht* aufscheint, die *leitend wird* für das »Zusammensehen«. Nur das, was irgendwie ähnlich mit anderem ist oder mit anderem etwas gemeinsam hat, kann »Zusammen-gesehen« werden. Offensichtlich sind es aber *Beispiele*, denen etwas Ähnliches usw. an-gesehen werden kann. Das Hin-Sehen bezieht sich auf die zusammen-fassende Sicht dieses Ähnlichen. Das »Zusammensehen«, das sich in der Konzeption vollzieht, meint ein »gleichzeitiges« Zusammen-Sehen »aller« Beispiele in Hinsicht auf ihr Gemeinsames, nämlich auf ihre Bezüglichkeiten zur gerade begegnenden Welt. Dabei ist die *Hinsicht leitend*. In der spezifischen Hinsicht liegt nämlich der leitende Aspekt für das Zusammen der Beispiele. Dies Zusammmensehen ist ein Vernehmen, kein Schließen aus Prämissen. *Beispiele* sind hier die tatsächlichen Einzelfälle, mit und an denen man seine Erfahrungen gemacht hat.

Jede *Situation*, in der Konzeptionen vollzogen werden, ist je eine konkrete, in der ich mich finde. Deshalb steht die *Hinsicht* immer in bezug zur Situation, zum »Hier und Jetzt« desjenigen, der die Konzeption vollzieht. Die Hinsicht soll *hier leitend* sein. In der konkreten Situation des Umgangs mit den Dingen, in denen Konzeptionen helfen, die Dinge in den Griff zu bekommen, kommt es eben besonders auf die *einsinnige Ausrichtung ihrer Konkretion* an, nämlich auf die richtungweisende *Reihung* der Beispiele bzw. Praxiserfahrungen. Die Menge der eingereihten Beispiele verdichtet sich zur *einsinnigen Konkretion*. Hier könnten »abstrakte« Begriffe nichts ausrichten. – Damit können wir zur nächsten Stelle im Text übergehen:

»Es heißt, daß man durch Abstraktion zu einem Begriff kommt. Abgezogen wird aber hierbei das Unwesentliche: man stößt nicht auf einen Rest von Merkmalen, die invariabel wären; umgekehrt: man findet die Richtung, durch die die Variationsmöglichkeiten irgendwelcher Bestimmungen zusammengehalten werden. Das für eine Konzeption Bestimmende stellt sich einfacher dar, als wenn sie als etwas Allgemeines durch Offenlassen von Merkmalen erhalten worden wären« (HL, S. 57). Auch die Konzeption ist ein *Begriff*, zu dem man durch *Abstraktion* kommt. Jedoch stößt man, wenn man Beispiele auf das an ihnen Ähnliche bzw. Gemeinsame hin zusammensieht, gleich auf das *Wesentliche*, das heißt auf das typische Konkrete und konkrete Typische, das alle Beispiele verbindet und als Reihe auszeichnet. »Typisch« in dem Sinne, wie unser Wahrnehmen das *Baumhafte* als »typische« Gestalt eines Baums schon kennen (nicht auch explizit wissen) muß, um etwas Einzelnes als *einen* Baum wiederzuerkennen. »Nur wenn wir (...) das Baumhafte schon im Blick haben, vermögen wir einzelne Bäume festzustellen« (Heidegger 1939, S. 244). Beim *Abzug des situativ Unwesentlichen*, dies ist nämlich der Sinn der »epagogischen« Abstraktion, verbleibt dann kein Rest von Merkmalen, der invariabel wäre. Mit dem Wesentlichen ist zugleich die *Richtung* gefunden, unter der man praktisch die Sache in Anbetracht der erfahrenen (Variations-)Möglichkeiten und Bestimmungen in Griff zu nehmen hat. Das *Wesentliche* ist richtunggebend und bestimmend für das Beieinander der Beispiele, das heißt der Möglichkeiten, die einer an sich erfahren hat und für welche die Beispiele stehen. *Einfacher*, nämlich leichter zu verstehen, das heißt in der Situation zu vollziehen, ist die aus Beispielen gewonnene Sicht, insofern die Beispiele nur hinsichtlich einer Konzeption wirken, wenn sie auch tatsächlich unseren Erfahrungen entspringen. Beim Vollzug der Konzeption vertrauen wir »blind« unseren Erfahrungen. »Ein-fach« aber auch insofern, als sie uns »ein-sinnig« ausrichten durch ihre Konkretheit. Die Konzeption ist immer bestimmt, das heißt *nicht* beliebig. Das »Sinnfällige« ist immer einfacher als der schließende Beweis, da dieser mehr (vor allem Theorie) voraussetzt. »Und das ›Einfache‹ bezieht sich auf das kernhaft Bündige dieser in concreto das Verschiedenste treffenden ›Vorstellung‹. Um sie in ihrer Reinheit zu erfassen, kann man sich nur an die Abwandlungen ihres Gebrauches halten, in deren Parallele sie zu erspüren ist« (MN, S. 71).

1.2 Die aristotelische Prinzipienlehre: die Dialektik von Prinzip und Sache

Welches Verfahren des Erkenntniserwerbs interpretiert Lipps, wenn er vom Vollzug der Konzeptionen spricht? Er distanziert sich vom Syllogismus, der Begriffe durch Subsumtion von Fällen unter jene definiert. Statt dessen spricht Lipps von Konkretion als einer »Abstraktion« des Unwesentlichen zum Gewinn des Wesentlichen der verfügbaren Erfahrungsbeispiele. Dieses »Verfahren« sei einfacher, das heißt uns näher – nicht auch wissenschaftlich-logisch näher –, und entspricht deshalb unserem alltäglichen Umgangshandeln. Der Syllogismus ist demgegenüber ein wissenschaftliches Verfahren des beweisenden Schließens. Wie erhalten wir aber Einblick in die Prinzipien (Konzeptionen), die als unbeweisbare »erste« Einsichten unser Tun und Lassen leiten und die als das frühere und ursprüngliche Wissen auch unserem wissenschaftlichen Erkennen notwendigerweise vorangehen? Gibt es überhaupt eine »Methode«, die uns einen sicheren Weg der Prinzipienerkenntnis ermöglicht? Mit dieser Problematik der Prinzipienforschung hat sich Wolfgang Wieland in seinem Buch »Die aristotelische Physik« auseinandergesetzt. Nach der Erörterung der aristotelischen Induktion (epagogé) komme ich dann besser vorbereitet wieder zurück zu den Vorgriffen hermeneutisch orientierter Erfahrungswissenschaften (siehe unten Kapitel 2).

Es zeichnet die aristotelische Prinzipienlehre aus, daß sie das Besondere nicht gegenüber dem Allgemeinen vernachlässigt; gerade den konkreten Dingen wird eine spezielle Aufmerksamkeit gewidmet. Es kommt nämlich darauf an, beim wissenschaftlichen Umgang mit den durch Erfahrung und Alltagswissen gegebenen Dingen immer die mögliche Gestreutheit und Breite von deren Bestimmungen und Beziehungen mitzudenken. Der Prinzipienlehre des Aristoteles »geht es allein darum, jene Mannigfaltigkeit der dem Verständnis des Konkreten dienenden Gesichtspunkte auszuarbeiten. Es bedeutet aber auch, daß der Gegensatz zwischen Erfahrung und Denken, den man von neuzeitlichen Voraussetzungen zu machen gewohnt ist, in der aristotelischen Philosophie gar nicht zu finden ist. Nur aus einer solchen Erfahrung der Dinge ist Denken möglich, und das Denken selbst ist bei Aristoteles nichts anderes als die vollendete Erfahrung der von ihm gedachten Gegenstände« (Wieland 1962, S. 38). Für den daraus sich entwickelnden Empiriebegriff ist Erfahrung nicht dem Denken gegenübergestellt, sondern die Erfahrung ist eine solche, die das Denken selbst im Umgang mit seinen Gegenständen macht.

Die aristotelische Prinzipienforschung beschäftigt sich mit dem, was man schon wissen muß, wenn man etwas erkennen will. Denn sie fragt nach dem, wovon die Wissenschaft ihren Ausgang nimmt. Dieser Ausgang kann jedoch selbst nicht wieder nach wissenschaftlichen Methoden bestimmt werden. Die »›Anwendung‹ einer sicheren Methode ist nur dann möglich, wenn man dasjenige, worauf man sie anwenden will, bereits genau kennt. Doch diese Voraussetzung ist im Falle der Prinzipienforschung nicht gegeben. Man kennt die Prinzipien nicht (denn nach ihnen ist gefragt), aber man kennt auch die Sache, von der sie Prinzipien sind, noch nicht genau (weil alles Wissen immer Wissen aus Prinzipien ist). Die Anwendung einer sicheren Methode setzt eine klar bestimmbare Ausgangsbasis voraus« (Wieland 1962, S. 53). Es kann eine »sichere« Methode der Prinzipienforschung nicht geben aus Gründen, die in der Sache selbst liegen.

Jedes Forschen, Lehren und Lernen muß von einem *schon Bekannten* ausgehen. Man muß sich dabei auf Vorkenntnisse stützen können, die selbst nicht wissenschaftlich ableitbar sind. Man kann also nicht die Prinzipien *aller* Dinge erlernen, da das Lernen selbst schon ein bestimmtes Wissen voraussetzt, an das es anknüpfen muß. Eine universelle Wissenschaft, die alles umfaßte, wäre gar nicht erlernbar. »Eine Wissenschaft aber, die erlernbar ist, ist eben deswegen nicht allgemein. Das gilt für jedes methodische Wissen: Methoden lassen sich nur anwenden, wenn man bereits etwas unbefragt vorausgesetzt hat. Jedes Wissen, das durch bloße Anwendung einer Methode erworben wird, ist abgeleitetes Wissen. Die Prinzipienwissenschaft fragt aber nach dem, wovon dieses Wissen abgeleitet ist« (Wieland 1962, S. 54).

Prinzip und Sache, für die es Prinzip ist, gehören zusammen. So ist für Aristoteles ein Prinzip niemals etwas für sich, sondern stets bezogen auf etwas anderes, dessen Prinzip es ist. Es ist als Prinzip *nichts Selbständiges*. Prinzipienforschung kann so auch nicht von den Prinzipien selbst ausgehen, sondern sie setzt an bei den *gegebenen* Dingen, für die sie die Prinzipien aufsucht. So können die Prinzipien niemals verselbständigt oder isoliert werden, sondern sie bleiben immer an die Vielfalt der Dinge gebunden, für die sie Prinzipien sind. Die sich so ergebende Prinzipienvielfalt ist deshalb auch kein Mangel, vielmehr entspricht sie der gestreuten Gegebenheitsweise der Dinge. Diese enge Verknüpfung von Prinzip und Sache, deren Prinzip es ist, ist insofern nicht verwunderlich, da es uns ja nicht um die Erkenntnis des Prinzips als solchem geht, sondern daß wir durch die Prinzipienforschung dasjenige erkennen wollen, *wofür* es Prinzip ist. »Unmißverständlich sind ja auch die Prinzipien als das bestimmt, woraus wir, wenn wir sie kennen, anderes erkennen. Diese Struktur des ›Woraus‹ ist aber (...) für alles Erkennen und Argumentieren fundamental« (Wieland 1962, S. 61). Die »Aufgabe« des erkannten Prinzips ist es denn auch, die Begründung der gefragten Sache, von der es Prinzip ist, zu leisten.

Die Prinzipien können nicht aus sich selbst erkannt werden, weil sie als solche – nur auf sich bezogen – gar nicht gegeben sind. Gegeben ist eine bestimmte Sache, ein Prinzipiiertes, dessen Prinzip man immer schon *zugegeben* hat und *gebraucht*, auch wenn man dies selbst noch *nicht* weiß. Die Erkenntnis der Prinzipien als die eine Sache begründenden Prinzipien eben dieser Sache ist für den alltäglichen Umgang mit den Dingen in der Regel nicht notwendig. Doch auch hier, wo wir auf den praktischen Einzelfall gerichtet sind, löst sich niemals das Prinzip von dem Prinzipiierten. »Wenn auch jedes Prinzip immer auf die Sache bezogen bleibt, für die es Prinzip ist, so muß doch die Sache, um die es hier geht, nicht notwendig daraufhin angesprochen werden, daß sie durch Prinzipien konstituiert wird. Das ist nur nötig, wenn man von ihr wissenschaftliche Erkenntnis gewinnen will« (Wieland 1962, S. 66). In der alltäglichen Rede wird eine Sache so und so behauptet, ohne daß auf Prinzipielles eingegangen wird. Man ist sich der so und so behandelten Sache *gewiß*. Auch wenn man eine Sache kennt und mit ihr umzugehen versteht, muß einem nicht schon deren Prinzip geläufig sein. Man verfügt vielmehr *intuitiv* über ein uns der Sache und unser Tun versicherndes *Vorwissen*, das einem den sicheren Umgang ermöglicht. Die *Erkenntnis* der Prinzipien geht dem Umgang mit den Dingen *nicht* voraus, ist *nicht* die notwendige Vorbedingung, die Dinge sicher zu handhaben. Vielmehr können wir erst im nachhinein erkennen, was unser Tun tatsächlich geleitet hat. »Die Prinzipien selbst werden also nicht durch die Sache erkannt, deren Prinzipien sie sind. Als Prinzipien von etwas sind sie durch sich selbst klar – aber erst, wenn man sie schon gewonnen hat und sieht, daß sie ihre Begründungsfunktion erfüllen« (Wieland 1962, S. 66).

In die Prinzipienlehre spielt die Dialektik von Sache und Prinzip insofern zentral hinein, als man eine Sache nur erkennen kann, wenn man deren Prinzip weiß. Prinzipien »interessieren« hier jedoch nur insofern, als durch sie die Sache erkannt werden kann. »Will man aber die Sache von den ihr eigenen Prinzipien erkennen, so muß man voraussetzen, daß man die Prinzipien schon kennt« (Wieland 1962, S. 70). Daraus ergibt sich die Eigentümlichkeit der Prinzipienforschung, daß man weder beim Prinzip noch bei der Sache ansetzen kann, da man das eine nicht ohne das andere erkennen kann. Vielmehr muß man *nach beidem zugleich* fragen. So nimmt die aristotelische Prinzipienlehre gerade ihren

Ausgangspunkt an der *Unterscheidung* dessen, was *für uns* bekannter und deutlicher ist, von dem, was *von Natur*, das heißt *schlechthin, der Sache nach* bekannter und deutlicher, aber für uns unbekannter ist. »Man muß nämlich immer etwas, was uns bekannt ist, schon voraussetzen« (Wieland 1962, S. 70). Dieses »Wissen«, das hier vorausgesetzt wird und an dem eine Prinzipienlehre überhaupt nur ansetzen kann, ist nicht wissenschaftlicher Art. Wäre es das, so müßte man wieder nach dessen Prinzipien suchen können, was aber einen unendlichen Regreß bedeutete. Vielmehr beginnen wir bei dem Wissen, das wir beim Lernen immer schon voraussetzen müssen. »Von Natur aus sind die Prinzipien bekannter als die Sache, deren Prinzipien sie sind. Denn man erkennt ja die Sache erst aus ihnen. Für uns jedoch geht gleichwohl die Kenntnis der Sache der Prinzipienkenntnis vorher. Denn wir fragen ja gerade danach, woraus man die Sache erkennen kann« (Wieland 1962, S. 70 f.). Wichtig ist die uns alltagsweltlich geläufige Unterscheidung, daß etwas noch nicht erkannt zu haben, nicht bedeutet, daß dieses deswegen völlig unbekannt sein muß. Jedes Wissen, ob es das für uns oder auch das von Natur aus Bekanntere einer Sache beinhaltet, kann nicht seinen eigenen Ursprung wissen. Das hieße ja sonst, man könne beim Wissen von vorne anfangen. Das Wissen kann aber niemals seinen eigenen Ursprung kennen, sondern es knüpft an *etwas Vorhandenes*, was man bereits kennt, an. Man weiß immer schon etwas, wenn man beginnt, Fragen zu stellen.

Die von Aristoteles getroffene Unterscheidung der beiden Wissensformen: das *umsichtige Kundigsein* (*phronesis*) und das *wissenschaftliche Erkennen* (*episteme*), zeigt zwei Weisen des Wissens, die in der impliziten bzw. expliziten Art des Habens eines Vorwissens differieren, insofern dieses unbestimmt bzw. bestimmt, bekannt bzw. gewußt ist. »Jene Unterscheidung basiert also vor allem auf der Tatsache, daß wir vor jeder Begründung mindestens schon wissen müssen, was wir begründen wollen. – Von der modernen Begrifflichkeit aus wäre sowohl das für uns als auch das der Natur nach Bekanntere in gleicher Weise ›subjektiv‹ oder aber in gleicher Weise ›objektiv‹. Denn es handelt sich ja in beiden Fällen um Wissensformen, um Weisen des Deutlichseins und Bekanntseins von Gegenständen und in beiden Fällen entsprechend um Gegenstände, die auf verschiedene Weise bekannt und deutlich sind, aber nicht um eine Gegenüberstellung von Wissen und Gegenstand des Wissens« (Wieland 1962, S. 73). Das Wissen von einer Sache und die Sache selbst sind niemals losgelöst voneinander anzutreffen. Immer sind wir in unserem Denken und Sprechen schon bei-den-Dingen, so daß es unmöglich ist, zwischen unserem Wissen und den Dingen, von denen wir wissen, zu unterscheiden. Wir wissen stets die Sache selbst, denn »auch was uns zunächst bekannt ist, ist die ›Sache selbst‹, nur ist sie noch nicht erkannt« (S. 73). So wird man auch keinen selbständigen Bereich des »an sich« ausmachen können, der vor jeder konkreten Weise »zu wissen« angesiedelt wäre. Man kann hier nur vom »an sich«-Bekannteren sprechen, »was man im Grund immer schon weiß, ohne freilich zunächst zu wissen, daß man es weiß« (Wieland 1962, S. 74). Immer wenn wir phänomenologisch von Wissen, Denken, Sprechen, Verstehen usw. ausgehen, müssen wir auf *beide Wissensformen* Bezug nehmen. Auch wenn wir im alltäglichen Tun und Lassen keinen Blick auf die Prinzipien werfen, so sind sie uns als das von Natur aus Bekanntere trotzdem nicht völlig fern, denn wir bedienen uns ihrer im Umgang mit den Dingen gleichwohl unbesehen. Offensichtlich haben wir es immer schon, wenn wir etwas wissen oder verstehen wollen, mit einem Prinzipiellen, einem Ersten, zu tun, insofern wir nämlich nach dem »Woraus« eines fraglichen Tatbestands suchen. Das von Natur aus Bekanntere bleibt nur deshalb im Dunkeln und unbekannt, weil das Alltagsdenken gewöhnlich keine Notwendigkeit und Veranlassung sieht, bewußt Notiz zu nehmen davon, womit es zu tun hat, wenn der Mensch handelt und spricht. So macht es wissenschaftstheoretisch überhaupt keinen Sinn, das *von Natur aus* Bekanntere und das *uns* Bekanntere erkenntnislogisch *verschiedenen* Ebenen zuzuordnen. Es ist phänomenologisch sinnlos, das »von Natur aus« Bekanntere anzusprechen, »wenn man vom uns Bekannteren absieht. Denn dieses letztere ist nicht nur Ausgangspunkt der Untersuchung, sondern gibt zugleich ihr Thema und den Umkreis an, der in der Untersuchung selbst nicht mehr verlassen wird« (Wieland 1962, S. 85).

Ansatzpunkt der Prinzipienforschung ist der *konkrete Gegenstand der natürlichen Erfahrung*, denn dieser ist uns zunächst bekannt und deutlich. Die Dinge unserer Erfahrung zeichnen sich durch eine Vielheit ihrer Bestimmungen aus. Eine Tischplatte kann aus Holz, Glas oder Stahl sein, man kann auf ihr schreiben oder an ihr essen usw. Wir finden diese Fügungen der Dinge immer schon so vor, daß wir sie in verschiedener Hinsicht und Richtung ansprechen können. »Was uns also zunächst gegeben ist, ist komplex und vieldeutig. (...) Mit der Erfahrung dieser Komplexität beginnt der Erfahrungsvorgang. (...) Phänomenologisch betrachtet steht (...) das Einfache nicht am Anfang, sondern immer erst am Ende des Erkenntnisweges. Zu einer Erkenntnis aus Prinzipien gelangt man, indem man jenes vorgegebene Komplexe und Undifferenzierte differenziert« (Wieland 1962, S. 86). Das wissenschaftliche Verstehen erfahrungsweltlicher Gegebenheiten aus Prinzipien beginnt also *nicht* mit der *Setzung* eines obersten *Gattungsbegriffs*, von dem zu zeigen wäre, was alles unter ihn subsumiert werden kann. Wir nehmen vielmehr einen konkreten Gegenstand unserer Erfahrung zum Ausgang, denn dieser entspricht dem für uns Früheren und Bekannteren, und entdecken, worunter er *alles* angesprochen werden kann. Zu diesem Ausgangspunkt der Erkenntnis kehrt die Erkenntnis wieder zurück; »oder noch genauer: sie bleibt bei ihm und lernt nur, es auf eine Fülle von verschiedenen Arten anzusprechen, um so aus Gründen einzusehen, was zuvor nur verworren bekannt war«. An Stelle dessen, »was zwar richtig, aber doch unklar und verworren ausgedrückt ist«, soll das treten, »was mit dem zunächst undeutlich Ausgedrückten eigentlich gemeint ist. Das läßt sich durch die Erfahrung vielfältig bestätigen: man weiß immer ungefähr, wovon man spricht, aber es bedarf oft beträchtlicher Mühe, sich genau darüber klarzuwerden, was man damit präzise meint. Ist diese Stufe aber erreicht, so hat man von der in Frage stehenden Sache ein Wissen aus Prinzipien« (Wieland 1962, S. 87f.).

Das *Allgemeine*, das uns zunächst bekannt ist, darf nicht als eine art- oder gattungsmäßige Allgemeinheit verstanden werden, von der sich das besondere einzelne Exemplar abheben ließe, vielmehr zeichnet es sich durch ein Undifferenziertes, Unbestimmtes aus. Dies Unbestimmt-Allgemeine fungiert immer als »Struktur« unseres Vorwissens, das schon ein Ganzes meint, welches durch die Wahrnehmung zugänglich ist. Auch wenn ich etwas Konkretes als diesen bestimmten Tisch meine und anspreche: dies ist *ein* Tisch, so muß ich schon wissen, was »Tisch« *alles* sein kann. Dieses »ein« differenziert ja aus dem unbestimmt-allgemeinen Ganzen, nämlich dem erfahrungsmäßigen Vorwissen, was etwas »alles« sein kann. Die Differenzierung gelingt durch einsinnige Abstraktion der Erfahrungsreihe »Tisch«: im augenblicklichen Übersehen der komplexen Reihe komme ich zu etwas »Einfachem«. Diese Differenzierung ist nicht Ergebnis eines Beweisschlusses oder Ableitung mit Hilfe eines Gattungsbegriffs. Sondern aus Erfahrung »weiß« ich schon um die Vielgestaltigkeit der Dinge. Ich differenziere etwas schon zuvor Gewußtes, indem ich etwas Implizites explizit, etwas Unausdrückliches ausdrücklich mache. Es »ist phänomenologisch falsch, die Erkenntnis etwa beim Einzelnen als solchem beginnen und von hier aus induktiv zum Allgemeinen aufsteigen zu lassen; daß unser Wissen de facto an Einzelnem, Individuellem begonnen hat, ist immer erst ein Ergebnis der Reflexion. Für das Selbstverständnis des Erkennens steht mithin dieses Einzelne niemals am Anfang. Entsprechendes gilt für das generisch Allgemeine. Phänomenologisch ist der Ansatzpunkt der Erkenntnis in der Tat gegenüber der Unterscheidung individuell-allgemein noch indifferent; die Dinge, mit denen das gewöhnliche Bewußtsein zu tun hat, werden niemals als Exemplare einer wie auch immer verstandenen Gattung erfahren« (Wieland 1962, S. 90f., Anm. 5). Einsicht gewinnt man durch Differenzierung des unbestimmten Vorwissens.

Wir sind nun innerhalb unserer Untersuchung der aristotelischen Prinzipienlehre an einen Punkt gekommen, an dem wir näheren Aufschluß über ihre »Methode« gewinnen müssen. Das *Unbestimmt-Allgemeine* als Struktur unseres Vorwissens ist nicht das Ergebnis einer logischen Reflexionsbewegung, sondern Vorbedingung und Rahmen unserer Wahrnehmungs- und Verstehensprozesse. Der alltägliche Umgang mit den begegnenden Dingen geschieht in einer Qualität, in der im Individuellen immer ein Allgemeines gesehen und die Dinge daraufhin angesprochen werden. Vom nicht geschiedenen Allgemeinen, was sich vorzugsweise der sinnlichen Wahrnehmung darbietet, wie Aristoteles sagt, geht das Wissen aus, das unserer Erfahrung eignet. Dieses »Sehen«, »Ansprechen« und »Nehmen« der Dinge, wie es das natürliche Weltverständnis auszeichnet, ist mit dem gängigen wissenschaftlichen Methodenverständnis des induktiven und/oder deduktiven Beweisschlusses nicht faßbar. Weder kommen wir zu unserem Vorwissen auf apodiktische Weise, noch läßt sich die phänomenologische Gangstruktur zu dem für uns Bekannteren analog syllogistischer Ableitungen verständlich machen. Derjenige, der eine Sache nicht aus einem theoretischen Begriff abzuleiten versteht, ist deshalb kein Unwissender, sondern er hat einen *anderen Weg des Wissens*, den aus einem *besonderen Anfang*, nämlich dem für uns Früheren und Besonderen, hinter sich. Dieser Weg des Wissens aus dem besonderen Anfang heißt bei Aristoteles »*epagogé*«. Im folgenden nun soll es um einen Einblick in die *aristotelische Induktion* (= *epagogé*; deutsch: »Hinführung«) gehen, an dessen Ende ein tieferes Verständnis unseres »ersten Wissens« stehen soll.

1.3 *Epagogé* als Weise des Hinführens zum ursprünglichen Wissen

In der *Nikomachischen Ethik*, Buch VI, Kap. 3, bespricht Aristoteles die »wissenschaftliche Erkenntnis«, nachdem er zuvor fünf Weisen anführt, mit denen wir die »Erkenntnis des Richtigen« vollziehen: praktisches Können (*techne*), wissenschaftliche Erkenntnis (*episteme*), sittliche Einsicht (*phronesis*), philosophische Weisheit (*sophia*) und intuitiver Verstand (*nous*). »Wir nehmen alle an, daß das, was wir wissenschaftlich erkennen, die Möglichkeit eines Andersseins ausschließt. Von dem, was anders sein kann, wissen wir nicht, ob es existiert oder nicht, falls es sich unserer unmittelbaren Beobachtung entzogen hat. Der Gegenstand wissenschaftlicher Erkenntnis hat also den Charakter der Notwendigkeit. Das heißt, er ist ewig. Denn alles, was mit uneingeschränkter Notwendigkeit existiert, ist ewig, und das Ewige ist ungeworden und unzerstörbar. Ferner gilt, daß alle wissenschaftliche Erkenntnis an andere weitergegeben und ihr Gegenstand gelernt werden kann. Alles Lehren aber geht von schon Bekanntem aus, (...) und zwar vollzieht es sich teils durch Induktion (*epagogé*), teils durch das syllogistische Verfahren. Die Induktion (*epagogé*) nun ist Ausgangspunkt auch für die Erkenntnis des Allgemeinen, während der Syllogismus vom Allgemeinen ausgeht. Folglich gibt es Ausgangspunkte, bei denen der Syllogismus einsetzt, die aber nicht ihrerseits durch einen Syllogismus gewonnen werden: da ist dann die Induktion (*epagogé*) zur Stelle. Das wissenschaftliche Erkennen ist folglich die zu einer Grundhaltung verfestigte Fähigkeit, bündige Schlüsse zu ziehen (...)« (Übersetzt von Franz Dirlmeier).

Damit hat Aristoteles Grundlegendes über das wissenschaftliche Erkennen gesagt. Er vergleicht nicht nur die beiden Verfahren der Induktion (*epagogé*) und des Syllogismus, sondern stellt sie auch

in ihren wesenhaften Zusammenhang. Werner Schmidt, auf dessen Untersuchung der aristotelischen Induktion ich mich im folgenden beziehen werde, hebt gerade an diesem Passus hervor, daß Aristoteles in der *Mitteilung* und nicht im einsamen Forschen die Möglichkeit von Wissenschaft, das heißt von Lehren und Lernen, sieht. Erst in dem historischen Augenblick, in dem sich »Natur« nur noch in Zahlen und deren mathematischen Beziehungen darstellen läßt, kann in ihr *nichts* mehr »gesehen« werden. Wenn aber nichts mehr gesehen und gezeigt werden kann, dann ist jede wissenschaftliche Mitteilung und Diskussion frucht- und nutzlos geworden. »Ein solches Wissen kann nur – wenn es auf irgendeine Weise durch ein empirisches Verfahren von einem experimentierenden Forscher gefunden wurde – als fertige Erkenntnis einseitig durch den Lehrer gelehrt werden. Dem Schüler fällt dann bestenfalls die Aufgabe zu, die Richtigkeit dieser Erkenntnis in der Erfahrung nachzuprüfen, indem er zusieht, ob sich die Erscheinungen damit erklären lassen« (Schmidt 1974, S. 187f.).
Wichtiger jedoch für unseren Zusammenhang ist, daß Aristoteles der Induktion (*epagogé*) den Vorrang gegenüber dem Syllogismus insofern einräumt, als jene nämlich erst den Ausgangs- bzw. Anfangspunkt des bündigen Schließens beibringen kann. Ohne einen von der *epagogé* bereitgestellten Ausgangspunkt hinge der Syllogismus und damit das wissenschaftliche Beweisen in der Luft und wäre ganz und gar unmöglich. Aber Aristoteles stellt auch fest, daß beide Weisen der wissenschaftlichen Mitteilung von einem *schon Bekannten* auszugehen haben. Für den Syllogismus stellt die *epagogé* die Ausgangspunkte bereit. Aber was setzt die *epagogé* als schon Bekanntes voraus? Nicht wiederum einen Beweis, so Schmidt, sondern eine *Weisung* ist die Grundlage der »durch Beweis erlangten, abgeleiteten aletheia«. Der Grund der Weisung ist ebenfalls nicht durch einen Beweis herzuschaffen, sondern er ist etwas ursprünglich *Unabgeleitetes*, eine »ursprüngliche Einheit, die einen Dualismus ausschließt, (...) die ›weisende‹, archaische Rede ist hier die vorrangige gegenüber der abgeleiteten, ›wissenschaftlichen‹ Rede« (Schmidt 1974, S. 15). Jemandem zufallen kann dieser Grund deshalb auch nur durch *inventio*. Dieser Zusammenhang zeigt, daß unser heutiger terminus technicus »Induktion«, demzufolge die Induktion in den Bereich der Logik gehört, nicht mit der *epagogé*, deren lateinische Übersetzung ›*inductio*‹ lautet, im aristotelischen Sinne übereinstimmt. Denn Ari-

stoteles weist die *epagogé* als »Methode« der Findung der archaischen *aletheia* (Wahrheit; Unverborgenheit) aus.

Wenn die *epagogé* jedoch den Ausgangspunkt des logischen Schließens, dessen beide Formen – Deduktion und Induktion – solche der traditionellen Logik sind, bildet, dann eignet beiden Verfahren, auch wenn sie nach strengen Regeln durchgeführt werden, nichtrationale Momente. Die durch rationalen Beweis erlangte Überzeugung hat dann ihren Grund durchaus »in einer tieferen, unableitbaren Überzeugung, durch welche sie getragen wird« (S. 16 f.). Wir »müssen zwar bei einem beabsichtigten (deduktiven, A.H.) Beweis zunächst wissen, was wir beweisen wollen – und dieses zu finden ist Sache der schöpferischen Intuition –, aber als vollzogen ist der Beweis erst dann zu betrachten, wenn das rationale Verknüpfungsverfahren durchgeführt worden ist. Genauer gesagt: der Akt der Inventio betrifft hier die Entscheidung darüber, welche Möglichkeit der Schlußfolgerung aus gegebenen Voraussetzungen zu wählen sei« (S. 21 f.). Der Syllogismus und auch das wissenschaftliche Wissen setzen ein »wahres« Grundwissen voraus, das selbst nicht mehr abgeleitet werden kann. Der Syllogismus funktioniert »selbst als Prinzip nicht, wenn nicht im voraus gewisse Erkenntnisprinzipien als geltend angenommen werden. Als Erfassungsweise für die notwendigen und allgemeingültigen archaischen Ansätze nennt Aristoteles die Epagogé (...)« (S. 26).

Wir fragen zunächst nach den »*archai*«. Etymologisch bedeutet *archein* »führend vorangehen, herrschen«. Im Hinblick auf die hier interessierenden ersten Sätze der Wissenschaft heißt dies: »was selbst nicht vermittelt werden kann, muß uns führen, damit wir es finden; es hat ›Prinzip‹ (...) zu sein, mit einer Autorität, die in ihm selbst liegt« (S. 26). Die Einsicht in diese wirkende Autorität kann nicht weiter befragt werden, sie ist hinzunehmen, das heißt ist nicht hintergehbar, sie wirkt als diese Einsicht *aus sich selbst heraus*. Die archaischen Sätze stehen also als nichtvermittelte an erster Stelle. Sie sind die ranghöheren gegenüber den wissenschaftlichen, abgeleiteten Sätzen. Ihr Wahrheitskriterium kann auch nicht deduktiv aus einer Folge von Urteilen abgeleitet werden. Für die führenden Sätze gibt es nur ein »induktives« Wahrheitskriterium, nämlich die *epagogé*, »mit deren Hilfe sich die Übereinstimmung mit der ›Wirklichkeit‹ und damit die Wahrheit der archai unmittelbar in die ›Unverborgenheit‹ enthüllen

soll. Sie sind deswegen wahr, weil wir auf Grund von ihrer Wahrheit überhaupt erst erkennen können, ob etwas wahr oder falsch ist. Ihr Kriterium ist die Wahrheit selbst« (S. 29 f.).
Ein erkenntnistheoretisches und methodologisches Problem ergibt sich hieraus für uns »nur«, insofern wir für Wissenschaft und wissenschaftliches Erkennen *ausschließlich* den deduktiven Beweis, das heißt das logische Schließen aus Obersätzen, zulassen wollen. Wenn dem so ist, dann kann aber das Erste *nicht* logisch bewiesen werden. Denn Aristoteles hat ja gezeigt, daß die *archai* unbeweisbar sind, und diese Unbeweisbarkeit ergibt sich aus ihrer Unvermitteltheit. So muß er seinen Wissenschaftsbegriff um ein unbeweisbares Wissen erweitern. Diese vertiefte Auffassung der Wissenschaft erstreckt sich auf ein »abgeleitetes, rationales Wissen und auf ein ursprüngliches, auf der pistis (Einsicht, Überzeugung, A.H.) aufgebautes Wissen (...)« (S. 31). Die Quellen des Wissens beziehen sich nicht nur auf »Sätze«, sondern auch auf »Grundbegriffe«. Es wäre jedoch töricht, nach einem Beweis für diese zu suchen. Vielmehr beziehen diese »Quellen« ihre Sicherheit von der *pistis*, das heißt von einer plötzlichen und zeitenthobenen, eben nicht vermittelten Einsicht in ihre Geltung als »Grundbegriffe« (vgl. S. 32).
Aristoteles unterscheidet die epistemische Überzeugung, die durch das bewiesene Wissen zustande kommt, von einer »tieferen« Überzeugung. Letztere gehört zu einem ersten, höheren Wissen, das man aber schon »früher«, *vor* dem durch Beweis erlangten Wissen, kennt. Denn der Beweis rechtfertigt sich nur aus diesem früheren und tieferen Wissen. Dieses ist somit grundlegend, weil ursprünglich. Wie kommt aber nun dieses frühere, ursprüngliche Wissen zustande? Um in den grundlegenden Charakter der unvermittelten Einsicht einzuführen, gibt Schmidt folgenden Wink aus der aristotelischen *Metaphysik* (1006a, 18), der bezeichnenderweise aus dem *Mitteilungsaspekt* des wissenschaftlichen Lehrens und Lernens, hier der Diskussion, hervorgeht: »Der Anfang (= arché) für alle derartigen Diskussionen besteht nicht darin, vom Gegner zu fordern, er solle sagen, daß etwas sei oder nicht sei, (...) sondern wenigstens zu bezeichnen, was sowohl für diesen als auch für den anderen Gesprächspartner gelten soll. Wenn er dies nicht tut, gibt es für einen derartigen keine Rede (= logos), weder für denselben mit sich selbst, noch mit einem anderen. Wenn aber jemand dies anbietet, wird es einen

Beweis (= apodeixis) des Prinzips geben: dann wird nämlich bereits etwas bestimmt sein. Aber Urheber der Diskussion ist dann nicht der Beweisende, sondern der Standhaltende (d. i. der Rede und Antwort Stehende). Indem er nämlich die Rede zu beseitigen (d. h. aufzuheben) sucht, hält er der Rede stand (sc. indem er Antwort gibt). (Während er jedoch ferner dies zugestanden hat (sc. daß er etwas eindeutig definieren muß, um verstanden zu werden), hat er zugleich zugestanden, daß es etwas Wahres gibt außerhalb des Beweises (...)« (zitiert bei Schmidt 1974, S. 40 f.).)
Sofern unser Sein (in der Welt) immer schon ein Sein mit-anderen und bei-den-Dingen ist, existieren wir in der *Mitteilung*, das heißt der kommunikativen Rede. Bei jeder Verständigung stoßen wir ständig auf »erste Einsichten«. Wir (er-)kennen die Wahrheit ihrer *Geltung*, insofern wir sie *immer schon brauchen*, das heißt anwenden, da wir etwas eindeutig bezeichnen müssen, was für das Miteinander-sein gültig ist. »Wir finden also das Prinzip dadurch, daß es uns beherrscht: es führt uns zu sich hin.« Daher kann es auch nur nachträglich aufgefunden werden, wie bereits Lipps gezeigt hat. Wir *betreffen* uns dann beim *Gebrauch* der ersten Prinzipien, indem wir nämlich im die-Dinge-in-Griff-nehmen schon unbemerkt eine *Konzeption* vollzogen, das heißt unter der Hand gebraucht haben. (Darauf werde ich im nächsten Kapitel ausführlich zu sprechen kommen.) Schmidt spricht hier sehr schön und ganz im Sinne der Lippsschen hermeneutischen Logik von einer Erkenntnis, die »erlitten« wird. Über das Erlittene »wundern« wir uns im nachhinein. Aber jedem »Sich-wundern«, das dann zum Fragen Anlaß gibt, geht die Betroffenheit voraus über das, was uns auf- oder besser zustößt bzw. auf- und zugestoßen ist. Das so ausgelöste Fragen ist aber ein Suchen nach dem, was wir schon besitzen. »Während wir also auf der Suche nach dem Prinzip sind, wenden wir es bereits an« (S. 42 f.). Das »Suchen« ist so eigentlich ein *Interpretieren* des bereits Gebrauchten. Das Charakteristikum der *archai*, gleichzeitig verborgen und offensichtlich, abwesend und anwesend zu sein, enthüllt sie als nicht-rationale »Gegenstände«. Sie manifestieren sich erst im Prozeß des Suchens. Was wir suchen, kann »nur wie ein in uns sich prozeßhaft vollziehendes Erlebnis, in der Erfahrung des Scheiterns« (S. 43) gefunden werden. Nämlich in der Enttäuschung, die erst die Möglichkeit einer neuen Erfahrung ist.

1.4 Die Bedeutung der *phronesis* für die Einheit der Praxis

Es ist wichtig für die Absicht und Stoßrichtung meiner Argumentation, sich die Unterscheidung zwischen einem »Herstellungswissen« (oder auch einem »theoretischen Wissen«) und einem »praktischen Wissen« bewußt zu machen. Im Zentrum des Unterschieds steht der *Gebrauch*. »Das Betreiben einer Beschäftigung heißt allgemein Techne – der Weg, den das, was man treibt, verfolgt, allgemein Methode« (Szilasi 1946, S. 113). Während das Herstellungswissen (*techne*), das ein technisches Können mit einem technischen Regelbewußtsein zu kombinieren weiß, zwar darin der bloßen Erfahrung überlegen ist, so ist es doch dem *Gebrauch*, den man vom hergestellten Produkt macht, untergeordnet. Das praktische Wissen (*phronesis*) ist ein umsichtiges Können und gekonntes Umgehen mit dem weltlich Begegnenden aus der *Erfahrung* des Mit-Seins mit anderen und Seins-bei-den-Dingen. Vom praktischen Wissen gibt es keine lehrbare und lernbare *Methode*. Die *phronesis* macht Gebrauch von seinem »Wissen« bezogen auf die konkreten Umstände einer praxisnahen Lebenserfahrung. Gegenüber dem theoretischen Wissen (*episteme*) ist das praktische Wissen »eine andere Art Wissen«, insofern es »auf die konkrete Situation gerichtet (ist). Es muß also die ›Umstände‹ in ihrer unendlichen Varietät erfassen. (...) Erfassung und sittliche Bewältigung der konkreten Situation erfordern eine solche Subsumtion des Einzelnen unter das Allgemeine, das heißt den Zweck, den man verfolgt, daß das Richtige sich dadurch ergibt. Sie setzt also Richtung des Willens, d. h. aber ein sittliches Sein (*hexis*) bereits voraus« (Gadamer 1986, S. 27). Wir können also bezogen auf die *phronesis* nicht im gleichen Sinne von einer Anwendung eines allgemeinen Wissens auf den konkreten Fall sprechen wie bezogen auf *techne* oder *episteme*. In der konkreten Umgangssituation, in der ich handelnd von meinem Wissen bezogen auf mein Vorhaben Gebrauch zu machen habe – umsichtig etwas als etwas begegnen lasse –, gibt es keine Möglichkeit des kognitiven Zugriffs auf ein *logisches* Verhältnis von Gesetz und Fall. Man kann nicht das Beschließen einer konkreten Situation, das situative Sich-entscheiden über einen Praxisfall im vorhinein berechnen und vorauswissen. – Im folgenden wird es also darum gehen müssen, das »praktische Wissen« (*phronesis*) als ein *Erfah-*

rungskönnen zu interpretieren, das den Umgang in der Welt mit den begegnenden Menschen und Dingen *umsichtig* leitet. Daß dieses Wissen eher ein Können ist, insofern man nämlich etwas sicher im Griff hat, denn ein kognitives Beherrschen von Regeln, führt zu einem besonderen Verhältnis von Umgang und Umgangswissen oder traditionell: von Handeln und Wissen.

Die *epagogé* habe ich als eine »Methode der Praxis« (Hinführung) eingeführt, die zum ersten und ursprünglichen Wissen hinführt. In einem Aufsatz von 1939 hat sich Heidegger mit dem »Wesen und Begriff der *Physis*« auseinandergesetzt. Er betont darin, daß es falsch ist, den Ausdruck *epagogé* mit dem aus dem Lateinischen stammenden Begriff »Induktion« zu übersetzen. Was wir immer schon wissen müssen, um einen einzelnen Baum zu erkennen, nämlich das *Baumhafte*, zu dem müssen wir durch *epagogé hingeführt* werden. »Das Sehen und Sichtbarmachen dessen, was dergestalt wie das Baumhafte schon im Blick steht, ist epagogé« (Heidegger 1939, S. 244). Auf ebensolchem Weg finden wir Zugang zu den Konzeptionen, die sozusagen als Prinzipien des alltags- und erfahrungsweltlichen Umgangs mit den Dingen in konkreten Situationen uns führen. Dieser Vor-Griff, oder auch der Vor-Blick, unter dessen Leitung wir den Dingen als uns immer schon irgendwie »bekannte« begegnen, liegt jenseits des durch Beweis Ableitbaren, das heißt des Rationalen und Logischen. Dennoch beschreibt dieses »Wissen« auch die Anfangsgründe der apodiktischen Wissenschaften. Dieses »Beginnen« im gewissermaßen vorlogischen Sich-Begegnenlassen der Welt nannte Heidegger »reines Vernehmen«. In einem frühen Manuskript von 1922, das sich mit Aristoteles' *Nikomachischer Ethik*, Kap. VI, auseinandersetzt, faßt Heidegger die *phronesis* als »fürsorgliches Sichumsehen (Umsicht)«. Für die folgende Interpretation dieser Aristoteles-Stelle legt Heidegger die *phronesis* offenbar als Leitbegriff der hermeneutischen Grundsituation aus.

Was für uns »ist«, kann nur von dem her bestimmt werden, wie es jeweils vernommen wurde. Es gibt zwei Grundweisen des Vernehmens: *sophia* (= eigentliches, hinsehendes Verstehen) und *phronesis* (= fürsorgende Umsicht). Sie gelten als die »eigentlichen Vollzugsweisen« des *nous*, das heißt des reinen Vernehmens. Es wird nun darauf ankommen, den sozusagen nichtlogischen und nichtepistemischen *Beginn* des ursprünglichen Begegnenlassens (von Welt) herauszustellen, um daran anknüpfend den menschlichen Verhaltungen ihren *unmittelbaren* Sinn zu geben. Um die aristotelische Analyse richtig zu interpretieren, so Heidegger, muß zuvor der Sinn von »Wahrheit« (*aletheia*) und ebenso der des »reinen Vernehmens« (*nous*) phänomenologisch bestimmt werden. Steht die zeitgenössische Wissenschaft vor dieser Aufgabe, dann wird Aristoteles als erster Zeuge für die richtige Interpretation der fraglichen Sinnbestimmung angerufen. »Nach ihm sei ›Wahrheit‹ etwas, ›was im Urteil vorkommt‹, näherhin die ›Übereinstimmung‹ des Denkens mit dem Gegenstand« (Heidegger 1922, S. 256). Jedoch sucht man eine Entsprechung von Wahrheit mit »Übereinstimmung« und von *logos* mit »geltendem Urteil« bei Aristoteles vergeblich. »Ihn (Aristoteles, A.H.) gar zum Kronzeugen der erkenntnistheoretischen Mißgeburt des sogen. ›kritischen Realismus‹ machen, heißt die quellenmäßig vorliegende Phänomenlage von Grund auf mißverstehen« (S. 256). *Aletheia* spielt jedoch schon bei der *aisthesis* (»Wahrnehmung«) eine Rolle. *Aisthesis*, als »das Vernehmen im Wie des Sinnlichen« (Heidegger), hat noch gar keinen Bezug zum *logos* und wird deshalb auch nicht von ihm her »wahr« genannt, sondern *aisthesis* »ist ihrem eigentlichen intentionalen Charakter nach das, was in sich selbst ursprünglich sein intentionales Worauf ›originär‹ gibt« (S. 256). Die Bestimmung des sinnlichen Vernehmens (*aisthesis*) liegt im unverhüllten Geben eines Gegenständlichen. Die Unterscheidung von wahr und falsch spielt bei der *aisthesis* noch gar nicht hinein. Im schlichten Geben als »Sehen« gibt es noch nicht die Möglichkeit des Falschen. Die *aisthesis* liegt noch vor jeder »logischen« Scheidung in »wahr« und »falsch«. Erst wenn der *logos* aktiviert wird, nämlich im *Ansprechen-als* und *Besprechen-als*, ist »Falschheit« möglich. Erst in der Synthesis, das heißt, »sofern das Vernehmen sich als sinnliches vollzieht in der Weise des seinen Gegenstand Ansprechens-als und Besprechens-als« (S. 256), kann sich dabei der Gegenstand als etwas geben, was er nicht ist. Gegenüber der *aisthesis* liegt dann aber eine »andere intentionale Struktur des Gegenstandsmeinens« vor, nämlich »ein Zugehen auf das Seiende in der ›Hinsicht‹ eines anderen Vermeintseins« (S. 256). Die *aisthesis* ist in ihrem Worauf schlicht auf Seiendes (das heißt nicht auf Gegen-ständliches) intendiert. Aber nur »was vernommen ist in der Weise des Angesprochenseins auf ein ›Als‹«, »auf Gegenständliches im ›Als‹«, kann im *logos* des Ansprechens »wahr« oder »falsch« sein. Der *logos* hat einen eigenen intentionalen Charakter: »Er ist apophansis, vermeinendes, vom Gegenstand her aus diesem schöpfendes, dieses Ansprechen und Besprechen« (S. 256 f.). Das *legein* (als Vollzugsweise des Logos) gibt das Seiende in seinem unverhüllten »Als-Was«, sofern keine Täuschung vorliegt. Der *logos*, das *legein*, ist die Vollzugsweise des *noein*, ein »zermeinendes Vernehmen«. Das *noein* hat den Grundcharakter des Vernehmens. Der *nous* ist das Vernehmen schlechthin, das heißt das, was ein Worauf für irgendwelchen gerichteten Umgang mit überhaupt ermöglicht und vorgibt. Das Vernehmen stellt alles her als ein Verfügenkönnen darüber, und zwar so wie das Licht. Der *nous* gibt überhaupt Sicht, ein Etwas, ein »Da«. Der *nous* ist in seinem konkreten Vollzug Sicht-gebend. Sofern er dem konkreten Umgang selbst – dem Ausrichten, Herstellen, Behandeln, Bestimmen – seine Sicht gibt, ist er »Umgangserhellung«. Das genuin Gegenständliche des *nous* ist das, was er (ohne die Weise des Ansprechens auf etwas) auf seine »Als-Was-Bestimmungen« vernimmt, nämlich was an ihm selbst nicht weiter auseinandernehmbar oder erklärbar ist. Der *nous* (als das Vernehmen schlechthin) gibt Gegenständliches rein als solches in seinem unverhüllten Was, und als solcher ist er »nur wahr«. Der *nous* steht überhaupt noch nicht in der Möglichkeit des Falschseins. Er »gibt für jedes konkrete Besprechen diesem sein mögliches Worüber, was letztlich selbst nicht erst im Besprechen als solchem zugänglich werden kann, sondern nur in der epagogé (›Induktion‹)«. *Epagogé* verstanden als »schlicht-direktes Hinführen zu ..., Sehenlassen von ...« (S. 258) und nicht im »Sinne des empirisch aufsammelnden Zusammennehmens«.

»Der Nous, der Geist, (...) ist eine Art unmittelbares Vernehmen des Seienden im Ganzen (...). Es ist ein Vernehmen der Grenzen (...) und zwar der äußersten, die das Sprechen überhaupt nicht erfassen kann (...) und die dem Wissen nicht zugänglich sind« (Szilasi 1946, S. 145). Der *nous* ist ein Vernehmen, welches das »Aussehen« der Gegenstände jeweils schlicht vorgibt. Ebenso wie ein Werkzeug erst in der Hand zu seinem eigentlichen Sein kommt, so ist das »Aussehen« der Gegenstände nur durch den *nous* und »im« *nous* als dessen Worauf in Sicht. Sofern ein Gegenstandsfeld als solches in der Aufgabe steht, explizit zugänglich zu werden, muß im Vorhinein als unverhülltes das »Vonwoaus« (*arche*) des *legein* verfügbar sein. »Von der arche nimmt es, darauf hinblickend, seinen Ausgang, so zwar, daß es diesen Ausgang als ständige Grundorientierung ›im Auge‹ behält« (Heidegger 1922, S. 258). Diese *archai* werden als unverhüllte ausdrücklich in Verwahrung genommen. Die konkreten Vollzugsweisen solcher eigentlichen Seinsverwahrung sind *sophia* und *phronesis*. Die *phronesis* ist als besprechende, fürsorglich-überlegende nur möglich, weil sie primär eine *aisthesis* ist, ein letztlich schlichtes Übersehen des Augenblicks. Sie »zeitigt« sich im Vollzugscharakter des besprechenden Explizierens. Dabei nimmt es die *archai* als *archai*-für in den Blick. »Das Wofür kommt als das zu bestimmende Wofür dieser (archai) mit in Verwahrung« (S. 258). Das Besprechen geht in eine ursprünglich festgehaltene Richtungnahme – entsprechend dem Sinn der Verwahrungsweise und worauf es ihm ankommt. »Die phronesis bringt das Worauf des Umgangs menschlichen Lebens mit ihm selbst und das Wie dieses Umgangs in seinem eigenen Sein in Verwahrung. *Dieser Umgang ist die praxis*: das sich selbst Behandeln im Wie des nicht herstellenden, sondern nur je gerade handelnden Umgehens. Die phronesis ist die Leben in seinem Sein mitzeigende Umgangserhellung« (S. 259; Hvhg. von mir).

In diesem frühen Aufsatz Heideggers deutet sich die fundamentale Bedeutung des praktischen Wissens für das menschliche Erfahrungsleben an. Wissenschaftskritisch ergibt sich darüber hinaus eine ganz neue Sicht auf die gesamte Problematik einer Soziologie des Wissens, insofern nämlich die *phronesis* ein Wissen ist, dessen »Funktion« und »Bedeutung« weder mit einem technischen noch mit einem theoretischen Wissen vergleichbar sind. *Phronesis* als *erstes Wissen* ist weder lehr- noch lernbar, wie Gesetze, Rezepte und Theorien es sind. Es ist im herkömmlichen Sinne nicht methodisch. Man kann hinter das apriorische Wissen methodisch nicht zurück, nicht gleichsam, wie es Husserl noch wollte: »*über* der Welt stehen«, um die dieses Wissen konstituierenden Akte theoretisch einsehen zu können. Es stellt sich dem Verstehen nur nachträglich in der Mitteilung dar. Nicht nur wird damit die klassisch-phänomenologische Bedeutung der *Intentionalität* vom Kopf auf die Füße gestellt, sondern es wird eine *Wissenschaft* vom Wissen selbst in Frage gestellt: »Ein theoretisches Nur-Hinsehen des philosophierenden Subjekts auf seinen Grund ist daher nicht möglich« (Gethmann 1974, S. 89). Denn auch noch im Theoretisieren bleiben wir auf diese ursprüngliche Welt gerichtet, was wir niemals durch eine *epoché* hintertreiben können. Die Welt läßt sich *nicht* durch eine »transzendentale Reduktion« (Husserl) ausschalten (vgl. auch Gethmann 1974, S. 245). Inwiefern die *epagogé* bzw. ausschließlich die Hinführung durch *epagogé* einen gangbaren Weg zum praktischen Wissen bereithält, soll im folgenden diskutiert werden. Die möglichen Folgen für eine *Soziologie* des Wissens können erst daran anschließend diskutiert werden.

Hans-Georg Gadamer hat 1930 ganz unter dem Eindruck der phänomenologisch-hermeneutischen Kritik an Aristoteles durch Heidegger das »praktische Wissen« vom Sach- und Fachwissen des Technikers und Wissenschaftlers unterschieden. Gadamer nimmt den Ausgang seiner Besprechung des »praktischen Wissens« von der sokratischen Formel, nach der Tugend ein Wissen sei. Wenn dem so ist, dann ist das sittliche Sein auch immer ein Wissen (ein *logos*) um es. »Wer eine Tugend hat, der muß auch wissen und sagen können, was sie sei« (Gadamer 1930, S. 231). Kann er das nicht, dann hat er auch keine Tugend. Aber, so fragt Gadamer, ist damit der Ausdruck *Wissen* überhaupt getroffen? Zweifellos ist das Problem des Wissens um die Tugend ein praktisches. Tugend zeigt sich im Handeln oder im Unterlassen von Handlungen. Deshalb muß dieses Verhältnis des Wissens zur Wirklichkeit der Praxis aufgeklärt werden. Nur so kann man ein Verständnis erlangen, was Wissen bezogen auf das sittliche Sein meint. Welchen Anspruch erhebt das Wissen der Tugend? Es soll das rechte Handeln ermöglichen. Dies gelingt, insofern man das Gute weiß. Auf der anderen Seite ist daraus jedoch nicht der Schluß zu ziehen, Tugend sei lehrbar und also Wissen. Die Frage nach dem Wissen, das um das Gute weiß und das rechte Handeln ermöglicht, muß in Richtung eines *Wissens des Nützlichen* weiterverfolgt werden. Die Diskussion von Nutzen und Nützlichkeit kann zu Differenzierungen im Begriff des Wissens beitragen.

Das Nützliche ist nicht an sich nützlich, sondern es ist darin auf etwas *anderes* bezogen. So auch das Wissen des Nützlichen, insofern Nützliches von dem anderen her, *wozu* es nützlich ist, in seiner Nützlichkeit gewußt wird. »Nur im Vorblick auf das, zu dem es nützlich ist, kann also gegenwärtig Seiendes als Nützliches begegnen« (Gadamer 1930, S. 232). Das andere, nämlich der Nutzen für etwas nicht Gegenwärtiges, hat das Wissen des Nützlichen im Blick. Pragmatisch orientiert und interessiert ist man jedoch nicht am Nützlichen schlechthin, sondern an seinem Nutzen für etwas Bestimmtes. Woran einem liegt, das kann an sich auch zu etwas anderem nützlich sein. Aber hier und jetzt gilt die Sorge dem zu diesem Zwecke Nützlichen. Nur von diesem konkreten Nutzen her ist das Nützliche verständlich. »Wissen des Nützlichen ist also ein Wissen von Einzelnem in der allgemeinen Bestimmung seiner Nützlichkeit, also im Absehen von seiner Einzelheit« (S. 233). Dieses Wissen ermöglicht ein vorausschauendes Verfügen über etwas Einzelnes im Vorblick auf seinen möglichen und erstrebten Nutzen. Dieses Wissen heißt bei den Griechen *techne*. Es läßt in sicherer Erwartung eines allgemeinen Nutzens Dinge vorsorglich herstellen. »Techne ist ein Wissen um Herstellbarkeit des Nützlichen vor aller Nutzung« (S. 233). Aber Herstellung ist nicht Gebrauch. Vielmehr *trennt* das vorsorgende Herstellen von Dingen dieses Herstellen vom erwarteten, späteren Gebrauch *ab*. Das Produzieren und Bereitstellen von Nützlichem verlagert das Nützliche aus dem Bereich des nutzenden Verbrauchs. Zwar ist die Herstellung und sein Wissen am späteren Gebrauch orientiert, aber doch so, daß es sich für den *allgemeinen* Gebrauch interessiert. Das Wissen um die Herstellung ist ein Wissen, das allen offen steht. Aber es ist als *Wissen für andere* getrennt vom Wissen über den davon je konkret gemachten Gebrauch des Bereitgestellten.

»Alles Nützliche ist aber nur Nützliches, sofern es *Jemandem* zu etwas nützlich ist« (S. 233). Das Wozu von Nützlichkeit allgemein unterscheidet sich vom Wozu des nutzenden Gebrauchs. Ursprünglich begegnet jedes Wozu von Nützlichkeit nicht als etwas Beliebiges, sondern als jemandes Zweck. Der Bezug von Mittel, Zweck und Nutzen ist nicht loszulösen von dem konkreten Dasein, das damit *etwas* erreichen will. Dieses, worum es einem zu tun ist, liegt außerhalb der »technisch« ermittelbaren Bezogenheit von Mittel, Zweck und allgemeiner Nützlichkeit. Dem praktischen Gebrauch liegt jedoch zugrunde, daß der Zweck von jemandem tatsächlich gewollt und erstrebt sein muß. Wenn nicht, bleibt das Mittel für diesen Fall ungenutzt. Das Abschätzen der Dienlichkeit oder des Schadens entscheidet sich immer nur von Fall zu Fall. »Wissen des Nützlichen heißt daher immer: Wissen des für Jemanden in bestimmter Hinsicht Nützlichen« (S. 233). Das Wissen des eigenen Nutzens, nichts anderes ist nämlich das Wissen des *Guten*, vernetzt auf eindringliche Weise wissen und handeln. Weil es diese Einheit des Sich-Wissens und Wissens des Guten gibt, ist das »Sich-selbst-auf-seinen Nutzen-Verstehen des einzelnen« (Gadamer) nicht vom tatsächlichen Tun des Nützlichen zu trennen. Das Wissen des Nützlichen, dem es dabei um das eigene Befinden und Sorgen geht, ist schon »von sich aus praktisch und läßt nicht zu, daß man es wisse und doch nicht tue. Denn das Nützliche ist nicht etwas, das *an sich* das Richtige ist, ohne es doch für mich zu sein, sondern in dem ›Für-mich‹ des auf Tun gerichteten Überlegens begegnet es mir als nützlich. Wenn ich in Wahrheit das Nützliche nicht tue, so heißt das, daß ich es nicht weiß« (S. 234). Das praktische Wissen kann also weder Fach- noch Sachwissen sein, da es nicht ein Wissen für alle ist, sondern nur für einen selbst, auch nicht ein Wissen von einer Sache, sondern von einem selbst. Sein »Werk« ist weder eine Theorie noch etwas Hergestelltes (*poiesis*). Das Wissen der *techne* und der *sophia* ist potentiell immer auch das Wissen anderer, die diese »Kunst« oder Theorie verstehen und erlernen können. Was ist aber dieses Wissen des Guten für ein Wissen, was sein eigenes »Werk«? Es ist offensichtlich ein Wissen, das jedem anderen Wissen notwendig vorausgeht. Denn nur aus der Bekümmerung um sich selbst erwächst das Verstehen und Kennen des Guten, das dann auch den anderen etwas Gutes sein kann.

Das praktische Wissen (*phronesis*) vollzieht in seiner Anwendung zugleich eine Haltung, in der man zu sich selbst und seinen eigenen Angelegenheiten steht. Im Blick auf das gerade hier und jetzt zu Erledigende erweist sich die *phronesis* als sicheres Tun des Richtigen. Die Richtigkeit des situativen Tuns oder Unterlassens ist nichts für sich Herausstellbares und anderen Demonstrierbares. Es gibt hier gar keine Spannung zwischen erlerntem Wissen und seiner Anwendung, wie sie für jedes technische oder theoretische Wissen bezogen auf deren Umsetzung typisch ist. Das Vor-Wissen der *phronesis* ist statt dessen »die in allem praktischen Existieren sich je öffnende Sicht des Möglichen und Nützlichen« (Gadamer 1930, S. 242). Da Existenz vorgängig, ja Voraussetzung von *techne* und *sophia* ist, ist das Wissen davon, worum es einem in seinem mitweltlichen Tun je geht, das grundlegende Wissen überhaupt. »Der Mensch steht immer schon im Umkreis dessen, wofür es auf *phronesis* ankommt« (S. 242). Deshalb kann die *phronesis* auch das »erste Wissen« genannt werden.

1.5 *Aisthesis*, *empeiria* und *epagogé*: die Gewinnung der erfahrungsleitenden Hinsichten

Nach diesem Exkurs in die frühe Heideggersche Aristoteles-Auslegung, die in den einschlägigen Paragraphen von *Sein und Zeit* (§§ 32 ff.) ihre Fortführung findet, sind wir besser vorbereitet, die Gangstruktur des »ersten Wissens« vom *Vernehmen* der ursprünglichen Einsicht über die »Wahrnehmung« hin zum auslegenden Verstehen im Bereich des alltäglichen Sprechens und Handelns nachzuvollziehen. Während Heidegger Wert auf die beiden »Verwahrungsweisen« der *phronesis* und *sophia* legt, zeigt Werner Schmidt in der schon zitierten Arbeit die Bedeutung der *epagogé* bei Aristoteles im »Übergang« des *nous* (der ursprünglichen Einsicht) von der *aisthesis* zur *phronesis*. Der *nous* umfaßt alles das, was sowohl bezogen auf das Allgemeine als auch auf das Einzelne »jenseits des Rationalen, Logischen liegt, mit anderen Worten: alles Ursprüngliche, worüber das Rationale keine Macht hat« (Schmidt 1974, S. 49). In dieses Umfeld gehören die ersten Gründe der beweisenden Wissenschaften ebenso wie auf dem Gebiet des alltäglichen Handelns die einzelnen, je anders gelagerten Fall-Entscheidungen, für die *keine* regelorientierte Vorgabe bereitgestellt werden kann.

Aristoteles unterscheidet bezogen auf die Funktion des *nous* das Gebiet des menschlichen Handelns (*phronesis*), wo der Handelnde auf den praktischen Einzelfall im Bereich der *doxa* gerichtet ist, vom theoretischen Bereich der *episteme* mit Blick auf das Allgemeine. »Die Fähigkeit, die uns den praktischen Einzelfall richtig zu beurteilen gestattet, wird von Aristoteles in die Nähe der Aisthesis« (S. 50) gerückt. Für Aristoteles ist das Einsehen durch den *nous*, das reine, noch vorlogische Vernehmen, zugleich ein »Erleiden«, sofern es nämlich ein »Affiziertwerden« unserer Sinnlichkeit durch etwas Gegenständliches voraussetzt. Damit ist auch der »Inhalt« dieses »Einsehens« gegeben. »Damit der Nous seine begriffsbildende Tätigkeit ausüben kann, muß er demnach aus einem Vorrat von anschaulichen Bildern schöpfen, die ihren Ursprung wiederum in der Aisthesis haben, deren Eindrücke die Phantasia – das Vermögen, ›innere‹ Vorstellungen zu produzieren – als ›Phantasmata‹ (= ›innere‹ Vorstellungsbilder) erinnernd widerspiegelt« (S. 51). Die Einsicht, die das »was ist« gemäß der Wesenheit, das heißt, wie Gegenständliches gemäß unseres sinnlichen Vermögens überhaupt »gesehen« werden kann, erblickt, kann weder falsch noch wahr sein, weil diese Einsicht ein Sehen des *Eigentümlichen* eines sinnlichen Gegenstandes ist. Diese Einsicht ist deshalb auch kein logisches Urteil, denn es leuchtet hier *unmittelbar* etwas ein.

Welcher Zusammenhang besteht zwischen der Funktion des *nous* zur Erfassung des Allgemeinen, das heißt die Einsicht in die Prinzipien, und der Bedeutung des *nous* für den Bereich der *phronesis*, das heißt der Einsicht in den praktischen Einzelfall? *Phronesis* versteht Aristoteles als das »kluge Erwägen auf dem Gebiet der menschlichen Praxis, wo etwas so oder so ausfallen kann« (S. 53). Hier kommt nur der Beratende und Abwägende zum Ziel. Die richtige Überlegung ist weder ein Schließen noch ein Meinen, sondern sie »geschieht« unmittelbar durch den *nous*. So hebt Aristoteles hervor, daß in praktischen Dingen oftmals die Nichtwissenden tüchtiger sind als die Wissenden. Erstere sind die Kundigen, nämlich »diejenigen, welche Empeiria haben im Gegensatz zu denen, die ihr Wissen nicht durch eigene Erfahrung erworben haben, sondern durch Überlieferung« (S. 54). Das Vermögen einer *empeiria* erwächst dem Menschen aus der Erinnerung, eigentlich aus den vielen Erinnerungen an »dieselbe« Sache. »Wer ›Empeiria‹ hat, verfügt demnach über eine erste Kenntnis, die offenbar aus einer gewissen ›Verdichtung‹ einer Anzahl von Erinnerungen – und zwar solchen, die ein Selbiges aufweisen – zu einer Einheit resultiert« (S. 55). Bei der *empeiria* handelt es sich um das Vermögen, die vielen Erinnerungsbilder in bezug auf etwas Gleichartiges bzw. etwas »Typisches« festzuhalten. Die einzelnen, zeitlich unterschiedlich aufgenommenen Erinnerungen verdichten sich zu einander ähnlichen *Erfahrungen*. »Was in einem zeitlichen Nacheinander ins Gedächtnis trat, ist im Stadium der Empeiria insgesamt gleichzeitig gegenwärtig und wird somit für den die Phänomene miteinander verknüpfenden Logos greifbar. Das Gegenwärtigsein aller Erinnerungen ist hiermit das einheitstiftende Moment. Dabei haben wir zu bedenken, daß die Plötzlichkeit des Erfassens, die mit dem Augenblick des Gegenwärtigen gegeben ist, eine Bestimmung des Noetischen schlechthin darstellt« (S. 57). Wir haben es also dabei mit einem »Akt des gleichzeitigen Sehens des Gleichartigen« (Schmidt) zu tun. Dadurch gewinnen wir in der *empeiria* eine »Vorahnung« von etwas Universalem, insofern wir verschiedene Fälle in *einer Hinsicht* als ähnlich bzw. vergleichbar erfahren. Dies macht unsere »Kundigkeit« aus. Mit der in der *empeiria* aktivierten Hinsicht ist nun auch der *Maßstab* gewonnen, der uns zur Unterscheidung zwischen »ähnlich« und »nicht ähnlich« befähigt.

Welche Funktion kommt der *empeiria* im Bereich des Handelns, im Umgang mit den praktischen Einzelfällen zu? Der Entschluß, eine bestimmte Handlung in einer konkreten Situation nach Abwägen gewisser Gesichtspunkte auszuführen, ergibt sich nicht »als Folge einer komplexen Deduktion aus der Menge der zugrundeliegenden Erfahrungen« (S. 62). Aristoteles verwendet zur Aufklärung dieses Sachverhalts den Ausdruck »*logizesthai*«, den Schmidt übersetzt mit »abwägen, vergleichen, bewerten«, z.B. der »Erfahrungen daraufhin, ob sie für oder gegen diese oder jene Aktion sprechen« (S. 62 f.). Hier ist also nicht »schließen« oder »ableiten« im Sinne des logischen Schlusses gemeint. Vielmehr handelt es sich um ein »abwägendes Verhalten«. Dies erscheint nur möglich, indem man sich alle verstreuten Details und Umstände, die sich betreffs des zu überlegenden Handelns einstellen bzw. einem zufallen und von denen jede auf eine spezielle Erfahrung zurückgeht, in einer Gesamtübersicht vergegenwärtigt. »Erst dann sind wir befähigt, sie vergleichend gegeneinander abzuwägen in bezug auf ihren positiven bzw. negativen Aspekt für die Zukunft, um endlich – nach sorgfältiger Überlegung – daraus den Entschluß für die einzig richtige Handlungsweise zu gewinnen« (S. 63).

Welcher Maßstab ist leitend im Hinblick auf das Herbeiziehen gerade dieser Erfahrungen zur Beurteilung des vorliegenden Einzelfalls? »Die geistige Leistung besteht hierbei im augenblicklichen Sehen der gemeinsamen Beziehung eben dieser Fakten oder Umstände, bzw. dieser oft scheinbar zusammenhanglosen ›Feststellungen‹ auf den zu beurteilenden konkreten Einzelfall. Das Gemeinsame, das sie eint, ist somit ihre Relevanz für die zu treffende Entscheidung, die die Situation erfordert, in der wir uns gerade befinden. Erstere ist die ›Hinsicht‹, nach welcher wir die einzelnen ›Feststellungen‹ zusammenlesen und nebeneinanderstellen. (...) Die Erschauung des gemeinsamen Bezugspunkts – der Relevanz für die Situation – in dem Verstreuten und Auseinanderliegenden setzt uns demnach in die Lage, gewisse Einzelheiten bzw. einzelne ›Feststellungen‹ – anstatt sie einzeln nacheinander ins Auge zu fassen – gewissermaßen durch Verräumlichung

der Zeit in einer plötzlichen, neuen und einheitlichen Sicht zu überblicken, um das Logizesthai möglich zu machen« (S. 63 f.). Das Ziel ist demnach die Schaffung eines gemeinsamen Gesichtspunkts, unter dem die einzelnen Feststellungen oder Erfahrungen in einer gegebenen Situation Relevanz für unser Tun gewinnen. So erhalten wir aber auch einen ganz neuen Blick auf den soziologischen Begriff der *Relevanz*. Dieser ist dann unter keinen Umständen von der jeweiligen Situation, in der eine bestimmte Hinsicht vollzogen wird, zu isolieren. *Relevanz* meint das abwägende Beurteilen von Vorwissen und von den Erfordernissen, die die konkrete Situation, in der man steht, an einen heranträgt. Die *Relevanz* ist nicht abgehoben vom konkreten Gebrauch der Hinsicht zu fixieren. Sie ist selbst, als situativer Vollzug, nur im nachhinein im Können des situativen Schließens zu sichten.
Die »Funktion« der Erfahrung zur Gewinnung der *Konzeption* (Lipps) liegt einmal darin, daß eine Mannigfaltigkeit von einzelnen Erfahrungen einheitlich auf eine bestimmte Situation bezogen werden kann, um eine »Ähnlichkeit« zu erschließen. Zum zweiten können dann die erst nur »ähnlichen« Erfahrungen – und zwar nicht durch eine verallgemeinernde Abstraktion, sondern durch die Konzentration des Gleichartigen resp. Gemeinsamen in einer ursprünglichen Sicht – zu einer übergeordneten Einheit *zusammengesehen* werden. Der »Übergang« unseres Erfahrungswissens von der Ähnlichkeit vieler Fälle hin zur Bestimmung eines »typisierenden«, »allgemeinen« Begriffs, der die einheitliche Gestalt eines *eidos* besitzt, »entsteht nicht durch Abstraktion aus der Empeiria, d. h. durch sukzessive und systematische ›Wegnahme‹ von spezifizierenden Merkmalen. Wir kommen nicht zu der Spezies der ›fieberkranken Menschen‹, indem wir von den einzelnen Instanzen, die durch den an Fieber erkrankten Sokrates, Kallias etc. vertreten sind, nach und nach alle individuellen Bestimmungen abziehen und als Ergebnis dieses Reduktionsverfahrens allein das gemeinsame Merkmal ›fieberkranker Mensch sein‹ beibehalten« (S. 69). Denn so wäre der »Sinn« der Konzeption ausgelöscht, nämlich uns in einer konkreten Situation zu führen und anzuweisen, damit wir uns in diejenige Hinsicht fügen, unter der hier und jetzt uns etwas wesentlich ist. »Jede Abstraktion erfolgt in einer ›Hinsicht‹. Etwas, auf was sie sich bezieht, – eben diese ›Hinsicht‹ – muß aber als das Wesentliche, von dem das in bestimmter Hinsicht Unwesentliche ›abgezogen‹ wird, schon vor dem eigent-

lichen Abstraktionsvorgang, wodurch es letztlich bloßgestellt wird, in vorwegnehmender Weise ›erschaut‹ worden sein. Dem ›Abziehen im Hinblick auf etwas‹ hat also immer schon ein ursprünglicher, primärer Akt des ›Zusammenziehens‹ in der Psyche vorauszugehen, der auf das Gleiche in den Instanzen zielt und demgegenüber das erste von sekundärer Natur ist. Denn wie dürften wir etwas als für einen bestimmten Sachverhalt unwesentlich vernachlässigen, wenn nicht im Hinblick auf das, worum es wesentlich geht? Dieses ›Eidos‹, in dem nach aristotelischer Auffassung die Wesensursache des darunterfallenden Einzelnen enthalten ist, zeigt sich in jeder einzelnen Instanz bereits als Ganzes, das alle Instanzen umfaßt (...). Das Gleiche bekundet sich jedoch – obwohl es in jeder einzelnen Instanz als Ganzes angelegt ist – nur durch Vergleich in einem ›umgreifenden‹ Akt (...) als verstandener ›Begriff‹ unserem Bewußtsein« (S. 69 f.).

Die Zusammenordnung von ähnlichen Feststellungen zu einer Einheit geschieht aufgrund eines *empirischen* Maßstabs, dessen Beibringung sich offenbar auf dem Weg »zwischen Aisthesis und Empeiria mit Hilfe des die fliehenden Sinneserscheinungen in einer bestimmten Auswahl festhaltenden Gedächtnisses abspielt« (S. 71). Die *Hinsicht*, die sowohl bei der Herbeiziehung bestimmter Erfahrungen zur Lösung einer Situation als fester Maßstab ins Licht tritt und auch bei der Gewinnung einer *Konzeption* dann bewußt angewandt wird, ergibt sich offensichtlich in der vorgewußten Welt der *aisthesis*. Im sinnlichen Vernehmen eines Gegenständlichen findet schon die ungewußte vergleichende Zusammenordnung der vielen im Gedächtnis lagernden Erinnerungen statt – »in ›Hinsicht‹ auf einen Maßstab, der notwendigerweise unmittelbar durch die Aisthesis gesetzt sein muß, da er in keinem weiteren Verfahren geschaffen werden kann« (S. 72). Gerade daran, daß die *epagogé* auf die *aisthesis* zurückgeht, zeigt sich ihre Überlegenheit gegenüber dem *Syllogismus*. Der Syllogismus ist zwar die zwingendere Methode, sie bedarf jedoch der Bereitstellung erster Anfangsgründe bzw. Ausgangspunkte, die selbst nicht ableitbar sind. »Bekannter« und »sicherer« jedoch als der deduktive Schluß ist das *Sinnfällige*. Indem die *epagogé* ihre »Kenntnis« von der *aisthesis* nimmt, knüpft sie an etwas Unmittelbares an. Denn die *aisthesis*, sofern wir sie als Vermögen, etwas den Sinnen erscheinen zu lassen, auffassen, »ist das, was unmittelbar anspricht« (S. 76). In dieser *ursprünglichen Kenntnisnahme* des Gegenständlichen vermögen wir das sinnlich Erscheinende ohne jede »Erklärung« und »Beweisführung« aufzunehmen. »Episteme ist nicht möglich ohne Epagogé und diese nicht ohne Aisthesis, ohne welche das Allgemeine (...) unmöglich ›erschaut‹ werden kann. Da also der Beweis, der von allgemeinen Sätzen seinen Ausgang nimmt, von der Epagogé gestützt ist, die diese allgemeinen Sätze aus der Aisthesis herbeibringt, muß auch das epagogische Verfahren der Kenntnisgewinnung dem syllogistischen überlegen sein. Die Epagogé aber beruht auf dem Erfassen der sinnlichen Einzelgegebenheit, mit der sie in einen unmittelbaren Kontakt tritt« (S. 78).

Im folgenden versuche ich eine Zusammenfassung des Problems der aristotelischen *epagogé*. Das Verb *epagein* bedeutet »(jemanden an etwas) heranführen«. Vor allem für die *Mitteilung*, in der der eine den anderen aufgrund der Ähnlichkeit von *Beispielen* an das konkrete Allgemeine heranführt, ist die *epagogé* die statthafte »Methode«. Die gleiche Gangstruktur des Erfassens der vielen Wahrnehmungsbilder in einer ursprünglichen Einheit zeichnet das aus, was wir *Erfahrung* nennen. Das »Sehen« der Ähnlichkeit als Beziehung zwischen den Dingen bzw. Sachverhalten, also deren »Gleichheit in bestimmter Hinsicht«, führt zur Erfassung des typischen Allgemeinen. *Epagogé* als »methodische« Hin-Weisung auf diese Beziehung ist nur da möglich, wo eine Ähnlichkeit in Betracht kommt. Sie ist also nur durchführbar, sofern etwas Ähnliches bzw. Gemeinsames grundlegend ist. Die Entsprechung der epagogischen Weisung vollzieht sich als »plötzliche Vision von analogen Beziehungen« (Schmidt) innerhalb der angeführten bzw. bekannten Beispiele. Diese Vision »muß ingeniös, erfinderisch sein. Wenn die epagogé kein rationales Schließen ist, so wurzelt sie im Ingeniösen« (Schmidt 1974, S. 102).

Der epagogische Gang des »ursprünglichen« oder »anderen« Wissens als Sehen der Analogie in den Beziehungen, der zur Einsicht des Gleichartigen im Mannigfaltigen führt, ist nach Aristoteles durch die Stufen *»aisthesis«* (Wahrnehmung), *»mneme«* (Erinnerung bzw. Gedächtnis) und *»empeiria«* (Erfahrung) bestimmt. Die *aisthesis* ist Fähigkeit (*dynamis*) und Verwirklichung (*energeia*). Das Vermögen, etwas den Sinnen erscheinen zu lassen, setzt die Fähigkeit voraus, von äußeren Dingen affiziert zu werden, um dann diese oder jene Empfindung wirklich darzubieten. Es handelt sich bei der *aisthesis* um das unmittelbare Erfassen einer konkreten, das heißt einer hier und jetzt in Erscheinung tretenden sinnlichen Gegebenheit. Auf dieser Ebene des Vorgewußten spielen weder »Beweise« noch »Begriffe« schon eine Rolle. Die *aisthesis* läßt hier noch alles im Fluß. Das Geben fester Bedeutungen geschieht erst mit der *empeiria*. Die *aisthesis* ist immer »wahr«, weil sie in einem Bereich liegt, für den die Scheidung von »wahr« und »falsch« noch gar nicht gilt. »Im Menschen ist aber Aisthesis immer nur in der Empeiria vorhanden und zwar deshalb, *weil wir (...) zu unserer Orientierung den Dingen einen eindeutigen Sinn geben müssen*. (...) Die Bildung von festen Maßstäben, über die wir zum ersten Mal auf der Stufe der Empirie verfügen, gelingt jedoch offenbar nur durch den Vergleich von Sinneserscheinungen mit etwas, das wir festgehalten haben« (S. 113; Hvhg. von mir). Mit dem schon ins Gedächtnis eingeprägten konkreten »Typus« (z.B. das Baumhafte) liegt der Maßstab fest, mit dem die Mannigfaltigkeit der einzelnen Sinneserscheinungen verglichen werden und es zu der Erfahrung des »allgemeinen« Einzelnen kommt: Dies ist *ein* Baum. Dadurch ist die *aisthesis* die Quelle der *epagogé*, die also ihren Ausgang bei den ursprünglichen Sinneseindrücken nimmt, deren »Einzelheit« uns jedoch erst in der Empirie greifbar wird. »Folglich reicht die Epagogé in eine tiefere, vorempirische Schicht hinab, wo noch kein Schließen statthaben kann, da dort eine Mannigfaltigkeit noch gar nicht konstatierbar, vielmehr gerade erst im Begriff ist, sich mit Hilfe des Gedächtnisses für unser Bewußtsein zu konstituieren.« Es ist »aber der ins Gedächtnis eingedrungene Typus, der die Epagogé als Ursprung des Erkennens zuläßt« (S. 117). Insofern wir etwas Gegenständliches sinnlich bewußt erfassen, ist es immer schon »gestalthaft«. Alles, was »zuvor« in uns passiert oder je schon passiert ist, ist von uns bewußtseinsmäßig nicht zu erreichen. »Wir gewahren immer schon einen ›Menschen‹, den wir danach erst als einen ›bestimmten‹ Menschen identifizieren. (...) Anderenfalls können wir etwas gar nicht bezeichnen: es ist noch nicht zum ›Gegen-stand‹, zu etwas, das uns ›entgegen-steht‹, geworden. Durch die unbewußte Sicht des Eidos, der ›Gestalt‹, werden ›Gegenstände‹ aus dem Fluß des ›Ununterschiedenen‹ gestalthaft ›abgegrenzt‹ und damit für unser Bewußtsein greifbar. Wir sind erst dann in der Lage, etwas ›festzuhalten‹, etwa: ›Dies ist ein Mensch‹« (Schmidt 1974, S. 121). Dadurch, daß die dem Gedächtnis dargebotenen vielen Sinneserscheinungen dort ihren

Stempel hinterlassen und so im Gedächtnis gleichsam *geprägte Spuren* als »Urtypen« aufbewahrt sind, können sich überhaupt »Erinnerungen an dasselbe«, das heißt im Hinblick auf ein *Gleichartiges*, ereignen. Im ungewußten Sehen dieses Gleichartigen, insofern in jedem einzelnen »Typus« schon das »Typische« für das Ganze sichtbar wird, wiederholt sich etwas im Fluß der Sinneseindrücke, das uns aufmerken läßt und das als ein Uns-Entgegenstehen eines Gegenstands unser Interesse weckt und den bewußten Vergleich mit anderen Gegenständen zuläßt. »Um uns etwas bewußt zu machen, bedarf es eben eines Aufhaltens des Erinnerungsflusses durch die ›comprehensio‹, die das Zeitlich-Dimensionierte in einen Augenblick zusammenzieht und damit zum Stehen bringt, indem sie die Zeit aufhebt. Ein solches Aufheben der Zeit, ein derartiges plötzliches Erfassen des Allgemeinen ist aber Wesensmerkmal des Nous, dessen Reich dort beginnt, wo keine tote Ableitung mehr möglich ist und es somit einer ingeniösen, lebendigen Kraft des Zusammenziehens, einer unmittelbaren Einsicht des Gemeinsamen bedarf, um ein neues Ganzes zu schaffen« (S. 124). Das dieses Auf- und Anhalten des Erinnerungsflusses Gebietende ist ebenso das Maßgebliche jeder *Hinsicht*, unter der wir die *Richtung* der Ingriffnahme des Prinzipiellen einer *Konzeption* für die Lösung einer Situation ausbilden. Obwohl das Prinzip uns immer schon einwohnt, benötigen wir zu seiner Bewußtmachung die Anschaulichkeit eines konkreten Einzelfalls. Der Eindruck des aktuellen Einzelfalls erinnert an die im Gedächtnis aufbewahrten vielen »ähnlichen Typen«, so daß sämtliche Fälle in *einer* Sicht *gleichzeitig* überschaut werden können. »(...) So steht das Eine für das Übrige und dieses für das Ganze, das im Einen als das Eidos, das alle Teile des Ganzen umfaßt, schon gegenwärtig und zu sehen ist. Auf diese Weise wird durch den Einblick in den scheinbaren Einzelfall, hinter dem schon eine Komprehension steht, das Allgemeine erschaut. Bedingung ist hierfür nur, daß die einzelnen Fälle ähnlich sind, wodurch die ›Gerinnung‹ der Erinnerungen zu dem in allen Fällen identischen Einen möglich wird. (...) Wenn dies Allgemeine in die Erinnerung Eingang gefunden hat, ist der erste feste Maßstab geschaffen. Durch diese erste ›Feststellung‹ kann man erst beurteilen (...), was gleich und ungleich, ähnlich und unähnlich ist« (S. 126f.).

Die *epagogé* als weisende Hinführung zum konkreten Allgemeinen und als nichtwissenschaftliches Verfahren der Kenntnisgewinnung, das als die *Mitte* unserer Erfahrungen die Dinge »wahrhaft« in Griff zu nehmen weiß, ist ohne unser Vermögen, den Sinnen etwas erscheinen zu lassen, nicht vollziehbar. Das augenblickliche Zusammensehen einer Gleichartigkeit in gewisser Hinsicht setzt etwas Sichtbares voraus. »Wo nichts Sichtbares ist, keine aisthesische ›Affektion‹ statthat, gibt es keine Epagogé im eigentlichen Sinne.« Dieser Bezug auf das »Sichtbare« zeichnet das »weisende« Moment der *epagogé* aus: »Was nicht ›gesehen‹ werden kann, gibt keinen geeigneten Stoff für die Epagogé ab« (S. 146 f.). Sehen kann man aber nur das, was einem schon irgendwie bekannt ist. Insofern sich Natur und Gesellschaft nur noch »experimentell«, das heißt als von aller Erfahrung gelösten Daten und Informationen und deren Beziehungen, dargestellt wird, kann in ihnen nichts mehr »gesehen« und »gezeigt« werden. Ein Wissen, das nichts mehr mit den eigenen Erfahrungen zu tun hat, kann mit anderen nicht als gleichartige Erfahrung ge-teilt und so ihnen auch nicht mit-geteilt, sondern nurmehr als abstrakte Erkenntnis vorgeführt werden. Denn der Lernende findet in *seinen* Erfahrungen von Natur und Gesellschaft nichts Bekanntes vor. Die Reduktion von Wissen auf Daten und Informationen sieht notwendigerweise ab vom lokal-praktischen Kontext des Vorgeführten, aber auch von den Erfahrungen derjenigen, denen dieses Wissen etwas bedeuten soll.

2. Konzeptionen und Beispiele

Der in der aristotelischen Prinzipienlehre aufgewiesene Zusammenhang von Prinzip und Sache wird nun weiterverfolgt im mitweltlichen Geschehen der Erfahrung und Mitteilung. Hier nun können wir wieder an Lipps und Schapp anknüpfen, insofern wir umgangsweltlich Konzeptionen und Auffassungen unter der Hand vollziehen, die wir anderen dann an Beispielen und Geschichten veranschaulichen. Sofern das Verstricktsein in Konzeptionen nicht kontingent, sondern essentiell ist, also für alle Wissensformen gilt, muß zu klären versucht werden, welche Bedeutung diese Faktizität für eine empirische Erfahrungswissenschaft besitzen soll.

Bislang habe ich die epagogische Struktur für den *Gang der Erfahrung* nur unterstellt. Im folgenden soll es darum gehen, einen Begriff von Erfahrung zu gewinnen, der den Horizont einer *hermeneutisch* orientierten Soziologie ausfüllen kann. Ich werde mich dabei zunächst auf die Untersuchung »Erfahrung und Lernen« von Günther Buck (1967; 2. Auflage 1968; 3. erweiterte Auflage 1989) beziehen. Wie der Titel schon deutlich macht, geht es Buck um die Bedingungen und Möglichkeiten des Lernens, wobei der Erfahrung offensichtlich eine entscheidende Rolle zufällt. Lernen ist nichts anderes als Erkenntnisgewinn. Die begriffliche Fassung des Wegs jeder Art von Erkenntnis- oder Wissenserwerb war schon die Aufgabe, vor der sich Aristoteles sah, als er die Unterscheidung der zwei Erkenntnisarten bzw. Wissensformen einführte. Dafür war charakteristisch, zwischen einem Früheren und einem Späteren zu unterscheiden, dergestalt, daß das »Spätere« in einer anderen Hinsicht als das »Frühere« bezeichnet werden kann. Jedes Lernen, überhaupt jeder Wissenserwerb, und darin zeigt sich die Struktur des Lernwegs, muß von einem *Vorwissen* her erfaßt werden. Die Schwierigkeit innerhalb dieser Strukturerfassung liegt in der Berücksichtigung des Umstands, »daß wir schon wissen müssen, um zu lernen, als auch, daß wir gerade insofern auch nicht wissen, als wir ja lernen« (Buck 1968, S. 31).

Die *Mehrdeutigkeit* des Sinns von Wissen liegt darin, daß man etwas in einer Hinsicht weiß, in einer anderen jedoch noch nicht weiß, sondern es dann erst kennenlernt. Damit ist eine entscheidende *Differenzierung* im Begriff des Wissens gewonnen! »Anfangen« kann man sowohl mit dem *von Natur aus* Früheren und Bekannteren als auch mit dem *für uns* Früheren und Bekannteren. Es sind Anfänge oder Prinzipien gegenläufiger Wege des Erkenntniserwerbs. Der »besondere« oder »andere« Anfang, den ich schon als *epagogé* und Hinführung ausführlich beschrieben habe, umfaßt, und darauf legt Buck großen Wert, jede Gewinnung eines Allgemeinen, vor allem auch die »Verständigung, die einen anderen zu einem besseren Wissen führt« (Buck 1968, S. 32). Der Vorrang des »anderen« Anfangs des epagogischen Wegs vor dem apodiktischen Weg hängt mit dem Wesen der Erkenntnis des an sich Früheren zusammen.

Eine *Erkenntnis* der natürlichen und menschlichen Dinge kommt nur unter der Voraussetzung der *Erfahrung* zustande. Erfahrung aber bedeutet: lange Erfahrung, die eine lange Lebenszeit in Anspruch nimmt. Die Erkenntnis des der Natur nach Früheren steckt schon unausdrücklich in der Kenntnis des uns Bekannteren, aber des der Natur nach Späteren. Daraus läßt sich aber keine logische Entwicklung von der Erfahrung zur Erkenntnis oder umgekehrt ableiten. Die Erkenntnis des von Natur aus Früheren ist nämlich deshalb Frucht einer unter Umständen langen Erfahrung, »weil es schon eine Leistung des Erfahrungslebens selbst ist, sich auf dieses Frühere zu beziehen« (Buck 1968, S. 36). Die »Zeitlichkeit« der Erfahrung, die sich als Erfahrungsreichtum zeitigt, bekundet sich gerade darin, daß die Erfahrung schon immer das von Natur aus Bekanntere »benutzt« und insofern es bereits kennt, ohne es schon ausdrücklich zu besitzen. Im nachhinein reflektiert man auf die einzelnen Erfahrungen und wird sich nun erst bewußt, was in ihnen »prinzipiell« *konzipiert* ist. »Die Nachträglichkeit der Reflexion ist nur möglich, als man mit den Prinzipien schon irgendwie vertraut ist. Ohne die erfahrungsmäßige Vertrautheit mit den Prinzipien könnten wir nicht einmal nach ihnen fragen; ja, ohne sie stellte sich überhaupt keine fortlaufende Erfahrung – die Einheit der Erfahrungen, die wir über den Gegenstand machen – her« (Buck 1968, S. 36). Erkenntnis ist also ein (nachträgliches) Bewußtwerden dessen, was man schon irgendwie gewußt hat. Aus diesem Grund ist Erkenntnis eine reflexive Interpretation dessen, was man schon kennt. Wichtig für meine Diskussion des »anderen« Anfangs ist, inwiefern nun die soziologische Reflexion als hermeneutische Erkenntnis der umgangssprachlichen Konzeptionen gar nicht anders kann, als sich der epagogischen Gangstruktur des Wissenserwerbs selbst zu bedienen.

Die *epagogé* als »Methode« der Umgangserfahrung *(phronesis)*, insofern wir in der Mitwelt immer schon umsichtig zu handeln haben, ist vorzüglich die Weise, sich in der Welt des praktischen Tuns und Könnens, des Erfahrungslebens insgesamt, zurechtzufinden und mitzuteilen. Sie führt zur Einsicht in den hier und jetzt zu lösenden Einzelfall. Aber nicht nur dort: Sie ist der allem wissenschaftlichen Erklären der Welt vorgängige und ursprüngliche Weg des Seins in-der-Welt und bei-den-Dingen. Die menschliche Fähigkeit zur »ursprünglichen Sicht«, zur fürsorgend-besprechenden Umsicht, und nicht die zum rationalen, beweisenden Schließen ist damit als die grundlegende herausgestellt. Die »Sicht«, zu der die *epagogé* führt, erhellt den faktischen Umgangsbezug zur gerade begegnenden Welt, insofern wir vor einen Fall gestellt sind, der unser »Urteil« verlangt. Das epagogische Verfahren ist diejenige »Methode«, dank derer wir über unsere *Konzeptionen* verfügen und sie tatsächlich gebrauchen. Es wird noch zu zeigen sein, inwiefern sich die hermeneutische Soziologie der epagogischen Hinführung zum Verständnis erfahrungsweltlicher Konzeptionen ebenfalls zu bedienen haben wird, will sie sich durch einen »authentischen Text« und die darin beigebrachten »Beispiele« an die Konzeptionen des Autors heranführen lassen.

Dem jeweiligen, sozusagen spontanen Nehmen der Dinge wird schon auf irgendeine »Art« vorgegriffen und damit ein »Allgemeines« antizipiert, von dem hier und jetzt ein konkretes »Ein« in meinen Umgang eintritt. Ich nehme dieses Ding da als *einen* Stuhl. Als »ein« Stuhl gehört er in die Reihe der mir bekannten Umgangsdinge, mit denen ich immer schon vertraut bin. Von daher weiß ich auch, was »ein« Stuhl »eigentlich« ist. Wodurch sich Stühle voneinander unterscheiden, das kann nur spezifisch sein. Die Andersheit des Stuhls hier und des anderen dort liegt in der Linie, in der beide überhaupt je »ein Stuhl« sind. Nur die Erfahrung lehrt mich, die verschiedenen Möglichkeiten in einer Parallele zu sehen. Aber Erfahrungen machen wir nur im *Umgang mit den Dingen in Situationen*. An dieser Stelle kann ich wieder an die *hermeneutische Logik* von Hans Lipps anknüpfen. Auch Dinge haben so ihr »Schicksal«, insofern sie nämlich jemandem in der Welt begegnen. Erst aus der konkreten Umgänglichkeit, dem tatsächlichen Hantieren mit den Dingen entsteht die Frage nach der »Art«, »nach demjenigen, was etwas eigentlich ist, (...) und hier liegt die Antizipation meiner eigenen Existenz, von der aus allererst die Frage nach dem ›was etwas ist‹ sinnvoll wird« (PdE 1, S. 47). Bewußtsein und Wissen können nicht isoliert und gesondert »untersucht« werden als Entitäten, denen irgend etwas »unmittelbar gegeben« ist. Beide sind vielmehr verschränkt in die eine Sphäre der Existenz und selbst unaufhebbar in die Wirklichkeit verflochten. Die Grenze des »Seins« ist der Wirklichkeit immanent und nicht jenseits unserer Welt. »Nur intramundan kann die Welt begriffen werden« (PdE 1, S. 51).

Im Ganzen der Erfahrung ist ein Modus konzipiert, der schon

unsere *Wahrnehmung* leitet und vorgängig das »logische« *Ansprechen* der Dinge-als... führt. Das Apriorische, fern davon – wie bei Kant – analytisch als Bedingung der Möglichkeit von Erfahrung ansetzbar zu sein, ist nur »greifbar in den Antizipationen der Einstellung, (...) darin, daß man schon da ist, wenn man sucht, fragt, beobachtet, die Sinne etwas tun läßt« (PdE 1, S. 49). Das aus Erfahrung uns *Bekannte* geht der einzelnen Kenntnisnahme unreflektiert voraus. Es ist nur nachträglich zum vorangehenden Umgang mit den Dingen bewußt zu machen. Dazu bedarf es jedoch keiner *epoché* der sogenannten »natürlichen Einstellung«, sondern: »Was bisher weiter nichts als sog. *Beispiel* war, und insofern nicht eben frei von Bedenklichkeiten, ist hier selber, nämlich in seiner Aktualität dasjenige, was zu begreifen ist« (PdE 1, S. 50; Hvhg. von mir).

Konzeptionen als die alltäglichen Begriffe, als Begriffe der Gebrauchssprache, die einen leiten, Situationen in Griff zu nehmen, vermitteln die eigenen Möglichkeiten der Umgänglichkeit mit den begegnenden Dingen. Meine Möglichkeit, das ist auch mein Vermögen gegen das Unwesentliche zu abstrahieren, das ist die Aufnahme der Hinsicht zu vermögen, die aktuell wesentlich ist für den Beschluß der Situation, das heißt konkret: die Handhabung der Dinge. »Die Konzeptionen des alltäglichen Lebens werden wach, bei den Dingen seiend, im Zutunhaben mit ihnen, in ihrer Umgänglichkeit vollzogen« (HL, S. 63). Das »Allgemeine« einer Konzeption, das man als Vor-Griff sozusagen qua Sprachkompetenz mitbringt und an den »Fall« heranträgt, zeichnet ja gerade jemandes Erfahrung aus, insofern sie mit der Verschiedenartigkeit der Dinge rechnet. Man weiß z.B., was eine Treppe *alles* sein kann. Die Verschiedenheit, wie Dinge je ausfallen können, ist nur die Kehrseite ihrer Ähnlichkeit, die sie zusammensehen und etwas Typisches (wieder)erkennen läßt. Denn nur was *verschieden* ist, kann sich auch ähnlich sein. »Man nimmt und behandelt z.B. etwas als *irgendein* Messer. *Irgendein* drückt aber hierbei keine Abstraktion aus. Sondern die Gleichgiltigkeit, die der Art dieses Messers, wem und wohin es gehört usw., zukommt. Als etwas Typisches sieht man *einen* Schlagschatten irgendwo, als übliche Einrichtung, mit der man rechnet, entdeckt man *eine* Treppe. (...) Immer ist es das Allgemeine und Typische, was von vornherein im Blick steht« (HL, S. 65; Hvhg. im Original).

Was im *Vollzug* von Konzeptionen passiert, kann man nicht so darstellen, als ob das »Allgemeine« eine Anzahl von identischen Fällen unter sich versammle, dessen man sich im Schließen bewußt würde. Denn Identität heißt ja gerade Aufhebung einer Verschiedenheit, wo es doch gerade darauf ankommt, mit der »Streuung« der Dinge zu rechnen. Wie man ja auch den gut bekannten Menschen dann erst richtig kennt, wenn man ihn in seinen verschiedenen Stimmungen kennengelernt hat. Die Erfahrung des nur *in bestimmter Hinsicht* Gleichen verschiedener einzelner Fälle verdichtet sich zu einem *intuitiven* Wissen (vgl. auch König 1926), das als Vor-Griff uns ermöglicht, Situationen zu erschließen. »Allgemein« sind Dinge, mit denen wir zu tun haben, immer nur *in einer bestimmten Richtung*. Beim Vergleichen etwa kann man das eine mit dem anderen identifizieren. Man erinnert sich eines Gesehenen, dessen Ähnlichkeit mit einem hier Vorliegenden auffällt. »Nicht anders, als etwa ein Mann mit dem Dargestellten eines Paßbildes identifiziert wird. Man identifiziert jemanden, sofern man ihn wiedererkennt als den, der ... Ein Umgangs- und Bekanntheitsverhältnis von früher her wird dabei wiederhergestellt« (HL, S. 66). Im »von früher her« finden wir nun genau die Bestimmung wieder, die das epagogische Verfahren der Kenntnisgewinnung auszeichnet. Nur das, was in der Wahrnehmung als Eindruck in einem hervorgerufen wird, kann zu etwas »Logischem« werden, kann an- und besprochen werden *als* ... Der Eindruck ist geradezu dadurch ausgezeichnet, daß er mich erinnert an ... Es wird in mir etwas geweckt. Sodann verdichtet sich der Eindruck zu einem Gedanken, zu einem Wort.

Daß wir durch Wort und Bild an das andere erinnert werden, dies geschieht durch Sicht einer Ähnlichkeit, die durch Vergleich verbindet. Einprägsam läßt sich dies an der *Familienähnlichkeit* von Gesichtern aufzeigen: »Das Gesicht des Einzelnen bestimmt sich gerade allererst durch die Ähnlichkeit mit den anderen Gliedern der Familie. Das Wesentliche seiner Züge stellt sich heraus, wenn es als Abwandlung des Familiengesichts verstanden wird. (...) Was im Griff der Erinnerung sich verdeutlicht und festlegt, nimmt hierbei an ihm selber eine Wendung ins allgemeine« (HL, S. 104).

Was in eine *Reihe* gehört, ist ähnlich untereinander, sofern man zwischen den Gliedern der Reihe eine *Parallele* ziehen kann, in deren Richtung etwas Gleiches gesichtet wird. Auch das Beispiel, das man anführt, soll zu geläufigen Fällen in Parallele gebracht werden. Das Wesentliche am Einzelfall erfaßt man durch gleichzeitige Sicht der ganzen Reihe, bei der einem *auf einmal* etwas Analoges auffällt.

Freilich, jedes Wissen ist »mein« Wissen, und »Konzeptionen sind immer ›meine‹, d.i. je eines Konzeptionen« (HL, S. 68). Diese Dialektik von Umgänglichkeit der Dinge und »meinen« Möglichkeiten zeichnet die hermeneutische Fassung der *epagogé* durch Hans Lipps aus. »Sofern die Dinge sich mir in ihrer Umgänglichkeit zeigen, zeigen sie sich im Widerschein meiner Möglichkeiten. Sofern es mir im Begreifen der Dinge immer um etwas zu tun ist, ich aus bin auf etwas, sofern Erkennen unter Vorhaben steht, werden Hin- und Rücksichten konstitutiv für das Was der Dinge, erfahren die Dinge die Wendung, unter der ich sie dies und jenes sein lasse. (...) Jede Konzeption geschieht aber in der Aufnahme des Gegebenen. Der Begriff des ›Gegebenen‹ ist Ausdruck der Lage, die im Begreifen der Dinge aufgenommen und als Lage erkannt wird« (HL, S. 68 f.). Das Vorwissen läßt sich so niemals zu allgemeinen Typisierungen neutralisieren, wie es in der phänomenologischen Soziologie (Schütz) geschieht. In jedem Wissen und Vorwissen steckt immer auch ein *Sichwissen*. Denn es sind immer meine (und nicht allgemeine) Möglichkeiten, die sich im Vollzug von Konzeptionen als meine Fähigkeiten zeigen. – Die Be-Griffe des alltäglichen Lebens gelten gerade als das Bekannteste; die Frage nach ihrem »Wesen« ist die nach der Vielfältigkeit der Umgangsmöglichkeiten, bezogen auf die Gestreutheit der Dinge.

Aus dem bislang Gesagten können wir die *epagogé* als die erfahrungsweltliche »Methode« des Wissenserwerbs bezeichnen. Und gerade in dieser ihrer Eigenschaft ist sie ein Verfahren, aus dem ein Kenntnisgewinn hervorgeht, der in der Mitteilung sich darstellt. In der *Mitteilung* bestimmt das gesprochene Wort nicht ein neutrales Datum, vielmehr gibt es dem anderen einen Hinweis, wie denn Weltliches bezogen auf äußere Umstände und eigenes Können »erfahren« wird. Der Andere soll ins Bild gesetzt, ihm soll eine Kenntnis beigebracht werden, über die er »so« noch nicht verfügt. Hier ist denn auch eine praktische Absicht leitend. Damit der andere der Rede entsprechen kann, muß auch dessen »Lage« mit in Blick genommen werden. Das ist etwas anderes, als wenn man Sätze als Aussagen untersucht. Aussage ist ein Begriff der formalen Logik. Darin werden Behauptungen über Tatsachen in der Welt aufgestellt. Aber nicht jedes Wissen ist Behauptungswis-

sen. Wird die Mitteilung *als* Aussage zu einem Terminus der formalen Logik fixiert und so das Urteil aus dem Mitteilungsaspekt der Rede herausgelöst, ist das *Wort* seinem Ursprung im situativen Sprechen bereits entrückt.
Um den anderen in eine Sicht zu bringen, damit er der Rede entsprechen kann, wird das *Beispiel* gebraucht. Man greift zum Beispiel – etwa wenn die Mitteilung im Zusammenhang von Lehren und Lernen steht – , um etwas zu *veranschaulichen*. Die *Nennung* des Beispiels schon genügt, »um ohne weiteres in den Vollzug eines Selbst-Verständnisses zu versetzen. Nämlich zufolge des eindeutig Zwingenden ihrer Konkretion (...)« (HL, S. 20). Das Beispiel versetzt in eine Konzentration, die einem das plötzlich bewußt macht, was man eigentlich schon kennt, aber wovon man sich noch nicht so, das heißt auf diese Weise, in diesem Zusammenhang, hat betreffen lassen, was man, aus welchen Gründen auch immer, bislang über-sehen hat. Lipps versteht dieses Ver-setzen als eine durch das Beispiel des anderen gegebene Freimachung »von der Befangenheit in sich selbst. Daß er betroffen wird bei ... bedeutet aber eine Unterbrechung = epoché« (HL, S. 22; Anm. 1). Die *epoché*, ausgelöst durch das treffende Beispiel, setzt die übliche und gewohnte Praxis, die Dinge zu sehen, aus. Damit ist die *epoché* nicht mehr wie bei Husserl und der phänomenologischen Soziologie allein dem weltentrückten Bewußtsein zugewandt, sondern es wird reflektiert auf das gewöhnliche Umgangs- und Bescheidwissen. Das Beispiel läßt einen sich-betreffen bei dem, »was unter der Hand verstanden natürlich und gewöhnlich durch flüchtige Praxis überholt und verdeckt wird. Nur durch deren Unterbindung, im Gefolge einer epoché entsteht Veranschaulichung durch ein Beispiel« (HL, S. 21).

2.2 Empirische Erfahrungswissenschaften

Es gibt offensichtlich nur wenige Beispiele in der sozialwissenschaftlichen Hermeneutik, die das epagogische Verfahren des Wissenserwerbs im Kontext erfahrungswissenschaftlicher Begriffsbildung diskutieren. Mir ist lediglich eine Würdigung des Schweizer Psychiaters Ludwig Binswanger bekannt geworden. Binswanger geht etwa in dem frühen Aufsatz »Erfahren, Verstehen, Deuten in der Psychoanalyse« von 1926 der wesentlichen

Frage nach, »in welchem Verhältnis (...) gerade die Erfahrung zum Verstehen sowohl als auch zum Deuten steht« (Binswanger 1955, S. 69). In einem Disput mit Erwin Straus, anläßlich des Erscheinens von Straus' »Geschehnis und Erlebnis« (1931), unternimmt Binswanger den Versuch, den Menschen »als Inbegriff der inneren Lebensgeschichte« zu deuten (S. 150). Wilhelm Szilasi, dem Nachfolger auf Heideggers Freiburger Lehrstuhl, gebührt das Verdienst, in einem Aufsatz, der von der »Erfahrungsgrundlage der Daseinsanalyse Binswangers« (Bern 1961) handelt, den Rahmen einer empirischen Erfahrungswissenschaft abgesteckt zu haben. »Die Erforschung der menschlichen Daseinsformen ist eine empirische Disziplin. Ihre Methode ist die phänomenologische Interpretation« (Szilasi 1961, S. 98). Zunächst läßt sich die empirische Erforschung der menschlichen Daseinsformen von einer »objektiven« Erfahrung der Daseinsverläufe unterscheiden. Letztere nennt Szilasi auch »Daseinsgeschehen« bzw. »Daseinsgang«. Aber es geht ihm vor allem um die Feststellung der spezifischen Erfahrung, zu der eine interpretative empirische Sozialwissenschaft fähig ist. Diese Erfahrungswissenschaft, so vermutet Szilasi, wird in erster Linie das besondere *Zeitphänomen des Lebens* im Auge haben müssen und so zu einem diese Wissenschaft auszeichnenden eigenen Erfahrungsbereich durchstoßen, »der weder nur phänomenologisch beschreibende, noch existentialontologische Erfahrung ist, sondern gerade die Zwischenstufe, die jede exakte Wissenschaft in Besitz nehmen muß« (Szilasi 1961, S. 98).

Der Wirklichkeitsbereich dieser Sozialwissenschaft, die sich den Gegebenheiten des sozialen Umgangslebens empirisch zuwendet, umfaßt das in »natürlicher Erfahrung« gewonnene Umgangswissen der Menschen. Es ist der Erfahrungsbereich des für uns Bekannten und Vertrauten. Die natürliche Erfahrung »richtet sich auf das proteron pros hemas, um es mit dem lateinischen Wort zu sagen, auf das von uns aus gesehene a priori. Mit dem Ausdruck ist das bezeichnet, worauf wir unmittelbar stoßen, das Dingliche, Aufdringliche, auch das Bedrängende, alles das, was unsere Stelle innerhalb des Seienden jeweils genau bestimmt« (S. 98). Szilasi weist darauf hin, daß durch die eindeutige Bestimmung des »für uns« oder »wir« nichts Zufälliges, Relatives, Willkürliches und Beliebiges ausgesagt ist, sondern im Gegenteil, damit ist der »natürliche Erfahrungsstandpunkt«, das Hier und Jetzt des in Situationen stehenden und handelnden Menschen inmitten seiner konkreten Welt, eindeutig festgelegt. »Es ist nichts so eindeutig und klar bestimmt wie die natürlich definierte Stelle, die wir mit dem Wörtchen ›wir‹ bezeichnen. ›Wir‹ bezeichnet von vornherein die Stelle, von woher das Nächste Nächstes ist. Diese Stelle hat einheitliche Dimensionen und Richtungen. Ihre gemeinsame Dimension ist, daß sie die Stelle ist, die wir alle einnehmen. Dadurch ist sie die Öffentlichkeit, in welche alles Erscheinende eintritt und mit seinem Eintreten allgemein zugänglich, d. h. offenbar wird. Die natürliche Stelle für die wissenschaftliche Forschung ist die Welt« (S. 99).

Das uns zugewandte, uns vertraute Nächste erfahren wir als in unsere Situation Verstrickte. Jede wissenschaftliche Erfahrung hat in diesem Erfahrungsleben bei den Dingen ihren Grund. Jeder weitere sozialwissenschaftliche Umgang muß daran anknüpfen, weil in der natürlichen Erfahrung selbst der Schlüssel zur wissenschaftlichen Erfahrung liegt. Keine phänomenologisch-hermeneutische Betrachtung ist durchführbar, »wenn sie nicht eine genügend weite Basis der natürlichen Erfahrung hat, wenn sie nicht das erschöpft, wofür die natürliche Erfahrung Hinweise liefert, und wenn sie meint, voreilig fertig zu werden mit dem, was die natürliche Erfahrung fordert, ohne die Forderungen bis zum Äußersten erschöpft zu haben, daß die aus ihr gewonnenen Verweisungsrichtungen als Anleitung dienen« (S. 99). Gerade in dem Phänomen des »uns Nächsten« liegt die Anleitung für den Weg zum *proteron tè physei*, dem von Natur her Bekannten, insofern nämlich die natürliche Erfahrung selbst die Hinweise und die Richtung der Erfahrung, die die Wissenschaft mit der natürlichen Erfahrung machen kann, beibringt. Kommunikation und Verständigung auf der Basis umgangssprachlicher Texte ist nur möglich, insofern das »wir« und »für uns« das Miteinander-sein von mitweltlich Handelndem und Wissenschaftler/Forscher bedeutet. Der Forscher versteht einen Text, insofern er ihn als *Mit-Teilung* versteht. Darin stellt sich der andere dar als »Zeuge« einer sozialen Welt, die er *mit* dem Forscher *teilt*, einer – wenn man so will – allen gemeinsamen, gemeinschaftlichen Welt. Hermeneutisches Textverstehen heißt dann, »fremdes Dasein nicht in der Trennung der Vergegenständlichung zu sehen, also nicht in den Formen einer Entfernung von dem, was uns am nächsten ist. Der Andere steht in der Offenbarkeit des Wir, er soll auch dementsprechend

zu Worte gebracht werden, und zwar er selbst und nicht die Worte über ihn« (S. 99).
Dieser mit Konsequenz verfolgte Ausgang von der natürlichen Erfahrung kann verhindern, daß Fällen vorschnell mit Isolierung und Typisierung begegnet wird und »Sätze« zu Gegenständen von Aussagen gemacht werden. Passiert die vorgängige Subsumierung empirischer Beobachtungen unter theoretische Begriffe, dann ist am erfahrungswissenschaftlichen Phänomen, daß uns als Forscher die vorgelegten Fälle etwas angehen, vorbeigegriffen. Wird jedoch die in der natürlichen Erfahrung liegende Anleitung für die wissenschaftliche Erfahrung aufgenommen, dann bestehen hermeneutische Anschlußweisen. Schon der natürliche Gang der Erfahrung verdichtet sich zu Konzeptionen. Szilasi erinnert hier an die Einsichten des Aristoteles: »So liegt in der natürlichen sich-aussprechenden Verständigung die Anleitung für eine natürliche Ontologie. Aristoteles verfolgt diese Anleitungen. Er schöpft aus der allgemein einleuchtenden Verständigung über alles, was ist, die Einsichten dessen, was sich nicht unmittelbar in dem Seienden zeigt, was wir aber im Blick haben und immer schon verstehen, wenn wir sagen: es ist« (S. 100).
Der Soziologe, der (in Texten) etwas dokumentiert findet, »lernt« durch solche Mitteilung, insofern jede Erfahrung, auch die durch Kunde und Mitteilung, neben einem Besonderen auch ein Allgemeines festhält. Wird das Allgemeine des mitgeteilten Sachverhalts mit einem schon bekannten Allgemeinen in Verbindung gebracht, ist auch die Mitteilung eine Art von Erfahrung durch andere. Die Mitteilung muß als Erfahrung dann genauso verarbeitet werden wie die »am eigenen Leibe« gemachte. Die Erfahrung, die die soziologische Wissenschaft durch Heraussstellung des *proteron physei* macht, ist eine mit *eigener* Objektivität, in der sowohl das »Soziologische« als auch das »Soziale« geklärt werden können. Objektivität meint die Wirklichkeit der Dinge, wie sie »an sich« sind, nämlich als Ergebnis des Überblicks aller bekannten Fälle. Objektivität bedeutet nur dem etwas, der in die Dinge verstrickt dazu Distanz zu bekommen sucht. Erst auf dem Boden des praktischen Umgangs mit den Dingen kann das konzipiert werden, was etwas »an sich« ist. Insofern wird Objektivität der Sache der *Praxis* gerecht. »Man läßt es bewenden bei einer Objektivität im Sinne einer Richtigkeit, die ihr Maß in einer Auslegung der Wirklichkeit als einer mit anderen geteilten Welt findet« (HL, S. 34). So

ist Objektivität nicht Gemeingültigkeit, denn sie will und kann keine absoluten Sicherheiten verbürgen. Sie sorgt vielmehr für die Angemessenheit der Erkenntnis am vorgelegten Fall.
Die phänomenale, gleichwohl wissenschaftlich sich-wissende Erfahrung erfährt an den ihr vorgelegten Fällen zunächst eine Vielzahl von empirisch sachlich-faßbaren Einzelheiten. Das nähere Zusehen jedoch bringt schon mehr als diese bloße Sachlichkeit in Erfahrung. Die Fall-Beispiele lassen Muster erahnen, aber das Muster läßt sich nicht losgelöst von den Beispielen in Verwahrung bringen: »Sie zeigen Gemeinsamkeit des Vorganges in einem adäquaten, ihnen ›natürlichen‹ eigenen Zeitgeschehen. Jedes der verschiedenen Momente ist an seiner ›natürlichen‹ Stelle in der Gefügeordnung, so sehr, daß diese Stelle nicht austauschbar ist« (Szilasi 1961, S. 101 f.). Szilasi macht deutlich, daß die wissenschaftliche Erfahrung eine *dialektische* ist, insofern sie das *proteron physei* nur im Blick auf die Beispiele »erfährt« und die Beispiele vom Wissenschaftler »erfahren« werden können, insofern der Blick sich gleichzeitig auf das von Natur her Bekannte richtet. »Das Wort ›natürlich‹ bedeutet die reale Gebundenheit des Folge- und Zuordnungszusammenhanges und dieser Zusammenhang ist ›apriorische Struktur‹. Wohl nicht im Sinne der Apriorität des Erkenntnisvermögens. Was erfahren ist, ist das durch die Erfahrung geforderte, durch Rückführung der Erfahrung gewonnene reale a priori – es ist das ›von vornherein‹ der Natur, letzten Endes der transzendental-objektiv erfahrene Gefügezusammenhang« (S. 102).
Das umgängliche Aufmerken und Fragen fängt mit einem *a priori* an, das als lebensweltliche Konzeption unser Vernehmen der Welt vorgängig leitet. Diese Konzeption ist je eines Konzeption und nicht von der Zeitlichkeit der spezifischen Lebenssituation zu trennen. Lipps spricht von Antizipationen, denen man nur nachträglich nachsinnen kann. Das *Apriori*, das sozusagen hinter den umgangsweltlichen Konzeptionen auf die wissenschaftliche Erfahrung wartet, ist »nicht ein gesteigertes a priori, nicht ein früheres als das frühere, sondern das frühere anderswoher, nicht von unserer natürlichen Stelle her, sondern von der Natur selbst her, von der Natur qua Menschtumsgeschehen her« (Szilasi 1961, S. 102). Der Ausdruck »Menschtumsgeschehen« ist aus der konkreten *Zeitlichkeit* der menschlichen Erfahrungen gewonnen und hat nichts mit dem Begriff »Gattung Mensch« zu tun.

Was der Wissenschaftler im Verfolg der verschiedenen *Apriori* erfährt, ist die Gangstruktur der Erfahrung selbst, deren »Begriff« die diesen stützende »Dialektik des Weges« in seinem Horizont aufbewahrt. »Die letzte (Erfahrung, A.H.) erfährt in Konsequenz der verschiedenen Aspekt-Erfahrungen die einheitliche Eidos-Struktur, das Bildschema aller Möglichkeiten der verschiedenen Richtungen des Ins-Auge-fassens bzw. Beredens« (S. 102). Im »Bildschema« ist die wesentliche Hinsicht auf ein Sich-verhalten-zu (praktischen Fällen) konzipiert. Jedes Fallbeispiel ist eine »real mögliche Abwandlung« (Szilasi) der von ihm selbst mitgefaßten einheitlichen Struktur. Etwas Gemeinsames innerhalb der natürlichen Erfahrungsstruktur ist die Bezugsbasis, auf die hin die verschiedenen Fälle unterscheidbar werden. Das hermeneutische Können der Sozialwissenschaft weist sich gar nicht als Verstehen aus, sondern als »die Meisterschaft im Erfahren« (Szilasi). »Dieses Können ist aber darin begründet, daß die Erfahrung von vornherein schon nicht bei einem Gerüstzusammenhang stehen bleibt, sondern mit ihm eine bestimmte Vollzugswirklichkeit aus dem Bereiche einer festumgrenzten Möglichkeitsreihe vernimmt. Dieses ›von vornherein‹ des Gerüstes der möglichen Abwandlungen des im einzelnen jeweils strengen Folgezusammenhanges ist weit entfernt ›von dem uns am nächsten‹ und dem angenähert, was wir als das ›von woher‹ der Einheit der sich wandelnden Möglichkeiten, – das wir mit dem Namen Natur bezeichnen – im Blick haben« (Szilasi 1961, S. 104).
Der naturgemäßen Ordnung der Möglichkeiten stehen die sich in je verschiedenen Folgezusammenhängen der natürlichen Erfahrung vereinzelten Erfahrungen gegenüber. Aus deren gegenseitigem Gefüge gewinnt der Sozialwissenschaftler den wissenschaftlich verdichteten Erfahrungs-Begriff. Die Möglichkeiten, die sich überhaupt ergeben können, sind fest gebunden an einen klar definierten Abwandlungsbereich, dessen Auswahl sie sind. »Dieser Abwandlungsbereich ist weder Möglichkeit noch Wirklichkeit. Beide: Möglichkeit wie Wirklichkeit sind gegenständliche Erfahrungen. (...) Es ist der größte Fortschritt des Denkens, das Wirkliche als eine Möglichkeit zu erfahren, denn in dieser Erfahrung liegt schon die Erfahrung der Gefügestruktur« (S. 104 f.). Damit ist das bezeichnet, was die hermeneutische Wissenschaft auszeichnet: daß sie zu ihrer Begrifflichkeit kommt aufgrund der natürlich-ontologischen Erfahrung. Als spezifische Erfahrung des

vielfältigen »von uns her Nächsten« ist diese Begrifflichkeit »proteron physei«, sozusagen von Natur her definiert. Damit ist das gemeint, was Heidegger beschrieben hat als die »Hinführung auf Jenes, was in den Blick kommt, indem wir zuvor über das einzelne Seiende *weg* blicken, und wohin? Auf das Sein« (Heidegger 1939, S. 244). Genau diese Hinführung leistet die *epagogé*. »Was das ›von der Natur her Nächste‹ meint, ist dasselbe wie: das aus unserer Erfahrung her Gewonnene. Die Wissenschaft erfüllt dann die Aufforderung des Logos, der Ratio, der Rationalität, wenn sie sich an dieses Gegebene, d. h. an das von der Natur uns Zugemessene und eben deswegen an das ihr An-gemessene hält« (Szilasi 1961, S. 105).
Die interpretative Soziologie, die die epagogische Gangstruktur der Erfahrung nutzen will und muß, besinnt sich der doppelten »Funktion« des Beispiels, jemanden an etwas heranzuführen, was ihm zwar bekannt ist, er jedoch noch nicht erkannt hat; doppelt insofern, als sowohl für den in Situationen Schließenden als auch für den, dem Schlüsse (nachträglich) veranschaulicht werden sollen, nur das *Beispiel* in die Aufnahme von Konzeptionen versetzen kann. Im Verständnis von *Konzeptionen* als »Begriffe des alltäglichen Lebens« zeigt sich deren Bedeutung für eine Soziologie, die sich als Beispielhermeneutik der *narrativen Pragmatik* des Erfahrungslebens in der Einheit von Umgang und Umgangssprache ausbilden will. Eine Soziologie, die danach fragt, was der Mensch erfährt, indem die Welt ihm zustößt, muß sich epagogisch »methodisieren«. In der Erörterung der epagogischen Struktur der Erfahrung legen wir zugleich die methodologischen Grundlagen der interpretativen Soziologie frei. Soziologie wird hier als auf sich selbst reflektierende Erfahrungswissenschaft verstanden. Methodologisch muß sich eine solche Soziologie nach der epagogischen Struktur des Umgangswissens ausrichten. Dieses erfahrungsmäßige Wissen, besser: dieser Vor-Griff auf ein Auslegen der begegnenden Dinge, kann niemals sachlich hinterlegt und abgefragt werden. Konzeptionen sind nicht Begriffe, unter die man Fälle subsumieren kann oder die einfach verfügbar sind wie Urteile, auf die man Wechsel ziehen kann. Begreifen, bestimmen, erkennen kann hier nicht als logisches Beweisverfahren vonstatten gehen, als ob man nur das syllogistische Schema anzuwenden hätte. Die Aufnahme von Konzeptionen vollzieht sich als Unterbrechung, als *epoché* der gewöhnlichen Praxis, aber nicht der

Wirklichkeit überhaupt. Man reflektiert auf einen Vollzug und macht sich ausdrücklich bewußt, was unter der Hand dabei leitend war. Die Dinge, mit denen man es umsichtig zu tun hat, kennt man schon irgendwie. In diesem Schon-kennen liegt ein Vorverständnis, mit dem man den Dingen zunächst begegnet. Das Verhältnis von Vorverständnis und gebrauchter Konzeption ist das von Vorgriff und tatsächlichem Griff. Das situative Auslegen läßt das Vorverständnis oder Vor-Wissen als faktische Konzeption frei. Das Vorverständnis verschärft sich hinsichtlich des Wesentlichen, unter dem man die Dinge nimmt, mit denen man es in der Situation zu tun hat. Es verdichtet sich zum konkreten, die Sache auslegenden Greifen. Denn der konkrete Griff ist interpretativ und rücksichtig auf dieses vorgängige Wissen. Die Möglichkeiten der Reflexion lassen sich aber nicht vorab berechnen.

Erst nachträglich kann man sich der Vorgriffe besinnen, indem man auf die vollzogenen Antizipationen reflektiert. In der bewußten Reflexion liegt die Unterbrechung der üblichen selbstverständlichen Hinnahme. Aber in die konkrete Hinsicht der jeweiligen Aufnahme des Wirklichen muß man versetzt werden. Ruckartig wird einem dann die Richtung klar, unter der hier etwas genommen wurde. »Das reflexive Verhalten zu dem in den Konzeptionen wirksamen Vorverständnis hat hermeneutischen Charakter« (Buck 1989, S. 152). Erst von der in der Auslegung leitenden Hinsicht her, die als Konzeption situativ vollzogen wird, kann nun hermeneutisch auf ein Vor-Wissen gewissermaßen zurückgeschlossen werden. Man muß sich dann nachträglich-reflexiv zum Dargestellten verhalten. Hermeneutische Reflexion heißt dann die ausdrückliche Vergegenwärtigung einer in den Konzeptionen bereits geschehenen Auslegung der Welt. Günter Buck hat in Anschluß an die *hermeneutische Logik* von Hans Lipps, seiner Unterscheidung zwischen Vorwegnahmen und Voraussetzungen, den antitheoretischen und antitherapeutischen Charakter der Bewußtmachung der unter der Hand leitenden Antizipationen herausgestellt. Hermeneutik ist keine *exakte* Wissenschaft. »Das Bewußtmachen hat hier nicht den Charakter des analysierenden Herausstellens versteckter Voraussetzungen, wie sie in einer Theorie enthalten sein können. Eine Theorie, die versteckte Voraussetzungen enthält, ist mangelhaft. Die Analyse der Voraussetzungen bedeutet hier eine Verbesserung. Hermeneutik ›verbessert‹ aber nicht dasjenige, was sie interpretiert; sie hat nicht die Absicht, aus den Konzeptionen exaktere Begriffe zu machen, so als führe sie nur die eigene Absicht der Konzeptionen zu Ende. Sie übernimmt gerade die eigentümliche *Verbindlichkeit* des in den Konzeptionen aufgenommenen Verhältnisses zur Wirklichkeit« (Buck 1989, S. 152; Hvhg. im Original). Das »Selbstverständliche«, mit dem man dank seiner Erfahrungen die Welt im Griff hat, zeigt sich als Sicherheit im Umgang mit den Dingen. »Sicher« beschließt man eine Situation. Schlüsse sind bündig, wenn sie sich nach Lage der Dinge als begründet zeigen. Im »sicher« drückt sich die Bündigkeit aus, mit der die Situation umsichtig gelöst wird. Man hat diese Sicht jedoch nicht schon, »bevor« man in der Situation steht, in der man sich dann so oder so verhielte. Sondern: »In Situationen stehend schließt man« (HL, S. 39). Den »Grund« der Sicherheit, mithin das »Prinzip« des Schlusses lassen sich nicht ermitteln durch ein Verfahren, das man bloß als jeweils passend zu machendes Schema anwendet. Der Bündigkeit des Schlusses liegt keine sachliche Notwendigkeit zugrunde. Will man verstehen, was diesen Schluß begründet, muß man die Situation verstehen, deren Lösung er sichert. »Man versteht einen Schluß nur, sofern man sich in seine als in jemandes Situation versetzen kann. Nämlich in bezug auf sein Vorhaben sowohl als auch auf das, was die Situation sachlich nahelegt« (HL, S. 39).

Aus Umständen, Tatsachen und Möglichkeiten schließt man, nicht aber aus Prämissen. Prämissen können nachträglich vorgeführt werden, um das sachlich Zwingende des Schlusses zu demonstrieren. »Sicher« ist kein Zustand, sondern man gewinnt im Laufe seiner Erfahrungen eine gewisse Sicherheit im Umgang mit den Dingen, »daß man hier nicht mehr zu zweifeln braucht« (HL, S. 42). Man ist dann überzeugt von einer Sache. Überzeugung ist jedoch etwas anderes als ein Wissen, das zu einer bestimmten Ansicht führt, die man z.B. einfach mitteilen kann. Vielmehr vertrete ich etwas als meine Überzeugung. »Es ist ein originales Wahrheitsgefühl, was hier leitend ist und sich in der Entschiedenheit einer Überzeugung zeigt. Als ein besseres Wissen gegenüber dem, was als sachlich noch so begründete Ansicht sich darbietet. Überzeugungen reifen. Sicherlich in der Folge von Erfahrungen, aber als etwas, was den Dingen entgegendringend Erfahrung wird und aus dem Inneren nur offenbar wird am Äußeren« (HL, S. 45; Anm. 2). Wissen, das man abfragen und hinterlegen kann, ist et-

was anderes als Konzeptionen, die uns Sicherheit geben, im Umgang mit den Dingen in Situationen diese in Griff zu nehmen und »das Richtige« zu tun. Nur Beispiele können in solche Konzeptionen versetzen.
Hans Lipps zeigt in immer neuen Wendungen, daß es für jede Art des Schließens kein Schema gibt, auch gar nicht geben kann. Auch beim beweisenden Schließen muß man im Grunde schon wissen, auf was es hinauslaufen soll. Niemals fängt man ganz von vorne an. Immer kennt man schon etwas, kommt von irgendwoher, hat etwas vor, will auf etwas hinaus. All dies zeigt sich jedoch erst konkret in der Situation, da man vor einen »Fall« gestellt ist. Schlüsse sind nicht schulmäßig durchzuführen, indem Dinge unter Begriffe subsumiert werden. Vielmehr gilt es, die Bündigkeit der im Schließen vollzogenen Auslegung der Situation zu begreifen. Das eigene Können, die gegebenen Umstände und die entdeckten Möglichkeiten machen die Typik der Schritte aus, nach Lage der Dinge das Richtige zu tun. »Schlüsse können nur durch Beispiele veranschaulicht, aber nicht an Figuren wie an Modellen vorgeführt werden« (HL, S. 10). Es ist an der Zeit, sich mit der Bedeutung von Beispielen für das soziologisch-hermeneutische Verstehen, das ist das interpretative Ausdrücklichmachen von Konzeptionen, auseinanderzusetzen.

2.3 Wissen, Orientierung und Kompetenz

Die interpretative Soziologie, die wir getrost auch als soziologische Textwissenschaft auslegen können, sitzt einem Mißverständnis auf, wenn sie meint, sie könne sich phänomenologisch begründen, indem sie Alltagswissen rekonstruiere. Was man im Beschließen der Situation vollbracht hat, kann nicht als eine Konstruktion aufgefaßt werden. Situationen werden nicht nach Regeln beschlossen, die zusammen ein System bezeichnen. Der Beschluß einer Situation, insofern man sich zum Handeln oder Nichthandeln entschließt, ist nicht logische Folge eines konstruierten Schemas. Vieles tun und sagen wir, ohne daß es uns explizit bewußt ist. Ebensowenig kann ein situativer Schluß durch wissenschaftliche Imitation kopierend reproduziert werden. Auch das wissenschaftliche Tun ist soziales Handeln und nimmt etwas vorweg, das es selbst nicht erkennen kann. Das sogenannte Alltagswissen muß vielmehr von einem hermeneutischen Begriff der Erfahrung her verstanden werden. Aber ein solcher Begriff liegt der Soziologie, so weit ich sehe, nicht vor. Insofern nun das phänomenologisch-soziologisch relevante »natürliche Wissen« nur von der Vor-struktur der Erfahrung her zu begreifen ist, muß die soziologische Methodologie sich als *Interpretationsverfahren* konstituieren: »Die Erkenntnistheorie ist recht verstanden tatsächlich weiter nichts als Interpretation, sofern sie ein bestimmtes Wissen zum Ausgang nimmt« (PdE 1, S. 51). Mit dieser Herausforderung konfrontiert, nämlich sich tatsächlich über die Bedeutung des »Wissens« aufzuklären, sieht sich jede hermeneutisch konzipierte interpretative Soziologie.

Das »Wissen« der Gesellschaft, die wir alle sind, »von sich selbst« ist nichts anderes als die *Reihe* der Erfahrungen, die »man« im Leben gemacht hat und aus denen »man« dieses und jenes gelernt hat. Dieses »Wissen« spiegelt nun in doppelter Weise »Geschichte«: als Geschichte der Erfahrungen, die von der Gesellschaft überhaupt »gemacht« werden konnten und noch können *und* als lebensgeschichtliche Erfahrungen, wobei jede einzelne Lebensgeschichte – bezogen auf das Kennen dieser Gesellschaft aus dem lebensnahen Umgang – die Bedeutung eines *Beispiels* hat. Das heißt: Jede Lebenserfahrung ist eine real mögliche Abwandlung der von ihr selbst mitgefaßten einheitlichen Struktur aller Fälle. Beispielhaft kann an einem Fall veranschaulicht werden, wie sich Erfahrung als Verstehen und Interpretieren der sozialen Welt aus dem Umgang mit den Dingen in der Mitwelt heraus darstellt. Wenn ich von der »Struktur der Gesellschaft« im soziologisch-hermeneutischen Verständnis spreche, so meine ich mit Struktur das (unter einer besonderen Hinsicht) *Sichdurchhaltende* innerhalb der Erfahrungsreihe mit ihren Abwandlungen und Variationen. Es ist eine geprägte Struktur, die sich im ausgelegten Erfahrungsleben an ihm selbst zeigt. Die in dieser *werdenden Struktur* mitverstandene *Geschichtlichkeit* der Erfahrung beschreibt die erkenntnistheoretische Grenze der hermeneutischen Soziologie. Da dieses Erfahrungswissen aufgrund seines Bezugs zu einem »früheren« Vorwissen epagogisch strukturiert ist, kann es auch nicht in einem setzenden Akt konstituiert oder sozusagen freihändig konstruiert sein. Nur durch die Aufhellung der Erfahrung kann das sogenannte »Alltagswissen« soziologisch-hermeneutisch begriffen werden.

Die Erfahrung gibt uns Kunde von der Welt. – Was heißt das? Hier trifft nicht eine Information auf ein unbeschriebenes Blatt. Sondern: Durch Kenntnisse, die wir durch Erfahrung gewinnen, lernen wir die Welt kennen. Wir lernen sie primär hinnehmend kennen; sie stößt uns sozusagen zu. Es sind ja die Dinge selber, die sich uns zeigen. Wir erfahren sie immer schon vermittelt durch die Gemeinsprache, in die wir hineingewachsen sind. Wir erfahren sie, indem wir sie auf eine *Mitte* beziehen, die wir selbst mitweltlich sind. Erfahrung weist über Empfindung und Eindruck hinaus, weil jene für uns eine gewisse Beständigkeit aufweist. Es kommt in der Erfahrung etwas »zu Stande«, was uns entgegensteht. Im Nehmen als »Gegenstand« treten wir erst in ein Verständnis der zunächst sinnlich vernommenen Sache ein. Während Eindrücke sich verflüchtigen, wenn sie nicht zu einem »Stand« gebracht werden, stehen Erfahrungen sozusagen senkrecht auf der Zeit. Eindrücke gestalten sich zu Erfahrungen nur, wenn etwas hinzutritt, nämlich sofern man die Dinge hinsichtlich ihrer *Bedeutsamkeit* anspricht. »Bedeutsam« ist etwas jedoch nur bezogen auf eine konkrete »Bedürftigkeit« (Kamlah). Damit meine ich etwas anderes als eine »Typisierung« von Erfahrungen. »Typisierungen« gehen von einem festen Bestand an durchschnittlichen Erfahrungen aus. Sie müssen sich nicht immer neu in Situationen bewähren. Die Vorstellung, Erfahrung lasse sich »typisieren«, nämlich als verallgemeinertes Gut auf ewig in Verwahrung bringen (Schütz, Berger/Luckmann), unterschlägt den Umstand, daß jeder seine Erfahrungen *selbst* machen muß. »Das Selbst-dabei-Sein gehört zu der Erfahrung, die man ›macht‹ und die deshalb nicht einfach ein gleichsam neutrales Vorkommnis ist, als dessen Registrierung Erfahrung erkenntnistheoretisch oft aufgefaßt wird« (Buck 1969, S. 16f.).
»Wissen«, nämlich die Einsicht in den praktischen Einzelfall, kann man jedoch *nicht* so lernen, wie jemand lernt, einen Stuhl herzustellen. Nur ein »technisches« Wissen läßt sich konstruieren (z.B. als Gebrauchsanweisung oder als Satz einer Grammatik) und bezogen auf die exakte *Reproduktion* vorgegebener *Regeln* rekonstruieren. Denn in diesen Fällen wird ein Allgemeines, eben eine vorgegebene Regel, lediglich auf einen *beliebigen* Fall angewandt. Dabei geht es tatsächlich nur um die Demonstration einer allgemeinen Regel an einem Fall. Aber diese »Regel« und dieses »Demonstrieren« hinge in der Luft, wenn wir aus Erfahrung nicht

schon *orientiert* sind, welche Bewandtnis es mit diesem Stuhl und seinem Aufbau und dieser dazu notwendigen Gebrauchsanweisung überhaupt hat. *Ich* bin es, der in dieser Situation vor diesen Fall gestellt ist. Zu einem Wissen aus Erfahrung gehört ein Sichwissen, das heißt, das Tun und Lassen ist je bezogen auf je eines eigene Möglichkeiten in einer konkreten Situation. »Das Sichwissen (...) ist eben dadurch bestimmt, daß es die vollendete Applikation enthält und in der Unmittelbarkeit der gegebenen Situation sein Wissen betätigt« (Gadamer 1986, S. 327). Insofern dieses Sich-wissen sich nur erst in der Sichtung eines Vorverständnisses – im Rückgriff auf eine Erfahrung, die die meine sein muß – ereignet, kann es eine vorgängige Bestimmtheit weder durch allgemeine Normen noch durch bloße Konventionen spiegeln. *Bestimmt* wird dieses »Wissen« erst in seiner situativen Anwendung, was Gadamer »vollendete Applikation« nennt. Das »Wissen«, in welchem sich je ein Verständnis zeigt, vollzieht sich durch »Konkretion im Augenblick« (Gadamer). Bedeutsamkeit gibt es nur in Hinsicht auf den Zweck, »auf den hin wir im ganzen leben« (Gadamer 1986, S. 327).

Die soziologische Beispielhermeneutik interessiert sich für das soziale Phänomen, daß Menschen im Handeln von etwas Gebrauch machen, das wir als Auslegung oder Interpretation ihrer sozialen Situation verstehen. Erst bezogen auf diesen situativen Gebrauch können wir soziologisch »nachfragen«, was jeweils unterstellt (antizipiert) und vollzogen wurde. Insofern der Mensch sich selbst sein Bild von der Welt im Umgang mit den weltlichen Dingen macht, er sich also schon *orientiert* hat, sprechen wir von Erfahrungen. Damit ist aber schon darauf hingewiesen, daß situatives Handeln immer von *spezifischen Wissensformen* begleitet wird, ja, daß Handeln und Wissen nicht voneinander getrennt werden können. Um welches Wissen handelt es sich jedoch, wenn wir von Erfahrungen sprechen? »Erfahrungen machen« ist das Sichbegegnenlassen der Welt. Was sich in den Erfahrungen eines jeden niederschlägt, ist aber nichts sozial Repräsentatives, das sich schematisch verallgemeinern ließe. Es ist vielmehr ein praktisches *Wissen des Besonderen*. Wolfgang Wieland hat auf umfassende Weise die propositionalen und nichtpropositionalen Formen des Wissens herausgestellt. Propositionales Wissen, das etwa festlegt, wie eine Bombe zu bauen ist, erwirbt man dadurch, daß man wahre Sätze, die sich auf die Herstellung von etwas beziehen, zur

Kenntnis nimmt und versteht. Herstellungswissen ist immer auf einen identifizierbaren *Wissensgegenstand* bezogen. Erfahrung erwirbt man jedoch nicht auf diese Weise. »Wissen von der Art der Erfahrung hat dagegen keine Objekte, in denen sich eine Intention erfüllt. Dieser Art von Wissen ist vielmehr ein *Wissensfeld* zugeordnet. Wer Erfahrung besitzt, hat damit zugleich die Fähigkeit, sich auf dem ihr zugeordneten Feld sicher zu bewegen und auf alle Situationen, in die er dort gerät, adäquat zu reagieren. Doch dieses Wissensfeld ist kein Objekt des Wissens, das es wie einen Gegenstand intendieren könnte« (Wieland 1982, S. 231; Hvhg. durch mich). In diesem Verständnis ist auch die *individuelle soziale Kompetenz* ein Können aus Erfahrung oder Umgangskönnen, das man selbst erlernen muß, aber nicht anderen übertragen kann. Es ist dies ein Vermögen, vieles durch Ausprobieren und Abwägen schlicht zu können, aber nicht zu wissen. Man vermag etwas, kann aber nicht angeben, *wie* man es vermag (vgl. auch Polanyi 1985). Kompetenz ist Handeln*können*. Erfahrungen münden in besonderen Kompetenzen, so daß man sich in der Welt zurechtfindet, Situationen meistert und so einfach weiterkommt. Wenn wir nun Kompetenz im Sinne eines Im-Griff-Habens unserer Wirklichkeit soziologisch auffassen, dann stellt sich die Frage, worin dieses Greifen bestehen mag – offensichtlich in der erfolgreichen Bewältigung von Praxisfällen. Kompetenz als jemandes Erfahrungskönnen, das man sich im Laufe seines Lebens erworben hat, worüber man nun verfügt und aufgrund dessen man mit bestimmten Situationen fertig wird, ist nur als *individuelles* Wissen und Können aufweisbar. Jeder muß sein »Wissen« in konkreten Situationen gebrauchen, in denen er sich durch niemanden vertreten lassen kann. Es ist das Vermögen, in einem bestimmten Einzelfall, der man selbst ist, situativ richtig zu handeln. Mehr noch, im situativen Scheitern erfährt man an sich selbst, was man noch nicht beherrscht und beim nächsten Mal besser machen sollte. Insofern orientieren wir uns im Alltagshandeln nicht an Regeln und Gesetzmäßigkeiten, sondern an *Erfahrungsbeispielen*. Der kompetent Handelnde interpretiert im Umgang mit einer Situation etwas Vertrautes, was sich ihm als wiederkehrendes konkretes »Muster« von Praxisbeispielen oder besser: als konkrete *Ähnlichkeit* mit bekannten, erinnerten Fällen zeigt. Denn genau darin liegt ja jemandes Erfahrung: einer Vielzahl von Erfahrungsbeispielen das ihnen Wesentliche entnehmen und auf den jetzt vorliegenden Fall gekonnt anwenden. Das Wesentliche als je eines Hinsicht sehen und sich davon leiten lassen – darin liegt je eines Kompetenz. Das Wesentliche ist hier bezogen auf das eigene Anliegen und Vorhaben, nicht auf irgendeinen Gattungsbegriff, und somit etwas Individuelles.

Dieses primäre Orientierungswissen oder -können liegt aber nicht als »kognitive Karte« vor, auf die man dann wie auf einen materialen Plan jederzeit zurückgreifen könnte. Es ist schon für einen selbst nicht einsehbar. Denn ein Können muß sich in jeder Situation von neuem bewähren. Deshalb handelt es sich hier nicht um ein propositionales Wissen, sondern um ein Erfahrungs- und Umgangswissen, das *im Gebrauch* sich zeigt, nicht aber in prädikativen Aussagesätzen darstellbar ist. Niemand könnte sein Orientierungskönnen etwa in einem Plan unterbringen, allein weil die Situation des Sich-orientierens eine andere ist als die des Planherstellens. Für letzteres benötigte man ein ganz anderes Gebrauchswissen. Wollte man für ein konkretes Anwendungsfeld nach einem »Maßstab« fragen, so nur nach einem, den der Mensch selber in seinem Orientierungskönnen an seine Situationen, die er meistern muß, heranträgt. Man kann diese vielen individuellen Maßstäbe weder an einem allgemeingültigen Einheitsmaßstab ausrichten wollen, so daß seine Verwendung objektiv auf »richtig« oder »falsch« untersucht werden könnte, noch – in bezug auf ein objektives Maß – von Verzerrungen und Defiziten sprechen. »Es gibt richtige und falsche Aussagen, aber es gibt keine richtige oder falsche Erfahrung« (Wieland 1982, S. 233). Man kann bezogen auf ein Scheitern vielleicht am ehesten sagen, daß sich eine Erfahrung in einer bestimmten Praxissituation nicht bewährt hat. Als enttäuschte Erwartung hat man dann aber doch schon wieder eine *neue* Erfahrung über sein Orientierungskönnen gemacht. Solches Wissen und Können ist nicht von denjenigen zu trennen, deren Wissen und Können es ist. Es macht keinen Sinn, von einer Wahrnehmung oder Erfahrung an sich zu sprechen, ohne zugleich den *Träger dieser Dispositionen* miteinzubeziehen. So wird irrigerweise von »Sprachkompetenz« gesprochen, insofern jemand die grammatischen Regeln einer Sprache beherrscht, was dadurch bewiesen sein soll, daß man *richtige* Sätze zu bilden imstande ist. Vorausgesetzt ist dabei ein allgemeiner Maßstab, der erlaubt, zwischen richtigem und falschem Handeln zu unterscheiden. Etwaige Abweichungen können dann als Fehlleistungen und Defizite aufgelistet und ggf. therapiert werden. Kompetenz und Erfolg sind dabei ausgerichtet an einer kognitiven Funktionalität für Handlungsoperationen, deren Richtigkeit und Angemessenheit objektivierbar erscheinen. Unter »Kompetenz« ist dann ein erkenntnismäßiges und lehrbares Wissen gefaßt, das in prädikativen Aussagen darstellbar ist. Ich meine indessen, daß Kompetenz ein Umgangs- und Orientierungswissen ist, das gar nicht wahrheitsfähig ist, insofern es keine prädikativen Aussagen über einen Gegenstand intendiert, in denen man auch irren könnte. Derjenige, der kompetent handelt, weiß nicht etwas über etwas. Kompetenz meint vielmehr, die konkrete Situation richtig zu beurteilen. Da jede Situation auf ein Individuum bezogen ist, um dessen Situation es geht, hat sich dieses Wissen »stets an individuellen Instanzen der Anwendung zu bewähren« (Wieland 1981, S. 180). Damit ist dann allerdings Abschied genommen von der Voraussetzung, es gäbe die *einzig* richtige Weise, Situationen zu bewältigen. Nur wenn man Erfahrung als ein Behauptungswissen ansieht, das in wahren Sätzen über seinen Inhalt Aussagen trifft, läßt es sich überhaupt methodisch operationalisieren. Nur dann kann nämlich vorausgesetzt werden, daß derjenige, der ein propositionales Wissen besitzt, also *etwas* weiß, auch in der Lage ist, die *Inhalte* seines Wissens mitzuteilen. »Die Frage ist aber, ob jedes Wissen die Struktur der Kenntnis und des Verständnisses von treffenden und begründeten Aussagen hat« (Wieland 1982, S. 227). Erfahrungen können niemals *direkt*, als ob es sich dabei um etwas Gegenständliches handelte, mitgeteilt werden, insofern sich Erfahrungen nur in ihrer Anwendung aktualisieren. Genau auf diesen Umstand »reagiert« die Beispielhermeneutik, indem sie das notwendig unausdrücklich Bleibende von Erfahrungswissen in der Mitteilung als deren stumm bleibendes Vorwissen – als *indirekte* Mitteilung – interpretierend reflektiert.

2.4 Ausdrückliches und unausdrückliches »Wissen«

Die Unterscheidung zwischen einem *proteron pros hemas* und einem *proteron physei* ist konstitutiv für eine hermeneutische Sozialwissenschaft. Sie führt zu einer Klärung des Ranges von Bewußtsein und Wissen innerhalb einer Soziologie der umgangsweltlichen Erfahrung. Damit ist zugleich die Frage nach einer beispielverstehenden Soziologie gestellt. Insofern das »von früher her« immer schon unser Wahrnehmen und Erfahren leitet, gehört ein unausdrückliches Vorwissen zu unserem Sein mit-anderen und bei-den-Dingen. In bezug auf diese *Unausdrücklichkeit* des Vorwissens ist es berechtigt, von einem *latenten* Sinn zu sprechen, jedoch nicht so, als ob der latente Sinn *eigentlich* manifest sein sollte. Welches »Verhältnis« besteht nun zwischen diesem latenten Vorwissen und dem »Wissen«, dessen sich der Handelnde »bewußt« ist und dessen Abfragbarkeit nicht bezweifelt werden soll? Unterstellt die Soziologie ein grundsätzlich »erkanntes« Wissen als sozusagen *normalen* Fall des Bewußtseins, dann ergebe sich für die Soziologie die Aufgabe, durch Bewußtmachung des nur latenten Sinns den Handelnden (und über ihn die Gesellschaft) zu therapieren. Die soziologische Textwissenschaft verfolgt einen Weg, der über die Texthermeneutik zur Handlungshermeneutik führt. Jürgen Habermas hat den Universalitätsanspruch der Hermeneutik, wie ihn Hans-Georg Gadamer in »Wahrheit und Methode« ausgesprochen hat, zurückgewiesen. Das Beispiel der psychoanalytischen Tiefenhermeneutik zeige, daß ein nicht bewußtes Wissen zu verzerrter Kommunikation führen könne. Damit sei »das ontologische Selbstverständnis der Hermeneutik (...) in Frage« gestellt (Habermas 1982, S. 359). Die Leitung eines Vorverständnisses (»Vorurteils«) scheint nur dann akzeptabel, wenn Kommunikation als »universale und herrschaftsfreie Verständigung« (Habermas) in einer Gesellschaft unterstellt werden kann. Deshalb muß es einer tiefenhermeneutischen Sozialwissenschaft gerade um die Aufklärung nicht-vernünftiger Vorurteile gehen, die letztlich zu einem zwanghaften und leidvollen Verhalten führen. Günther Buck hat die Kritik von Habermas zum Anlaß genommen, den Unterschied zwischen dem Unbewußten, wie er terminus technicus der Psychoanalyse ist und von Habermas kritisch gegen Gadamer eingesetzt wird, und dem Verständnis des Unbewußten innerhalb der philosophischen Hermeneutik herauszustellen.

Die Möglichkeit, Texthermeneutik als Handlungshermeneutik zu verstehen, ergibt sich aus der phänomenologischen Beobachtung, daß jedes Verfassen von sprachlichen Äußerungen, eben auch von »Texten«, als eine Abwandlung von Handeln betrachtet werden kann. Für jedes Handeln ist konstitutiv, daß es einen das Handeln selbst leitenden Sinn zur Darstellung bringt. Dieser Sinn braucht

dem Handelnden nicht bewußt und gegenwärtig zu sein. Husserl spricht, um die phänomenologische Beschreibung intentionaler Akte zu begründen, von der Darstellung des Akt-Sinns im Akt-Vollzug und sieht die Möglichkeit phänomenologischer Erfahrung in der bewußt gerichteten Reflexion auf diesen Vollzug. Husserls Entdeckung bezieht sich jedoch nicht auf die Inhalte des je Intendierten. Phänomenologisch gefragt ist nach der Leistung der Darstellung als eines Vollzugs von Sinn. »›Phänomen‹ der phänomenologischen Deskription ist der Vollzug des Meinens, nicht das Gemeinte. (...) Die Darstellungsleistung ist also relativ ›unbewußt‹. Ein für das vollziehende Subjekt selbst latenter Sinn stellt sich im Vollzug dar« (Buck 1981, S. 529). Der Handelnde bleibt immer in seine Praxis verstrickt und so mehr oder weniger unfähig, den »Sinn« seines Handelns unmittelbar einzusehen. Hier setzt die Phänomenologie an: »Phänomenologie ist Bewußtmachung, Explikation eines zuvor für den Vollziehenden selbst nur unter der Hand, implicite, leitenden Sinnes« (S. 529).
Die Leistung des Handelns besteht in der Offenbar- und Sichtbarmachung von Sinn aufgrund der Anwendung eines Vorwissens auf eine Situation, in die der Handelnde gestellt ist. Nur insofern sich Sinn tatsächlich darstellt, besteht die Möglichkeit, Sinn zu erfassen, das heißt auszulegen; entweder indem dem Vollzug »von außen« zugesehen wird oder durch nachträgliche Reflexion. Diese phänomenologische Erkenntnis hat nun beispielhafte Bedeutung für eine Theorie der Hermeneutik. »Denn der Grundzug aller Auslegung, derjenigen von Texten ebenso wie derjenigen von Handlungen, ist Explikation von im Vollzug nur implizit gegebenem Sinn, ist ausdrückliche Wiederholung und Aneignung von solchem, was in der zu interpretierenden Praxis – auch der Praxis sprachlicher Art – unausdrücklich mitgeleistet ist« (S. 529). Sinnerfassung ist Sinnauslegung und als hermeneutische Leistung interpretativer Nachvollzug einer Praxis, oder besser: einer praktisch gelösten Situation, insofern sie die Perspektive des Handelnden nicht kopierend imitiert oder als logisches Verfahren reproduziert, sondern sie »anders« *wiederholt*. Die hermeneutische Interpretation »macht es so wie jemand, der sich handelnd an einem *Beispiel* orientiert« (S. 529; Hvhg. von mir). Die Ausdrücklichkeit des Beispiels ist die *mitteilbare* »Kehrseite« der unausdrücklich bleibenden Hinsicht, um die es in der Rede eigentlich geht. »Hinsicht« und »Beispiel« verhalten sich wie Prinzip und

Sache, nach deren Prinzip gefragt ist. Der *Sinn* des Beispiels, das heißt, wofür es steht und dem anderen gegeben wurde, erwächst ihm nur hinsichtlich etwas Prinzipiellem, dessen Beispiel es ist. Das Beispiel hat Begründungsfunktion.

Der Zuwachs an Erkenntnis über das hinaus, was vom Handelnden selbst schon erkannt ist, wird möglich durch die explizite Thematisierung des lediglich, aber gerade darin notwendig unausdrücklich Bleibenden. In dieser Differenz von Ausdrücklichkeit und Unausdrücklichkeit spricht sich die Dialektik von *proteron pros hemas* und *proteron physei* hermeneutisch-reflexiv aus. Im situativen Gebrauch der Hinsicht, die eine konkrete Mitteilung leitet, kann der Sprecher nicht zugleich diese Hinsicht zur Sprache bringen, über sie Aussagen machen und also zu einem *Gegenstand* distanzieren. Von daher ist die Unausdrücklichkeit der Rede auch kein Mangel, der therapiert werden kann. Das »unausdrückliche Meinen der Sache ist keineswegs ein uneigentlicher Modus einer Ausdrücklichkeit, die eigentlich statthaben müßte; sie ist keine defiziente Form von Ausdrücklichkeit, so wie etwa eine vergessene oder unterschlagene begriffliche Voraussetzung, die eine Theorie fehlerhaft macht. Unausdrücklichkeit ist eine Charakteristik von Ausdrücklichkeit selbst. Sie gehört zur Konstitution von Ausdrücklichkeit. Das unausdrücklich Bleibende ist das Unausdrückliche am Ausdrücklichen, einfach deshalb, weil alles Ausdrückliche und weil alles besondere Meinen eine bestimmte Praxis, weil sie ein bestimmter Vollzug sind. Zu jeder bestimmten Praxis gehört, damit sie Praxis bleiben kann, eine Selbstvergessenheit, die verhindert, daß das Handeln zugleich sich selbst gegenständlich erfaßt. Das wird deutlich an der Praxis der Sprache: ausdrücklich redend über etwas bin ich doch unfähig, die im Reden über etwas und als dieses Reden unausdrücklich bleibenden Hinsichten meines Redens vollständig zugleich zum Thema meines Redens zu machen« (S. 530). Die hermeneutische Explikation von Handeln ist die schrittweise Auslegung des dem Handelnden selbst unausdrücklich Gebliebenen. Soziologisch interessant erscheint vor allem die Auslegung des daseinsgeschichtlichen Kontextes, in den die verschiedenen Praxisäußerungen zu vereinigen sind. Dieser soziale mitweltliche Kontext ist etwas anderes als der »Motivzusammenhang«, den Max Weber als kausales Phänomen zur schematischen Erklärung seiner Handlungstypen heranzieht. Näher sind wir der Sache, wenn wir uns an das Gebilde der »Ge-

schichten« erinnern, in die wir immer schon verstrickt sind, wenn wir handeln. Der relevante Kontext ist dann der konkrete Horizont, der als »geschichtlicher« mit jedem Handeln auftaucht.
Im Sprechen vollziehe ich eine inhaltliche Hinsicht, von woher und woraufhin ich etwas meine. Dabei kommt die Hinsicht – für sich – nicht eigens zur Sprache. Nur der Gebrauch der Hinsicht im konkreten Aussprechen der mir wichtigen Sache tritt als diese Hinsicht sozusagen verdeckt in Erscheinung. Man versteht die Hinsicht – aber nur in der konkreten Anwendung des situativen Gebrauchs. Das heißt aber nicht, daß hier etwas interpretiert wird, das sich schließlich als falsch erwiese. Gemeint ist vielmehr das praktische Verstehen als *Können* der Hinsicht. »Ich verstehe sie, aber nur so, daß ich ›mich auf sie verstehe‹« (Buck 1981, S. 532). Von einer Hinsicht kann aber immer nur *beispielhaft* Gebrauch gemacht werden. Am Gebrauch – und nur daran – stellt sich für einen anderen der Sinn der Rede dar, den der Redende selbst nicht eigens ausgesprochen hat. Daß diese »unbewußte« Leistung, Sinn im Vollzug präsent zu machen, gleichsam unter der Hand geschieht, macht gerade deren Wirksamkeit aus. »Unbewußt« heißt hier: in Relation zur Bewußtheit dessen, worauf der Vollzug im einzelnen gerichtet ist. Insofern damit die Aufgabe der Hermeneutik als »Bewußtmachung eines zuvor unbewußten Sinnes« (Buck) formuliert werden kann, stellt sich die Frage nach der Bedeutung dieses »Unbewußten«. Es bestehen darin offensichtlich beträchtliche Unterschiede im Verständnis zwischen der von Habermas dargelegten »Tiefenhermeneutik« und der Beispielhermeneutik der Umgangserfahrung.
Die Tiefenhermeneutik versteht den unbewußten Sinn als nicht-mehr-bewußte Motive, die ein Handeln steuern. Motive sind dem Handelnden ja vormals bewußt gewesen, der sie später jedoch aus seinem Bewußtsein entlassen hat. Die handlungsleitenden Motive sind als anfängliche Themen des Bewußtseins unbewußt geworden. Der Handelnde hat sie, aus welchen Gründen auch immer, verdrängt. Ihr eigentlicher Ort ist aber das Bewußtsein. Daß sie dort nicht (mehr) präsent sind, führt zu Verhaltensweisen, die der Handelnde als Leiden erfährt. Die Wieder-Bewußtmachung verdrängter Motive verspricht Heilung. »Die Unbewußtheit des Motivs und seine Bewußtmachung sind epistemologisch kontingent, d.h. das Motiv kann an sich den Status ›unbewußt‹ oder ›bewußt‹ haben; es ist ihm nicht wesentlich, unbewußt zu sein. Im

Gegenteil: es ist ihm sogar wesentlich, bewußt zu sein« (S. 533). Zentral für das tiefenhermeneutische Verstehen ist, daß es die Unausdrücklichkeit dieses »Wissens« als Mangel, ja als Krankheit deutet, was sich in einem Leiden auswirkt. Die Aufdeckung und Wieder-Erinnerung des unbewußt gewordenen Wissens wird zu einer *therapeutischen* Aufgabe, als »Zurechtrückung einer schief verlaufenden Geschichte« (Buck).

Wie ist hermeneutisch das wirklich-wirksame Verhältnis dieser Hinsichten und Vorgriffe zum umgänglichen Begreifen und Behandeln der Dinge in Situationen zu fassen? Kann man diese Vorgriffe und Vorentscheidungen als *Voraussetzungen* unseres Handelns analytisch herausstellen, indem man deren Ungewußtheit als Mangel begreift und diesen durch ausdrückliches Bewußtmachen zu beheben versucht? Diese Fragen zum hermeneutischen Verständnis von »Wissen« hat zuerst Hans Lipps in voller Eindringlichkeit gestellt und beantwortet. Was als dieser Vorgriff nur hermeneutisch zu interpretieren ist, ist in seiner Vorgängigkeit *notwendigerweise* unbewußt, weil es nur so ein Begreifen ermöglicht. Nachträglich, bei der Interpretation des gebrauchten Begriffes, wird einem das vollzogene Vorverständnis bewußt. Man betrifft sich dann »bei dem, was in dieser Weise unter der Hand leitend ist (...). Man stockt dann bei dem, wozu man unterwegs ist. Das a priori im Sinne des Vorgängigen bestimmt sich an der prinzipiellen Nachträglichkeit seiner Bewußtwerdung, aber nicht an dem a posteriori der Erfahrung. In dem Vorgriff stellt sich ein Vorverständnis des Seienden her« (HL, S. 60).

Diese Antwort von Lipps hat Günther Buck aufgenommen und der analytischen Tiefenhermeneutik des »Unbewußten« entgegengesetzt. »Aber wird der Bann einer in Verstrickung befangenen Geschichte gebrochen, wenn Hermeneutik bewußt macht, was an unbewußtem Sinn, nämlich an positivem Sinn, in ihrem Gegenstand steckt?« (Buck 1981, S. 533) Worin liegt nun genau die *Verstrickung*, die als Unausdrücklichkeit der Hinsicht Thema und Aufgabe beispielverstehender Hermeneutik ist? Die Verstrikkung, in die einer im Vollzug von Sinn befangen bleibt, ist nicht kontingent, das heißt aufhebbar und irgendwie theoretisch hintergehbar. Die Unausdrücklichkeit von Sinn ist essentiell, sie könnte »hier nicht ursprünglich auch ausdrücklich sein« (S. 534). Die sinnstiftende Hinsicht wird hermeneutisch nachvollziehbar an der Rede des Handelnden, insofern auf den Gebrauch der Worte, für was sie Beispiele sind und wie sie ihre Begründungsaufgabe erfüllen, reflektiert wird. Das *Unausdrücklichbleiben* von Sinn bedeutet keinen Mangel an Vernunft oder kognitiver Einsicht, der irgendwie auszugleichen wäre. Im Gegenteil, jenes gehört zur Normalität des situativen Sprechens, zum Umgangshandeln der Lebenspraxis. Die Notwendigkeit zur hermeneutischen Explikation ergibt sich für den Außenstehenden nicht aus einem Heilungszwang. Die Beispielhermeneutik will nicht entlarven, sondern sie will die soziale und lebenspraktische *Distanz verringern*. In einer pluralistisch sich aufspaltenden »Erlebnis«-Gesellschaft reduziert sich eine »gemeinsame« Erfahrung nurmehr auf spektakuläre Ereignisse. So geht die Selbstverständlichkeit der Horizonte vielfältig gewordenen Umgangs und sozial differenzierter Praxis verloren. Nur die Wiedergewinnung von Erfahrungshorizonten kann unbekannte Bedeutungszusammenhänge sichtbar werden lassen, welche die einzelne Praxis für andere überhaupt verständlich machen.

2.5 Hermeneutik der Wiederholung

In diesem hermeneutischen Verständnis bewegt sich auch der amerikanische Philosoph und Gesellschaftswissenschaftler Michael Walzer. Er versucht eine neue und vielleicht bessere Beschreibung von dem, was wir schon kennen, aber in einer bestimmten Hinsicht noch nicht gewußt haben. Das Bindeglied zwischen Interpret und Welt ist für ihn nicht mehr irgend etwas Metaphysisches wie »Geist«, »Subjekt-Objekt« oder »Bewußtsein«, sondern die *gebrauchte Sprache* und die *erzählten Geschichten*, in denen wir anderen mitteilen, was wir in unserer Welt erfahren haben. Tatsächlich ist die soziale Welt, auf die sich jede soziale Praxis bezieht, Ergebnis einer *Interpretation*. Auf der Suche nach der »gesellschaftlichen Wirklichkeit«, also auch nach Praxis und deren immanenter Kennerschaft, gibt es für Walzer nichts zu erfinden und zu entdecken, was nicht schon *da* wäre. Aber was *da* ist, ist selbst eine Auffassung von der Welt, die sich im pragmatisch-lokalen Umgang mit der Welt gebildet hat. »Wir stehen, wo wir sind, und lernen von unseren Begegnungen mit anderen Menschen« (Walzer 1990, S. 20). Es gibt keine nackte vorsoziale Wirklichkeit, einen Urzustand, die man in einem unverfälschten reinen

Naturzustand antreffen könnte. Es gibt aber auch keine gesellschaftlich-soziale Praxis, die sich nicht selbst immer schon auslegt. Walzer befragt eine Praxis gerade hinsichtlich ihrer eigenen erfahrungsmäßigen Vorgriffe und Interpretationen.

Wir finden Walzers Konzeption einer Hermeneutik der Gesellschaft in folgendem Satz zusammengefaßt, der auch jeder Sozialwissenschaft ihre philosophische Begründung geben könnte: »Die Menschen haben ja gerade diese kreative Fähigkeit gemeinsam, die nicht die Fähigkeit ist, dasselbe auf dieselbe Weise zu machen, sondern die Fähigkeit, dasselbe auf verschiedene Weise zu tun« (Walzer 1990, S. 13). Kreativität ist an den handelnden Menschen gebunden, an die Herausforderung durch Situation und Umstände, denen er gerecht werden will und muß. Kreatives Handeln hat mit der »Anwendung« gemachter Erfahrung auf Einzelfälle zu tun, und jeder Fall liegt anders. Wir müssen jeder Situation angemessen begegnen, auch das wissen wir aus Erfahrung. Insofern jeder aus seiner Herkunftsgeschichte heraus handelt, das heißt aus seinen Erfahrungen und Gewohnheiten heraus, werden wir sein Handeln auch in diesem Kontext zu betrachten haben, falls wir ihn *in seinem Handeln* verstehen wollen. Demgegenüber muß jeder »covering law«-Universalismus, für den es nur *ein* Gesetz, *eine* Gerechtigkeit und »ein richtiges Verständnis des guten Lebens oder der guten Gesellschaft« (S. 8) gibt, auch auf der *einen* Geschichte beharren. Nur wer *das* Gesetz hat, hat auch *die* Geschichte. Vom Standpunkt der Geschichte, die allein das Gesetz hervorgebracht hat, sind die anderen Geschichten allenfalls von marginaler und episodischer Bedeutung. »Die Erfahrung der Völker, die das Gesetz nicht halten, wird radikal entwertet. (...) Die Diener des Herrn stehen im Zentrum der Geschichte, sie bilden ihre Hauptströmung, während die Geschichten der anderen ebensoviele Chroniken von Unwissenheit und bedeutungslosem Streben sind« (S. 9). Entwertet werden nicht nur Geschichte, gemeinschaftliche Erfahrung und soziale Institutionen, sondern auch das Orientierungs- und Umgangswissen der Menschen. Dieser Universalismus steht immer auf der Seite der Allgemeinheit, auf der Seite der ganzen Menschheit.

Dem »covering law«-Universalismus stellt Walzer den »reiterativen Universalismus« gegenüber. Sein Kennzeichen ist, daß er einen Begriff der Erfahrung besitzt. Jeder Handelnde weiß, was »gelingen«, »gut« und »gerecht« bedeutet, insofern er nämlich seine Erfahrungen in der Welt selbst gemacht hat. Die »Gesetze« oder »Regeln«, die im Umgang gelernt wurden, haben die Bedeutung von Muster- oder Paradebeispielen, an denen man sich in bestimmten praktischen Situationen orientieren kann. Sie bewähren sich, solange die Anwendung ihrer Antizipationen uns praktisch nicht enttäuscht. So ist »Befreiung (...) eine besondere Erfahrung, die sich für jedes unterdrückte Volk wiederholt« (S. 10). In verschiedenen Handlungen der Menschen wiederholt sich gewissermaßen etwas, was die Erfahrungen der Handelnden untereinander vergleichbar macht. Aufgrund dieser Erfahrungen, die untereinander ähnlich, nicht jedoch identisch sind, läßt sich ein entsprechender Begriff bilden. Er ist dann nicht von einem Allgemeinbegriff abgeleitet, sondern er ist der entsprechende Begriff nur im Kontext der dazugehörenden Erfahrung. Erfahrung und Begriff sind gar nicht voneinander zu trennen. Begriffe wie Befreiung sind immer verbunden mit einem »exemplarischen, zentralen Ereignis« innerhalb einer besonderen Geschichte. Diese Erfahrung können »andere auf eigene Weise wiederholen« – und sie müssen es sogar, »wenn die Erfahrung ihnen gehören soll« (S. 10). Statt einen universalistischen Begriff vorauszusetzen, an dem sich alle empirischen Fälle einheitlich zu messen hätten, versammelt Walzers *Hermeneutik der Wiederholung* eine empirische *Reihe* von Erfahrungen, die aufgrund ihrer Ähnlichkeit unter einer gemeinsamen Überschrift eingereiht werden können. Die einzelnen Fallbeispiele variieren gewissermaßen einen Begriff wie z. B. Befreiung. Sie gehören lediglich aufgrund dieses herausgehobenen Aspekts zusammen. Die Reihe insgesamt, die historisch offen ist, zeigt dann ein vorläufiges Spektrum, wie Menschen *ihren* Begriff von Befreiung gewonnen haben. So gibt es für Walzer auch keine universale Geschichte, »sondern eine Reihe von Geschichten (...), die alle in sich einen Wert haben« (S. 10).

Walzer behauptet indes nicht, daß lokale Gemeinschaften keine Gesetze haben können. »Unterdrückung zu verabscheuen« ist aber ebensowenig deduktiv aus einem Allgemeinbegriff abzuleiten, wie »Befreiung wertzuschätzen«. Solche »Gesetze« werden aus Erfahrungen gelernt, wie Walzer sagt. Auch wenn wir selbst nie Unterdrückung erdulden und Befreiung erstreiten mußten, so gibt es doch so etwas wie eine »historische Begegnung der Andersheit« (S. 11). Es gibt Situationen, in die wir kommen könnten, in denen eine solche Begegnung einer eigenen Erfahrung gleichkäme. Es wird dabei aber nichts rekonstruiert, weil eine Rekonstruktion keine eigene Erfahrung beinhaltet, sondern es wird etwas *anders* wiederholt. Wiederholen meint hier nicht das vergebliche Einholen einer Identität, an deren Maßstab sich alle diese Versuche messen lassen müssen. Man variiert vielmehr eine gemachte Erfahrung, bezogen auf die Besonderung derjenigen historischen Situation, die es gerade zu meistern gilt. Das heißt aber auch, daß in unsere Interpretation der Situation schon unsere konkrete Geschichte eingegangen ist. Wir interpretieren nicht aus dem hohlen Bauch, sondern unter dem Vorgriff unserer Erfahrungen und Erwartungen.

Das Wiederholen fremder Erfahrungen als eigene, so wir die Erfahrung der Andersheit und Analogie machen, ist eine Art Beispielverstehen. *Verstehen* (Auslegen) setzt nämlich voraus, daß an die Erfahrungen des anderen Anschluß gefunden wird. Dies ist offensichtlich nur möglich, wenn wir in seinen Handlungen etwas auch uns *Bekanntes*, etwas mit uns Gemeinsames wiederfinden. Wir verstehen dann seine Prinzipien und Begriffe, *insofern* wir sie als Wiederholungen unserer eigenen Bemühungen auffassen. Verstehen setzt dementsprechend ein praktisches Vorwissen voraus, so daß wir schon irgendwie damit bekannt und vertraut sind, was Befreiung oder Unterdrückung ist. Dem liegt jedoch eine geschichtliche Erfahrung (eine kontingente Geschichte, die erzählt werden kann) zugrunde, so daß wir eines universalistischen Begriffs gar nicht bedürfen.

In der Reihe der Erfahrungen von Befreiung oder Unterdrückung variiert jedes Beispiel den gesuchten Begriff. In einer Hinsicht überschneiden sich die Beispiele, in einer anderen nicht. Es ist dann die Aufgabe, die Beispiele im Hinblick auf ihre Familienähnlichkeit zu interpretieren, um so die Gemeinsamkeiten hervorzuheben und die Unterschiede abzudecken. Doch diese »Abstraktion« ergibt sich nicht von einem Allgemeinbegriff her, sondern sie ist der zuspitzende Zugriff des Interpreten, dem an den Beispielen etwas aufgefallen ist. Der Interpret hat damit etwas vor, will etwas zeigen. Der Aufweis gerade dieser Familienähnlichkeit liegt in der Hinsicht des Hermeneutikers. Er kann (und muß) diese betonen »und gleichzeitig den besonderen Charakter eines jeden Familienmitglieds anerkennen« (S. 20). Jede Interpretation hat ein konkretes Anliegen und »bedarf deshalb keines äußeren Standpunktes oder einer universalen Perspektive« (S. 20).

Walzer will wohl nicht bestreiten, daß wir in unserem Handeln geleitet werden, aber nicht von einer unsichtbaren, allgemeinen Regel oder einem allgemeingültigen Gesetz, sondern von Erfahrungsbeispielen, die sich uns zu einem Musterbeispiel verdichtet haben, an dem wir uns wie an einem Wegweiser orientieren können. Die Erfahrung selbst handhaben wir wie eine »Regel«. Regeln und die *diese* fundierenden Beispiele sind nicht voneinander zu trennen. Das Verstehen von Regeln kann nur gelingen, insofern man die Beispiele versteht, die zur Erläuterung einer Regel vorgebracht werden. Nicht eigentlich eine Regel »an sich« wird also verstanden, sondern die treffenden Beispiele, so man sich an eine Erfahrung erinnert oder eine fremde vorlegt, die man dann als Wiederholung einer eigenen versteht.

Der durch Interpretation der verschiedenen Versionen gewonnene Begriff von Gesellschaft geht soweit, wie die Beispiele und Geschichten gehen. Er läßt sich nicht auf Gesellschaftliches schlechthin reduzieren. Er enthält immer auch wesentliche Momente des Situativen, Pragmatischen und Einmaligen, die wir von ihm nicht abziehen können. Wir können niemals – etwa durch theoretische Abstraktion – hinter die *narrative Pragmatik* gesellschaftlicher Erfahrungen zurück auf etwas von aller Kontingenz gereinigtes Allgemeines. Erst im Vertrautwerden mit den unterschiedlichen Versionen »wiederkehrender« Geschichten (Erfahrungen) von Befreiung und Gerechtigkeit, in die jeder (oder jede Gemeinschaft) auf seine (ihre) Art verstrickt ist, werden wir auch mit der Gemeinschafts- und Erfahrungswelt vertraut, die solcher gesellschaftlichen Praxis erst Rahmen, Sinn und Perspektive geben. In jeder Geschichte ist das implizit schon angelegt, um was es einer konkreten Mitwelt geht. Es gibt von Begriffen wie Befreiung und Gerechtigkeit keine beste Auslegung, sondern immer nur verschiedene Lesarten, die mehr oder weniger überzeugend sind.

2.6 Interpretative Soziologie als Beispielverstehen

Insofern der Sozialforscher angesichts der vernommenen Rede des anderen sich von Beispielen betreffen läßt, kann er schon nicht mehr den Standpunkt des unbeteiligten Dritten einnehmen. »Dieser Standpunkt des unbeteiligten Dritten ist aber gerade auch der einer Logik, die das Wort auf seinen objektiven Aussagegehalt

sichtet« (HL, S. 29). Der Soziologe wird in die Praxis seines Gegenübers durch dessen Beispiele nur versetzt, insofern er als Partner eines Gesprächs der Rede entspricht. Dem anderen »entsprechen« heißt seine Worte sich »zur Lehre« nehmen. Das Gespräch soll die Sicht des anderen konkretisieren, das heißt, der andere soll in seiner Selbständigkeit zur Sprache kommen. Gerade das ist die vornehmliche Aufgabe des Soziologen, sofern er »fremde« Erfahrungen sich erschließen will. Etwas sich wirklich zur Lehre werden lassen gelingt jedoch nur, sofern man in die Konzeptionen eingestellt wird, die je zu irgend jemandes Erfahrungen sich verdichtet haben. Deshalb geht es im »methodisch« geführten Gespräch, da man ja zu den »Prinzipien« des anderen hingeführt werden will, weniger darum, sich *über* etwas zu verständigen, um so über einzelne Daten zu verfügen. Vielmehr »(sucht) man überhaupt Verständigung, d. i. die Linie festzulegen, auf der man sich trifft mit dem anderen« (HL, S. 31). Was aber jeweils »Prinzip« ist, läßt sich nicht auf einen sachlichen Gehalt von Wörtern oder Daten reduzieren, auf den die Aussagelogik jedes Wort verkürzen möchte. »Das Verhältnismäßige des Gesprächs liegt darin, wie das Prinzip jeden Wortes bei dem Worte des andern liegt« (HL, S. 33).
Welche Aufgabe hat das soziologische Verstehen, wenn es Alltagswissen nicht rekonstruieren kann? – Es soll Beispielverstehen sein! Warum? – Weil das Beispielverstehen den Zusammenhang von Vorwissen (Antizipationen) und Erfahrung erhellt. Denn das Beispiel appelliert an etwas, was in der Erfahrung stillschweigend vorverstanden ist. Was in den Texten dem Soziologen als Fall vorgelegt ist, läßt sich nicht als subjektiver Wissensbestand neutral bestimmen. Wir verstehen einen konkreten Fall, sofern wir an ihn *dessen* Konzeption herantragen. Was nun hier konkret unter Konzeption gezeigt werden muß, bleibt je zu prüfen. In der Konzeption begegnet uns eine besondere Gestalt sozialer Wirklichkeit, insofern hier jemand, bezogen auf Umstände und Möglichkeiten, seine Situation »geklärt« hat. Nur im ausdrücklichen Nachvollzug, das heißt in der nachträglichen Reflexion der zugrunde gelegten Antizipationen, läßt sich veranschaulichen, was der Mensch erfährt, indem die Welt ihm zustößt. Denn nur wer Konsequenzen aus seinen Erfahrungen ziehen kann, hat tatsächlich eine Erfahrung gemacht. »Eine Erfahrung, die ohne Konsequenzen bleibt, aus der man nichts gelernt hat, ist keine gewesen«

(Buck 1969, S. 17f.). Im Mittelpunkt des Lernens steht aber das Verstehen von Beispielen.

Ich habe schon gelegentlich der Diskussion der aristotelischen *epagogé* herausgehoben, daß Prinzip und Sache, deren Prinzip nicht bekannt ist, insofern untrennbar sind, als man nicht nach dem Prinzip fragen kann, ohne zugleich nach der Sache zu fragen. Darin erweist sich die *epagogé* als »dialektische Methode«. Denn Prinzipien können nicht unabhängig von dem, wovon sie Prinzipien sind, erfaßt werden. Der »Vorblick« auf das Prinzip schließt den »Rückblick« auf die zu begründende Sache ein. Das eine ist ohne das andere unmöglich. Das macht den »Witz« der *epagogé* aus. So können auch die alltagsweltlichen Prinzipien (Konzeptionen) soziologisch nicht aus einem theoretischen Apriori abgeleitet werden. Sie können nur durch gleichzeitigen Blick auf die Sache, deren Konzeptionen sie sind, veranschaulicht werden. Das »induktive« Auffinden der Prinzipien durch das Beibringen von Beispielen ist kein rein intuitives Geschehen, da es Reflexion und Argumentation, also Interpretation, einschließt. *epagogé* ist die Kunst der Auffindung und Interpretation von Antizipationen, »mit deren Hilfe gegebene Sachverhalte begründet werden können« (Buck 1968, S. 39). Deswegen darf die *epagogé* als dialektische Methode nicht mit der logischen Induktion (im Sinne einer einfachen Umkehrung der Deduktion), die ein Schließen aus Prämissen ist, verwechselt werden. Konzeptionen ergeben sich nicht mit logischer Konsequenz. Für die Beispielhermeneutik heißt die Entdeckung eines nützlichen Gesichtspunkts bei der Untersuchung einer fraglichen Sache, die Sache selbst schon unter diesem Gesichtspunkt zu betrachten. Dieses zugleich zu den Konzeptionen hin und von den Konzeptionen weg macht das Dialektische der *epagogé* aus. Denn die Erfahrung bedient sich schon immer der Konzeptionen, zu denen sie uns hinführt. Und weil dies so ist, ist der Weg von der Erfahrung zum expliziten Wissen der Konzeptionen gehbar. Der Soziologe gewinnt seinen »Vorsprung« gegenüber der »bloßen« Erfahrung, von der er Kenntnis erhält, dadurch, daß er die Erfahrung *bearbeitet* und ihr gegenüber eine *reflexive* Haltung einnimmt. Der Forscher reflektiert auf das »konkrete Allgemeine«, das in der Erfahrung implizit enthalten ist.

Rainer Mackensen hat mehr auf die Gemeinsamkeit als auf das Trennende von sozialer Struktur- (bzw. System-)theorie auf der einen und soziologischer Handlungstheorie auf der anderen Seite aufmerksam gemacht. Statt sich gegenseitig für überflüssig zu erklären, sollten sowohl die struktursoziologischen als auch die handlungssoziologischen Ansätze ihre eigenen Grenzen erkennen und im je anderen den Partner sehen. Angesichts der derzeitigen wirtschaftspolitischen und sozialkulturellen Friktionen im sogenannten Transformationsprozeß in Deutschland schlägt Mackensen vor, die volle Stärke des theoretischen und methodischen Instrumentariums der Soziologie einzusetzen. Um der Problematik in ihrer ganzen Herausforderung beizukommen, werden »strukturtheoretische Konzepte notwendig sein (...), aber nicht hinreichend; es müssen vielmehr handlungstheoretische hinzutreten, wenn man der Lage angemessen begegnen will« (Mackensen 1992, S. 13). In der Tat ist die Kontroverse zwischen soziologischer Mikro- und Makrotheorie, aber auch die vielfach als bequem angesehene Arbeitsteilung zwischen Struktur- und Handlungssoziologie, nicht nur eine theoretische, sondern auch eine methodische Auseinandersetzung. Welchen Standpunkt nimmt hier die soziologische Beispielhermeneutik ein? Fischer-Rosenthal will die phänomenologische Soziologie, so wie er sie versteht, »diesseits von Mikro und Makro« ansiedeln (1990, S. 21). Er nimmt für die phänomenologische Soziologie in Anspruch, »Allgemeines im Besonderen«, »Fremdes im Bekannten« aufzufinden (vgl. S. 22). »In hermeneutisch rekonstruktive(n) Fallanalyse(n) einen Weg zu allgemeinen Struktur-Aussagen« zu sehen, wird hier Aufgabe einer Soziologie, die sich an »typologischer Allgemeinheit orientiert« (S. 31). Das sogenannte »konkret Allgemeine«, das schon jedes »protokollierte Datum« eigne, ist ein soziologischer Tatbestand, der noch vor der Trennung von Mikro und Makro liege. Aber was ist das eigentlich – das konkrete Allgemeine? Der Hinweis auf »typologische Allgemeinheit« erinnert an Husserls (und auch Schütz') Versuch, in der Erfahrung einen Typus zu bestimmen, der Identisches faßt. In *Erfahrung und Urteil* spricht Husserl von »typischer Allgemeinheit« der *Antizipation*, unter der man etwas wahrnimmt. Alles »Erfahrbare (hat) sein allgemeines ›Apriori‹, eine Vorbekanntheit, als Unbestimmte, aber als ständig selbige identifizierbare Allgemeinheit eines apriorischen Typus« (Husserl 1964, S. 32). Der Typus ist vorgängig der möglichen Einzelerfahrungen, deren »Prinzip« er faßt. Aber ist mit dem invarianten, apriorischen Typus das getroffen, was in unseren

Erfahrungen als das Allgemeine (Prinzip) eines Besonderen (Sache) steckt, was Lipps als (auch situative zeitliche) Einheit von Konzeption und Beispiel deutet? Ist nicht die Methode, in den Einzelerfahrungen einen apriorischen Typus aufzufinden, die Husserl und auch Fischer-Rosenthal vorschlagen, dem induktiven Schließen verwandt? Führt uns nicht der Typus, indem er vom Besonderen ausgeht und schließlich zum Allgemeinen fortschreitet, nur zur formalen Begrifflichkeit, wie schon Webers Idealtypus? Die rekonstruktiven Fallanalysen etwa der empirischen Biographieforschung, von der Fischer-Rosenthal spricht, sind darauf ausgerichtet, sogenannte Lebenslaufstrukturen bzw. Prozeßstrukturen des Lebenslaufs zu bestimmen.

2.7 Zur Begründungsfunktion von Beispielen und Geschichten

Wir bewegen uns schon mitten in der Frage nach einer »epagogischen Erkenntnis«. Ich habe bei meinen früheren Erörterungen schon festgestellt, daß das Beispielverstehen die Struktur der *epagogé* aufweist. Dies soll im folgenden vertieft werden. Insofern das Kennen des für uns Besonderen immer schon das, wenn auch unausdrückliche, Kennen des an sich Früheren impliziert, ist das Ausgehen von der Erkenntnis des »Besonderen« in Wahrheit ein Ausgehen von einem darin implizierten Wissen des »Allgemeinen«. So stellt Aristoteles für die Kinder fest, sie »sagen ja auch anfangs zu allen Männern ›Vater‹ und ›Mutter‹ zu allen Frauen und erst in der Folge vermögen sie die beiden Eltern in ihrer Individualität zu erfassen« (184 b 10). Die Funktion des Beispiels ist es, auch das habe ich schon herausgestellt, auf etwas zurückzukommen, was als Hinsicht in der Kenntnis des Allgemeinen schon leitend war. »Prinzipiell kann das Allgemeine anhand eines – treffenden – Beispiels eingesehen werden« (Buck 1968, S. 37). Diese Funktion des Beispiels liegt in der besonderen Weise des Beispielgebens, darin dem anderen etwas angezeigt wird, was selbst nicht eigens *begrifflich* begründet werden kann. Die »Hinführung« durch ein Beispiel bedeutet nicht, daß man zunächst etwas Besonderes in seiner puren Besonderheit kannte und dann durch eine Verallgemeinerung erst zu einer allgemeinen Hinsicht gelangte. Man beginnt zwar mit dem Einzelnen, dieses jedoch gerade in allgemeiner Hinsicht genommen, ohne auf diese Allgemeinheit bereits reflektiert zu haben. Für Aristoteles sind Beispiele »Anfangsgründe« des Verstehens und Überzeugtseins. Das Beispiel ist das für uns Frühere und Bekanntere, das zu dem der Sache nach Früheren und Bekannteren hinführt. Das Beispiel begründet, insofern es an etwas Prinzipielles appelliert. Dieser Übergang ist nur denkbar, als »zur Kenntnis des Einzelnen ein – nur eben unausdrücklicher und unbestimmter – Vorblick auf das Allgemeine und Prinzipielle gehört. Von eben diesem impliziten Wissen macht das Beispiel Gebrauch. Es stellt ein Besonderes mit der Aufforderung vor Augen, es unter dem Blickwinkel des Allgemeinen zu betrachten. Es gibt dieses Allgemeine nicht geradezu, sondern es bringt einen darauf, indem es auf ein im Können der Beispielsmaterie wirksames Vorwissen anspielt (...)« (Buck 1968, S. 83 f.).

Nur durch das Beispiel kann man in die Antizipationen eingeführt werden, aufgrund derer man dies und jenes verstehen kann. Gegenüber der Auffassung des Aristoteles, das Beispiel sei eine ausgezeichnete Weise der »Hinführung« zu einem Verstehen, kommt vor allem im 18. Jahrhundert (zunächst bei Christian Wolff: *Theorie des Exemplum*, später auch bei Kant) eine Interpretation zur Geltung, »die das Beispiel vornehmlich unter dem logischen Gesichtspunkt des Verhältnisses von Besonderem und Allgemeinem sieht« (Buck 1968, S. 85), und die den für die *epagogé* zentralen Aspekt, daß es sich beim »Beispiel-geben« um einen wirklichen *Anfang des Verstehens* handelt, vergißt. Diese philosophische Theorie des Exemplum ist bis heute die »einzige ausdrückliche Theorie des Beispiels geblieben« (S. 85). Der eigentümliche Gang des Verstehens und der Verständigung steht innerhalb dieser Theorie ganz unter dem Zwang des am Verfahren der apodiktischen Wissenschaften orientierten Begriffs der Logik als einer Urteils- bzw. Subsumtionslogik. Das *Exemplum* ist ganz selbstverständlich Anwendungsfall eines allgemeinen Begriffs. Das Verhältnis von Besonderem und Allgemeinem ist auf das formal-logische Verhältnis von Begriff und Fall festgelegt. Man muß schon über den Begriff *verfügen*, um einen Fall – als Fall von einem Begriff – zu verstehen.

Für Hans Lipps ist das gegebene *Beispiel* die einzige Möglichkeit, den anderen in eine bestimmte Situation und deren Konzeption zu versetzen. Das hat Lipps in dem Aufsatz »Beispiel, Exempel, Fall und das Verhältnis des Rechtsfalles zum Gesetz« von 1931 deutlich gemacht. Da Konzeptionen nur im Handeln und Sprechen vollzogen werden, können sie nicht unter allgemeine Begriffe subsumiert, sondern müssen an Beispielen veranschaulicht werden. Beispiele begründen eine Praxis. Das Konkrete des Beispiels zielt auf das Verständnis der Dinge. Die Hinsicht, in die – jene erschließend – Beispiele weisen, kann gewonnen werden, insofern verstanden wird, unter welcher bestimmten Vorhabe den Dingen begegnet wird. Das Beispiel soll den anderen in die Bewegtheit der eigenen Einstellung versetzen. »Einstellungen, Hinsichten sind aber etwas, wobei man sich lediglich betreffen kann« (VdS, S. 44). Durch ein Beispiel wird der andere in den konkreten Begründungskontext versetzt, in dem er das versteht, wofür es ein Beispiel ist. Gibt man ein Beispiel, so rechnet man beim anderen geradezu mit einem schon mitgebrachten Verständnis dessen, wofür es gegeben wird. Von einer Veranschaulichung kann dann nur im Hinblick auf die Entfaltung dieses Verständnisses gesprochen werden.

Für meinen Zusammenhang der interpretativen Soziologie hat das Beispiel (der Fall) vorzüglich die Aufgabe, den Soziologen auf die Spur der fraglichen Konzeption zu bringen. Der soziologische Begriff ist gebildet, wenn er der Vielfältigkeit des umgangssprachlichen Nehmens der Dinge, wie sie in den Beispielen (Fällen) zutage tritt, im Hinblick auf ein typisch Allgemeines gerecht wird. Die Dialektik des epagogischen Verfahrens zeigt sich auch hier im gleichzeitigen Blick sowohl auf den einzelnen Fall als auch auf den Begriff, nämlich wofür nun der »soziologische Fall« ein Beispiel ist. Soziologie als Beispielverstehen ist Geschichtenhermeneutik. Denn in der Gesprächssituation erhält die erzählte Geschichte unter anderem die Funktion, dem zuhörenden Soziologen etwas, was »so« noch nicht in seinem Horizont steht, zu veranschaulichen. Am Beispiel einer Geschichte wird so zu verstehen gegeben, wie etwas hier von einem auf seine Lage hin und die Umstände bezogen praktiziert wird. – In seiner Diskussion des Wittgensteinschen Verständnisses des »Kontextes« schreibt J. Schulte: »Wenn ich etwa erklären will, was es heißt, Heimweh zu heucheln, muß ich eine sehr viel kompliziertere Geschichte erzählen, als wenn es um eine Erklärung des Begriffs ›Heimweh‹ geht« (Schulte 1990, S. 150). Will man Begriffe »erklären«, muß man eine Geschichte erzählen. Das Beispiel tritt dann im Gewand einer Geschichte auf. Warum? Der Rahmen einer konkreten Lebensform, durch den man erst in so etwas wie eine Geschichte, in die einer verstrickt ist, »hineinkommt«, schließt dem Hörer den sinnfälligen Horizont auf, vor dem das Beispielhafte seiner Geschichte, nämlich konkretes Beispiel für etwas »Allgemeines« (Prinzip, Überzeugung, Grund usw.) zu sein, gewahr werden kann und seine Begründungsfunktion erfüllt. Die »Hinsicht«, an die das Beispiel der Geschichte appelliert, ist kein abrufbares und sozial typisiertes Wissen, sondern ein durch Erfahrung verdichtetes Verständnis, ein Können, das – einem selbst ungewußt – unseren Umgang »mit« der Welt leitet. Das Beispielhafte einer Geschichte vernehmend, wird einem plötzlich darin etwas klar.

Die einschlägige soziologische Literatur ist voll von sogenannten »Beispielen«. Beispiele sollten immer dafür gebraucht werden, die *vielfältige* Anwendung des »Begriffs« im praxisnahen Vollzug zu zeigen. Ich meine aber, daß die wenigsten Beispiele tatsächlich das erfüllen, was ich oben unter einem *treffenden* Beispiel beschrieben habe. Sie sind vielmehr Exempel und Anwendungsfälle einer allgemeinen Theorie. Wilhelm Schapp hat in seiner Behandlung eines »Beispiels« bei Kant aufgezeigt, welche *Qualität* ein Beispiel besitzen muß, um denjenigen, dem ein sinnvolles Beispiel gegeben wird, in die Wirklichkeit einer Umgangserfahrung einzuführen und zu versetzen. Und offensichtlich leitet Schapp seine Kritik ein, indem er den Erfahrungsbegriff der Kantschen Philosophie, Erfahrung sei »praktische und theoretische (Natur)Erfahrung in der Außenwelt«, zurückweist. Im Abschnitt »Von der Unmöglichkeit eines ontologischen Beweises vom Dasein Gottes« seiner *Kritik der reinen Vernunft* geht es Kant um das »Mögliche« und das »Wirkliche«. Auch hier soll ein Begriff über Beispiele einleuchten. Kant will zeigen, daß zum Begriff eines Gegenstands, der bloß die Möglichkeit ausdrückt, nichts weiter hinzukommt, als wenn man dessen Gegenstand als schlechthin gegeben (»er ist«) denkt. »Und so enthält das Wirkliche nichts mehr als das bloß Mögliche« (Kant 1956, S. 572). Daran anschließend bringt Kant folgendes Beispiel: »Hundert wirkliche Taler enthalten nicht das mindeste mehr, als hundert mögliche. Denn, da diese den Begriff, jene aber den Gegenstand und dessen Position an sich selbst bedeuten, so würde, im Fall dieser mehr enthielte als jener, mein Begriff nicht den ganzen Gegenstand ausdrücken, und also auch nicht der angemessene Begriff von ihm sein. Aber in meinem Vermögenszustande ist mehr bei hundert wirklichen Talern, als bei dem bloßen Begriffe derselben (d. i. ihrer Möglichkeit)«. Zweifelsohne spricht Kant seine Erfahrungswelt und die seiner Zeitgenossen an, wenn er von »Talern« spricht. Er orientiert seine Leser an etwas ihnen Bekanntem. Der Leser wird keine Schwierigkeit haben, *an* einen Taler zu denken. Aber was meint Kant mit »wirklichen Talern«? Insofern wir ein Beispiel aus unserer Erfahrung nehmen, kommen hundert Taler nur in Geschichten vor. Will man etwas über ihre Wirklichkeit ausmachen, muß man auf Geschichten zurückgreifen (vgl. PdG, S. 135). Erfahrungen, die man hinsichtlich seiner selbst gemacht hat, decken sich ungefähr mit dem, was Schapp unter Geschichten versteht. Was könnte also Kant mit »wirklichen« Talern im Auge haben? Da Kant selbst keine entsprechende Geschichte parat hat, »erfindet« Schapp eine solche: »Es liegt wohl im Sinne Kants, daß er 100 einzelne konkrete Taler meint, und zwar 100 Taler einer Serie (oder verschiedener Serien), die in dem konkreten Schrank oder Schreibtisch Kants stecken, 100 Taler, die ihm ein Vertreter von Hartknoch (Kants Verleger, A.H.) aus Riga an demselben Morgen gebracht hat und die Kant vielleicht einzeln auf Gewicht und Klang geprüft hat. Von diesen 100 Talern hat jeder einzelne seine verfolgbare ›Geschichte‹. Sie stammen etwa aus einer Münze Friedrichs des Großen. Weil sie äußerlich gleich sind, läßt sich ihr Schicksal im einzelnen schwer verfolgen, dies ›schwer‹ bedeutet aber nicht unmöglich (...)« (PdG, S. 135). Es ist klar, worauf Schapp hinaus will. Er will Kants Beispiel verstehen und sehen, auf was es paßt und auf was nicht. Erst der nachvollzogene Zusammenhang von Prinzip (hier: »Begriff«) und Sache (Beispiel) zeigt den Sinn und damit die Begründungsfunktion eines gegebenen Beispiels, dessen Prinzip verstanden werden soll.

»Was bedeutet es«, so fragt Schapp weiter, »daß Kant ohne Umschweife auf 100 wirkliche Taler lossteuert, während wir erst noch ein Beispiel dazu suchen, einen Beleg dafür, was man unter 100 wirklichen Talern zu verstehen hat. Kant meint: Sein ist offenbar kein reales Prädikat, d. i. ein ›Begriff‹ von irgend etwas, was zu dem ›Begriff‹ eines Dinges hinzukommen könne. Es ist bloß die Position eines Dinges oder gewisser Bestimmungen an sich selbst. Kant ist also in der glücklichen Lage, das Sein durch Gegenüberstellung zum Begriff erläutern zu können. Da wir nicht wissen, was ein Begriff ist, nützt uns dies nichts. 100 wirkliche Taler machen uns nicht so viele Schwierigkeiten. Die Taler kommen in unseren Geschichten vor und spielen eine bedeutsame Rolle darin« (PdG, S. 135 f.). Wenn von der »Wirklichkeit« die Rede ist, von »wirklichen« Talern, dann brauchen wir nur unser Erfahrungsleben zu reflektieren. Es ist dann mehr oder weniger leicht, treffende Beispiele vorzubringen. Aber was meint die Rede von »möglichen« Talern, deren Begriff dasselbe enthielte wie die wirklichen Taler in unseren Geschichten? »Wenn Kant also von wirklichen Talern spricht, so können wir zu diesen nur kommen über Geschichten, in die wir verstrickt sind. Wenn Kant meint, die Wirklichkeit des Talers bestände bloß in der Position des Talers, so wissen wir nicht, ob das richtig ist oder falsch. Wohl wäre es sehr schön, wenn es richtig wäre« (PdG, S. 136). Aber was kann dann noch ein »möglicher« Taler und was der »Begriff« eines Talers sein? Oder meint Kant einen bloß vorgestellten Taler? Oder das Wesen oder die Gattung eines Talers? All dies scheint möglich. – Schwierig wird es eben an dem Punkt, an dem nach dem Sinn eines Beispiels gefragt wird, danach, inwiefern das Beispiel überhaupt auf eine Wirklichkeit trifft: Können Taler irgend etwas anderes sein als konkrete Umgangsdinge? Dies verneint Schapp: »Daß es aber keinen Begriff vom Taler, kein Wesen vom Taler, keine Gattung Taler gibt, das glauben wir nachweisen zu können, und ebenso, daß ein Taler, wo er auftaucht, nur als ›existierend‹ auftauchen kann, nicht derart, daß das zu seinem Wesen oder Begriff oder zum Wesen seiner Gattung gehört; sondern so, daß ein Taler in den Gesichtskreis nur treten kann über Geschichten und, hier möchten wir fast sagen, in der Seinsart dessen, was in Geschichten vorkommt« (PdG, S. 136 f.). Beispiele, die die Wirklichkeit treffen wollen, die an die Hinsicht einer Umgangserfahrung heranführen sollen, müssen als »Geschichten« organisiert werden. Verschiedene Beispiele und verschiedener Gebrauch zeigen die real möglichen Abwandlungen auf, in denen Taler in der Welt Kants auftauchen können. »So mag Kant etwa träumen können, daß ihm die 100 Taler von Hartknoch gestohlen sind und nach dem Aufwachen zum Schrank gehen, um festzustellen, daß die 100 Taler wirklich noch da sind und daß der Traum wirklich nur ein Traum war« (PdG, S. 137). In Geschichten handelt es sich immer um dieselben wirklichen Taler, auch wenn sie, im Falle eines Traums oder eines Diebstahls, nicht gegenwärtig sind.

Kant setzt in seinem Beispiel den »Begriff« von hundert Talern mit »möglichen« hundert Talern gleich und ebenso das »Denken«

von hundert Talern mit dem »Begriff« von hundert Talern gleich. Aber »Denken« heißt bei Kant nicht *denken an*, denn dies könnte sich nur auf die wirklichen Taler beziehen. »Da Kant aber in seinem Beispiel von konkreten 100 Talern ausgeht und ausgehen muß, wenn sein Beispiel verständlich bleiben soll, so können wir ihn fragen, was er denn unter dem Begriff von einem konkreten Gegenstand versteht« (PdG, S. 138). Das Problem des Beispielverstehens, das Schapp hier überzeugend demonstriert, spitzt sich letztlich zu zur Frage nach dem Verhältnis von Prinzip und Sache, von Begriff und konkretem Ding (Gegenstand). Wenn der konkrete Gegenstand nur in Geschichten vorkommen kann, daß wir *ihn* nur »denken« können, indem wir *an* eine Geschichte denken, die wir aus Erfahrung kennen, dann muß das »Prinzip« der jeweiligen Sache in der am Beispiel eingesehenen Hinsicht eben dieser Geschichte entdeckt oder genauer: interpretiert werden. Deshalb »erfindet« Schapp mögliche Geschichten, in die Kant verstrickt sein könnte. Da aber Kants Beispiel selbst keine »Geschichte« bereithält, kann »das Beispiel von den 100 Talern zur Existenz Gottes oder zur Nichtexistenz Gottes nichts beitragen« (PdG, S. 139). Es kann seine Funktion zu begründen nicht erfüllen. »Gegenstände« können nur in Geschichten vorkommen, und alle Gegenstände werden erst zum »Gegenstand« in Geschichten und aus Geschichten. So gesehen gibt Kants Beispiel keine selbständige sinnvolle Geschichte ab: »Es hat keinen Sinn zu sagen, 100 mögliche Taler sind in meinem Vermögen. Ebensowenig hat es Sinn zu sagen, 100 wirkliche Taler sind in meinem Vermögen. Es hat nur Sinn zu sagen, 100 Taler sind in meinem Vermögen. Dabei kommt niemand auf den Gedanken, daß mit den Talern wirkliche Taler gemeint seien, im Gegensatz zu möglichen Talern. Sondern die ganze Geschichte, die damit eingeleitet ist, wenn etwa ein Kaufmann seinen Vermögenszustand schildert, verhält sich nicht über Begriffe, sondern über Gegenstände. (...) Es gehört zum Taler, daß er in Geschichten vorkommt, ja das macht ihn erst aus. Es gehört zur vollen ›Bestimmung‹ des ›Talers‹, daß er von Friedrich dem Großen in dem und dem Jahr an dem und dem Tage von dem und dem Münzmeister geprägt ist. (...) Damit ist der Taler, mit dieser ›Bestimmung‹, in die Wirklichkeit aufgenommen, er hat jetzt sein Nest gefunden und irrt nicht wie der vollständig beschriebene Taler Kants heimatlos umher. (...) Zum Taler (gehört) ein Platz in Geschichten, und zwar nicht zum Wesen des Talers oder zum Begriff des Talers, sondern so, daß jeder einzelne Taler seinen Rückhalt findet in der Serie und die Serie wieder ihren Rückhalt in den einzelnen Talern, in den Zusammenhängen von Geschichten, in die wir selbst mit verstrickt sind. (...) Ebenso wie wirkliche Taler nur in Geschichten vorkommen, kommen vorgestellte Taler nur in Geschichten vor und müssen aus diesen Geschichten beurteilt werden« (PdG, S. 141 ff.).

Vom Gebilde der Geschichten her läßt sich die Funktion des Beispiels deutlich machen. Die Geschichte rahmt den fraglichen Begriff in eine konkrete Lebensform und einen nachvollziehbaren Sinnkontext ein, so daß er umhüllt von einer so ausdrücklich gemachten Umgebung *plötzlich* in einer gewissen Perspektive verstanden werden kann. Auf diese Weise kann der elementare Wortsinn eines zwecks Veranschaulichung eines Begriffs angeführten Beispiels »aus der ganzen Lage, in der diese Worte gemeint und verstanden werden« (Stenzel 1925, S. 19), bestimmt werden. Das Beibringen eines einzigen Beispiels vermag das Umschlagen eines Begriffs aus seiner Mehrdeutigkeit oder Undeutlichkeit in das eindeutige Verstehen zu bewirken. Die Geschichte reduziert die Kompliziertheit und Komplexität eines Begriffs auf seine »einfache« Anwendung. »Das Zurechtrücken der Einzelbedeutungen kann sich unmerklich vollziehen, sie können sozusagen alle nicht genau oder schief verstanden sein, oder es mögen sich deutlicher noch gar nicht, erst halb und ganz verstandene Bedeutungen scheinbar unterscheiden lassen, tatsächlich ist es ein Zusammenhang, ein Sinn, der sich plötzlich auftut, der alle die Bedeutungen so rückt, daß sie eben eine Einheit, einen Zusammenhang bilden können« (S. 19). Von daher wird es auch für den Soziologen unmöglich, die *reflexive Wiederholung* von »gemeintem Sinn« beim einzelnen Wort oder Satz beginnen zu lassen. Am »Anfang« steht immer schon der Erfahrungskontext einer »ganzen« Geschichte oder einer Lebensform. Es ist vielmehr das mitteilende Sprechen, das uns nötigt, diesen schon gehabten Sinn durch Worte auszudrücken, die den anderen zu einem Verständnis hinführen.

Analoges läßt sich nun vom Beispielverstehen des *Soziologen* sagen, dem ein Text vorgelegt ist. Der Text muß als ein dem Soziologen vorgelegter Fall genommen werden, der die besondere Konzeption einer Praxis darstellt (»So handhaben wir es hier bei uns!«). Die Bedeutung einer Konzeption vollzieht sich im konkreten Zusammenhang »angewandter« Erfahrungen. Bedeutungen zu vergegenwärtigen, dies gelingt auch dem Soziologen nur durch das gegebene Beispiel, indem auf eine Praxis Bezug genommen wird. Das Beispiel appelliert, wie wir gesehen haben, an etwas, das in der Erfahrung stillschweigend vorverstanden ist. In der Konfrontation von Begriff (Konzeption) und *neuer* Erfahrung, insofern dem Soziologen eine bestimmte Version noch nicht bekannt war, liegt dann offensichtlich auch die Möglichkeit, eine Verwandtschaft und Kontinuität zwischen den »früheren« und den »späteren« Fällen zu finden, was nichts anderes ist als die eigentliche Gangstruktur des *erfahrungsmäßigen* Wissens von der Welt, nämlich der Modifikation einer »ersten« Erfahrung aufgrund neuer Erfahrungen. Darin ist nun die *Geschichtlichkeit* jeder Erfahrung begründet, der die Soziologie in *ihrer* Konzeption Rechnung tragen muß.

2.8 Erfahrung und Begriff

Wie begegnet die soziologische Theorie und Methodologie der Tatsache, daß der Mensch sich stets in geschichtlich-sozialen Situationen befindet und daß nur in diesem Kontext soziologische Begriffe gebildet werden können? Meine Untersuchungen der phänomenologischen Hermeneutik haben gezeigt, daß jede Erkenntnis in einem spezifischen Bezug steht zu Alltagserfahrungen. Dieser Bezug muß in dem deutlich werden, wie jeweils diese ursprünglichen Erfahrungen im wissenschaftlichen Begriff nicht überwunden, sondern gerade mit aufgenommen werden können. Schapp wie auch Lipps haben in diesem Kontext immer wieder die sogenannte »Allgemeingültigkeit« theoretisch gewonnener Begriffe diskutiert. Beide sind zu dem Schluß gekommen, daß man auf der Basis von Geschichten oder von Konzeptionen niemals zu allgemeingültigen Begriffen kommen kann. Sie nähern sich dem Problem der adäquaten Begriffsbildung, indem sie vom Einzelding bzw. vom Einzelfall ausgehen. Denn diese begegnen uns zunächst in der Welt.

Etwas begreifen im pragmatisch-praktischen Sinne eines die Dinge in-Griff-Nehmens ist nicht abzukoppeln vom gleichzeitigen Sich-Umtun in den tatsächlichen Verhältnissen, die als die wirklichen im Umgang mit den Dingen maßgebend sind. Erst in der Situation, in der ich einem Ding oder einer Sache begegne, tritt die Wirklichkeit davon zutage. Da in der »Vieldeutigkeit des Lebens« (Lipps) der Kontext von Situationen niemals einheitlich oder auch wiederholbar ist, kann das alltägliche Begreifen, das heißt der Vollzug von Konzeptionen im Handeln und Sprechen, nicht unter allgemeine Begriffe subsumiert werden. Konzeptionen müssen an Beispielen veranschaulicht werden. Das Beispiel soll indes keinen Begriff erklären, sondern es zeigt veranschaulichend, »was diese Konzeption überhaupt ›soll‹. Durch die Konkretion des Beispiels, d. i. durch einen hierzu als Musterbeispiel aufgegriffenen Fall, wird man in die Bewegtheit der Betrachtung versetzt, unter deren Direktive dieser Begriff gebildet wurde. Mit dem, was mir deutlich werden, was sich mir deutlich zeigen soll, muß ich in einer bestimmten Situation verbunden sein. Es ist der Zweck des Beispiels, diese Situation lebendig zu machen« (VdS, S. 41). Beispiele können die konkrete Hinsicht plausibel machen, die in einer bestimmten Situation für den Handelnden leitend war. An der Art des Griffs und an der Richtung der Sicht erschließt sich die Unbekanntheit der Konzeption und die Unentschiedenheit des Kontextes. Das Konkrete des Beispiels kann jemandem, dem Alltagsbegriffe nicht erläutert werden können, vorerst einmal die Richtung ihrer Konzeption veranschaulichen. So wird ihm etwas deutlich, was zunächst nicht im Bereich seiner ursprünglichen Umsicht liegt.

Wesentlich für Lipps' Wissenschaftsverständnis ist die hermeneutische Beachtung der *Verhältnismäßigkeit* der Situation des Forschers, dem ein Fall vorgelegt wird. Eine Geschichte, die etwa dem Sozialwissenschaftler erzählt wird, erfährt durch ihn, der sie nun *als Fall* vor- und weiterträgt, eine bestimmte Fassung und Behandlung. Hat man den einzelnen Fall im Auge, der mit Hilfe des Begriffs dargestellt werden soll, so wird der einzelne immer als dieser besondere Fall entwickelt, nur als das interessiert er auch. Beim einzelnen Fall ist es gerade das Besondere seines Falls, woraufhin er betrachtet wird. Das Besondere des Falls wird als »das hier Wesentliche« auf eine kurze Formel und Überschrift gebracht. An einem Fall werden nur Umstände vorgeführt, die sich wiederholen können: »derselbe Fall« kann wieder eintreten. Das Sich-stellen-zu dem Fall des Sozialwissenschaftlers betrifft immer auch das Verhältnis zum Vorgelegten, in das er sich selbst setzt. »Daß man zu einem Fall ›sich stellt‹, drückt aus, daß nicht nur der

Fall mir vorgelegt (ist), sondern daß ebenso ich vor den Fall gestellt bin« (VdS, S. 48) und »wie eigentlich ich der Befragte bin und mein Urteil zur Diskussion steht« (HL, S. 55). Das Vor-einen-Fall-gestellt-Sein hat den konkreten Sinn, daß hierbei etwas »beurteilt« werden soll. Zum Urteilen-Können gehört die Motiviertheit eines bestimmten Standpunkts, von dem aus einem etwas wesentlich ist. Dieser Standpunkt ist nicht ein lediglich »ideologischer«, nämlich ein nur an der Logik des Falls orientierter Standpunkt. Wäre er dies, so würde ein solcher »Orientierungspunkt« die Praxis des alltäglichen Verstehens der Dinge verfehlen. Es geht gerade darum, sich nicht aus der Situation zu lösen, in der das vieldeutige Nehmen der Dinge in der ursprünglichen Erfahrung gebunden ist. Wird jedoch die Bedeutung von Fällen von einem wissenschaftlichen Lehrbegriff her fixiert, dann ist jeder »Fall« ein »Fall von«, nämlich von einem Allgemeinbegriff, der immer schon das enthält, was »unter ihn fällt«. Demgegenüber hebt Lipps hervor, daß Fälle immer bestimmte Fälle sind, vor die ich, der urteilen soll, gestellt bin. Auch der wissenschaftliche Begriff, zu dem ich im Urteil komme, ist nicht daraufhin ein »allgemeiner Begriff«, weil er als sogenannter »Allgemeinbegriff« seine »Fälle« unter sich enthielte. Vielmehr formuliert der Begriff das *Wesentliche* dieser Fälle. Nur deshalb trifft für diese Fälle dasjenige zu, was »allgemein« vom wissenschaftlichen Begriff »gilt«. Der Begriff ist nur endlichen Fällen zugeordnet; hinter dieser Fallreihe verbirgt sich nicht noch das erkenntnislogische Rätsel einer Regelmäßigkeit.

Begriff und Fall stehen in einem wechselseitigen Verhältnis zueinander. Indem ich (als Wissenschaftler) das mir Vorgelegte in dem Sinn begreife, daß ich darin etwas erkenne als..., nehme ich einen Bezug zu einem Begriff auf. Dabei wird der Fall auf den Begriff hin erkannt, nicht aber vom Begriff her bestimmt. Denn die an den Fall als Fall geknüpfte Spannung resultiert aus der Frage, welcher Maßstab dem Gewicht des konkreten Falls überhaupt gerecht wird. Der wechselseitige Bezug von Begriff und Fall zeigt sich darin, daß nicht nur der untersuchte Fall durch den Begriff bestimmt wird, sondern es wird ebenso die Gültigkeit, das heißt die »Ausdehnung« des Begriffs am vorgelegten Fall »gemessen«. Die fallweise überprüften bzw. gewonnenen Begriffe sind dann »bedingte«: es sind von mir gebildete, von einem Gesichtspunkt an den Fall herangetragene Bestimmungen, an denen etwas »ge-

messen« wird. Im Begriff ist also ein Maß bezeichnet, das heißt ein Anspruch wie eine Anmaßung. Der Begriff ist immer nur Maß für bestimmte Fälle. Und das Maß der Erscheinung eines konkreten Falls zwingt mir den Begriff auf. Ob und wie ein Begriff den Fällen entspricht, danach bemessen sich sein Sinn und seine Tragfähigkeit. »Bestimmen« bezieht sich hier auf das Herausfinden dieses Begriffs. Nur so kann der »entdeckte« Begriff Erkenntnismittel bei der Beurteilung vorliegender Fälle sein. In der Behandlung von Begriff und Fall macht Lipps deutlich, wie er Hermeneutik als methodische Besinnung der *Situationshaftigkeit der Erkenntnis* versteht. Nur in der Wissenschaft, nicht in der ursprünglichen Erfahrung des Menschen gibt es ein »Objekt der Erkenntnis«, das es zu bestimmen gilt. »Objekt« ist etwas aber nur als vorgelegter Fall. Denn in der Bestimmung von etwas als etwas wird das Vorgelegtsein von etwas als Situation mit aufgenommen. »Nicht so geradezu und ohne weiteres ist man als ›Subjekt‹ intentional auf Gegenstände bezogen. Situationen gehen einen etwas an und werden besorgend erledigt« (HL, S. 40).
Ähnlich diskutiert Schapp die Logik wissenschaftlicher Begriffsfindung: Die logisch-schlüssige Unterscheidung von Gattungsbegriffen und Individualität, wie Schapp sagt, ist ein Trugschluß, ebenso der Versuch, von der Pluralität individueller Erscheinungen auf einen gattungsmäßigen Allgemeinbegriff kommen zu wollen, hinter dem sich eine Identität der einzelnen subsumierten Einzeldinge verstecken könnte. Statt von Identität zu sprechen, kann man nur eine *Ähnlichkeit* zwischen den Einzeldingen feststellen. »Hinter der Gattung im traditionellen Sinne verbergen sich stets ähnliche Gebilde« (IGv, S. 58). Diese Ähnlichkeit kann aber nur entdeckt und beschrieben werden, wenn vom Einzelding aus dessen Horizont *abgespürt* wird. Dabei mögen wir auf so etwas wie eine Serie (Reihe) kommen, die aber nicht einen allgemeinen Gegenstand meint, sondern eine Anzahl und Gesamtheit von Einzeldingen, deren einzelne Horizonte gewisse Ähnlichkeiten aufweisen. Durch diese Ähnlichkeiten stehen die Einzeldinge in einem Zusammenhang miteinander, und nur aufgrund dieses Zusammenhangs ist es gerechtfertigt, von einer Einheit zu sprechen.

Zusammenfassung

Jede Erkenntnislehre, die einer empirischen Wissenschaft den Weg weisen will, vollzieht in ihren Antizipationen und Voraussetzungen schon eine Vorstellung ihres »Gegenstands«. Deswegen sollten die eine Wissenschaft angehenden Phänomene zunächst in der methodisch unverstellten Kenntnisnahme der Erfahrung gefaßt werden. Doch was heißt: Erfahrung, Methode, Antizipation und Gegenstand? Der Rückgang auf die aristotelische Prinzipienlehre konnte das Verhältnis von Erfahrung und Wissenschaft entscheidend erhellen. Jede Wissenschaft setzt ein Wissen voraus, das selbst nicht theoretisch ableitbar ist, sondern die epagogische Struktur jeder Erfahrung aufweist. Jedes »Neu«- und »Anders«-Sehen setzt an etwas schon Bekanntem an. Die philosophische Hermeneutik hat darin das Vorverständnis jeder Erfahrung, auch der wissenschaftlichen, wiedererkannt. Das Vorverständnis einer empirischen Wissenschaft ist so in der inneren Struktur der *empeiria* selbst zu suchen, das heißt im »Gang« der ursprünglichen Erfahrung in der Mitwelt. In jeder Erfahrung ist indes schon ein Bezug auf etwas Allgemeines aufgenommen. Das Allgemeine ist also nicht a priori unserer Erfahrungen, sondern wir erfahren unsere Welt »prinzipiell«, insofern wir in der Erfahrung des Einzelfalls etwas Bekanntes wiedererkennen. In der Mitteilung z. B. wird davon Gebrauch gemacht. Doch in der Anwendung von Konzeptionen und Hinsichten im Tun und Sprechen wird das Prinzip der in Rede stehenden einzelnen Sache normalerweise nicht reflektiert. Man kennt es zwar, denn es wird schließlich gebraucht, doch man hat es nicht auch bewußt erkannt. Insofern sich in der Mitteilung unsere Erfahrungen vom Umgang mit der Welt *beispielhaft* darstellen, dabei jedoch das Prinzipielle unserer Hinsicht unausdrücklich bleibt, muß hier die empirisch-interpretative Erfahrungslehre oder Beispielhermeneutik ansetzen, nämlich im methodologischen Verfolg einer ausdrücklichen Wiederholung, das heißt im soziologischen Beispielverstehen.

KAPITEL 3
Soziologie als empirische Erfahrungswissenschaft

> So wenig die Welt, die wir erkennen, in uns hineingeschüttet wird, wie Kartoffeln in einen Sack, oder ein mechanisches Spiegelbild eines Außer-Uns ist, so wenig die Welt, die wir erleben – in beiden Fällen ist es unsere T a t, also bestimmt durch die Art der spezifischen Energien, mit denen wir überhaupt »t u n«.
>
> Georg Simmel

1. Phänomenologische und hermeneutische Ansätze in der Soziologie

Vorbemerkung

In der Nachfolge der Verstehenden Soziologie Max Webers möchte ich drei Ansätze diskutieren, die unter anderem die folgenden Aspekte einer Theorie und Methodologie der Soziologie behandeln: den Zusammenhang von Handeln und Wissen (Bewußtsein); die Möglichkeiten soziologischen Verstehens resp. Erklärens; die Regelorientiertheit sozialen Handelns; die Ausbildung der Beziehung zwischen Allgemeinem und Besonderem als formale Logik. Das sind die »phänomenologische« Soziologie von Alfred Schütz, die »interpretative Soziologie« von Anthony Giddens und die »objektive Hermeneutik« von Ulrich Oevermann. Die angeführten Aspekte soziologischer Fragestellungen und Prämissen haben sich auch in meiner bisherigen Arbeit als zentrale herausgestellt. Es geht mir in allen drei Fällen nicht darum, die jeweiligen Ansätze in ihrer ganzen Breite darzustellen. Insofern »verkürze« ich deren Positionen. Vielmehr befrage und verdichte ich ihre Vorgriffe und Voraussetzungen unter dem bislang gewonnenen Standpunkt einer hermeneutisch belehrten soziologischen Erfahrungswissenschaft. So interpretiere ich das durchgängige Selbstverständnis, in dem sich jene Soziologien bewegen.

1.1 Phänomenologie und Soziologie bei Alfred Schütz

Im Werk von Alfred Schütz treffe ich all jene Auslegungen der Husserlschen Phänomenologie an, die bis heute die verschiedenen Varianten einer phänomenologischen Soziologie beherrschen. Die Auseinandersetzung mit Schütz ist für mich um so wichtiger, als er in einem Aufsatz von 1953 die »Erfahrung des Menschen« in den Mittelpunkt seiner Wissenschaft rückt, da es »das Ziel der Sozialwissenschaften ist, ›soziale Wirklichkeit‹ aus der Erfahrung des Menschen, der seinen Alltag in der Sozialwelt erlebt, zu erklären« (Schütz 1953, S. 39). Ich werde mich im folgenden vor allem auf den Kontext von Handeln und Wissen konzentrieren, da dieser auch im Zentrum der phänomenologisch belehrten verstehenden Soziologien steht. Nur weil Handeln zugleich auch Wissen ist, kommt das Alltagsleben zu einer ihm typischen Begrifflichkeit. Aus dieser Typik soll die wissenschaftliche Begriffs- bzw. Typenbildung ihrerseits hervorgehen. Zunächst möchte ich nach den Antizipationen dieser phänomenologischen Soziologie fragen, anschließend danach, wie Schütz das System dieser Wissenschaft von der sozialen Alltagswelt zusammensetzt.

Die Sozial- oder Alltagswelt konstituiert sich »in den setzenden und deutenden Akten des täglichen Lebens mit Anderen« (1932, S. 26). Zunächst hat der Soziologe von einem Subjekt mit seinem Bewußtsein als seine Innenwelt auszugehen. Ihm gegenüber stehen die Objekte der Außenwelt: die Dinge, aber auch die anderen Menschen. Eine dritte Ebene bezeichnet Schütz als »Welt des Wirkens«. Sie steht eigenartig vermittelnd zwischen Innen- und Außenwelt. Das Prinzip von Innen und Außen, konkreter: deren absolute Trennung, setzt sich in alle »Richtungen« von Schütz' System fort. Wichtig sind ferner die abgeleiteten Entzweiungen von Bewußtsein und Körper, Handeln und Handlung, innerer Zeit und objektiver Zeit u. a. m. Vor allem aber führt uns Schütz den Menschen als doppelt bestimmbar vor: Als erkennendes Subjekt ist er ganz *Bewußtsein*, als physisch vorhandener *Körper* gehört er in die Außenwelt. Der Körper erscheint als »Träger« des Bewußtseins, so daß der Mensch zum einen sich selbst als Bewußtsein »von innen« betrachten, zum anderen die Außenwelt anschauen kann.

Sinn wird von Schütz als etwas gefaßt, das seinen Ort im Bewußtsein hat (vgl. Bubner 1982, S. 26). Wie kommt der »Sinn« jedoch von dort in die »Welt«? Durch Akte des Bewußtseins stiftet der Mensch »Sinn« einer ansonsten »sinnlosen« Welt. Aber erst das so angeleitete absichtsvolle Handeln wirkt als Sinnüberbringer. Das Handeln ist eine von Schütz ausgezeichnete Weise, durch welches das Subjekt mit der Außenwelt oder mit den Dingen der Außenwelt in Berührung tritt. Das Handeln ist an sich sinnvoll. Eine Steigerung erfährt diese Berührung mit der Außenwelt in dem Fall, daß das Gegenüber ein anderes Subjekt mit seinem Bewußtsein, ein »Du« ist. Erst Handeln als Erzeugen sinnvoller Objekte konstituiert die alltägliche Welt.

Schütz zeigt sich nun folgendes (soziologisches) Problem: »Von diesen Objekten der Außenwelt, diesen Erzeugnissen, kann man nach den Abläufen des Erzeugens rückfragen, nach den fremden Handlungen also, durch welche sie hervorgebracht wurden. Alle diese Vorgänge und Dinge der Außenwelt haben nun für mich, der ich sie erlebe, Sinn, aber dieser muß keineswegs jener Sinn sein, den der Andere, welcher diese Handlung hervorbrachte, mit seinem Handeln verbindet« (1932, S. 30). Damit hat Schütz sein Programm einer »verstehenden Soziologie« umrissen. Die Möglichkeiten, wie Ich und Du überhaupt »fremden Sinn« erfassen können, sieht Schütz abgeleitet von den »Wesensgesetzlichkeiten des Bewußtseinslebens«. Alle Probleme, die Schütz im Zusammenhang der Konstituierung und Erfassung von Welt, Du, Objekt usw. anspricht, müssen vom (Akte setzenden) Bewußtsein her gelöst werden, oder anders ausgedrückt: vom Dualismus »erkennendes Ich« und »erkannte Realität«. Immer wenn nach Wahrnehmen, Erleben, Erfahren, Typisieren usw. gefragt wird, ist und bleibt das bei-sich-seiende-Bewußtsein das Erste. Erst durch setzende Akte des Bewußtseins können wir uns auf die dem Subjekt gegenüberliegende Außenwelt beziehen. Auf der Ebene der Alltagswelt, insofern der Mensch in seiner natürlichen Einstellung verhaftet ist, ist der Mensch für die Erkenntnis der Realität auf seine Sinneswahrnehmungen angewiesen. Dies führt zu einem eigenen *Erkenntnisstil* des Menschen in der Alltagswelt. Der Bezug zur Außenwelt muß immer erst durch Empfindungen, die über die Sinnesorgane vermittelt sind, hergestellt werden. So muß der Alltagsmensch zwangsläufig auf der Ebene der sinnlich vermittelten Erkenntnis stehen bleiben. So aber ständig der subjektiven Sinnestäuschung ausgesetzt, ist ein Begreifen der »wahren Realität« und ein Durchstoß zur eigentlichen Realität unmöglich. Dies gelingt erst der phänomenologischen Reduktion. Erst dem von allem Handeln, damit auch von allem subjektiven Wahrnehmen und Empfinden suspendierten Wissenschaftler gelingt die objektive Wesensschau von Bewußtsein, Wirkwelt und alltäglicher Welt. Dies soll im folgenden näher erläutert werden.

»Der Ursprung aller Wirklichkeit ist subjektiv« (1971, S. 237). Wirklich ist ein Ding, sofern es zum Bewußtsein in einer intentionalen Beziehung steht. Das heißt, aufgrund seiner Wahrnehmungsleistungen macht sich der Mensch eine Vorstellung von den Objekten außerhalb seines Bewußtseins. Es gibt verschiedene Wirklichkeitsbereiche oder Welten, von denen vor allem die des Alltags und die des theoretisch-wissenschaftlichen Denkens Schütz interessieren. Das Verhältnis des Subjekts zu diesen Wirklichkeiten ist je Ausdruck der Zugangsmöglichkeiten der Innenwelt zur Außenwelt. Von daher sind bei Schütz die sogenannten »Erfahrungen« aufgefaßt. »Einstellungen« sind etwas, das der Einzelne *gegenüber* der Welt hat. Die sogenannte natürliche Einstellung gegenüber der Welt des Alltags ist nichts anderes als der subjektive Sinn, den der Mensch seinen Erfahrungen *gibt*. Der Sinn der Erfahrung bezieht sich nicht auf das Handeln, das nur erlebt wird, sondern auf die vergangene Handlung. Erfahrung ist erkannte Wirkung (Anschauung) des zur Ruhe gekommenen Handelns, deren Resultat, die Handlung, vom »gegenwärtigen Jetzt in reflektiver Einstellung betrachtet« wird (1971, S. 241). *Sinn* ist die im Rückblick angenommene Einstellung gegenüber vergangenen Handlungen. »Subjektiv sinnvoll« sind Handlungen erst, wenn sie Erfahrung geworden sind, das heißt abgeschlossen, auf einen »Erkenntnisstil« hin genommen und *als Wissen verfügbar*, nämlich dem einsamen Ich erinnerlich. Das heißt aber auch für die mögliche Erfassung von Sinn, Erfahrung und Wissen, daß Schütz stets vom Apriori des Bewußtseins ausgeht. Seine Theorie des absoluten Vorausseins von Entwurf und Plan bedeutet nichts anderes, als daß das *Bewußtsein* immer das Frühere, das Apriori ist. Schließlich hält Schütz wie auch sein Lehrer Husserl daran fest, daß das dem Dasein Vorangehende restlos in den Griff der theoretischen Reflexion zu bringen sei. Hier knüpfen auch die phänomenologisch-wissenssoziologischen Ansätze an.

»Verhalten« und »Handeln« sind subjektiv sinnvolle Erlebnisse oder Erfahrungen der Spontaneität, die zum Innenleben gehören oder in Bezug zur Außenwelt stehen. »Verhalten« wie »Handeln«

kann bloßes Denken oder Tun sein, insofern es nicht intentional, das heißt ohne Absicht geschieht. »Handeln« unterscheidet sich vom »Verhalten« dadurch, daß es »voraus-geplant ist, d. h. auf einem vorgefaßten Entwurf beruht« (1971, S. 242). Absichtliches Handeln nennt Schütz auch »Leistung«. Auch das Vorstellen, Phantasieren und Träumen sind »Leistungen«, so sollte man jedenfalls meinen, schließlich träumt man ja tatsächlich. Allein, insofern die Trennung von Innenwelt und Außenwelt gründend für eine Theorie des Handelns ist, muß Vorstellen, Phantasieren und Träumen als etwas Innerweltliches erscheinen, das durch keinen Bezug zur Außenwelt bestimmt ist. Erst durch das Handeln, das auf etwas Äußeres wirkt, was dem Subjekt *gegenüber* (als Gegenstand, Objekt) in der Außenwelt vorhanden ist, verwirklicht sich das Subjekt. Das Ziel des Handelns erscheint so als Verwirklichung eines alltäglichen Erkenntnisstils, dem mit der Handlungserfahrung eine bloß subjektive Wissensform zur Verfügung steht. Mit dem Wirken als rational nachvollziehbarem Handeln ist die eigentliche (»wichtigste«) »Konstitution der Wirklichkeit der alltäglichen Welt« konstruiert. Diesem absichtsvollen, vorgefaßten Handeln in der Außenwelt korrespondiert eine »rational« eingestellte soziologische Wissenschaft. So kann »Wissen« als erinnerte Erfahrung als Vorform der wissenschaftlichen Begrifflichkeit fungieren.

Die Trennung von Innen- und Außenwelt ist auch leitend für die Unterscheidung »verschiedener Ebenen, auf denen sich unser Bewußtseinsleben abspielt« (Schütz 1971, S. 243). Diese Ebenen weisen einen unterschiedlichen Grad von Spannung des Bewußtseins auf, deren Pole die Handlungs- und die Traumebene bilden, – ein Abbild des innersten Innen und des äußersten Außen. Rätselhaft ist nun, wie das Bewußtseinsleben sich zum kognitiven Interesse am Leben selbst umwandelt. Erlebnis ist ja nur das, was sich *im Bewußtsein* abspielt, getrennt von dem, was in der Außenwelt geschieht. Die Wirklichkeit »außerhalb« des Bewußtseins wird dem Ich durch die Tätigkeit der Sinnesorgane vermittelt. Sie allein können die »Reize« der Außenwelt aufnehmen. »Wahrnehmen« ist dann die Grundvoraussetzung der Erkenntnis von Außenwelt. »Empfindungen« und »Vorstellungen« leiten sich davon ab. Dabei soll der Traum das geringste Interesse, Handeln das stärkste (»hell-wache«) Interesse »am Kontakt mit der Wirklichkeit« zeigen. »Attention à la vie, unsere Ausrichtung und Aufmerksamkeit auf das Leben, ist daher das grundlegende Leitprinzip unseres bewußten Lebens« (S. 243). Die durch Handeln erzielte Wirkung auf die Außenwelt wird zum Leitprinzip des bewußten Lebens. Erst der bewußte Akt des leistenden und wirkenden Selbst, nämlich in der Ausrichtung auf das Leben, bestimmt den Bereich der für uns relevanten Welt. Darin leben wir entweder »auf die Gegenstände unserer Erfahrung ausgerichtet« oder wenden uns »in reflexiver Einstellung unseren vergangenen Erfahrungen« zu (1971, S. 244). Der Begriff des »hell-wach-Seins« (Schütz) des wirkenden Selbst führt zur Definition des *kognitiven* Lebens, als darin der *pragmatisch* relevante Ausschnitt der Welt bestimmt ist. Der Begriff des Pragmatischen ist somit definiert als absichtsvolles, vorgefaßtes Handeln eines ausschließlich wissenden Lebens. Damit sehen wir genauer: »Intentional« ist ein Handeln nur in diesem Vorgriff auf jenen rationalen Erkenntnisstil, dessen Eigenschaften noch näher bestimmt werden müssen (vgl. auch Esser 1991).

Warum muß Schütz so trennscharf zwischen Handeln »als andauerndem Prozeß« und Handlung »als abgeschlossenem Ding« unterscheiden? Die Handlung gar als *Ding* zu bezeichnen, macht klar, daß hier etwas erst in der Außenwelt vorhanden sein muß, damit es dann Gegenstand des erinnernden Bewußtseins werden kann. Als Resultat des Handelns ist die Handlung Ding unter Dingen geworden. Das Handeln liegt nun sozusagen investiert in diesem Ding der Außenwelt vor. Erst als Ding, als Objekt, insofern etwas Bestandteil der Außenwelt geworden ist, kann das Subjekt erinnernd das nun ihm Gegenüberliegende als Erfahrung erfassen. Unter »Erfahrung« faßt Schütz das als festen Bestand verwahrte Wissen einer als ruhenden Gegenstand angeschauten Handlung.

Die Scheidung zwischen Innen- und Außenwelt, zwischen Subjekt und Objekt, kehrt also wieder als die zwischen Handeln und Handlung und prägt schließlich auch den Schützschen Zeitbegriff, innerhalb dessen nun strikt zwischen Erlebnis und Erinnerung geschieden werden muß. Der Zeitbegriff bei Schütz lebt völlig von der Trennung von Vergangenheit, Gegenwart und Zukunft: »Solange ich in meinem ablaufenden Handeln lebte, war das Handeln ein Bestandteil meiner lebendigen Gegenwart. Nun (nach vollbrachter Handlung, A.H.) ist jene Gegenwart zur Vergangenheit geworden, und die lebendige Erfahrung meines ablaufenden Handelns ist ersetzt worden durch meine Erinnerung an vergangenes Handeln« (1971, S. 245). Neben der Problematik, diese Trennungen auf allen Ebenen immer wieder zu begründen, besteht jene, für Übergänge zu sorgen. Exemplarisch für die Konstruktion von Übergängen ist diejenige, die dem Übergang von der inneren Zeit zur objektiven Zeit der Außenwelt zugrunde gelegt ist. Auch hier denkt Schütz nicht zunächst an die Praxis des Umgangs mit den Dingen, sondern konstruiert von der Trennung von Außen- und Innenwelt her. Das wirkende Handeln erscheint so zwangsläufig als eine *körperliche* Leistung in der *Außenwelt*. Die Trennung von Körper und Bewußtsein gehört zur Trennung der res extensa und res cogitans, wie diese seit Descartes die Bewußtseinsphilosophie prägt – Kamlah spricht an einer Stelle, den Befund treffend charakterisierend, von der »cartesianischen Entzweiung« – , so daß dem Körper alle Eigenschaften eines durch Ausdehnung und Bewegung definierten Dings der Außenwelt zugesprochen werden. Als solche physischen Dinge können sie gemessen und räumlich beliebig verortet werden. Die »Körperbewegungen« können so als etwas Gegenständliches (Schütz: »als abgeschlossenes Ding«) betrachtet und so erst Gegenstand des Bewußtseins von etwas in der Außenwelt werden. Vor allem die »Leistungen«, die aus Körperbewegungen resultieren, konstituieren die Außenwelt. Alles, was in der Alltagswelt erzeugt wird, muß nun nach beiden Seiten, nach der des inneren Erlebens als auch nach der der Bewegungen physischer Körper in einem objektiven Raum, angeschaut werden. Subjektiv erfahren werden diese Bewegungen entweder, sofern sie in der Außenwelt sind, als Ereignisse in der Raumzeit, oder, sofern sie »Bekundungen unserer Spontaneität« sind, als innere Zeit oder durée (vgl. Schütz 1971, S. 247). Der Übergang von der inneren zur objektiven Zeit, nämlich das Hinaustreten des Entwurfs aus dem Bewußtsein über den leistenden Körper in die Außenwelt, soll durch Körperbewegungen vollzogen werden. »Unser Wirken vollzieht sich in beiden Zeitdimensionen. Wir erfahren unser Wirken gleichzeitig als eine Reihe von Ereignissen in der äußeren und in der inneren Zeit« (S. 247). »Erfahren« meint bei Schütz offensichtlich etwas anderes, als ich es bislang nachgewiesen habe. Erfahren trennt sich bei Schütz in ein »Erleben«, bei dem das Bewußtsein ganz in der »lebendigen Gegenwart« verweilt und sich »als eine Einheit vergegenwärtigt« (S. 248), und in ein davon streng geschiedenes, die

Erlebnisse objektivierendes Erinnern und Reflektieren, das in der Zeitform des Vergangenen abläuft. Nun betrachtet das »Selbst«, das ist das immer nur bei sich seiende Bewußtsein, was ihm als Gegenstand in der Außenwelt erscheint: »in reflektiver Einstellung blickt es zurück auf die geleisteten Handlungen« (S. 248). So gibt es aber für dieses »Subjekt« überhaupt keinen *direkten* Zugriff auf *Praxis*, da diese zwangsläufig nur als Bewußtseinsphänomen in Erscheinung tritt. Da sich aber die Wirkungen in der Außenwelt als »abgeschlossenes Ding« aufweisen lassen, wie Schütz an anderer Stelle gesagt hat, ist dieses Blicken wohl eher ein Anstarren des Dings selbst. Mit diesem Anschauen oder Starren ist dann auch die vormalige »Einheit des Selbst« zerbrochen. Die Trennung von Innen- und Außenwelt, von Bewußtsein und Körper, schlägt auf das »Selbst« zurück, das nun gespalten zu Füßen der soziologischen Theorie liegt. »Das Selbst, das die vergangenen Handlungen ausführte, ist nicht mehr das ungeteilte ganze Selbst, sondern nur ein partielles Selbst, nämlich der in der Handlung Wirkende, in dieser bestimmten Handlung, die auf ein System von wechselseitig bezogenen Handlungen, denen diese Handlung zugeordnet ist, verweist« (S. 248).
Dieser Ausgang bei der Einsamkeit des reinen Bewußtseins, bei der Weltlosigkeit des Fühlens, Hoffens, Denkens, Erwartens usw., bei der absoluten Trennung der res cogitans von den res extensa prägt die spezifischen Antizipationen der phänomenologischen Soziologie von Alfred Schütz. Darin spiegelt sich die gesamte Wahrnehmungsproblematik der klassischen Phänomenologie, deren Überwindung zentral ist für die hermeneutischen Lehren von Wilhelm Schapp und Hans Lipps, denen ich mich anfangs zugewendet habe. Das apriorische Bewußtsein, das sich erst in den setzenden Akten die Außenwelt als das Spätere erschließt, findet in dieser sinnleeren Außenwelt immer nur das vor, was es als autonomes Subjekt in diese Welt selbst mitbringt: Es kann immer nur sich selbst betrachten! Man ist hier nicht immer schon bei den Dingen und im Mitsein mit anderen in einer bereits vertrauten Welt. Insofern jeder bei sich und verwiesen auf sein einsames Bewußtsein bleibt, läßt sich überhaupt auf einen vorweltlichen Zustand der reinen Bewußtseinsleistungen schließen.
Diese eigenartige »Autonomie« des Subjekts gegenüber der Außenwelt wird im folgenden Beispiel in seiner phänomenalen Haltlosigkeit noch deutlicher: »Im Falle einer reinen Leistung, also

etwa beim Versuch der Lösung eines mathematischen Problems, kann ich den ganzen Prozeß geistiger Arbeit einfach annullieren, wenn meine Erwartungen am Ende nicht erfüllt worden sind und ich mit dem Ergebnis unzufrieden bin. Ich kann wieder von vorn anfangen. Nichts wird sich in der Außenwelt verändert haben, keine Spur des für nichtig erklärten Vorgangs wird übrig bleiben. Jedes rein geistige Handeln kann in diesem Sinn widerrufen werden. Jedes Wirken ist dagegen unwiderruflich. Mein Wirken hat die Außenwelt verändert« (Schütz 1971, S. 249). Schütz behauptet, daß das »Selbst« von dieser reinen Leistung *selbst* auch nichts »hat«. Es weiß zwar etwas über das gescheiterte Wirken in der Außenwelt, insofern es nämlich nur am Resultat interessiert ist, aber nichts über *sich* selbst. Es gibt hier kein Bewußtsein, kein Wissen, das auch ein Wissen über und von *sich* noch wäre. Es hat selbst *keine* Erfahrungen gemacht, insofern »keine Spur (...) übrig« geblieben ist. Kann man sich aber den Mathematiker vorstellen, der mit seiner Aufgabe gescheitert ist und dabei nichts *für sich* gelernt hat? War die ganze Rechnerei etwa *sinnlos*? – Vielmehr hat er eine Enttäuschung erfahren, eine »schlechte« Erfahrung gemacht, seine Möglichkeiten falsch eingeschätzt und wird darum sicherlich nicht »den ganzen Prozeß geistiger Arbeit einfach annullieren«. Ihm ist hier sein eigenes Nicht-Können begegnend widerfahren, daß er etwas noch nicht vermag. Von einer »negativen« Erfahrung sind wir immer auch *persönlich* betroffen. Eine Enttäuschung weist auf den lebensgeschichtlichen Charakter jeder Erfahrung hin. Man *selbst* hat ja hier einen Fehler gemacht, den man jetzt bei sich suchen wird, um es beim nächsten Versuch gewiß anders, das heißt irgendwie besser zu machen. Sofern nun diese Momente der Erfahrung als »weltlos« betrachtet werden, so daß nur das (fehlende oder falsche) dingliche *Ergebnis* in der Außenwelt wahrgenommen wird, ist das Geschichtliche der Erfahrung, was wir unter Lebenserfahrung verstehen, völlig untergegangen. So kann Schütz zu einem zentralen Punkt der Erfahrung überhaupt nicht gelangen, daß der Mensch handelnd *lernt* und im Handeln *seine Möglichkeiten* kennenlernt.

Damit bin ich zu einem weiteren, hermeneutisch unhaltbaren Punkt der phänomenologischen Soziologie bei Alfred Schütz gekommen, nämlich zum unterstellten Zusammenhang von Erfahrung und Erkenntnis, der zum Begriff des »Erkenntnisstils der Alltagswelt« führt. Die Alltagswelt, so sagt Schütz, ist von Anbeginn an eine intersubjektive Welt, innerhalb dieser der Einzelne und seine Mitmenschen wirken. Was soll nun aber »von Anbeginn« heißen? Insofern das Apriori des Bewußtseins besteht, ist allein dieses das Erste. »Von Anbeginn« bezieht sich nur auf die spezifische Weise, in dieser abgeleiteten Welt des Wirkens als Körper vorhanden zu sein: nämlich als Wirkender, der zugleich durch das Wirken von Handlungen anderer bewegt wird. Dieses »Bewegen« ist in dem Sinne zu verstehen, wie ich es oben schon als Körperbewegung untersucht habe. Die »Verständigung« zwischen den Mitmenschen setzt Handlungen vom Typ des Wirkens voraus: »Um mich mit Anderen zu verständigen, muß ich offenkundige Handlungen in der Außenwelt vollziehen, die von den Anderen als Zeichen dessen, was ich vermitteln will, interpretiert werden sollen. Gesten, Sprache, Schrift usw. sind auf *Körperbewegungen* gegründet« (Schütz 1971, S. 250; Hvhg. von mir). Sprechen und Hören müssen wieder auf zwei Ebenen angesiedelt werden: als Ereignis in je einer subjektiven »lebendigen« Gegenwart und als objektiver Vorgang »in der Raumzeit der Außenwelt«. Wenn jedoch sowohl Sprecher als auch Zuhörer des Geschehens dieses in je lebendiger Gegenwart erfahren, wer macht dann überhaupt die »Erfahrung« von einem *objektiven* Vorgang? Nur wenn man den *Sprung* aus der Alltagswelt, aus der Welt überhaupt, zu einem imaginären Standpunkt des bloßen Blickens und Anstarrens (traditionell: »Anschauung«) annimmt, kommt man zu einem welt- und situationslosen Zustand der objektiven Über-Sicht.

»Der hellwache Mensch in der natürlichen Einstellung ist vor allem an dem Ausschnitt seiner Alltagswelt interessiert, der in seiner Reichweite liegt« (Schütz 1971, S. 255). Unter Reichweite versteht Schütz den Handhabungsbereich, nämlich den Bereich von Gegenständen, »die sowohl gesehen als auch gehandhabt werden, im Gegensatz zu entfernten Gegenständen, die nicht berührt werden können, sich aber trotzdem in unserem Blickfeld befinden« (S. 256). Dieser Bereich soll den »Kern der Wirklichkeit« bilden. Die »Erfahrung«, die für diesen Kern maßgebend ist, ist die von physischen Dingen, genauer: »die Erfahrung eines Widerstandes«. Wir erfahren aber doch nicht die Wirklichkeit eines Hammers im Wahrnehmen eines Widerstands. Sondern ich begegne dem Hammer, der in dieser Begegnung *in* einer Bewandtnisganzheit »auftaucht«, wie Schapp sehr schön sagt. Den Hammer wahrnehmend erkenne ich ihn wieder als Ding zum Hämmern, das ich in dieser Situation gerade brauche, um diesen Nagel in die Wand zu hauen. Als Hammer interessiert er nicht als physisches Ding mit den und den allgemeinen Eigenschaften. Vielmehr ist er mir bereits vertraut in dem spezifischen »Um-Zu« seiner konkreten Bestimmung, das ist sein maßgeblicher Wozu-Charakter. Diesem Wozu entspricht mein mich-verstehen-auf. Das sind meine Möglichkeiten.

»Wirklich« sind Dinge für Schütz im höchsten Maße, wenn ihr tatsächliches Vorhandensein im Nachweis ihrer Eigenschaften geprüft werden kann. Alles unmittelbar als wirklich Erfahrene wird so nur auf sein tatsächliches Vorkommen geprüft. Der Begriff der »Existenz«, den Schütz braucht, meint dieses bloße Vorkommen und Vorhandensein. Nur daraufhin wird untersucht, angezweifelt, gesichert, verworfen. Maßstab, oder wie Schütz mit Mead sagt: »Standardgröße«, auch für die Dinge, die außerhalb dieses unmittelbar begreifbaren Bereiches in optischer Verzerrung wahrgenommen werden, ist das Sehen und tastende Handhaben der als *physikalische Gegenstände* genommenen Dinge. Dieser Handhabungsbereich gleicht einem vorwissenschaftlichen Laboratorium, in dem wir Dinge nicht *schon* ausprobiert und aus dem praktischen Umgang mit ihnen daraufhin kennen, sondern sie mit der gleichgültigen Distanz eines laienhaften Technikers oder Archivars auf ihr bloßes und vermeintliches Vorkommen hin prüfen, auf ihre physischen Eigenschaften hin ansehen und sie wiegend, messend, zählend, ihre Farbe skalierend nur in die Hand nehmen. Sich die Situation *pragmatisch* zu erschließen, hieße demgegenüber jedoch »zu überprüfen, (...) ob wir auf der Grundlage unserer Erwartungen mit dem Gegenstand zurechtkommen. Ein solches Zurechtkommen braucht nicht durch eine besondere Anzahl von Merkmalen bestimmt zu werden, sondern zeigt sich dann, wenn wir die Lage weiter meistern« (Dreyfus 1985, S. 199). Die physisch-gegenständliche Realität erscheint bei Schütz als die eigentliche, von der her alle anderen »Wirklichkeiten« sich erklären und ableiten lassen. Damit reduziert sich die »Wirklichkeit der Dinge« auf die an ihnen vorkommende Möglichkeit, mechanisch hantierbar zu sein.

Unmittelbar wirklich ist für uns jedoch etwas, sofern es auf unsere Bedürftigkeit bezogen ist. Wir kennen die Dinge daraufhin schon irgendwie in ihrer lebenswirklichen Bedeutsamkeit für unser praktisches Umgehen mit ihnen. Umgekehrt dagegen meint Schütz: Die Wirklichkeit des alltäglichen Lebens ist eine zweifach abgeleitete: Vorausgesetzt sind die sinnsetzenden Akte des Bewußtseins, das Vorstellen von Bewußtseinsinhalten als intentionale Gegebenheiten, das Entwerfen und Vorausplanen des einsamen Ich, als das spätere Frühere gegenüber jener »Welt unseres Wirkens und unserer Körperbewegungen, des Handhabens von Gegenständen und des Umgangs mit Dingen und Menschen« (Schütz 1971, S. 256). Diese ist wiederum gesetzt als das Frühere gegenüber der Alltagswelt, insofern diese von jener objektiven Welt konstituiert ist (vgl. auch Srubar 1992, S. 159f.). »Umgang« heißt bei Schütz nichts anderes als das Feststellen der physikalischen Eigenschaften der Dinge sowie der logisch richtigen Aussageurteile bei den »Mitmenschen«. Ausgang nimmt die »Erklärung der Alltagswelt« beim erkennenden Subjekt, das erkennend die Realität in Besitz nimmt. Da der Mensch nicht nur »Bewußtsein« ist, sondern auch noch einen Körper als Ding in der Außenwelt hat, spielt sich der Prozeß der Realitätsgewinnung auf zwei Ebenen ab: auf der einen des erlebenden Ich, in seinem Innern; zum anderen in einer physischen Körperwelt objektiver Realität. Die cartesianische Entzweiung ist auf allen Ebenen aufweisbar. Als ein Resultat dieses Prozesses definiert Schütz die sogenannte »Alltagswelt«. »Reichweite« ist so letztendlich durch Maßangaben mathematisierbar. Denn sie ist immer Reichweite meines Körpers in der Außenwelt. Freilich, gemessen wird von mir aus, ich bin das »Zentrum aller Zeitperspektiven« und der »Nullpunkt meines Koordinatensystems«. Aber das Maß meines Hier und Jetzt ist nicht das »qualitative« von Nähe und Ferne, das unmittelbare Vernehmen und Erfahren der Umgangssituation, sondern das mathematische der Entfernung zwischen zwei Punkten. Entfernungen können »durch eigenes Wirken, nämlich durch Fortbewegungen, überwunden werden« (Schütz 1971, S. 256). Ich bin nicht in der Welt »gelegen« (Lipps), sondern ich nehme eine »Lage im Raum« (Schütz) ein. Ich bin nicht in meine Situation verstrickt, sondern ich fülle eine Position in einem Koordinatensystem aus. Die Bewegung eines Körpers im objektiven Raum ist dann beliebig konstruierbar. Kein Ort ist vor einem anderen bevorzugt. Der Körper kann jeden Punkt (Ort) qua Bewegung erreichen, ohne daß sich qualitativ räumlich etwas verändert hat. Lediglich die Entfernungen sind nun neu zu berechnen. »Es ist klar, daß dieses ganze System der ›Welt in meiner Reichweite‹ durch jede meiner Ortveränderungen sich wandelt; indem ich die Position meines Körpers verändere, verlagere ich den Nullpunkt meines Koordinatensystems und bereits damit alle Bezugsgrößen dieses Systems« (S. 257). »Hier« und »dort« sind im objektiven Raum bestimmbare Positionen und damit austauschbar. Reichweite und Handhabungsbereich verweisen nicht auf mein Können und auf dein Können, auf meine Situation und auf deine Situation, auf meine Erfahrungen und auf deine Erfahrungen, sondern sind zufällige Stellen im Raum, die durch Bewegung auch einfach verlassen werden können (vgl. S. 258 f.). Aber wer ist so naiv zu glauben, daß er durch Platztausch mit dem anderen an seinem Ort nun auch den Handhabungsbereich des anderen besitze oder irgendwie erfüllen könnte?

Die Welt des Wirkens wird von Schütz als die »ausgezeichnete Wirklichkeit« definiert. »Wirken« heißt, nach Entwurf und Plan etwas herstellen, produzieren. Handeln ist gleichsam die Verrichtung einer Handlung aufgrund einer vorgängigen Erkenntnis. Es gibt dabei kein Ausprobieren von Möglichkeiten, kein durch Zufall ans Licht gebrachtes Entdecken und Interpretieren. Die Dinge, mit denen man umgänglich hantiert, aber auch die darin eingebrachten eigenen Fähigkeiten können von sich her nichts zeigen, das handelnd dann ausgelegt wird. Für Schütz hingegen ist das »Erleben« spontan, das heißt subjektiv und muß von der Analyse unberücksichtigt bleiben. Nur das Ziel, nämlich einen vorgefaßten Plan zu verwirklichen, interessiert in dieser Welt des Wirkens. Es gibt nur Erfolg oder Mißerfolg. Nur das Ergebnis, die Handlung als in der Außenwelt vorliegendes Ding kann gemessen und gewogen werden. Das Handeln ist einzig aus auf Veränderung in der Außenwelt. Die Welt des Wirkens »ist die Welt der physischen Dinge und schließt als solche meinen Körper mit ein; sie ist der Bereich meiner Fortbewegungen und meiner körperlichen Tätigkeiten; sie stellt mir Hindernisse in den Weg, die ich zu überwinden mich anstrenge; sie stellt mir Aufgaben, erlaubt mir, meine Pläne durchzuführen und ermöglicht es, im Versuch, meine Absichten zu verwirklichen, zu bestehen oder zu scheitern. Durch mein Wirken schalte ich mich in die Außenwelt ein und verändere sie« (S. 260).

Um zu wirken, verläßt der Mensch das Gehäuse seines einsamen Bewußtseins, indem die in Bewegung gesetzte Körpermaschine wie ein Roboter die zuvor implantierten Befehle ausführt. In der Außenwelt trifft man auf die anderen Roboter mit ihren Anweisungen. Je nachdem, wie diese Körper agieren und reagieren, ergeben sich Kommunikation oder Streit. Wieder sind es Körperbewegungen, die als Zeichen gedeutet werden, die den objektiven Raum erfüllen. »Die Welt des Wirkens (ist) für unsere natürliche Einstellung zuvörderst (...) ein zu beherrschender Raum« (S. 261). Erst in diesem Zusammentreffen der Körper in der Außenwelt setzt das Problem der sogenannten »Intersubjektivität« ein.

Die Wirklichkeit besteht aus vielen sogenannten »geschlossenen Sinnbereichen«. Die Alltagswelt erscheint in diesem Universum als das »oberste oder ausgezeichnete« »sub-universum« (vgl. Schütz 1971, S. 264). Wie stellt sich Schütz den Aufbau dieses Sinnbereichs vor? Zunächst, es ist der »Sinn unserer Erfahrungen«, der diese Wirklichkeit der Alltagswelt konstituiert. »Erfahrung«, so wissen wir schon, ist die »Erfahrung« der vergangenen Handlung als abgeschlossenes Ding. Der durchschaute Zusammenhang von Handlungs-Entwurf und Handlungs-Ergebnis weist einen »spezifischen Erkenntnisstil« (Schütz) auf. Dieser Erkenntnisstil besitzt das Signum des *Erfolgs*. Dadurch oder daraufhin besitzt dieser Sinnbereich erst seinen »Wirklichkeitsakzent« (Schütz). In der Gegenüberstellung von Entwurf und Ergebnis, in der sich nur der Sinn unserer »Erfahrungen« aussprechen läßt, ist, so Schütz, immer schon ein *Vorgriff auf Erkenntnis* unternommen. Anders ausgedrückt: Die Wirkwelt des Alltags wird erfahren, »einmal als Kausalität der Motive, zum anderen als Teleologie der Zwecke« (S. 261). »Erfahrung« schließt so immer mit dem *Wissen* des Erfolgs oder Mißerfolgs ab. Sie ist einzig an diesem Resultat des »Gewinns« orientiert. »Intentionalität« des Wirkens heißt dann: »den entworfenen Sachverhalt vermittels körperlicher Bewegungen in der Außenwelt herbeizuführen« (S. 265). »Intentionaliät« ist so nichts anderes als das *Vorstellen* einzutreffender Erfolge, wenn nur dieser Plan so und so verwirklicht, das heißt in der Außenwelt ausgeführt wird. Das *Handeln* selbst ist nicht »intentional«; »intentional« ist nur die Vorstellung der (zukünftigen) Handlung. In diesem sogenannten Alltags-*Wissen* ist »Erfahrung« umgesetzt als spezifischer Erkenntnisstil des hell-wach-Seins in der völligen Anschauung vorgeplanter Handlungen in der Außenwelt.

Auch die Wissenschaft bildet in den Augen von Schütz einen geschlossenen Sinnbereich. Will die Welt des Alltags die Wirklichkeit beherrschen, so geht es in der Welt der wissenschaftlichen Theorie darum, die soziale Welt zu beobachten und zu verstehen. Die Entzweiung des Wissenschaftlers ergibt sich aus der bekannten Trennung von Innen- und Außenwelt. Das Handeln des Wissenschaftlers, sein Denken und Theoretisieren, »schaltet sich nicht in die Außenwelt ein« (S. 283). Schütz leugnet den Zusammenhang zwischen Umgangserfahrungen, womit ich keine bloßen Verrichtungen und Handhabungen von Instrumenten (techne) meine, die Schütz benennt, und dem Verfassen von Theorien. Er glaubt mühelos unterscheiden zu können zwischen Bedingungen und Folgen der Theoriebildung, die als sogenannte »Wirkhandlungen« in der Außenwelt vollzogen werden, und dem theoriebildenden Denken in der weltlosen Studierstube. Aber auch der Soziologe muß sich verhalten wie einer, dem ein Fall zur Beurteilung vorgelegt wird. Es ist sein Urteil, nach dem gefragt wird. Der Soziologe ist schließlich selbst in die *Praxis* des Theoretisierens involviert. Er kommt nicht ohne sein praktisches Wissen aus, will er theoretische Begriffe fallweise anwenden, um so seine Situation zu beschließen. Er muß sich an einem ihm vorgelegten Fall immer auch praktisch-menschlich bewähren. Wäre sich der Wissenschaftler nicht jederzeit seiner Umgangserfahrungen gewiß, so könnte er auch niemals etwa mathematische Theorien verfassen. Theorien machen doch nur das ausdrücklich, was in der Umgangserfahrung schon »implizit« vernommen ist. So fragt Wilhelm Kamlah, im welchem Sinne der Mathematiker Erfahrungen mache: »Man denke sich einen Menschen, der bei der Gartenarbeit mit zwei Pflöcken und einer Schnur hantiert. Er hat die Erfahrung gemacht, daß er mit einer gespannten Schnur ›gerade‹ Wege und Beete anlegen kann. Erst bei dem alexandrinischen Mathematiker Heron wird die Gerade definiert als die kürzeste der Linien, die zwei gegebene Punkte als Grenzen haben. Aber diese Definition expliziert doch nur, was auch jener Gärtner schon erfahren hat: ›Kürzer geht es nicht.‹ Im hantierenden Handeln stellt er eine Gerade her als ein räumliches Gebilde, dessen extreme Möglichkeit genau an der Unmöglichkeit begrenzt und so präzise bestimmt wird. Hantierend ›weiß‹ er schon, was Heron ausdrücklich weiß« (Kamlah 1949, S. 70). Die Erfahrung dieses Gärtners am Einzelfall – was sich ihm hantierend-probierend gezeigt hat – hat auch jener Mathematiker schon eingesehen. Die

Theorie ist deshalb nicht selbständig und erfindend, sondern sie nimmt das explizierend und interpretierend hin, was sich von Natur her zeigt. Mit anderen Worten: Sie ist stets *Erkenntnis von Erkanntem.* »Nur weil die Theoria in jeder menschlichen Beschäftigung, wenn auch den Betreffenden verborgen, mitwirkt, ist es möglich, daß Einzelne ihr ganzes Leben der reinen Theorie widmen« (Szilasi 1946, S. 156).
Wir müssen nun klar sehen, daß das, was Schütz den »Sprung« in die Einstellung des Wissenschaftlers nennt, der Sprung in eine bestimmte »*Methode*« ist, die den Wissenschaftler außerhalb der Welt der Praxis landen läßt. Der »Sprung« in die theoretische Einstellung ist der Sprung aus »seiner physischen Existenz« und deren Orientierungssystem (S. 286). Eingeklammert und ausgeschaltet wird nun der gesamte Bereich der sogenannten »subjektiven Einstellung in der Alltagswelt«. Warum? Weil Schütz der sogenannten »Subjektivität« mißtraut, da sie angeblich Resultat der sogenannten »sinnlichen Wahrnehmung« ist. Deshalb erhält dieser »geschlossene Sinnbereich« der theoretischen Welt einen eigenen *Erkenntnisstil*, der die Allgemeingültigkeit und Objektivität der wissenschaftlichen Aussagen und Urteile sichern soll. Damit ergibt sich letztlich folgendes »Verhältnis« zwischen dem Erkenntnisstil der Alltagswelt und dem der wissenschaftlichen Welt. Der Erkenntnisstil der Wissenschaft »(verlangt) die Überführung *verworrenen vor-wissenschaftlichen Denkens* auf eine höhere Stufe der Deutlichkeit durch Auslegung seiner verborgenen Implikationen« (S. 289; Hvhg. von mir). Damit ist eine bestimmte Beziehung zwischen beiden »Welten« arrangiert, nämlich: daß das zeitliche »Vor-sein« der Alltagswelt als wahrheitslogisches »Zurück-sein« gegenüber der wissenschaftlichen Welt begriffen wird. Die alltäglichen »Wahrheiten« und »Erkenntnisse« werden als notwendig verworren bleibende Vorstufe der eigentlichen, der wissenschaftlichen Wahrheit und Erkenntnis genommen. Erfahrung erscheint in Erkenntnis erst »aufgehoben« zu sein. Erst der wissenschaftliche Begriff schafft wahre Deutlichkeit, was die sogenannte sinnliche Wahrnehmung nur verzerrt zur Kenntnis nehmen kann. Dieses Höherstufen der Erfahrung durch Erkenntnis setzt voraus, daß das Alltagshandeln eigentlich nur zu einer defizitären Wahrheit gelangen kann. – Aber Erkenntnis ist gar kein *primäres* Verhältnis zu den Dingen. Deshalb ist es widersinnig, den »vorwissenschaftlichen Erkenntnisstil« der Erfahrung

vom wissenschaftlichen Erkenntnisstil her bestimmen zu wollen. Erfahrung ist Umgangserfahrung, die nicht von der Situation des Erfahrenen losgelöst werden kann. Als Umgangserfahrung ist sie »nicht auf das Begreifen, sondern auf praktische Möglichkeiten des Zurechtkommens mit den Dingen bezogen« (Buck 1989, S. 81). Es sind aber immer je eines Möglichkeiten, die situativ sich verwirklichen oder scheitern, so daß die Enttäuschung mehr noch als das Gelingen einen klüger macht als zuvor. Aber nicht die Erfahrung als solche wird einem scheiternd bewußt, sondern man wird sich seiner selbst bewußt.

Sinnverstehen, Motivverstehen, den anderen verstehen – darin verschränkt sich die ganze »verstehende Soziologie«, ihre Theorie und Methodologie, seit Max Weber. Im Alltag helfen uns *Konstruktionen*, sagt Schütz. Diese Konstruktionen oder »gedanklichen Gegenstände« bedürfen des hell-wachen Beobachters, der sein Wissen in Typisierungen ummünzt, die ihm als Muster dienen, den anderen nicht eigentlich als Mitmenschen, sondern als Muster oder Exemplar der Gattung Mensch zu »verstehen«. Erst vor dem Hintergrund des Wissens des allgemeinen Typs oder Begriffs kann ich mich auf bestimmte Eigenschaften, die gerade interessieren, beschränken und den allgemeinen Begriff abblenden. Damit kann die Phänomenologie das situativ und pragmatisch Wesentliche der Umgangserfahrung nicht in den Blick bekommen. Schon das »Allgemeine« ist *hermeneutisch* nichts, was mit einem allgemeinen Begriff der Gattung einfach zusammenfiele. Denn dann ist gerade gegen das situativ Wesentliche abstrahiert, das im Vollzug der Konzeption gewonnen werden soll, insofern der einzelne Fall oder konkrete Typus nicht unter einen vorstellungsmäßigen Begriff wie Gattung subsumiert wird. Aber als »allgemein« nehmen wir etwas im Umgang mit den Dingen aufgrund unserer Erfahrungen, insofern ich mich schon darauf verstehe, daß etwas in verschiedenen Bedeutungen begegnen kann. *Erfahrung*, und dies kann nicht deutlich genug gegenüber der phänomenologischen *Wissenssoziologie* betont werden, ist in erster Linie kein Wissen, sondern ein *Können*. Erfahrung ist weder ein Wissen *von* einem Gegenstand noch selbst *als* etwas Gegenständliches wißbar. Ist der Mensch in seiner Alltagswelt zu Hause, lebt er in und aus ihr als seinem »Element«, dann bedeutet diese seine Erfahrung die »vollkommene Eingepaßtheit des Menschen in einem Medium, in dem er sich mit Sicherheit bewegt.

(...) Seine Erfahrung ist ihm, weil sie zum Können geworden ist, gar nicht im Wissen gegenwärtig« (Bollnow 1970, S. 136). Insofern aber Schütz in den »subjektiven Typisierungen« einen Vorgriff auf ein »allgemeines Konstruktionsprinzip für Typen« unterstellt, muß eine Soziologie, so sie sich anschickt, die »Erfahrung des Menschen, der seinen Alltag in der Sozialwelt lebt, zu untersuchen« (Schütz 1953, S. 39), ihrerseits zu Konstruktionen greifen. Schon das alltagsweltliche »Verstehen«, da es auf der Konstruktion von Typen beruhen soll, begreift Schütz als aufwendiges logisches Schlußverfahren (vgl. auch Esser 1991). »Im Entwerfen meiner Frage nehme ich an, daß der Andere mein Handeln als Frage verstehen wird (...), und ich nehme an, daß sein Verstehen ihn veranlaßt, so zu handeln, daß ich sein Verhalten als eine angemessene Antwort verstehen kann« (1953, S. 26).

Ich kann mich, so Schütz, ebenso wie den anderen nur durch Typisierungen erfahren. Jedes Handeln, jedes Fremd- und Selbst»verstehen« wird aus einem Wissensvorrat von allgemeinen Typen abgeleitet, so daß der besondere Fall als Fall eines Typus erscheint. »Unser Beispiel zeigt, daß selbst die einfachste Wirkensbeziehung im täglichen Leben *eine Folge von* Konstruktionen des Alltagsdenkens voraussetzt« (1953, S. 26; Hvhg. von mir). Das heißt, »verstehen« ist immer schon aus auf rationales Erklären, muß aber, da man subjektiv intentional auf die eigenen Bewußtseinsvorstellungen (Wissensvorrat) gerichtet ist, wissenschaftlich unbefriedigend bleiben. Die Typisierungen des Alltagsdenkens sind deshalb als »Idealisierungen« aufzufassen. Wenn das Bewußtsein, hier das Wissen der Typen, immer das erste ist und das Wirken und Handeln eine Folge davon und das »Verstehen« erst einsetzt, wenn es überhaupt etwas zu verstehen gibt, das heißt schon gehandelt *wurde*, dann stellt sich freilich die gar nicht naive Frage, woher das Bewußtsein sein Wissen nimmt, wie es zu diesem Wissen gekommen ist. Dieses sogenannte »Verstehen« begreift Schütz also als Vorform des wissenschaftlichen Erkennens. »Die gedanklichen Gegenstände, die von Sozialwissenschaftlern gebildet werden, beziehen und gründen sich auf gedankliche Gegenstände, die im Verständnis des im Alltag unter seinen Mitmenschen lebenden Menschen gebildet werden. Die Konstruktionen, die der Sozialwissenschaftler benutzt, sind daher sozusagen Konstruktionen zweiten Grades: Es sind Konstruktionen, die im Sozialfeld von den Handelnden gebildet werden, deren Verhalten der Wissenschaftler beobachtet und in Übereinstimmung mit den Verfahrensregeln seiner Wissenschaft zu erklären versucht« (Schütz 1953, S. 6f.). Aber wir verstehen den anderen nicht aufgrund irgendeiner *Methode* oder durch eine *Konstruktion* von gedanklichen Gegenständen. Wir leben immer schon in dieser Welt mit anderen und bei den Dingen. Unser Denken, Fühlen und Handeln ist ursprünglich in die Wirklichkeit unserer Welt verstrickt. Verstehen ist die Grunderfahrung des Vernehmens und Hinnehmens der Welt, so wie sie sich von ihr her bezogen auf unsere Bedürftigkeit und unser Orientiertsein uns zeigt. Das Verstehen kann somit nicht von einem Begriff wissenschaftlicher Erkenntnis her erklärt werden.

Der Sozialwissenschaftler, der die Alltagswelt ergründen will, steht also vor dem Problem, eine Vorstellung der Alltagswelt zu bekommen, gereinigt jedoch von den subjektiven Wahrnehmungen. Dies spitzt sich für Schütz zu zur Frage: »Wie kann der Mensch in seiner vollen Menschlichkeit, wie können die sozialen Beziehungen, die ihn (den Sozialwissenschaftler, A.H.) mit anderen Menschen verbinden, durch theoretisches Denken erfaßt werden?« (Schütz 1971, S. 293) Er kann eine Vorstellung nur gewinnen, wenn er sich an sein Leben in der Alltagswelt und die dort gemachten Erfahrungen erinnert. Dieses Problem soll die sozialwissenschaftliche Methode überwinden, indem sie den »Sprung« zwischen Beobachterstatus in der Alltagswelt und Theoretikerstatus außerhalb dieser Welt gestattet. Der Sprung in die wissenschaftliche Begrifflichkeit ist zugleich der Absprung von der »intersubjektiven Lebenswelt« (Schütz) in ein Methodenuniversum, in dem die soziale Mit-Welt durch ein Modell ersetzt wurde. Dieses Modell ist besetzt »mit marionettenhaften Figuren, mit Typen; diese sind so konstruiert, als ob sie handeln und wirken könnten« (S. 294). Den Konstruktionsplan dieser Figuren hat die »Methodologie der Sozialwissenschaften« beigesteuert. Es ist also dieses welt- und leblose Modell, mithin dieser vorstellungsmäßige Begriff einer Alltags- und Sozialwelt, nicht die Alltagswelt selbst, die den theoretischen Gegenstand der Sozialwissenschaften abgibt (vgl. S. 294). Der Wissenschaftler ist also »intentional« auf die alltägliche Welt nur über einen methodischen Umweg gerichtet, insofern er auf eine künstliche *Vorstellung* von dieser Welt, darin nun alle Seinsentwürfe der phänomenologischen Soziologie antizipiert sind, in seinem Denken und Handeln bezogen ist.

1.2 Interpretative Soziologie (Anthony Giddens)

Der englische Soziologe Anthony Giddens hat in den beiden Büchern *Interpretative Soziologie* (Giddens 1984) und *Die Konstitution der Gesellschaft* (Giddens 1989) seine Soziologie in Beziehung zur phänomenologischen und hermeneutischen Philosophie und den daraus hervorgegangenen Soziologien gestellt, ohne freilich seine »Theorie der Strukturierung« als eine Spielart der Hermeneutik oder der interpretativen Soziologie verorten zu wollen. Er hat dabei in erster Linie Alfred Schütz als das entscheidende Bindeglied zwischen den Lehren Husserls und der empirisch arbeitenden phänomenologischen Soziologie herausgestellt. Giddens unterscheidet in seinen Ausführungen nicht zwischen interpretativen, phänomenologischen und hermeneutischen Programmen oder Inhalten. Allenfalls läßt sich sagen, daß einerseits von Phänomenologie und Hermeneutik eher in bezug auf die Philosophie und andererseits von der interpretativen Soziologie gehandelt wird. Mein Interesse gilt Giddens' Verständnis von Handeln und Wissen.

Giddens' Diskussion der genannten philosophischen Strömungen wird durch eine Ausgangsthese vorgegriffen, von der aus nach dem Potential interpretativer Wissenschaften gefragt wird: »Die Gesellschaftstheorie muß Handeln als rational erklärbares Verhalten betrachten, das von den Handelnden reflexiv organisiert wird; die Bedeutung der Sprache als Medium, wodurch dies erst möglich gemacht wird, ist dabei zu berücksichtigen« (Giddens 1984, S. 8). Damit ist das Verhältnis von Handeln und Wissen in den Mittelpunkt der Soziologie gerückt. Ohne zu kommentieren, muß schon hier darauf aufmerksam gemacht werden, daß – in deutlicher Anlehnung an Webers Verständnis – »Handeln als rational erklärbares Verhalten« definiert wird. »Sprache« wird dabei als das *Mittel* ausgelegt, dieses Verhalten überhaupt »reflexiv« organisieren zu können. Die *Bedeutung* der Sprache liegt in ihrer Reflexivität, insofern sie Handeln als rational erklärbares Verhalten organisiert, das heißt überhaupt erst ermöglicht. Phänomenologie und Hermeneutik, so Giddens, haben entscheidend dazu beigetragen, daß sich die Sozialtheorie gerade den Phänomenen Sprache und Sinnverstehen zuwenden muß (vgl. Giddens 1989, S. 29). Mit der Konzeptualisierung der Bewußtheit menschlicher Akteure und deren Verknüpfung mit dem Handeln sind auch die

Felder benannt, bei deren Thematisierung sich Giddens Anleihen bei der interpretativen Soziologie, vor allem der Phänomenologie, nehmen will.

Die hermeneutische Aufgabe der Sozialtheorie sieht Giddens in der Bereitstellung soziologischer Begriffe, anhand derer analysiert werden kann, »was Handelnde über die Gründe ihres Handelns wissen, insbesondere von Fällen, in denen sie sich nicht (diskursiv) bewußt sind, daß sie die Gründe kennen, oder wo den Handelnden in anderen Kontexten ein solches Bewußtsein fehlt« (Giddens 1989, S. 33). Ein »bestimmtes« Wissen steht den Handelnden immer schon zur Verfügung, ohne daß Giddens die dieses Wissen ermöglichende und charakterisierende »Herkunft« darstellen könnte. Da die Gesellschaft, im Gegensatz zur Natur, ein menschliches Produkt ist, das auf den Fähigkeiten und Leistungen ihrer Mitglieder beruht, muß »jedes (kompetente) Gesellschaftsmitglied ein praktischer Gesellschaftstheoretiker« (Giddens 1984, S. 16) sein. Wenn sich Gesellschaftsmitglieder begegnen, wenden sie ungezwungen und routinemäßig dieses Wissen und diese Theorien an. Ohne den Rückgriff auf diese praktischen Ressourcen sind gesellschaftliche Kontakte zwischen Individuen wie zwischen Institutionen undenkbar. Die Quelle des »gegenseitigen Wissens« (mutual knowledge) ist vom Sozialforscher hinzunehmen, ja, in gewissem Sinne von ihm selbst zu beherrschen. Derjenige, der menschliche Handlungen beschreiben will, muß mit den entsprechenden Lebensformen, in die jene Handlungen hineingehören, vertraut sein (Giddens 1989, S. 53).

Giddens ist der Ansicht, daß sich das *Wissen* der Alltagsmenschen in die gleiche Richtung bewegt wie dasjenige, was den Sozialwissenschaftler an diesem Wissen interessiert. Damit wird dem sogenannten Alltagswissen eine Hinsicht unterstellt, welcher der Soziologe in der Definition seines theoretischen Interesses schon vorgegriffen hat. Die soziologische Begründung dafür, etwas zu untersuchen, was man schon weiß, wird durch die Hypothese bereitgestellt, daß jenes Alltagsbewußtsein sein Wissen nicht selbst aussprechen kann, das heißt, daß es nicht »diskursiv formuliert« werden kann (vgl. Giddens 1989, S. 46 und 48). Verglichen mit den soziologischen Spezialisten und Experten muß der Alltagsmensch als »handelnder Laie« betrachtet werden (vgl. Giddens 1989, S. 47). Damit qualifiziert Giddens seine phänomenologisch und hermeneutisch belehrte Soziologie als quasi »aufdeckende« Soziologie. Aufgedeckt werden soll nämlich an der sogenannten vorwissenschaftlichen Bewußtheit das, was der Soziologe *theoretisch* bereits weiß. In der Theorie ist ihm immer schon klar, was er finden wird. Ihn kann also nichts eigentlich überraschen.

Im Glossar seines Buchs von 1989 steht unter der Überschrift »Gemeinsames Wissen« (mutual knowledge) eine Definition, die offensichtlich ein »Wissen« meint, das jedem Menschen, da er natürlicherweise in einer Lebensform lebt, zur Verfügung steht, insofern er sich in ihr auszukennen hat: »Das Wissen, um sich in Lebensformen ›zurechtfinden zu können‹, wie es von Laien und sozialwissenschaftlichen Beobachtern geteilt wird« (Giddens 1989, S. 430). Wenn dies so gemeint sein soll, dann ist völlig unverständlich, warum Giddens (auch hier) zwischen »Laien« und »sozialwissenschaftlichen Beobachtern« unterscheidet. Denn in *seiner* Lebensform ist jeder *Experte* (und nicht »Laie«) des in ihr Sich-Zurechtfindens. Und der Sozialwissenschaftler »beobachtet« ja auch nicht *seine* Lebensform, sondern er *lebt* in ihr. Also meint Giddens wohl doch das aus Beobachtung resultierende Wissen *fremder* Lebensformen. Warum aber die Menschen, deren Wissen nicht aus außenstehender Beobachtung, sondern aus Erfahrung im Umgang mit ihrer Lebensform resultiert, als Laien in bezug auf ihr Wissen tituliert werden, macht keinen hermeneutischen Sinn. Auf was also bezogen gelten die Menschen als »Laien«, wenn nicht auf die Theorien der Soziologen, mithin auf die soziologischen Auslegungen dieses vorwissenschaftlichen Wissens?!

Neben der Rede von »Wissen« taucht bei Giddens der Begriff Bewußtsein in verschiedenen Varianten auf. Da ist zunächst die zentrale These, daß große Teile des »in Begegnungen inkorporierte(n) gemeinsame(n) Wissen(s) (...) dem Bewußtsein der Akteure nicht direkt zugänglich« seien (1989, S. 55). Was Giddens jedoch unter »Begegnung« versteht, ist nirgends gezeigt. Wir erfahren lediglich, daß sich Begegnungen »normalerweise« als Routinen vollziehen. Den Unterscheidungen im Begriff des Wissens korrespondieren diejenigen zwischen einem praktischen, das heißt nicht bewußten, und einem diskursiven Bewußtsein. Im Grunde trennt sich das, was gesagt werden kann, von dem, »was charakteristischerweise schlicht getan wird« (1989, S. 57). Ob damit eine sinnvolle Unterscheidung getroffen wurde bzw. ob eine Unterscheidung damit überhaupt ausreichend begründet werden kann, bleibt noch dahingestellt. Drittens spricht Giddens vom Unbewußten als einem Wissen, das »entweder gänzlich aus dem Bewußtsein verdrängt« ist »oder im Bewußtsein nur in verzerrter Form« erscheint (1989, S. 55). Damit sind unbewußte Motive und »Wahrnehmungen« gemeint, die der Alltagsmensch nicht im Griff hat, die aber »unbewußt« sein Handeln steuern. Darauf wird noch zurückzukommen sein.

Wie macht Giddens verständlich, was Handeln, wie, was »intentional« heißen soll? Freilich, er bringt »Beispiele« vor. Aber inwiefern drückt sich in ihnen situativer mitweltlicher Sinn aus? Inwiefern veranschaulichen sie Umgangsbegriffe? Was leisten sie also für das soziologische Verständnis? »Ein Individuum knipst einen Schalter an, um ein Zimmer zu erleuchten. Obwohl dies intentional ist, ist das Faktum, daß das Anmachen des Schalters einen Dieb aufschreckt, es nicht. Angenommen, der Dieb flüchtet auf die Straße, wird von einem Polizisten gefangen und verbringt nach einem ordentlichen Prozeß ein Jahr im Gefängnis, weil er des Einbruchs überführt wurde (...)« (Giddens 1989, S. 60). Welches Verhältnis von Erfahrung und Begriff leitet hier das Beispielgeben? Was leistet der Beispielgebrauch für das Verstehen? Bei Giddens führt der Weg von der Theorie zum Beispiel. Damit haben seine Beispiele eine bestimmte Funktion: Sie sollen eine Theorie erläutern. Giddens' Beispiele können nur insofern ihre Funktion erfüllen, das Verhältnis von Regel (Begriff) und Fall (Beispiel) zu interpretieren, als sie schon vorweg durch das *Allgemeine* dieser Regel verstanden wurden. Das Beispiel bringt Giddens nicht auf etwas, was ihm vorher noch nicht bewußt war. Nur weil der Fall schon vorgängig als *Fall dieses Begriffs* bestimmt wurde, kann er hier als Beispiel fungieren. Aus ihm läßt sich wie aus einem »Schulbeispiel« nur das ablesen, was zuvor *ausdrücklich* in es eingeschrieben wurde. Das Beispiel ist hier nur der Nachtrag zur vorgängigen Verständigung über den allgemeinen Begriff. »Schulbeispiele« sind aber keine *Erfahrungsbeispiele*. Die Faktizität von Erfahrungsbeispielen ist nicht hintergehbar. Ihr Gebrauch und ihr Verstehen ist geradezu darauf angewiesen, auf das Besondere der Handlungssituation Rücksicht zu nehmen. Giddens will auf das Allgemeine einer »Situation« hinaus, nicht auf das einer unvertauschbaren Situation Angemessene. Mit einem Schulbeispiel wird erst gar keine Erfahrung aufgegriffen, in der sich eine Hinsicht darstellt. Es konstruiert vielmehr unter dem methodischen Grundgedanken der Gegenüberstellung von »Intentionalität« und »Handlungsfolgen« den »reinen Fall« eines Gesetzesbegriffs, der einen Begriff sozusagen theoretisch darstellt und so verständlich machen soll. Eine interpretative, hermeneutische Soziologie will indes durch das gegebene Beispiel erst zur Einsicht des in ihm offenbarten Prinzips hingeführt werden. Denn das Allgemeine ist ja Prinzip dieses praktischen Einzelfalls und deshalb dem Erfahrungsbeispiel selbst schon unausdrücklich immanent. Im Beispiel wird ein Phänomen aufgegriffen, in dem selbst schon etwas vorgängig verstanden und erkannt ist. Eine am Beispiel orientierte Erkenntnis kann eine alltagsweltliche Einsicht nicht übertreffen, sondern nur ausdrücklich machen. Günther Buck spricht von »der *ausdrücklichen Wiederholung* eines Verständnisses, das in der sittlichen Praxis (...) immer schon am Werk ist« (Buck 1967, S. 156; Hvhbg. von mir).

Welche Funktion haben solche »Schulbeispiele«? Sie stellen die »Eigenschaften« eines soziologischen Begriffs heraus, der dann als »Gegenstand« oder »Tatsache« einer entworfenen soziologischen Welt gilt. Giddens' »Beispiele« dienen der Darstellung eines Begriffs und nicht der Verständigung über eine soziale Praxis. Soziologie, die sich als empirisch-interpretative Wissenschaft vom Alltagshandeln und -wissen versteht, muß indes Beispiele vorbringen, die in eine Praxis versetzen, *von der aus* der Soziologe erst in die Lage kommt, seine Begriffe zu bilden. Nicht von einem Begriff her, sondern auf den Begriff hin sind Erfahrungsbeispiele zu interpretieren. Giddens konstruiert Beispiele als »Fälle«, die unter eine bestimmte Theorie subsumiert werden, über die man schon verfügt. Sie sind nicht geeignet, dem Leser eine soziale Praxis zu veranschaulichen; sie können nichts *von sich aus* zeigen: »Angenommen (!), ein Individuum A wäre ein boshafter Schelm und spielte einen Streich, indem es die Tasse in einem solchen Winkel auf eine Untertasse stellt, daß das Verschütten beim Hochnehmen sehr wahrscheinlich wird. Ein Individuum B greift nach der Tasse und verschüttet, wie erwartet, den Kaffee. Es wäre richtig zu sagen, daß A dieses Resultat herbeigeführt oder zumindest dazu beigetragen hat. Aber nicht A hat den Kaffee verschüttet, sondern B. Das Individuum B, das nicht beabsichtigt hat, den Kaffee zu verschütten, verschüttet ihn; das Individuum A, das beabsichtigte, daß der Kaffee verschüttet werden sollte, hat ihn nicht verschüttet« (Giddens 1989, S. 60).

Die Phänomenologie will zu den Sachen selbst. Sie will diese unverstellt von Theorien. Sie will sie in ihrer »alltäglichen« Ursprünglichkeit vernehmen. Die Angemessenheit der soziologischen Methodologie liegt ja nicht in der Erfindung so und so konstruierter Unwahrscheinlichkeiten, mit denen es dann dem Soziologen leicht fällt, seine Theorie zu exemplifizieren, sondern in der Plausibilität eines Verfahrens, durch eine mitgeteilte Geschichte in die sinnleitende Hinsicht einer Erfahrung versetzt zu werden. Nämlich soziologisch zu interpretieren, wie in dem vorgelegten Fall »Prinzip« und »Sache« zueinander stehen, wie Hinsichten durch ein treffendes Beispiel veranschaulicht werden können. Was »Intentionalität«, »Absicht«, »unbeabsichtigt« usw. *jeweils* heißen, läßt sich nicht vorab durch eine allgemeine Theorie der Intentionalität o.ä. bereitstellen. Nur die Konkretion eines treffenden Beispiels versetzt in die sinnleitende Hinsicht des mitgeteilten Falls. Wir verstehen dann den Sinn des Mitgeteilten, indem wir die Verwendung von Worten (»Begriffen«) mit einem Schlag erfassen. Was wir an dem uns gegebenen Beispiel erfassen, ist weder etwas Allgemeingültiges noch etwas Beständiges, sondern die Bedeutung einer Hinsicht in ihrer aktuellen Verwendung, im situativen Gebrauch.

Den für die Phänomenologie Husserls bedeutenden Begriff der »Intentionaliät« übersetzt Giddens in ein Handlungsschema, in dem ein Verhalten als Handlung gelten soll, das als solches beabsichtigt sein muß (vgl. Giddens 1989, S. 58f.). »Intentio« heißt wörtlich: Sich-richten-auf. In der Tat ist es eine zentrale Errungenschaft der Phänomenologie, gezeigt zu haben, daß jedes Verhalten sich auf etwas richtet. Vorstellen ist ein Vorstellen von etwas, Urteilen ist ein Urteilen über etwas, Hoffen ist Hoffen auf etwas usw. Jedes Verhalten, es ist also nicht nur vom engeren Bereich des sozialen Handelns die Rede, jedes Verhalten ist ein Sich-richten-auf. Schon das alltägliche konkrete Wahrnehmen richtet sich auf etwas. Die Wahrnehmung eines Stuhls, der mir beim Betreten des Zimmers im Wege steht und den ich deshalb beiseite stelle, beschreibt ein solches Verhalten. Daß dieser Stuhl mir im Wege steht, macht seine Bedeutung für meinen Umgang mit ihm aus. Diese alltäglichen Wahrnehmungen geschehen freilich eher beiläufig. Ich muß nicht erst den Stuhl anstarren und eingehend betrachten, um ihn dann beiseite zu nehmen. Inmitten meiner Umwelt ist mir die Welt, zu der selbstverständlich Dinge wie Stühle, die auch mal im Wege stehen können, gehören, vertraut. So geht das alltägliche Wahrnehmen auf in einem praktischen Umgehen mit den Dingen. Hier spielt also Giddens' Unterscheidung von intentional = absichtsvoll = bewußt und nicht-intentional = unbeabsichtigt = unbewußt überhaupt nicht in den phänomenal aufweisbaren Befund des Sich-richtens-auf hinein! Die Wahrnehmung ist nicht in dem Sinne eigenständig, daß ich wahrnehme, um wahrzunehmen, sondern um mich zu *orientieren*. Man will ja weiterkommen, mit etwas fertig werden. Ich werde gleich darauf zurückkommen. Dieses Sich-richten-auf entspringt jedenfalls situativ immer einem Umgang mit den Dingen und mit anderen, bei dem wir je schon sind. In der Situation stehe ich unter Handlungsdruck. Ich muß mich entschließen, etwas zu tun oder auch sein zu lassen. In meiner Situation kann mich niemand vertreten. Dies ist freilich in der Bewußtseinsphänomenologie Husserls und Schütz' noch ungezeigt. Jede »Wahrnehmung«, eigentlich: *Erfahrung*, ist immer schon durch das Sein mit-anderen und das Vertraut-sein mit den Dingen (*pragmata*), mit denen es die Praxis zu tun hat, ausgezeichnet. Sie braucht nicht als zunächst »privater Eindruck« die nachträgliche erkenntnismäßige Erweiterung auf etwas Allgemeines wie Gesellschaft, Begriff usw. »Es besteht keine Rechtfertigung für die Annahme, daß wir zuerst isolierte Tatsachen oder Schnappschüsse von Tatsachen oder Momentaufnahmen von Schnappschüssen von Tatsachen erfahren und ihnen *dann* erst Sinn geben« (Dreyfus 1985, S. 221).

Nun behauptet Giddens, dem Begriff »Intentionalität« soziologisch Klarheit verschaffen zu können, indem er ihn zur Charakterisierung einer Handlung verwendet, »von der der entsprechende Akteur weiß oder glaubt, daß sie eine besondere Eigenschaft oder Wirkung hat und wo solches Wissen von ihm in Anschlag gebracht wird, um eben diese Eigenschaft oder Wirkung hervorzuheben« (Giddens 1989, S. 61). Intentionalität wäre demnach *immer auf ein Bewußtsein gerichtet*, das »weiß« oder »glaubt«. Dieser Vorgriff auf Rationalität, vergleichbar dem »gemeinten Sinn« bei Weber, verkennt die ursprüngliche Bedeutung des »etwas als etwas«, die in der *Orientiertheit* des menschlichen Lebens schlechthin liegt: der beiläufig gekonnten Umgangserfahrung. Weiterhin meint Giddens, daß es ein Verhalten gibt, das nicht intentional ist: Es kann also auch der Fall eintreten, »etwas nicht

intentional zu tun« (1989, S. 60). Intentionen sind für Giddens »*im Bewußtsein vorhandene* Zielorientierungen« (1984, S. 91; Hvhg. im Original). Intentional heißt dann so viel wie »absichtsvoll« bzw. »zweckgerichtet«. Dazu führt er aus: »Ich definiere als ›intentional‹ oder ›zweckgerichtet‹ jede Handlung, von der ein Handelnder weiß (glaubt), daß sie erwartungsgemäß eine besondere Eigenschaft oder ein besonderes Ereignis zutage treten läßt, und bei der dieses Wissen vom Handelnden benutzt wird, um diese Eigenschaft oder dieses Ereignis zu erzeugen. (...) Damit eine Handlung zweckgebunden ist, muß der Handelnde nicht in der Lage sein, das Wissen zu formulieren, das er als abstrakte Vorstellung anwendet; und dieses Wissen muß auch nicht im wissenschaftlichen Sinn richtig sein« (Giddens 1984, S. 91 f.).
Es wird deutlich, daß Giddens das Problem der Intentionalität als wissenssoziologisches auffaßt, ob nun – in seiner Terminologie – als praktisches oder diskursives Wissen bzw. Bewußtsein. »Intentionalität« soll als ein Wissen bezogen auf die Eigenschaft und/oder Wirkung einer Handlung verstanden werden. Was soll nun aber weiter heißen, dieses Wissen werde »als abstrakte Vorstellung angewendet«? Damit will Giddens (wie schon Schütz) wohl sagen, daß wir es immer mit *Vorstellungen* zu tun haben, wenn wir wahrnehmen. Vorstellen meint, daß sich ein Subjekt »in seinem Bewußtsein« einer Wirklichkeit, das heißt einem Objekt, das außerhalb seines Bewußtseins sich befindet, zuwendet. Was die Vorstellungen »erfassen«, sind folglich *Bewußtseinsinhalte* oder *Gegenstände des Wissens*, deren grenzenlose *Reflektierbarkeit* in diesem Begriff des Wissens schon angesetzt ist. Es wird unterstellt, »Intentionalität« sei selbst eine Art von Wissen – der handelnde »Laie« *erklärt* sich sein Handeln – und somit wissenschaftlich restlos abschöpfbar, das heißt rational erklärbar. Darüber hinaus gilt Giddens' Intentionalität als eine *Eigenschaft*, die einem Verhalten eigens angetragen wird und diesem nur in bestimmten Fällen zukommt. Indem er Handlungen konstruiert, die Folgen nach sich ziehen, die vom Handelnden nicht beabsichtigt waren, meint Giddens, hier sei etwas nicht intentional getan worden. Wäre nun die *gleiche* Handlung zu Folgen gekommen, die der Handelnde auch beabsichtigt hatte, müßte man in diesem Falle dem Verhalten Intentionalität zusprechen. Damit ist aber der Zugang zur phänomenologisch-hermeneutischen Bestimmung der Intentionalität völlig versperrt.

Zunächst ist zu bedenken, daß ich, in meinem Stuhl-Beispiel, nicht die Vorstellung von einem Stuhl habe, wenn ich diesen mir im Wege stehenden Stuhl wahrnehme und beiseite schiebe. Ich stelle mir überhaupt keinen Bewußtseinsinhalt vor, wenn ich wahrnehme, sondern ich nehme diesen konkreten Stuhl wahr. Ich bin weder auf eine Vorstellung (Schütz, Giddens) noch auch auf einen Wert (Rickert, Weber) gerichtet, sondern auf den tatsächlich vorhandenen Stuhl, auf dieses konkrete Umgangsding. Es ist immer die Sache selbst, auf die sich eine Wahrnehmung oder ein Verhalten richtet. Zwar kann ich mich intentional auch auf eine Vorstellung richten, aber nicht auf eine Vorstellung von einer Vorstellung, sondern auf die Vorstellung selbst. Immer begegnet mir die Sache »leibhaftig« in ihrer *konkreten Umgangsbedeutung*. Giddens behauptet, es gäbe ein Verhalten, das nicht intentional sei. Wie schon Weber und Schütz sieht auch Giddens im Sichverhalten nicht den Oberbegriff zu Handeln (wie Kamlah), sondern er unterscheidet zwischen »einem bloß reaktiven Verhalten« und einem absichtsvollen Handeln. Aber schon im sinnlichen Spüren sind wir ausgerichtet auf die Dinge als *pragmata*. Zum phänomenologischen Begriff der Intentionalität gehört immer beides: die Intentio und das Intentum. Von daher ist auch der Ausdruck *Begegnung* verständlich. Jedes Sich-verhalten ist ein Verhalten-zu... Es gibt kein Wahrnehmen, das nicht auch ein sinnliches Vernehmen von etwas »Sachlichem« ist. Wahrnehmen, dies habe ich bei der *aisthesis* gezeigt (vgl. oben Kapitel 2, 1.5), ist die *unmittelbare* Erfassung des im Umgang Begegnenden, so wie es sich zeigt. Das, was in der Wahrnehmung zu einem Stande kommt (sozusagen »Gegen-stand« wird), der Stuhl nämlich, der mir im Wege steht, kann ich auch als Phänomen bezeichnen. Husserls Forderung: zu den Sachen selbst, meint genau dieses Verständnis von *Phänomen*. Gegenüber Husserl muß jedoch betont werden, daß jedes Phänomen in einem Bedeutungskontext begegnet, der wesentlich ist. Wir stehen zu den Dingen in einem praktisch-pragmatischen *Bezugssinn*. Es ist also immer die konkrete Sache *selbst* in ihrer umgänglich erfahrenen Bedeutung und nicht eine im Bewußtsein auf rätselhafte Weise vorhandene Vorstellung von etwas, die durch sinnliches Wahrnehmen dort entstanden sein soll. »Es ist nicht so, daß zuerst nur ein psychischer Vorgang als Zustand unintentional abläuft (Komplex von Empfindungen, Gedächtnisrelationen, Vorstellungsbild und Denkvorgänge, durch die ein Bild entsteht, von dem nachher gefragt wird, ob ihm etwas entspricht) und nachträglich im gewissen Falle intentional würde, sondern das Sein des Verhaltens selbst ist ein Sich-richten-auf« (Heidegger 1925, S. 40). Damit ist jedoch die *Struktur* des Sich-verhaltens, ebenso die des Handelns, phänomenologisch-hermeneutisch ausgewiesen. Der volle Sinn der Intentionalität muß darin gesehen werden, daß jedes Sich-verhalten bestimmbar ist als Verhalten zu etwas; das Verhalten trägt in sich einen Bezug zu etwas (vgl. Heidegger 1921/22, S. 52 f.). Der *Bezugssinn* des Lebens zeigt sich in dem, *umwillen* das Leben geführt wird. Als *Vorgriff* des Sichverhaltens vollzieht sich der Bezugssinn im handelnden Umgang mit der Welt.

Ein zentraler Begriff für Giddens' Theorie der Strukturierung ist der der »Regel«. Giddens bezieht sich ausdrücklich auf Wittgensteins Beispiele des Regelbefolgens. Von daher hängen Regeln mit ihrer Anwendung in sozialen Kontexten zusammen. Sie sind »Verfahrensweisen des Handelns, Aspekte der *Praxis*« (Giddens 1989, S. 73). Wittgenstein versteht unter Regelbefolgen nicht einen Aspekt der Praxis im Sinne einer generellen Offenheit, daß man die Interpretation einer Regel vom Regelbefolgen trennen könnte und in einer gegebenen Situation eine Regel sowohl in die eine als auch die andere Richtung zu interpretieren sei. So dividiert sich dann auch nicht das »Wissen« bzw. »Kennen« einer Regel als deren *Interpretation* auseinander von der bloßen Anwendung auf einen gegebenen Fall, so als *beherrsche* man eine *Technik* (vgl. Wittgenstein 1971, S. 95 f.). Was bedeutet es, wenn Giddens »Regeln des gesellschaftlichen Lebens als Techniken oder verallgemeinerbare Verfahren betrachtet, die in der Ausführung/Reproduktion sozialer Praktiken angewendet werden« (Giddens 1989, S. 73)? Ist nicht mit der Trennung von Regel hier und Anwendung dort gerade das auseinandergenommen – nämlich hier das *Wissen* einer Technik, die ich im je gegebenen Fall dort *anzuwenden* habe –, was Wittgenstein gerade zusammenhalten wollte: daß die *richtige* Anwendung darauf beruht, daß ich gelernt habe, *wie* man der Regel folgt? »Das Handeln nach der Regel dagegen ist ein Handeln im Rahmen einer bestimmten Praxis« (Schulte 1989, S. 160). Das Wissen *und* die Anwendung eines Schemas oder einer Technik ist etwas anderes als das Verständnis auf Grund einer Erfahrung. Denn im ersten Fall bedarf es keines Einübens, man braucht aus Fehlern nichts gelernt zu haben, es reicht aus, stur die Gebrauchsanweisung umzusetzen. Dies ist nicht eigentlich ein Können, daß man etwas nun »blind« einfach kann. Das pure Wissen einer Sache hat mit den Umständen und dem Wie seiner Anwendung selbst unmittelbar nichts zu tun. Das Wissen kann so, für sich, abgefragt und betrachtet werden. – Kann man aber ein Spiel schon spielen, wenn man die Spielanleitung auswendig herzusagen weiß? Nein – man muß zeigen, daß man mit einer praktischen Handlungsweise vertraut ist. Jedem Spieler müssen die »gleichen« Regeln bekannt sein, dies macht den »sozialen« Charakter des Spiels aus, beherrschen und umsetzen muß die Spielregeln aber jeder für sich.

Was heißt »bekannt«, was »beherrschen und umsetzen«? »Bekannt« heißt gerade nicht, daß die Regeln ausdrücklich expliziert werden müssen. *Können* ist mit-spielen. Um das Mitspielen zu vermögen, muß man nicht die implizit vollzogenen Regeln noch zu explizieren wissen. Es reicht völlig aus, sich im Spiel auf sie zu verstehen. Mit-Spieler wird man durch sein Können, nicht durch ein ausdrückliches Wissen dieses Könnens. Das Können selbst ist »Interpretation«, die man aber nicht als isoliertes »Wissen« vom situativen Können trennen darf. Man versteht sich auf die Regel im Umgang. Erfahrungen ein- und anzubringen, sie umzusetzen und umgangsweltlich zu beherrschen, ist eine praktische Fähigkeit, die man nicht verallgemeinern kann. Immer ist jeder Spieler selbst gefragt. Das Befolgen erst – nämlich im Rahmen einer bestimmten sozialen Praxis – ist die Beherrschung der Regel.

Während Wittgenstein gerade darum bemüht war, den *mathematischen* Regelbegriff ganz aus der Diskussion der menschlich-sozialen Praxis zu verbannen und einen sozusagen »gelebten« Begriff von Regel einführte, der analog eines Wegweisers gebraucht wird, baut Giddens seine Theorie der Strukturierung auf einem Regelbegriff auf, der die Konsequenzen zu ziehen scheut, die Wittgenstein in seinem Wegweiserbeispiel anführt. Die Mathematik braucht den methodisch abgesicherten Beweisgang, um die Regel logisch zu erschließen. Die Umgangserfahrung hat als »Regel« etwas für das weitere Zutunhaben in Situationen »gelernt«, nicht aufgrund eines Beweisschlusses, sondern weil sich etwas als vernünftig und einleuchtend zeigte. Das heißt nach einer anderen Richtung aber auch, daß sich die soziologisch interessante Frage, ob es sich beim sogenannten Routine-handeln um »institutionalisierte Regeln« handelt, nur vom konkreten Fall her beantworten läßt. Aber eine wissenssoziologische Antwort hat sich schon den möglichen Zugang verbaut. Indem die Wissenssoziologie »Wissen« als etwas »Selbständiges« und Bestandhaftes von der *Geschichtlichkeit* der Umgangserfahrung abschneidet, vermag sie dem *Können* als fallweiser Anwendung des Gekonnten gar nicht mehr zu begegnen. In diesem Sinne spricht Hans Lipps von *Konzeptionen* als *gekonnten Griffen*. Das Können ist praktisch; die dabei vollzogenen Konzeptionen sind ebenfalls praktische. Was »einer Regel folgen« je heißt, zeigt sich nur in der Praxis. In der Anwendung von Konzeptionen hat aber der Handelnde nicht einem fixen »Begriff von Regel« entsprochen, sondern eine leitende Hinsicht aufgenommen. Im Umgang nimmt man »soziale« Konzeptionen, die wir im Mitsein mit anderen teilen, auf als sichtender Vorgriff auf sein Vorhaben hin, deren Vollzug jedoch nur in der Konkretion der *eigenen situativen* Fähigkeiten und Möglichkeiten geschieht. Darin stellt sich die leitende Hinsicht doch immer nur unausdrücklich dar.

»Regeln«-für-sich geben umgangsweltlich genausowenig Sinn wie Wörter, die isoliert von der Geschichte, in die sie hineingehören, verstanden werden sollen. Man handelt nicht um einer Regel willen, sondern weil man im Zutun-haben mit den Dingen sich schon orientiert hat. Regeln begegnen nur im Zusammenhang von Bedeutungsganzheiten, indem man immer schon in die Dinge und in die Angelegenheiten der Mitmenschen verstrickt ist. Es ist von daher fragwürdig, den Handelnden die »Kenntnis gesellschaftlicher Regeln« als soziologische, das heißt hier: verallgemeinerte Antizipation, zu unterstellen, wie Giddens es tut (vgl. Giddens 1989, S. 73); da es doch ihnen, genauer: jedem Einzelnen in seinem Mitsein, »nur« darum geht, in einer bestimmten Situation unter Beachtung der gegebenen Umstände das Richtige zu tun. Giddens stellt indes die »Kenntnis gesellschaftlicher Regeln« als den eigentlichen Kern des »praktischen Bewußtseins« heraus (1989, S. 73).

»Die meisten Regeln, die in die Produktion und Reproduktion sozialer Praktiken einbegriffen sind, werden von den Akteuren nur stillschweigend verstanden: Sie wissen, sich zurechtzufinden. *Die diskursive Formulierung einer Regel ist bereits eine Interpretation eben dieser Regel*« (1989, S. 74; Hvhg. im Original). Auch in dieser Behauptung scheint eine fragwürdige Vorentscheidung den Ton anzugeben, wobei das kursiv Gesetzte eine tautologische Aussage beinhaltet. *Jede* »Formulierung« ist hermeneutisch als Interpretation zu verstehen. Genau darin zeigt sich jetzt die Differenz zwischen der Giddensschen Aufnahme phänomenologischer Versatzstücke und einer hermeneutischen Soziologie. Es ist bei Giddens nämlich schon darüber entschieden, daß das Handeln nach einer Regel »so etwas wie« ein (stillschweigendes oder ausdrückliches) Interpretieren *der* Regel sei. Jedes Interpretieren ist selbst jedoch in einem praktischen Kontext situiert, der erst den Blick auf so etwas wie eine »Regel« (Konzeption) möglich und sinnvoll macht. Darauf hat Wittgenstein hingewiesen: »›Aber wie kann mich eine Regel lehren, was ich an *dieser* Stelle zu tun habe? Was immer ich tue, ist doch durch irgendeine Deutung mit der Regel zu vereinbaren.‹ – Nein, so sollte es nicht heißen. Sondern so: Jede Deutung hängt, mitsamt dem Gedeuteten, in der Luft; sie kann ihm nicht als Stütze dienen. Die Deutungen allein bestimmen die Bedeutung nicht« (Wittgenstein 1971, S. 126). Vielmehr lehrt auch hier nur die Erfahrung – Wittgenstein spricht vom ständigen Gebrauch, von einer Gepflogenheit –, was »an dieser Stelle« zu tun ist. Und im Beschließen der gegebenen Situation antizipiert man vorgreifend »seine« Erfahrung. »Sich zurechtfinden« heißt eben nicht, eine Regel stillschweigend oder ausdrücklich zu interpretieren, sondern in der gegebenen Situation das Richtige und Angemessene zu tun. Man hat nicht neben dem Tun und Lassen auch noch eine Regel interpretiert. In der situativ aufgenommenen Hinsicht zeigt sich einem das Wesentliche, um welches einem hier zu tun ist. Das Maß dabei ist jedoch nicht das Wissen einer verallgemeinerbaren Regel, sondern die Erfahrung, die man aus dem Umgang mit ähnlichen und verwandten Fällen gewonnen hat. Man hat aus ihnen (s)eine Lehre gezogen. Der Zusammenhang von Intentionalität, Wissen, Handeln und Regel zeigt sich nur im Umgang mit den Dingen, im Rahmen einer konkreten Praxis. Von seinem Regelbegriff her fällt nun auch Licht auf Giddens' Strukturierungstheorie, insofern nämlich »Regeln« *das* bedeutsame Moment für die »Reproduktion institutionalisierter Praktiken« sind. Das soll hier nicht weiter verfolgt werden. In der praktischen Umgangserfahrung ist Sprache ebensowenig »Mittel« der Erkenntnis, wie Wissen »Mittel« der Reflexion ist. Sprache ist »Mittel« der Rede, und Wissen ist »Mittel« der Orientierung.

Zusammenfassend glaube ich gezeigt zu haben, daß Giddens das alltagsweltliche Problem des Handelns und Wissens nicht von der alltagsweltlichen Weise, sich in Situationen zu verhalten, angeht, sondern vom Vorgriff auf ein *Erkenntnisproblem*. Doch das umgangsweltliche Verstehen und Erkennen, das praktische Wissen und Können, kann nicht von einem wissenschaftlichen Erkenntnisbegriff her bestimmt werden. Denn das eine hat mit dem anderen nichts gemein. »Jenes praktische, vom Leben erforderte und in das Leben eingewebte Wissen hat prinzipiell mit Wissenschaft nichts zu tun (...)« (Simmel 1918, S. 61). Die narrative Pragmatik des Alltagslebens will in einer Praxis vorwärtskommen. Wahrnehmen, begreifen und sich-mitteilen dienen der Orientierung. Wissen bestätigt sich dabei in seiner Anwendung am Einzelfall als Können oder Nicht-Können. Wer seine Erfahrungen gemacht hat, hat sein »Wissen« zugleich als ein »Sich-Wissen« immer wieder an solchen Einzelfällen überprüfen können. Man weiß hinterher nicht nur über etwas besser Bescheid, sondern man lernt zugleich, *sich* neu zu orientieren. Nur die wissenschaftliche Erkenntnis schafft sich ein »objektives« Wissen als Bestand, das es in Verwahrung zu nehmen gilt. Das theoretische Erfassen hat nicht mehr den umsichtigen Umgang in seinem Horizont. Erkenntnis wird darin als Besitz gefestigt. »Wissen«, verfaßt als *Vorstufe von Erkenntnis* und aufwärtsstrebend vom praktischen über das diskursive Wissen zum aufgeklärten Bewußtsein, hat sich allemal von jedem konkreten Können einer Praxis »emanzipiert« und kann schließlich als allgemeingültige Theorie verwahrt werden. So funktionieren Wissenschaft und Forschung. Es ist aber ein Mißverständnis, unter dieser leitenden Hinsicht das sogenannte Alltagswissen in Griff nehmen zu wollen. Der Vorgriff, das sogenannte »Alltagswissen« als Problem der Erkenntnis zu behandeln, erhält sich auch in allen weiteren Schritten des soziologischen Umgangs mit den sozialen Phänomenen. Inwiefern nun dieses »Erkenntnisproblem« mit der *Logik* der Soziologie selbst zusammenhängt, wird jetzt noch zu zeigen sein.

Es ist dazu wichtig, im Anschluß an die Giddenssche Unterscheidung der Wissens- und Bewußtseinsformen auf den Handlungsbegriff zurückzukommen. Handeln, so Giddens in bester Weberscher Tradition, ist das, was als *rational erklärbares* Verhalten betrachtet werden kann. Um welche oder wessen »Rationalität« geht es hier, wer ist »Subjekt« des Erklärens und Betrachtens? Das soll nicht als polemische Frage aufgeworfen sein, sie soll vielmehr ins Zentrum der *soziologischen Logik* stoßen. Soziologie, wie jede andere Wissenschaft, will über »ihre« Gegenstände *verfügen*. Verfügung heißt: Diese Gegenstände müssen dem soziologischen Wissen *entsprechen*. Sie entsprechen aber nur dann diesem Wissen, insofern die Bedingungen, die das Wissen bestimmen, zugleich die »Weise« der Gegenstände bestimmen. »Gegenstände sind nur verfügbar, wenn sie denselben Regeln gehorchen wie unser Wissen« (Gethmann 1974, S. 200). Eine Wissenschaft, deren Anspruch auf rationale Erklärbarkeit zielt, kann sich ihrer Gegenstände nur bemächtigen, insofern diese tatsächlich als »rational erklärbar« vorausgesetzt werden. »Verständlich« sind Gegenstände nur auf Grund der Regelmäßigkeit ihres Vorkommens. Eben diese »Rationaliät« muß in die Seinsart der Gegenstände verlegt werden. Dies gelingt jedoch nur unter dem Vorgriff einer »Regel«. Die Übereinstimmung von soziologischem Wissen und soziologischem Gegenstand greift inzwischen über solche Gegenstände wie Handlung, Sinn, Institutionen usw. hinaus. Unter dem Eindruck phänomenologischer und hermeneutischer Aspekte und der zunehmenden Bedeutung interpretativer Ansätze in der Soziologie und Sozialforschung gerät nun auch der oder die in Forschungssituationen Begegnende unter den Entwurf und die Antizipationen der Soziologie. Was liegt nun näher, als sich den Alltagsmenschen verfügbar zu machen, indem man ihn als Quasi-Soziologen begreift? »Alle sozialen Akteure sind (...) Sozialtheoretiker« (Giddens 1989, S. 392). Nur so »verhalten« sich die sozialen Akteure genau nach den Regeln, die das soziologische Wissen selbst leiten. Das Gesellschaftsmitglied erweist sich als kompetent, insofern es sich »soziologisch« verhält. »Alle kompetenten Gesellschaftsmitglieder sind in der praktischen Durchführung sozialer Aktivitäten beträchtlich qualifiziert und ›soziologische‹ Experten« (1989, S. 78). Die Soziologie entwirft sich ihr eigenes Universum als »soziale Welt«, um auch ja das in dieser Welt zu finden, was in ihrem »Sein« im voraus gesetzt ist (oder versteckt wurde). Das Maß für das »Sein« der soziologischen Gegenstände ist deren Regelmäßigkeit. Das heißt: In bezug auf *diese* Regel werden die Gegenstände als *gleichartig* gesetzt. Der Maßstab, die Elle, an der gemessen wird, ist die Rationalität einer erklärenden, das heißt *methodisch* in ihr Gebiet eindringenden Wissenschaft. Entwurf und Methode müssen einander entsprechen. Betrachtet werden kann aber nur das, was sich »rational erklärbar« zeigt. »Rational erklärbar«, das heißt »verständlich«, ist dieser Soziologie nur das, was in einer gewissen Regelmäßigkeit auftritt. Mit anderen Worten: Nur das »ist«, nämlich gleichartig, was seiner Seinsart nach (Rationalität qua Regelmäßigkeit) der soziologischen Erkenntnis (»rationale Erklärbarkeit«) zugänglich ist. Die Sozialforschung deckt dann den Bezirk des Sozialen ab, *so weit* die soziologische Erklärung reicht. Was »regelmäßig« ist, das heißt immer ist, was es ist, hat den Charakter des ständigen Verbleibs, der ständigen Vorhandenheit (vgl. Heidegger 1984, S. 95 f.). Gefragt ist also die Methode oder Meßeinrichtung, die auf das geeicht ist, was in einer Regelmäßigkeit vorhanden ist und darin *als* diese Gleichartigkeit in bezug auf eine Regel gefaßt werden kann. Diesem methodischen Blick wird alles das *gleichgültig* bzw. dieser Blick wird das *übersehen* müssen, was die Besonderung der *begegnenden* raumzeitlich konkreten Mitwelt ausmacht. Das rationale Erklären von etwas »als regelmäßig« ist etwas völlig anderes als das vor- und rückblickende Interpretieren von etwas »als sinnvoll«. Denn dem Erklären liegt ein bestimmter Entwurf zugrunde, unter dessen Antizipation »Tatsachen« nur gefunden werden können, insofern nach etwas Regelmäßigem gesucht wird. Damit ist jedoch der erfahrungsgemäße Vorgriff des mitweltlich Daseienden auf Sinn und Bedeutung des je umgänglich Begegnenden nivelliert. Es kann soziologisch nichts eigentlich interpretiert werden. Soziologie mißversteht sich, wenn sie unter dem leitenden Entwurf der Regelmäßigkeit sich als *sinnverstehende* Soziologie ausgibt. Aber warum ist gerade das Regelmäßige geeignet, rational erklärbar zu sein? Weil die »Regel« ein Kernstück des Mathematischen ist.

1.3 Objektive Hermeneutik (Ulrich Oevermann)

Die *objektive Hermeneutik*, die von ihrem Begründer Ulrich Oevermann auch als strukturale Hermeneutik betitelt wird, versteht sich als *Kunstlehre*. Als Kunstlehre genommen, gibt ihr Schöpfer zum einen zu, daß sie als Wissenschaft nicht im Alltagsleben schon eine Vorform besitzt. Zum anderen wird in der Rede von einer Kunstlehre auch deutlich, daß der Soziologe, ob er will oder nicht, sich selbst in ein besonderes Verhältnis sowohl zu seinem »Gegenstand« als auch zum »Werk« der soziologischen Analyse setzt. All dies scheint mir zwangsläufig, wenn man, wie Oevermann, nicht mehr bereit ist, als Soziologe dem subsumtionslogischen Paradigma der mathematischen Wissenschaften zu folgen. Oevermann deutet dies in einem vielleicht überraschenden Hinweis auf die romantische Philosophie an (vgl. Oevermann 1986, S. 50). Aber die Rede von *objektiver Hermeneutik* als »Kunstlehre« setzt sich dem Mißverständnis aus, sie wolle ein Können zum Regelbewußtsein erheben. Die Beispielhermeneutik, um die es *mir* zu tun ist, nimmt das Können einer Praxis wie auch das Wissen, zu dem das Können gehört, selbst zum Ausgangspunkt ihrer Reflexion. Als »Kunstlehre« soll die *objektive Hermeneutik*, wie ich es noch zeigen werde, der Behebung von bestimmten Schwierigkeiten oder gar Störungen des alltäglichen Verstehens dienen. Daß darüber hinaus die *objektive Hermeneutik* als *Erfahrungswissenschaft* verstanden wird, macht sie für mein Unterfangen um so bedeutsamer. Analog meiner bisherigen Verfahrensweise geht es mir bei der Diskussion nicht um eine umfassende Darstellung des soziologischen Ansatzes, sondern um die Spezifikation des genuin erfahrungswissenschaftlichen Potentials der Methodologie der *objektiven Hermeneutik*.

Die *objektive Hermeneutik* ist entwickelt unter dem Vorgriff, daß jeder Mensch a priori über ein intuitives Regelwissen verfügt, das »handelnd« zwangsläufig zum Ausdruck gebracht wird. Handeln ist hier in einem ganz breiten Sinne gebraucht. Dieses Regelwissen basiert auf einer universellen grammatikalischen Regel, so daß beispielsweise dem auf sein Regelwissen erkenntnismäßig reflektierenden Soziologen schon die generelle Regel zur Verfügung steht, an der er die, wenn man so will, »Differenz« zum je untersuchten Fall von Regelbeherrschung messen kann. So verstanden ist die feste Größe der universellen vorempirischen Regel der Ausgangspunkt und zugleich die erkenntnistheoretische Verankerung, überhaupt von *Objektivität* zu sprechen. Im Ausdruck des Handelns zeigt sich nämlich immer beides, die universelle Regelstruktur und das partiell in Anspruch genommene »subjektive« Regelwissen. Das im Handeln verwirklichte Regelwissen ist nur möglich aufgrund der nur intuitiv gewußten generellen Regel. Mit anderen Worten: Die generelle Regel tritt nur je in ihrer fallweisen Auslegung empirisch in Erscheinung.

Der Hintergrund dieses Vorgriffs ist gegeben durch Noam Chomskys linguistische Theorie, deren Hauptargument in der Setzung »angeborener Ideen« (Stegmüller 1975) besteht.

Chomsky unterscheidet zwischen einer eigentlichen systematischen Sprachtheorie und einer Theorie vom Erwerb einer Umgangssprache. Es besteht nun die Aufgabe, beide Theorien miteinander zu verbinden. Dazu bedarf es der Unterscheidung von Oberflächen- und Tiefengrammatik und deren Strukturen. »Oberflächenstruktur *als auch* Tiefenstruktur soll in systematischer Form durch eine *erzeugende und transformatorische Grammatik* geliefert werden. Eine derartige Grammatik besteht in einem *Regelsystem*. Die grundlegenden Regeln bilden die *Erzeugungsregeln*. Sie gestatten die Produktion von Sätzen der einfachsten Struktur« (Stegmüller 1975, S. 9). Von ein und demselben Buchstaben als Grundsymbol mit seinen Begrenzungen wird ein Satz der einfachsten Struktur abgeleitet. Alle Sätze von dieser Struktur sind entsprechend ableitbar. Die Ausdrücke des Satzes werden unter die grammatische Oberflächenstruktur subsumiert. Am Ende der Ableitungen steht der konkrete Satz. Dieser Satz ermöglicht den Einblick in die *Tiefenstruktur* der Äußerung. Komplexere Sätze bedürfen anderer Regeln. Sie werden durch *Transformationsregeln* erzeugt. Diese Ableitung fußt auf der einfachen Regelanwendung und deren Strukturbeschreibung. »Wiederum ist es ein Ableitungsbaum (...), der uns die Einsicht in die grammatische Tiefenstruktur der komplexen Aussage gewährt« (Stegmüller 1975, S. 10). Sätze von gleicher Oberflächengrammatik können eine verschiedene Tiefengrammatik haben, oder umgekehrt: Verschiedenartigkeit der Oberflächengrammatik tritt bei Gleichartigkeit der Tiefengrammatik auf. Die Oberflächenstrukturen der natürlichen Sprachen weichen sehr stark voneinander ab, während die grammatischen Tiefenstrukturen große Ähnlichkeiten untereinander aufweisen.

Chomskys Sprachtheorie geht von »angeborenen Komponenten« (Stegmüller) aus. Von Geburt an kann das menschliche Gehirn nur Sprachen von einer bestimmten grammatischen Struktur erlernen. Aufgrund der Erfahrungen, die man in und mit seiner sprechenden Umgebung macht, werden – bezogen eben auf diese empirischen Daten – die möglichen Grammatiken eliminiert, unter deren Verwendung die gehörten Sätze nicht erzeugbar sind. Tatsächlich lernt der Mensch aufgrund einer angeborenen »Spracherlernungsvorrichtung«. In diese ist eine Bewertungsfunktion eingebaut, »welche diejenige unter den nach der erwähnten induktiven Aussonderung übrigbleibenden Grammatiken

auswählt, die aufgrund der empirischen Daten den höchsten Wert erhält« (Stegmüller 1975, S. 13). Chomskys Theorie kombiniert also die Hypothese von den angeborenen Ideen mit »empirischen« Hypothesen über die Rolle der »Erfahrung« beim Erlernen der Umgangssprache. Theoretischer Gegenstand ist die Sprachkenntnis eines Sprechers oder seine »sprachliche Kompetenz«. Diese Kompetenz wird in der Beherrschung derjenigen Regeln gesehen, die der Konstruktion der Sätze einer Sprache zugrunde liegen. Das heißt nun nicht, daß ein Sprecher die Regelanwendung bewußt konstruieren, das heißt ableiten können muß. Aber Chomsky ist schon der Auffassung, daß jeder kompetente Sprecher sowohl über verinnerlichte Regeln zur Satzkonstruktion verfügt als auch von diesen Regeln eine unbewußte Kenntnis besitzt. Schließlich, und dies scheint für das Verfahren der *objektiven Hermeneutik*, dem ich mich jetzt wieder zuwenden werde, zentral: die vom Interpreten (Grammatiker) explizit gemachten Erzeugungsregeln sollen die Sprachkompetenz des Sprechers formal repräsentieren können (vgl. auch Stegmüller 1975, S. 23).
Beim Übergang von Chomsky zu Oevermann muß man sich immer klar machen, daß Chomsky Sprache als grammatisches System unzähliger Kombinationen und einen idealen Sprecher vor Augen hat, während Oevermann als soziologischer Erfahrungswissenschaftler das gesprochene Wort der »Rede« und den konkreten, in Lage und Situation verstrickten Menschen als zu beurteilenden Fall vorgelegt bekommen hat. Ich habe bislang nur von einer Regel und einem Regelwissen gesprochen. Oevermann spricht aber immer auch schon von »Sinn«. »Für die strukturale Hermeneutik (bildet) die objektive Bedeutungsstruktur einzelner Handlungen oder Äußerungen oder die latente Sinnstruktur einer Sequenz von Äußerungen oder Handlungen, so wie sie in den primären Daten dieser Methodologie: den Protokollen von Äußerungen und Handlungen vorliegen, immer den primären Gegenstand der methodischen Operation der Sinnauslegung« (Oevermann 1986, S. 22). Welcher Zusammenhang besteht zwischen der Regel und dem Sinn menschlicher Handlungen? Wir werden noch zu sehen haben, inwiefern Oevermann darauf eine Antwort gibt. Es steht für Oevermann außer Frage, daß wir in einer sinnstrukturierten Welt leben, deren Gegenstände wissenschaftlich nur über die »Auslegung der objektiven, latenten Sinnstruktur der Texte« (S. 22) analysiert werden können.

Für die Gültigkeit seiner »Auslegung« objektiver, latenter Sinnstrukturen kann der Interpret schlechterdings »nur« das Kriterium angeben, das ihn selbst erst instand setzt, überhaupt etwas zu verstehen. Zu verstehen vermag der Interpret jedoch immer schon, insofern er über das notwendige Regelwissen »per Sozialisation in seiner gesellschaftlichen Lebenspraxis verfügt« (S. 22). Oevermann antizipiert zum einen, daß es *an sich* bestimmbare (das heißt unabhängig vom konkreten Gebrauch) Regeln gibt, die bei der »Erzeugung« von Sinnstrukturen beteiligt sind. Insofern sie immer schon in der praktischen Sinnerzeugung gebraucht werden, kennt jeder diese Regeln schon irgendwie. Diese Kenntnis meint er zum anderen, in objektive Erkenntnis überführen zu können. Indem die *objektive Hermeneutik* nämlich dieses Wissen der Regel sozusagen durch Isolierung der Regel vom jeweiligen konkreten Regelwissen, das ja immer schon eine *Auslegung* der Regel und nicht die Regel an sich bedeutete, bewußt sich aneignet, verfügt sie über ein der Alltagswelt immanentes Verfahren der Sinnrekonstruktion. Die Frage, die sich mir stellt, ergibt sich nun unmittelbar aus den Antizipationen des so einfach ausschauenden Verfahrens der *objektiven Hermeneutik*. Wie kann die Explikation einer universellen Regel gelingen, wenn dem Wissenschaftler doch nur immer die vielen »subjektiven« Auslegungen, auch die eigene, zur Verfügung stehen? Ist nicht auch die wissenschaftliche Formulierung einer objektiven Regel immer »nur« *eine* mögliche Auslegung? Offenbar stehen wir hier vor dem Problem von Prinzip und Sache, von Konzeption und Beispiel bzw. – in der Diktion Oevermanns – von Regel (objektive Sinnstruktur) und Fall (latente Sinnstruktur); oder in der Sprache der Linguistik vor dem Problem von grammatischer Tiefenstruktur und grammatischer Oberflächenstruktur.

Um den Anspruch und die Reichweite der *objektiven Hermeneutik* vor Augen zu führen, will ich an dieser Stelle noch einmal auf Chomskys Sprachtheorie zurückkommen, die ich wieder in der Darstellung Stegmüllers zitieren werde. Ausgangspunkt bei Chomsky ist der Satz, dessen innere Struktur in Frage steht. *Nicht* der »Satz«, wie er in eine längere Geschichte hineingehört, aus der man ihn isoliert hat, soll in seiner Bedeutung innerhalb dieser Geschichte verstanden werden. Sondern es geht um »ein Verständnis der internen Struktur von Sätzen«. Unter Verwendung von »Erzeugungsregeln«, welche die generative Grammatik zur

Verfügung stellt, wird der Satz in seine grammatischen Glieder zerlegt. Diese Erzeugungsregeln bestehen aus Anweisungen, wie bestimmte Satzteile miteinander verkettet werden müssen. Eine Grammatik besteht so aus solchen Verkettungsregeln. Die Anweisungen selber können nur symbolisch dargestellt werden, da sie universell sind und nicht einer Einzelsprache entnommen werden können. Am Ende der Ableitungsschritte steht ein Strukturbaum, der darstellt, wie ein bestimmter Satz, der einer Einzelsprache angehört, unter Verwendung einer Reihe von Regeln abgeleitet ist. Was Chomsky auf theoretisch anspruchsvolle Weise explizit macht, soll der kompetente Sprecher implizit bei der Satzkonstruktion immer schon angewendet haben.

Eine Erweiterung dieser Regeln der generativen Grammatik ermöglicht es, »Sätze, die zwar scheinbar ganz normal gebaut, aber doch ungrammatisch sind, auszuschließen, wie z.B.: ›der Frosch verschlingt die Mathematik‹« (Stegmüller 1975, S. 24). Weitere Regeltypen sollen auch das Phänomen der syntaktischen Mehrdeutigkeit bewältigen. Verschiedene Deutungen müßten zu verschiedenen Strukturbeschreibungen führen. Aber auch in der Oberflächenstruktur unterschiedliche Sätze können eine Ähnlichkeit der Tiefenstruktur besitzen. Man kann z.B. den gleichen Sachverhalt aktiv und passiv ausdrücken. Zu den Erzeugungsregeln müssen also noch andere Regeln kommen, nämlich die sogenannten *Transformationsregeln*. Diese Regeln erlauben nun, den Unterschied zwischen Oberflächen- und Tiefenstruktur begrifflich zu erklären. »Die Tiefenstruktur eines Satzes wird durch den Strukturbaum repräsentiert, der die Erzeugung dieses Satzes (...) wiedergibt« (Stegmüller 1975, S. 26). Eine Vergleichbarkeit muß auf der Ebene einfacher oder generalisierter Strukturbäume sichtbar gemacht werden. Diese müssen so konstruiert werden können, daß Sätze mit verschiedenen Tiefenstrukturen in ein und dieselbe Oberflächenstruktur überführt werden können. Aber auch umgekehrt müssen »Sätze mit (...) verschiedenen Oberflächenstrukturen unter Benützung der Transformationsregeln aus ein und demselben Strukturbaum abgeleitet werden können« (Stegmüller 1975, S. 28). Mittels dieser Überführbarkeit bzw. Ableitung werden zugrundeliegende Strukturbäume in einen abgeleiteten Strukturbaum transformiert. Am Ende vieler regelgeleiteter Operationen steht dann der generalisierte Strukturbaum, der mehrere »Sätze« in ihrer Komplexität darstellen kann. – Die Theorie der sprachlichen Kompetenz unterstellt ein angeborenes intuitives, hochkomplexes »Wissen« in Form einer »vollkommenen Kenntnis einer universalen Grammatik«, ohne welches ein Kind eine Sprache nicht erlernen könnte. So gesehen weiß der Mensch sehr viel mehr, als ihm tatsächlich bewußt ist (vgl. Stegmüller 1975, S. 30). Damit bin ich auch wieder bei den Antizipationen der *objektiven Hermeneutik* angelangt.

Ohne daß wir schon wissen, was Sinn innerhalb der *objektiven Hermeneutik* bedeutet, will sie uns verpflichten, mit ihr folgende Prämisse zu unterstellen: »Die Sinnstrukturiertheit von sozialen Abläufen und Objektivationen (setzt) regelgeleitetes Handeln zwingend voraus« (Oevermann 1986, S. 22). Oevermann begründet diese Gesetzmäßigkeit mit einer Zirkelargumentation. Insofern die sinnstrukturierte erfahrbare Welt (= Gegenstand soziologischen Forschens) nicht geleugnet werden kann, muß die Existenz solcher Regeln der Sozialität und des sozialen Handelns als zwingend angenommen werden. Muß ich tatsächlich ein intuitives Regelwissen unterstellen, um die Existenz von Sinn behaupten zu können? Beruht »Sinn« – was immer Oevermann darunter versteht – auf der »Erzeugung von Sinnstrukturen«, die ihrerseits auf den universellen Regeln des Spracherwerbs basiert? Die Existenz universeller Regeln ist jedenfalls für die *objektive Hermeneutik* unbestritten, über die jeweilige Explikation der Regeln kann und muß gestritten werden. »In Frage gestellt werden kann also immer nur die Rekonstruktion der Regelgeleitetheit sozialen Handelns in Gestalt der Explikation von Regeln, nicht die Regelgeleitetheit selbst als solche« (S. 23). Aber um die Regelgeleitetheit am Fall nachzuweisen, muß eine geltende Regel immer schon antizipiert sein, sowohl von der Fallperson als auch vom Forscher.

Um das Verfahren der *objektiven Hermeneutik* durchzuführen, bedarf es eines »gesicherten Wissens von geltenden Regeln« (S. 23). Oevermann unterscheidet zwei Typen von Regeln: die *universellen* Regeln und die »Regeln vom Typ historisch spezifischer sozialer Normen« (S. 26). Zum ersten Typ gehören die universalgrammatischen Regeln der linguistischen Kompetenz, und zwar aufgrund der Annahme einer universellen Strukturiertheit eines Spracherwerbsapparats. Erst die Annahme eines solchen Apparates macht erklärbar, warum »alle menschlichen Subjekte (...) mindestens eine kulturspezifische Einzelsprache, ihre Muttersprache eben, so stabil erwerben, daß eine soziale Verständigung in derselben Sprache problemlos gewährleistet ist« (S. 24). *Universell* auch deshalb, weil diese Kompetenz unabhängig von einer bestimmten Einzelsprache bestehen soll. Daraus wird nun das zentrale »Faktum« abgeleitet: »Innerhalb einer bestimmten, konkreten Einzelsprache gelangen also alle Individuen in ihrem Bildungsprozeß trotz stark variierender Bildungsinhalte und -umstände zum *identischen Regelwissen*« (S. 24; Hvhg. von mir). Dieses einzelsprachspezifische identische Regelwissen ruht seinerseits »auf einem Algorithmus aus universellen Regeln der Grammatikalität auf« (Oevermann 1986, S. 24). Jedes Subjekt ist grundsätzlich zum Erwerb jeder Einzelsprache kompetent. Hat es die eine, seine Muttersprache, erworben, dann hat schon »sein Spracherwerbsapparat sich mit dem Regelwissen bezüglich einer spezifischen Einzelsprache *gefüllt*« (S.24; Hvhg. von mir). Das Regelwissen ist also immer ein bestimmtes, bezogen auf eine Einzelsprache, die ein Subjekt als seine Muttersprache beherrscht. Aus dieser Überschneidung von universeller Regel und »kulturell« determiniertem Regelwissen ergibt sich eine eigenwillige oder zumindest ungewöhnliche Logik von Erkenntnis und Erfahrung: »Die universalgrammatischen Regeln der linguistischen Kompetenz müssen nämlich zugleich als Bedingungen der Möglichkeit von Erkenntnis vor jeder Erfahrung und als Gegenstände einer überprüfbaren, d.h. falsifizierbaren erfahrungswissenschaftlichen Rekonstruktion gelten« (S. 25). Wenn eine solche Regel *schlechthin* das erste ist, dann muß sie auch als Naturtatsache oder als Naturgesetz betrachtet werden. Gibt es jedoch einen *Vorsprung* einer Regel gegenüber ihrer Anwendung? Soll etwa das Regelwissen die Anwendung der Regel sein? Was ist dann das Kriterium der Gültigkeit von Erfahrung? – Daß man überhaupt die Erfahrung regelgeleitet aussprechen kann. Meint dies Oevermann? Kann nicht auch ein Papagei einen grammatikalisch richtigen Satz hersagen?! Aufgrund welcher Kompetenz hat er dies erlernen können? – *Wie* verstehen wir den laut Stegmüller ungrammatischen Satz: »Der Frosch verschlingt die Mathematik«, wenn ihn James Bond seinem Leinwandkontrahenten konspirativ zuraunt?! Welche Kompetenz spielt denn hier herein, die es uns ermöglicht, diesen Satz tatsächlich zu verstehen und ihn nicht von vornherein als sinnlos auszuschließen? Das Ausräumen von Mehrdeutigkeiten läßt sich nicht durch Anwendung einer Regel

beherrschen. Plausibler erscheint mir, daß wir aus vorherigen Situationen schon etwas »gelernt« haben, was wir nun in ähnlichen Situationen und der uns vorliegenden Aufgabe entsprechend modifiziert fortführen. Offenbar dehnt Oevermann die universalgrammatischen Regeln der linguistischen Kompetenz auf das gesamte Gebiet einer sinnvollen sozialen Welt aus.
Die Geltung universeller Regeln kann nicht in Frage gestellt werden, allenfalls deren Rekonstruktion. Darin unterscheiden sich diese Regeln vom zweiten Regeltyp, dem der »historisch spezifischen sozialen Normen« (Oevermann 1986, S. 26). Die Geltung und Reichweite solcher Normen, aber auch ihre Existenz, können sehr wohl bestritten bzw. unterschiedlich soziologisch eingeschätzt werden. Im Fall der generellen Regelgeltung wird bei den Subjekten ein »unbewußt operatives Regelwissen« unterstellt, »das für Handeln schlechthin konstitutiv ist« (S. 27). Unbewußtheit der Regel selbst setzt hier das spezifische Regelwissen voraus. Demgegenüber sind universell geltende *Normen* universell nur aufgrund ihrer *rationalen* Kritisierbarkeit. Normen sind immer kritikfähig, die universalgrammatischen Regeln sind jedoch eine Bedingung der Möglichkeit von Kritik. Damit werden aber diese Regeln als das Frühere von *Praxis* überhaupt genommen. »Gewisse universelle, ihrem materialen Gehalt nach nicht kritisierbare Regeln (stellen) Bedingungen der Möglichkeit von Praxis, aber nicht selbst genuine Erzeugnisse selbstbewußter Praxis dar« (S. 28).
Als einen anderen Typus von universeller, nichtkritisierbarer Regel sieht Oevermann die Regeln des logischen Schließens, wobei er meint, daß »die Regeln der Deduktion beispielsweise kritisieren zu wollen, deren materiale Geltung schon immer voraus (setze)« (S. 29). Aber kritikwürdig kann doch niemals eine Regel an sich sein, sondern nur die »Unterstellung« ihrer Leistungsfähigkeit. So setzt jedes Deduzieren immer schon eine Antizipation dessen voraus, auf was es hinauslaufen soll. Es kann allerdings gezeigt werden, daß die »Anfangsgründe« von Deduktionen immer aus der Praxis »vernommen« und selbst niemals einem logischen Schlußverfahren geschuldet sind. Immer kann man nur danach fragen, ob eine Regel *sinnvoll* für den *Witz* des Spiels ist, das man gerade spielt. Fragt man nun weiter, mit Oevermann, nach Regeln, die »für soziales Handeln an sich in der Gattung Mensch« apriorisch konstitutiv sind, so stößt man auf eine »noch allgemeinere, konstitutionslogisch vorgängige Ebene der Strukturierung

sozialen Handelns« (S. 29). Man kommt schließlich bei einem »Bewußtsein von der Regel als Regel« (S. 29) an. Aus der »objektiven Strukturiertheit von Sozialität« leitet die *objektive Hermeneutik* in ihrer theoretischen Begründung diese »Regelhaftigkeit als solche, das Regelgeleitet-Sein sozialen Handelns als solches« ab (S. 29 f.). Mit der Strukturiertheit von Sozialität ist auch das »konstitutionslogisch, nicht unbedingt realzeitlich Erste« (S. 30) ausgemacht, in der sich erst Subjektivität und Bewußtsein ausbilden können. Die Sozialität des Menschen ist immer schon regelgeleitet, »und die Naturgeschichte (der Gattung Mensch, A.H.) bedient sich bei dieser Emergenz notwendig des Regelapparates von Wahrnehmung, Sprache, Logik und Moral. Aber dieser Regelapparat könnte sich seinerseits ohne die objektive Strukturiertheit von Sozialität nicht bilden« (S. 30).

So scheint die Theorie der *objektiven Hermeneutik* auf drei Voraussetzungen aufgebaut, der objektiven Strukturiertheit von Sozialität, dem Regelgeleitet-Sein von sozialem Handeln und dem Bewußtsein von der Regelhaftigkeit als solcher. Dabei ist weiter eine Interdependenz von Regelapparat und objektiver Strukturiertheit von Sozialität unterstellt, insofern die *Sozialität* selbst regelgeleitet ist, *in* der sich das Bewußtsein von der Regel als Regel ausbildet. Diese Summe der Voraussetzungen macht die *objektive Hermeneutik* gerade für soziologische Forschungsaufgaben attraktiv. Für die Bestimmung der objektiven Strukturiertheit von Sozialität kann die »Grundregel der Reziprozität« beigezogen werden. Der Begriff der Reziprozität ist nicht als historisch-konkrete Norm gefaßt, sondern als davon unabhängiger »Ausdruck« der objektiven Strukturgesetzlichkeit von Sozialität selbst. Reziprozität ist konstitutiv für die objektive Strukturiertheit von Sozialität, so daß die Regel der Reziprozität schon jedem Handeln vorausgesetzt ist. Dem Regelgeleitet-Sein sozialen Handelns können so eine Menge an Regeln beigesetzt werden, die sich freilich in der Reichweite ihrer Geltung unterscheiden. »Zwischen den universellen Regeln mit nicht kritisierbarem Gehalt über die universellen ethischen Maximen bis zu den lebensweltlich konkreten sozialen Normen ist also eine gleitende Skala abnehmender Reichweite der Geltung verschiedener Typen von Regeln anzunehmen. Sie erfüllen material alle das Modell regelgeleiteten Handelns und sie sind in der objektiven Hermeneutik alle als bedeutungsgenerierende Regeln zu berücksichtigen« (S. 32).

Wie sind die dem theoretischen Ansatz der *objektiven Hermeneutik* vorausgesetzten objektiven, universellen Regeln – so sie nicht in der Erfahrungswelt aufgefunden werden können – zu begründen? Die reine Regel, wenn man so will, tritt empirisch nicht in Erscheinung, sondern immer nur der konkrete historische Einzelfall, von dem aus auf die »objektive Existenz« einer absoluten Regel geschlossen werden muß. Und dies nur, so mein Eindruck, in einem logischen Schlußverfahren. Die Begründung für die Entdeckung des Einzelfalls als Fall einer Regel ergibt sich aus dem Umkehrschluß. Das heißt dann aber, daß der Einzelfall eine »historisch-konkrete spezifische Ausformung« der Regel ist und nur adäquat ausgelegt werden kann *vom* vorgängigen Begriff der Regel her. Von einem *deduktiven* Schlußverfahren distanziert sich allerdings Oevermann, indem er gegenüber seinen Kritikern bestreitet, daß »erst eine nomologisch deduktive Applikation einer explanativen Sprachtheorie wissenschaftlich die Berufung auf bedeutungsgenerierende Regeln (rechtfertige)« (S. 33). Oevermann behauptet vielmehr, ganz auf eine theoretische Ableitung verzichtet zu haben und »sich auf ein intuitives Wissen über sie« (die Regel) zu stützen. Es stellt sich aber doch die Frage, inwiefern es einen empirischen Zugriff auf universelle Regeln gibt, wo doch theoretisch vorausgesetzt ist, daß das Erlernen einer Umgangssprache nicht auf rein empirischem Wege vor sich geht. Darüber hinaus sehe ich das Problem, ob nicht eine nicht-subsumtionslogische Erfahrungswissenschaft den Vorgriff auf generelle Regelhaftigkeit *als Erfahrung* nachweisen muß. Wie wir sehen, gelingt weder der *empirische* Nachweis von Universalität noch der von Regelgeleitetheit. Die Logik, die das Wirken universeller Regeln theoretisch herleitet, ist schlichtweg zirkulär. Oevermann spricht von der »Dialektik von Universalität und Historizität sozialer Ereignisse«. »Damit empirisch gehaltvoll universelle Regeln oder Strukturierungsgesetzlichkeiten rekonstruiert werden können, muß die Analyse immer ihren Ausgang von der Rekonstruktion historisch konkreter Einzelfälle nehmen, in denen sie als normative Regeln zum Ausdruck gekommen sind. Vice versa läßt sich die Strukturierungsgesetzlichkeit konkreter historischer Einzelfälle nicht ohne Rücksicht auf die an ihrem Bildungsprozeß generativ beteiligten universellen Regeln und Strukturierungsgesetzlichkeiten erklären« (S. 33). Die ganze Argumentation beruht auf der einzigen Behauptung des »absoluten« Regelgeleitet-Seins sozialen Handelns. Mit anderen Worten: die »linguistische Kompetenz« geht jedem konkreten Sprechen und Handeln (Sinnerzeugung) immer schon als die Bedingung von deren Möglichkeit voraus. Damit wird die Sprachkompetenz ausgeweitet auf den gesamten Bereich des sozialen Handelns. Jene wird zum Paradigma, »Handeln und Sinn« soziologisch zu interpretieren. Aber es ist nun wesentlich, nicht von Sprechen als formaler Kompetenz der Bildung richtiger Sätze, sondern von *Verstehen* und *Auslegen* als praktisches Können und Sich-Orientieren her die soziale Welt aufzufassen.

»Die *Verwirklichung* der Sprachkompetenz dokumentiert aber evolutionär in jedem Fall den Sprung zwischen dem nun ›Mensch‹ zu benennenden Wesen und seiner Herkunftsnatur: Mit der Überhöhung der Wirklichkeit durch die sie *benennende* Sprache wird eine vorantreibende Spannung geschaffen und sind wahrscheinlich überall neue, aber begrenzte Wirklichkeiten für den/die Menschen entstanden« (Claessens 1980, S. 21). Claessens behauptet, daß evolutionsgeschichtlich die bloße Sprachkompetenz noch nicht dazu berechtige, vom Menschen zu sprechen. Erst durch die Verwirklichung der Kompetenz im konkreten Sprechen *über etwas* »existiert« der welt-schaffende Mensch. Das Miteinander der Menschen in der Welt liegt der Sprache als grammatikalisches Neutrum schon voraus. Und auch nicht die Sprache als bloße apparative Verfügbarkeit macht aus der Horde Gemeinschaft. »Erst wo Rede ist, kann es Antwort, ›Verantwortung‹ geben, kann und muß der Einzelne seiner Gemeinschaft ›Rede und Antwort stehen‹« (Kamlah 1949, S. 154). »Sprachkompetenz« an sich ist als »natürliche Anlage« aufzufassen, die sich evolutionsgeschichtlich »entwickelt«, das heißt sich an das umständehalber Notwendige und Nützliche anpaßt. Das situative Vermögen der »Anlage« ist dann der wesentliche Schritt in der vorgeschichtlichen Menschwerdung.

Aber auch wenn wir uns von der Sprachphilosophie darüber belehren lassen, was wir über das Beherrschen einer konkreten Sprache bei Kleinkindern erfahren können, finden wir keinen Hinweis, der die Hypothese Oevermanns bestätigen könnte. So heißt es etwa in der *Philosophie der Sprache* bei Julius Stenzel: »Freilich sehen wir Sprache im Kinde ›entstehen‹; es spricht ›bereits einiges‹, es lernt hinzu. Aber zunächst besteht der grundsätzliche Unterschied, daß das Kind in eine bestehende Sprachgemeinschaft hineinwächst und zuerst durch Nachahmung eines Stückes der fertigen Sprache anderer sich bemächtigen kann. Aber der Unterschied zwischen dem ›Nachplappern‹, d. h. der Fähigkeit zur physischen Artikulation und dem eigentlichen Sprechen aus eigenen Ausdrucks- und Bedeutungsintentionen ist einerseits wesensmäßig unüberbrückbar, andererseits ist der Zeitpunkt des Überganges nicht beobachtbar; auch das Kind hat sprechen gelernt, sobald es spricht; so gewiß es ist, daß wir bis an unser Lebensende nicht aufhören, Neues im Sprechen zu lernen, so gewiß ist mit dem Artikulieren aus eigenem Meinen heraus die wesentliche Phase der geistigen Entwicklung des Kindes schon vollzogen« (1934, S. 21).

Es ist hier sicherlich sinnvoll zu unterscheiden zwischen dem *Sprechen*-können und dem sprechen-*Können*. Letzteres ist eine nur den Menschen auszeichnende Fähigkeit, die sich jeder Mensch erst im Umgang mit den anderen und den Dingen erwerben muß. Von dieser Fähigkeit hängt all sein anderes Können ab (vgl. Kamlah 1973, S. 64). Nur durch langes Einüben und schließlich müheloses Beherrschen entwickelt sich dieses Können als eine Art von »Sprachkompetenz«, ohne daß sich eine Regelgeleitetheit feststellen läßt. In welchen Wendungen je situativ das richtige Wort durch sinnfälliges Betonen gebraucht und das je Gemeinte getroffen wird, dies läßt sich nicht durch »gesollte« Regeln bestimmen. Man hat es schließlich gelernt, insofern es einem in Fleisch und Blut übergegangen ist.

Der linguistische Formalismus, der unterstellt, »daß die Regeln für den Gebrauch tatsächlicher Äußerungen prinzipiell vollständig formalisierbar sind«, ist in sich unhaltbar (Dreyfus 1985, S. 150). Wenn jedes sinnvolle Handeln auf die Anwendung einer Regel zurückgeht, das heißt jedes sinnvolle Verhalten regelgeleitet sein muß, dann müßte auch nach der Regel gefragt werden können, die wir beim Anwenden der Regel anwenden. Aber diese erkenntnistheoretische Annahme führt zu einem unendlichen Regreß von Regeln. »Für eine vollständige Theorie der praktischen Fähigkeiten von Sprechern braucht man nicht nur grammatische und semantische Regeln, sondern darüber hinaus Regeln, die es einer Person (...) ermöglichen würden, den Kontext zu erkennen, in dem die Regeln angewendet werden müssen. So muß es Regeln geben zum Erkennen der Situation, der Absichten der Sprecher usw. Aber sobald die Theorie weitere Regeln fordert, um die Anwendung dieser Regeln zu erklären, (...) befinden wir uns in einem unendlichen Regreß« (Dreyfus 1985, S. 151). Dieser linguistische Formalismus müßte dann freilich auch eine »Theorie für einen lokalen Kontext« (Dreyfus) bereithalten, die unseren umsichtigen Umgang mit den Erfordernissen der konkreten Situation durch Regeln erklärt. Aber erst die uns orientierende *Übersicht* des situativen Kontextes kann die Frage beantworten, was uns tatsächlich leitet.

Könnte aber jemand handeln und sprechen, so fragen wir weiter mit Wilhelm Schapp, der nicht schon in Geschichten verstrickt ist? Haben Sätze Bedeutung außerhalb von solchen Geschichten? Oder fragen wir mit Ludwig Wittgenstein: Ist ein Satz sinnvoll, der *nicht* »Zug« in einem Sprachspiel ist? Die formale Sprachtheorie geht vom Satz und seinen Bestandteilen aus. Die Grammatik könnte an einem Satz wie »Die Königin ist krank« nichts auszusetzen haben. Der grammatischen Sprachtheorie geht es um grammatikalisch richtig gebaute Sätze auch von großer Komplexität. Sie transformiert den vorgegebenen Satz in alle möglichen »Bedeutungsvariationen« und kann so die syntaktische Mehrdeutigkeit eines Satzes überwinden. Die Sprachtheorie bezieht ihren Übungssatz auf ein Allgemeines, auf eine universelle Regel. Nur über diesen Umweg kann sie mögliche syntaktische »Deutungen« angeben. Sie bleibt notwendig auf den *einen* Satz bezogen. In der »Geschichtenhermeneutik« Wilhelm Schapps ist dieser Umweg nicht notwendig und auch falsch. Denn mit dem Satz »Die Königin ist krank« ist nichts Allgemeines gemeint. Es sollen ja nicht einzelne Worte als Bestandteile eines Satzes, sondern der *Sinn* des Satzes soll vernommen werden. Aber einen Sinn besitzt der Satz erst in einer Einzelgeschichte. Wir könnten auch nach der Geschichte des Grammatikers forschen, der diesen Satz als Schulbeispiel ausgewählt hat. Sein Versuch, den isolierten Satz in Griff zu bekommen, wäre ein Bestandteil dieser Geschichte, der nur vor dem Hintergrund seiner ganzen Geschichte einen Sinn bekäme. Es hat aber keinen Zweck, eine Geschichte in isolierte Sätze als in seine Bestandteile aufzulösen. Wie man nicht zum Löwen als Individuum kommt, wenn man erst ihn auf einzelne Bestandteile wie Herz, Lunge, Haut usw. reduziert, um anschließend zu versuchen, ihn aus den isolierten Merkmalen zusammenzusetzen. Damit muß immer die Ganzheit des Löwen aus dem Blick geraten.

Ein Satz wie »Die Königin ist krank« findet nur in einer Geschichte seinen Halt. Er ist »außerhalb der Geschichte nur eine Hülle oder Hülse. Wenn man einen solchen Satz untersucht nach irgendeiner Richtung, so muß man zunächst die Vorfrage entscheiden, was dann eigentlich noch das Objekt für die Untersuchung ist, wenn man einen solchen Satz auf den Isolierschemel setzt. Wir meinen, daß jeder individuelle Satz, oder, was dasselbe ist, jeder Satz, der sich auf etwas Konkretes bezieht, erst in einer Geschichte seinen festen Ort erhält und damit an dem eigentümlichen Sein der Geschichte teilnimmt, daß er aber außerhalb der Geschichte den Halt verliert, den die Geschichte gewährt, und daß er außerhalb der Geschichte auch kein Untersuchungsobjekt mehr ist, wenn er aus dem lebendigen Fluß der Geschichte herausgenommen wird« (Schapp 1985, S. 176). Das Problem ist, daß wir von einem Satz nicht auf einen eindeutigen Sachverhalt schließen können. Die gleiche Problematik hat auch Wittgenstein (vgl. 1982, § 99) gesehen: »Ein Satz kann mehrere ›Sinne‹ haben, und was er im konkreten Fall ›besagt‹, ist nur aus dem Kontext seiner Anwendung zu ersehen« (Zimmermann 1975, S. 106).
Jede Hermeneutik muß sich dem Problem des Verstehens stellen, wobei es gerade die Hermeneutik auszeichnet, daß sie »Verstehen« nie in einen Dualismus mit »Erklären« verwickelt. Jeder, der in eine Muttersprache sozialisiert ist, versteht ohne jeglichen methodischen Aufwand, was in dieser überhaupt umgangssprachlich ausgedrückt werden kann. Oevermann folgert daraus, daß es *innerhalb* einer Einzelsprache relativ problemlos ist, »das notwendige Wissen um die lebensweltspezifischen, charakteristischen Regeln und Normen« für eine soziologische Untersuchung beizubringen. Man bedient sich als Forscher explizit seines eigenen Regel- und Normenwissens. Darin sieht Oevermann jedoch einen »Mangel«, insofern der Forscher selbst gar nicht »gezwungen« ist, die hinter dieser unmittelbar zugänglichen Oberfläche verborgenen universellen Regeln und Strukturgesetzlichkeiten aufzudekken. Bei der Erforschung fremder Kulturäußerungen besteht demgegenüber gerade das Problem der Überwindung des kulturellen und/oder historischen Abstands. Insofern nun Oevermann die Existenz universeller Regeln unterstellt, erscheint ihm dieser Abstand nur auf der vordergründigen Ebene des konkreten Textes. Der »objektive« Hermeneut muß diese Regeln explizieren. »Will er diese entfernten Gegenstände verstehen, dann muß er

gezwungenermaßen sich ihnen auf der Ebene von bedeutungsgenerierenden Regeln nähern, die sie mit seiner eigenen Kultur teilen« (Oevermann 1986, S. 35). Aber damit gelingt auch dem »objektiven« Hermeneuten nicht, jegliches kulturspezifische Verstehen einzuklammern. Denn die »bedeutungsgenerierenden Regeln« muß auch er erst einmal, seine kulturspezifische Einzelsprache gebrauchend, verstehen, um sie dann in »objektiver« Absicht analytisch anzuwenden. Auch universelle Regeln können nur in einer konkreten Einzelsprache ausgedrückt werden.

Aber auch wenn ihm diese Epoché gelänge, was unwahrscheinlich ist, muß bezweifelt werden, ob damit der Prozeß verständlich und sinnvoll beschrieben ist, wie wir das Verhalten eines Fremden verstehen können. Einleuchtender als der ontologische Rückgriff auf angeborenes Regelbewußtsein scheint mir hier die Beschreibung Donald Davidsons, was eine »vorläufige Theorie« ist. Davidson sagt, daß die Annahme aufgegeben werden muß, daß »eine Grenze (bestehe) zwischen der Kenntnis einer Sprache und der Fähigkeit, uns überhaupt in der Welt zurechtzufinden« (Davidson, zitiert bei Rorty 1991, S. 39). Man muß schon »die Vorstellung von einer klar bestimmten, gemeinsamen Struktur aufgeben, die die Benutzer einer Sprache beherrschen und dann auf Fälle anwenden« (S. 39), um eine »vorläufige Theorie« ins Auge fassen zu können, was der andere in einem bestimmten lokalen Kontext tun wird. Wildfremde Menschen begegnen sich mit stets verbesserungsfähigen und erweiterbaren »Theorien«, und eine Verständigung wird sich um so eher ergeben, je mehr sich die gegenseitigen Konzeptionen und Erfahrungen im Umgang einander nähern. »Alles, was zwei Leute brauchen, um einander beim Sprechen zu verstehen, (besteht) in der Fähigkeit, sich in vorläufigen Theorien von Äußerung zu Äußerung einander anzunähern« (Rorty 1991, S. 39).

Man wird dem lebendigen Prozeß der *Verständigung* nicht gerecht, wenn man eine geregelte Vor-Bestimmtheit sprachlicher Äußerungen auf Grund eines (grammatischen) Regelwissens unterstellt. Die Sprache zeichnet sich doch gerade durch die »Unbestimmtheit des einzelnen Wortes« aus; »sie zu verdecken, ist merkwürdigerweise die eigentliche Leistung der Sprache. Denn ihre Aufgabe ist die Verständigung, ›daß man weiß, was mit jedem Worte gemeint ist‹. Das ist so selbstverständlich, daß den wenigsten, die eine Sprache lebendig gebrauchen, je zum Bewußtsein kommt, daß es in der Sprache vielleicht kein einziges eindeutiges, einen fest umrissenen Begriff bezeichnendes Wort gibt, sondern jedes Wort für sich unübersehbar abgestufte ›Bedeutungen‹ haben kann und haben muß, wenn es für den Zweck der Sprache tauglich sein soll. Nur solange wir das Lexikon zu Rate ziehen, merken wir es nicht, daß wir gerade von den Begriffsgrenzen der Worte der eigenen Sprache kein ›Wissen‹ haben (...)« (Stenzel 1934, S. 16). Bestimmtheit der Worte und lebendiger Gebrauch der Sprache sind für das Ereignis der Verständigung untrennbar. Deshalb kann von der *Situationsbezüglichkeit* des Sprechens und Verstehens nicht abstrahiert werden: »Jedes Wort erhält erst aus dem in den konkreten Sprachsituationen immer vorauszusetzenden Sinnzusammenhang seine Bestimmtheit« (S. 16).

Wenn ich mit dem Verstehen und Auslegen beginne, so ist beiden *Praxis* immer schon vorausgegangen. Ich verstehe die Rede des anderen oder auch sein Verhalten, sein Tun. Meine Aufmerksamkeit richtet sich dabei gewöhnlich nicht auf das Herauslösen irgendeiner Regel, sondern auf den *Sinn* des Tuns und Lassens selbst. »Normative Bindung« hat für uns deshalb auch nicht eine Regel als solche, sondern die Regel wird immer erst durch eine *Praxis* bindend. »Es gibt keine Rationalität, auch keine moralische Rationalität, die uns unabhängig von Praxis wirklich binden könnte« (Rossvaer 1986, S. 199). Immer müssen wir auf Beispiele oder Sprachspiele verweisen, wenn wir die »Normativität« von Regeln untersuchen wollen. Beispiele und Sprachspiele sind vorzüglich dafür geeignet, die Praxis der »Regelbindung« zu beschreiben. Nie kann dabei auf eine Regel als solche gestoßen werden. Die meisten »Regeln«, auf die wir uns im Umgangshandeln verstehen, sind nicht ausdrücklich formulierbar. Man hat sie gelernt, insofern man in bestimmte Situationen geraten ist, in denen ihre Beherrschung oder Nichtbeherrschung zur Sprache gekommen ist. Der norwegische Philosoph Tore Nordenstam hat vorgeschlagen, von »offenen Regeln« (im Gegensatz zu »geschlossenen«, ausdrücklich formulierbaren Rechtsregeln) zu sprechen, da es sich um bestimmte *Fertigkeiten* handelt, die man sich in der Umgangserfahrung mit der Zeit erwirbt. »Es wird von der handelnden Person ein gewisses Maß an Erfahrung und guter Urteilskraft verlangt, um herausfinden zu können, wie man von den gegebenen Beispielen auf neue Situationen schließen kann. Im Fall solcher Regeln, die gute Urteilskraft und Erfahrung von Handeln-

den voraussetzen, kann man von offenen Regeln sprechen« (Nordenstam 1986, S. 328). Damit hat Nordenstam den epagogischen Weg der Erfahrung beschrieben, in dem das Vorwissen einzig die Bedeutung hat, die neue Situation fürs erste zu erfassen. Werden nun darin neue Erfahrungen möglich, so gehen sie wiederum ein in das gesamte Vermögen des Handelnden.
Das Verstehen, das sich hier überall und sozusagen unkontrolliert sein Recht verschafft, geht jedem Zugriff auf noch nicht Bekanntes als Vorwissen voraus. Ohne irgendein Vorwissen kann man sich nicht auf etwas Neues richten. Immer kommt man irgendwo her und will irgendwo hin. Auch eine »Erkenntnis der tieferen Strukturierungsgesetzlichkeiten und Regeln« ist nur möglich, insofern man schon etwas weiß. Erst nachträglich läßt sich die Hinsicht explizit machen, die für das jeweilige Verstehen leitend war. Verstehen kann man immer nur »von sich her« und nicht von einem objektiven Standpunkt universeller Regeln, den man *selbst* ja erst einmal verstehen müßte. Es ist deshalb m. E. nicht richtig, das »Vorwissen über die eigene Kultur« als einen »Schleier« aufzufassen, »der sich vor die Erkenntnis (...) legt« (Oevermann 1986, S. 35). Fraglich ist ebenfalls, ob dieses Vorwissen genau genommen ein »Vorwissen über die eigene Kultur« bedeutet. Dies soll jetzt noch nicht weiter untersucht werden.
Oevermann glaubt nun in Fortsetzung seines Verständnisses von »Vorwissen«, es sei möglich, dieses »trügerische Vorwissen« zu ignorieren, ja es zu vermeiden, das heißt im Sprechen und Verstehen darauf zu verzichten. Dies soll dem »objektiven« Hermeneuten möglich gemacht werden, »indem er explizit sich auf die Ebene jener Regeln begibt, die er mit seinem Gegenstand teilt, letztlich also auf die Ebene der Kultur und Sinn überhaupt konstituierenden und generierenden universellen Regeln«. Es zeigt sich hier eine weitere Antizipation der *objektiven Hermeneutik*, als sie nämlich das »Vorwissen« als einen unmittelbar verfügbaren Wissensbestand ansieht. Fremde Lebensformen zu verstehen gelingt dann nur, wenn man seine eigene Lebensform überhaupt verläßt, um sich auf einer »lebensformübergreifenden« Ebene bei den generellen Regeln als einzig verbliebener Gemeinsamkeit zu treffen. Der Soziologe erreicht diese Ebene »durch eine Art künstliche Verfremdung seines Gegenstandes, durch die Herstellung einer ›künstlichen Naivität‹ ihm gegenüber« (S. 36). Seine Lebensform verlassen hieße jedoch, jeden praktisch-lokalen Kon-

text einklammern, damit auch jene Wirklichkeit des Theoretisierens, bei der sich Oevermann gerade befindet. So hätte sich allerdings der »objektive Hermeneut« selbst mit wegdefiniert.
Oevermann will also das »Wissen«, das der Soziologe in den Interpretationsprozeß einbringt, einklammern. Das setzt aber die völlige Beherrschung von Wissen, auch die des Vorwissens, voraus. Nur wenn man Wissen als *kognitiv beherrschbaren Gegenstand* auffaßt, könnte dies praktisch gelingen. Tatsächlich jedoch ist für jeden Verstehensprozeß ein *Vorwissen* leitend. *Im Sprechen* macht man Gebrauch von diesem *Vorwissen*. Oevermann meint, wenn er vom »Vorwissen« des Soziologen als praktisch handelndem Alltagsmenschen spricht, einen abfragbaren Wissensbestand, von dem man den anderen in eine bestimmte Kenntnis setzen kann. Aber auch dieses Aussprechen eines hinterlegten Bestands setzt noch ein implizit verfügbares Vorwissen voraus, insofern man bei jedem Sprechen von irgendwo herkommend auf irgend etwas hinaus will, was man vorher schon »weiß«. Das heißt nun aber, daß man niemals vorab über sein Vorwissen verfügt, weil es nicht als Bestand abgelegt werden kann, sondern sich nur »redend« zeigt. Aber im Reden verfügt man nicht darüber. Deshalb ist es berechtigt zu sagen, daß jeder in sein Vorwissen verstrickt ist. Erst nachträglich kann man sich dessen vergegenwärtigen, was beim Reden als Vorwissen leitend war.
Oevermann kann aber nur deshalb das Vorwissen als allgemein verfügbaren Bestand auffassen, als er zugleich den sogenannten »Gegenstand der Untersuchung« aus dem situativen Kontext des bedeutungsvollen Sprechens isoliert. Nur indem man einen »Gegenstand an sich« unterstellt, macht es Sinn, von »übergreifenden Regeln und Normen« zu sprechen. Nur auf der konkrete Lebensformen übergreifenden Ebene treffen sich »Gegenstand an sich« und universelle Regel. Das *Vorwissen* ist aber gerade insofern situationsgebunden, als der Rückgriff darauf eine Hinsicht überhaupt erst ermöglicht, die leitend wird, mit einer Situation fertig zu werden. Die Ermöglichung einer Hinsicht, die nur durch die »Aktualisierung« eines Vorwissens gegeben ist – darin sehe ich das »praktische Problem des Verstehens«. – So aber muß die *objektive Hermeneutik* »ihr« Vorwissen durch Veranstaltung einer Epoché der »künstlichen Naivität« hintertreiben. Durch methodisch inszenierte »Nicht-Berücksichtigung des schon Bekannten«, das heißt als Bestand verfügbaren allgemeinen Wissens einer histori-

schen Lebensform, »bemüht sich der objektive Hermeneut, (...) die fundierende Funktion dieser hinter der historischen Konkretion, in der sie in Erscheinung treten, konstitutionslogisch operierenden kulturübergreifenden Regeln zur Geltung zu bringen und zur Begründung seiner Interpretation einzusetzen« (S. 37).
Es macht weiterhin Probleme, das Verhältnis von genereller Regel und konkretem Fall ausreichend dargelegt zu bekommen. Es liegt wohl zum einen daran, daß Oevermann sich weigert, solche Regeln aus einer noch allgemeineren Theorie zu deduzieren. Da dies ein »Rückfall in Subsumtionslogik« bedeuten würde, stellt er statt dessen in Aussicht, »sich auf das intuitive Regelbewußtsein zu verlassen« (S. 38). Jede Explikation von universeller Sprachregel setzt diese immer schon voraus. Man kann also schlechterdings eine Regel nicht in ihrem materialen Gehalt kritisieren, da jede Kritik diesen Gehalt zwangsläufig benutzt. Aber sprechend verfügt man nicht über irgendeinen anonymen Apparat, sondern über *sein* Sprechen. Und zu sprechen vermag man nur, insofern man schon versteht. Kleinkinder verstehen schon immer viel mehr, als sie ihren »Sprachapparat« tatsächlich schon benutzen könnten. Nicht das Sprechen ist die Bedingung der Möglichkeit von *Sinn*, sondern das *nicht-methodisierte Verstehen* ist die ursprüngliche und elementare Leistung des Menschen (vgl. z.B. Bollnow 1949, S. 95). Darin zeigt sich nun überhaupt die Unmöglichkeit, »Sinn« grammatikalisch, das heißt aus Satzbestandteilen, erklären zu wollen. »Die Hauptschwierigkeit grammatischer Erklärungen ist doch immer die, daß mit der rätselhaften Willkür die Sprache das Wesentliche (...) oft unausgedrückt läßt, dann wieder einmal selbstverständliche Dinge mehrfach zu bezeichnen scheint, weil die Grammatik die feineren Unterschiede zu fassen kein Mittel hat« (Stenzel 1925, S. 54f.). Stenzel verweist auf die frühen sprachphilosophischen Untersuchungen W. v. Humboldts, in denen dieser auf die *fortdauernde* Bedeutung von sozusagen vorgrammatischen oder sogenannten »ursprünglichen Sprachen« hinweist. »Was Humboldt als das einfache Geheimnis ursprünglicher Sprachen bezeichnet und als den Weg sie zu enträtseln, ›mit gänzlicher Vergessenheit unsrer Grammatik das in sich Bedeutende unmittelbar aneinanderreihen‹, das bleibt in allen Sprachen auch die allgemeinste Grundlage des Verstehens überhaupt« (S. 56). Weder Verstehen noch Sprechen sind nachträglich irgendeines Wissens grammatischer Regeln.

Für die Rekonstruktionslogik der *objektiven Hermeneutik* wird also gar nicht eine explanative Theorie universeller Regeln gebraucht, sondern man verläßt sich bei der Inanspruchnahme dieser Regeln »auf unser intuitives Urteil der Angemessenheit« (Oevermann 1986, S. 37). Es sollen ja auch nicht die Regeln rekonstruiert werden. Vielmehr geht es »um die Rekonstruktion der konkreten latenten Sinnstrukturen« (S. 37). Dabei verläßt man sich dann allerdings auf das intuitive Regelbewußtsein der Interpreten. Aber so einfach ist dieser Verzicht auf Explikation dieser Regel, mit deren »Existenz« der theoretische Ansatz der *objektiven Hermeneutik* steht und fällt, wiederum doch nicht. Denn das für eine Interpretation in Anspruch genommene intuitive Urteil kann letztlich nur durch Aufweis der »zugrundeliegenden Regeln« gesichert werden. Diese Explikation hat die »Form der sukzessive höhere Grade der Explikation annehmenden Rekonstruktion der in das intuitive Urteil eingehenden Regeln und Normen« (S. 38). Bei dieser Rekonstruktion geht es nun darum, einer erzählten konkreten Fallsituation *die* »Erfüllungsbedingungen« gedanklich-experimentell beizugeben, die gewisse Äußerungen *sinnvoll* machen. Bei der Aufstellung der konstruierten Liste von Erfüllungsbedingungen wird nun intuitiv auf generative Regeln zurückgegriffen. Aber die Reflexion auf eben diese Erfüllungsbedingungen, insofern sie nämlich im Urteil der Interpreten zum vorgelegten Fall passen, läßt dann die »tatsächliche objektive Sinnstruktur einer Handlungskette« erkennen. »Es kommt also bei der Begründung der Geltung einer Interpretation auf die Richtigkeit der gedankenexperimentellen Konstruktion der Erfüllungsbedingungen wesentlich an« (S. 39).

Aber wir sollten, bevor uns dies verloren geht, sehen, wie hier über »Sinn« gesprochen wurde. Welche Bedingungen müssen gegeben sein, das heißt expliziert werden können, damit eine *Äußerung* sinnvoll erscheint? Sinnvoll macht eine Äußerung offensichtlich erst die *Explikation* sogenannter »Erfüllungsbedingungen«. Insofern nun der Interpret selbst alle möglichen Bedingungen rekonstruiert, bis irgendeine auf den konkreten Kontext paßt, dann ist nicht eigentlich die vorgelegte Situation auf ihren Sinngehalt hin ausgelegt, sondern die Interpretation wird bezogen auf ihre Angemessenheit geprüft. Die erst intuitiv, dann explizit gehandhabte generelle Regel ist letztlich das Maß, an dem sich eine Interpretation bewähren muß. Das Maß selber ist also nicht in dem vorgelegten Fall zu entdecken, insofern der Beschluß der den Fall umgebenden Situation auf Umstände und Möglichkeiten hin untersucht wird, sondern das Maß, nämlich die Regel, ist prinzipiell unabhängig vom konkreten Fall. Die Regel läßt sich idealtypisch darstellen, wozu »regelgerechte« Beispielsfälle gedankenexperimentell konstruiert werden können (vgl. S. 41). Das Kriterium der richtigen Regelauslegung wird schließlich in einem Begriff des »vernünftigen Handelns« gefunden, das einem »Modell von praktischer Vernunft« entnommen ist. Es fehlt der *objektiven Hermeneutik* offensichtlich ein Kriterium, den jeweiligen Fall auf *sein* Wesentliches hin zu verstehen. *Sinnvoll* ist ein Satz für die soziologische Beispielhermeneutik im Zusammenhang einer Mitteilung, insofern der Interpret die Hinsicht der Rede nachvollziehen kann. Die Hinsicht ist das, auf was der Sprecher hinaus will. Sie vollzieht sich am Mitgeteilten. Nur indem man das Mitgeteilte sich-begegnen läßt, versteht man auf die leitende Hinsicht hin. Der Sinn stößt dem Interpreten zu, indem der Interpret auf den Sinn stößt. Die Hinsicht explizierend, kann dem Interpreten der Sinn des Falls zufallen. Nur sofern der Interpret schon etwas verstanden hat, kann er dann versuchen, die ihm zugefallene Sicht »als Sinn des Falls« nachträglich auch zu explizieren. Jedes Sinnverstehen ist »plötzlich« da – es kann nicht methodisch veranstaltet werden. Was man indes anderen durch eine wissenschaftliche Methode zeigt, ist eine Vorführung dessen, was man selbst »anders« längst schon verstanden hat. Dieses »ursprüngliche« Verstehen – aufgrund des Miteinander-Seins in der Welt und bei den Dingen von Textproduzent und Interpret – wird »objektiv hermeneutisch« schon gleich methodologisch übersprungen zugunsten einer »sachhaltigen Rekonstruktion von Sinnstrukturen«.

Der *objektiven Hermeneutik* geht es in erster Linie um die Hebung von objektiven Sinnstrukturen. Sie sind als methodologischer Vorgriff leitend für alle folgenden methodischen Prozeduren. Diese Sinnstrukturen konstituieren sich nach generativen Regeln durch »Texte«. Jede Interpretation beginnt mit der Rekonstruktion der objektiven latenten Sinnstruktur von Texten. »Materialer Träger« von latenten Sinnstrukturen von Handlungsketten sind den Interpreten vorgelegte Texte, »die wir jeweils als Protokolle konkreter sozialer Abläufe zur Verfügung haben« (S. 45). Obwohl auch nicht-sprachliche Protokolle für die *objektive Hermeneutik* analysefähig sind, spielt doch das spezifische Verständnis von Sprache die zentrale Rolle. Oevermann faßt »Sprache als das ausgezeichnete System von Regeln und Elementen der Symbolisierung und des Ausdrucks« auf, »das überhaupt erst die Konstitution von Bedeutungsfunktionen naturgeschichtlich gesehen ermöglicht und damit die voll ausgebildete sinnstrukturierte soziale Handlung allererst in die Welt treten läßt« (S. 46). Oevermann gibt uns zu verstehen, daß wir immer auf die Sprache als System von Regeln achten sollen, damit uns einleuchtet, daß so etwas wie Sinn und Bedeutung in der Welt möglich wird. Damit ist aber die Möglichkeit, Sprechen und Handeln als sinnvolle Tätigkeit des Menschen anzusehen, zunächst, wie Oevermann selbst betont, »naturgeschichtlich gesehen« (S. 46). Dagegen betont die soziologische Beispielhermeneutik, daß jene Möglichkeit nicht »im« Menschen liegt, wie zu sprechen und zu verstehen »in« ihm liegen. Der Sprechapparat »kommt« am Menschen »vor«. Der Soziologe interessiert sich aber nicht für das Sprechen-an-sich als Betätigung einer Sprachapparatur. Sondern erst die Interpretation des Sprechens als ein Tun, das dem Erfahrenen Sinn gibt, ermöglicht die »verstehende Soziologie«. Und genau dieser Zusammenhang von Sprechen und Verstehen als sozusagen mitweltliches Ereignis wirft das entscheidende Licht auf so etwas wie Sinn und Bedeutung. Dagegen konstruiert Oevermann eine Vergleichbarkeit zwischen Sprache als System und sinnstrukturierter sozialer Handlung.

Daß jedoch »die sinnstrukturierte Handlung als solche (wie Oevermann sagt) durch Sprache, eben als Sprechhandlung grundsätzlich eingerichtet ist«, unterstellt eine Kausalitätsbeziehung von Sprache an sich und Sprechhandlung, die nicht nachvollzogen werden kann. Nicht Sprache »konstituiert« Bedeutungsfunktionen, wobei ich auch nicht weiß, was solche Funktionen eigentlich sein sollen. Man hat ja doch nicht zunächst »Sprache« als bedeutungslose Ansammlung irgendwelcher »Ausdruckmaterialitäten« zur Verfügung, mit deren Hilfe man dann sinnstrukturierte Handlungen oder Sprechhandlungen mit Bedeutungsfunktionen versehen kann; so als ob auf eine zunächst leere »Handlungs-Struktur«, deren Modell immer analog dem Modell der Sprache an sich gebaut ist, »Sinn« bloß aufgesteckt und eingepaßt werden müsse. Dieses »konstitutionslogische Verhältnis zwischen Sprache und Handlung« ist unhaltbar. »Wir haben keinen Grund zu der Annahme (...), daß alle Fakten über eine Situation, die wir aussprechen können, schon unbewußt in einer ›Modellstruktur‹ enthalten sind oder daß wir jemals unsere Situation völlig explizit machen können, selbst wenn wir es versuchten« (Dreyfus 1985, S. 158). Die Probleme, mit denen sich Oevermann herumplagen muß, ergeben sich erst dadurch, daß er versucht, den ganzen Kontext menschlicher Praxis in ein formales System zu übertragen. Er muß nämlich Sprache *und* ihre Verwendung, was Wittgenstein Lebensform genannt hat, erst formalisieren, um eine Situation »von außen« erkennen zu können.

Die »Realisierung« von Bedeutung und Sinn ist nicht nachrangig zum immer schon Verfügen über »Sprache als System von Regeln«. Die sogenannten Regeln der Sprache »konstituieren« auch nicht das sinnstrukturierte Handeln. Sofern wir überhaupt in eine Welt und Muttersprache hineingeboren sind und uns in ihr immer schon *verstehend* zurechtfinden, finden wir diese Welt als eine gemeinsame mit anderen vor. Darin betreffen wir uns als in einer bestimmten *Lage* uns findend. *Handeln* ist Antwort auf diese Lage. Wir verstehen, sprechen und handeln immer nur aus dieser Lage heraus und auf ihre Möglichkeiten hin. Eine »Strukturanalyse« ist hier insofern möglich, als sie das Verhältnis oder besser: die Wechselwirkung von vorgegebener Lage, die je verstanden und ausgelegt niemals erst »sinnleer« ist, und deren weiterer Gestaltung durch das Handeln untersucht. Es gibt hier einen nichthintergehbaren Zusammenhang von Vorgegebenheit und Umgestaltung, deren Bezogenheit aufeinander selbst wieder nur bezüglich eines konkreten geschichtlich handelnden Menschen sich vollzieht. Diese Geschichtlichkeit »ist« nichts anderes als der »Gang der Erfahrung« selbst. Bezogen auf Sprache und Verständigung heißt dies, daß sich das konkrete Sprechen innerhalb einer kaum bewußten Begriffsgrenze der Worte situativ entscheiden muß, wie es seine Worte gestalten will. Was *die* Sprache an einzelnen Wortbedeutungen vorgibt, ist relativ unbestimmt. Erst das situative Sprechen rückt die »an sich schwankenden, mehrdeutigen Einzel›bedeutungen‹« fest: »Bei richtiger Wortwahl fügt sich das einzelne Wort dem Ton, den die ganze Situation erfordert. Da die konkrete Situation einmalig ist, so müssen die Worte innerhalb jener angedeuteten Grenze fügsam, gleichsam elastisch bildsam sein« (Stenzel 1934, S. 48).

Und man kann noch einen Schritt weitergehen und feststellen, daß alles Verstehen dessen, was dem Menschen in der Welt begeg-

net bzw. auf was er in der Welt trifft, ein *gemeinsames* Verstehen ist, insofern nämlich die gemeinsame lebendige Sprache *mögliche* Bedeutungen als »sichtende« Konzeptionen vorhält, die der Mensch im situativen Handeln als »gekonnte« Konzeptionen *praktisch* vollzieht. Solche Konzeptionen des »richtigen« Ergreifens der Situation sind aber niemals »Konstruktionen«! Daß Konzeptionen im Beschließen von Situationen, in die der Mensch verstrickt ist, vollzogen werden, bedeutet, daß das gemeinsame Verstehen zugleich ein *Sich*-Verstehen ist. Nirgends begegnet einem »Sprache an sich« als offenes Strukturmuster, deren noch leere, aber wohl vorgestanzten Hohlräume das handelnde Ich dann »regelgerecht« mit dem Sinn-Material seines Tuns auffüllt. »Sprache an sich« wird dann zu der Instanz, der man die je zufällig anfallenden Ausdrucksmaterialien zur Prüfung vorlegt. Ich denke, dies wird letztlich noch deutlicher werden, wenn man – mit Oevermann zunächst – danach fragt, *wovon* denn nun eigentlich der dem Interpreten vorliegende Text Ausdruck ist.
Sprachliche oder nicht-sprachliche »*Protokolle*« repräsentieren die Textförmigkeit sozialer Wirklichkeit und sind darum mehr als bloße Verweisungen auf diese Wirklichkeit. Diese Behauptung trifft nicht nur das dem Interpreten vorgelegte Material und damit die Voraussetzungen der soziologischen Methodologie, sondern auch die Interpretation selbst, die ebenfalls als ein Protokoll sozialer Wirklichkeit aufgefaßt werden soll. Ein Unterschied zwischen »Text« und »Protokoll« ist nicht wesentlich. »Protokolle« stellen grundsätzlich immer auch »Texte« dar, die »latente Sinnstrukturen generieren« (Oevermann 1986, S. 48). Viel interessanter ist jedoch folgende Antizipation, die das »dialektische Verhältnis von Ausdrucksgestalt und Lebenspraxis« aufnimmt. Erst jetzt wird nämlich vollends deutlich, warum Oevermann eine Theorie der sprachlichen Kompetenz voraussetzen muß. Mit dieser Theorie ist nämlich das »Ideal der praktischen Vernunft«, mithin das Ideal der Linguistik, als das Frühere gegenüber der »vernehmenden Vernunft« (Kamlah) und dem situativen Umgangshandeln proklamiert. Jeder historisch-konkrete Ausdruck von Lebenspraxis erscheint so zwangsläufig »beschädigt«, wenn er nämlich gemesssen wird an diesem Ideal. Und dieses Messen am Ideal ist das eigentliche Geschäft der *objektiven Hermeneutik*. »Wie immer auch die Lebenspraxis selbst beschädigt sein und vom Ideal der praktischen Vernunft abweichen mag, das Protokoll, das diese

Beschädigung oder Abweichung festhält, ist selbst immer eine gültige Ausdrucksgestalt dieser Lebenspraxis« (S. 48). Nicht nur das Umgangshandeln soll also dieses Ideal zum Voraus haben, sondern – »natürlich« – auch das objektive Messen dieser Differenz durch den Interpreten. »Mit dieser Differenzierung erst läßt sich erkennen, daß die Gültigkeit der Ausdrucksgestalt zugleich auch einen Vorgriff auf die wiederhergestellte praktische Vernunft, auf die geheilte Beschädigung konstituiert« (S. 48).

Damit ist die *objektive Hermeneutik* zur »Therapie« geraten. Hat die »Kritische Theorie« immer nur »falsches Bewußtsein« ideologiekritisch entlarvt, so will die *objektive Hermeneutik* die beschädigte soziale Lebenspraxis nicht nur konstruktiv erklären, sondern diese heilen lassen. Denn die durch objektive Interpretation aufgedeckten Ausfallserscheinungen von »praktischer Vernunft« verbleiben nicht im Beutenetz der Forscher. Die kranke Lebenspraxis soll selbst zur Einsicht kommen und heilen, so die »Einsicht der Lebenspraxis in die objektive Sinnstruktur ihrer gültigen Ausdrucksgestalt der Weg zu ihrer Selbsttransformation im Sinne der Heilung ist« (S. 48).

Oevermanns Anspruch für *seine* Hermeneutik ist universell. Er soll für die gesamte soziale Wirklichkeit gelten, sofern sie sinnstrukturierte Welt ist. Aber was soll unter »praktischer Vernunft« gefaßt werden? Ich beziehe mich im folgenden auf die Auslegung von Wolfgang Wieland, der auf die »Aporien der praktischen Vernunft« hingewiesen hat. »Der Name der praktischen Vernunft soll hier jenes Vermögen bezeichnen, das mit dem Anspruch auftritt, das Handeln des Menschen gemäß der Weisung allgemeinverbindlicher Normen ermöglichen, begründen und rechtfertigen zu können. Die praktische Vernunft, so verstanden, ist ihrer Idee nach handlungsleitende Vernunft« (Wieland 1989, S. 9). »Praktische Vernunft« als allgemeinster Kontext einer Erkenntnistheorie, die auf der Grundlage genereller Normen regeln und bestimmen will, was im konkreten einzelnen Fall je zu tun ist, muß sich der *Applikationsaporie*, die sie notwendigerweise eingeht, bewußt sein. Denn die »praktische Vernunft« kann nur Geltung und Rechtfertigung allgemeiner Normen *beanspruchen*, die *Anwendung* im Einzelfall kann sie jedoch nicht regeln und bestimmen (vgl. Wieland 1989). Kann aber so gesehen die »praktische Vernunft«, die ja nicht darauf verzichtet, das Handeln unter allgemeingültige Normen zu stellen, das Handeln in allen seinen

Bezügen durch die gesetzte Norm bestimmen? Ist nun damit auch das Allgemeine in der Welt des Handelns getroffen, von dem aus die einzelnen vorgelegten Fälle als Fälle dieser allgemeingültigen Norm ausgelegt werden sollen? Die Fallrekonstruktion innerhalb der *objektiven Hermeneutik* nimmt den einzelnen Fall zum Anlaß – durch eine immer weiter von seiner Konkretion sich lösenden Abstrahierung (»Strukturgeneralisierung«) –, die Interpretation schließlich in einer Strukturhypothese über den Fall münden zu lassen. So wird Richtung genommen »auf einen allgemeineren Typus, auf die Explikation möglicher anderer milieuspezifischer Typen, auf die Strukturlogik der umgebenden Lebenswelt, auf den Bestand allgemeiner generativer Normen und Regeln sowie auf einen allgemeinen bedeutsamen Entwurf lebenspraktischer Lösungen von Problemkonstellationen« (Oevermann 1986, S. 67). Das unmittelbare Erfahren der Dinge in konkreten Situationen hat sich aufgelöst in eine Objektivität des Wissens, die nur im Rahmen von Modellen möglich sein soll. An ihrem Ende hat sich die *objektive Hermeneutik* vom praktisch-lokalen Kontext heruntergearbeitet auf einen letzten, allgemeinsten Kontext, den sie »praktische Vernunft« nennt. Damit ist die menschlich-soziale Lebensform selbst am Ende. Dasjenige, was ich erfahren habe und im Gebrauch der Sprache deute, ist als späterer, zufälliger Zusatz eines an-sich geschichtslosen Sets von formalen Elementen und Kontexten ausgelegt. Demgegenüber machen wir jedoch tagtäglich die Erfahrung, daß die *Dinge* unserer näheren und ferneren Umgebung immer schon in einen sinnvollen Bezugsrahmen eingebettet sind, in dem wir leben. »Sie sind nicht Modelle der Welt, die wir in unserem Geist oder Gehirn gespeichert haben. *Sie sind die Welt selbst*« (Dreyfus 1985, S. 216; Hvhg. im Original). Was die Dinge *mir* bedeuten, ist nicht abzulösen von *meiner* Erfahrung der Dinge.

Oevermann sitzt einer Mystifikation auf, wenn er behauptet, daß der konkrete Satz ein Exemplar der universellen Grammatik, daß der konkrete Ablauf einer Handlung ein Exemplar des allgemeinen Strukturtyps (vgl. Oevermann 1983, S. 236) und daß schließlich die konkrete mitweltliche Begegnung ein Exemplar der Sozialstrukturiertheit als solcher sei. Diese Behauptungen sind ebenso unhaltbar wie jene, daß der konkrete Löwe ein Exemplar der Gattung Löwe sei (vgl. Hahn 1988, S. 138 ff.). Deswegen kann es auch nicht möglich sein, das konkrete Ereignis in der Welt »als

Reproduktion eines allgemeinen Strukturtyps« (Oevermann 1983, S. 266) soziologisch aufzufassen. Der Vorgriff auf das Universelle, die Gattung Mensch und ihre Sozialität, ist höchst problematisch. Auch wenn wir alle konkreten Fälle vor uns hätten, so kommen wir doch niemals auf so etwas wie eine Gattung »Fall an sich«. Immer nur hätten wir die Summe oder Reihe der konkreten Fälle in ihren Ähnlichkeiten und Unähnlichkeiten. Die Reihe selber ist aber wieder nur etwas »Individuelles«, insofern sie die einmalige Reihung aller bislang und noch künftig auftretenden Fälle enthält.

Oevermann meint, ausgehend vom konkreten Einzelfall könne er eine immer allgemeinere Stufe von Strukturiertheit formalisieren, um schließlich beim Allgemeinsten in seiner Reinheit anzukommen. »Der Besonderungsprozeß selbst ist seinerseits wiederum durch allgemeine Strukturierungsgesetzlichkeiten bestimmt. Versuchen wir diese Reihe der zunehmenden historischen Reichweite von Strukturierungsgesetzlichkeiten auszuschreiten, gelangen wir irgendwann auf die Stufe der universellen, die Gattung Mensch und ihre Sozialität als solche bestimmenden generativen Strukturen« (S. 273). Das hieße ja, daß in diesem »Besonderungsprozeß« eine Allgemeinheitsvorstellung, eine Idee im Sinne von Gattung schon drinstecke, die historisch je zur Individualität gebracht wird. Es ist aber nichts Allgemeines »in« den Fällen zu finden, aus denen es durch Abstraktion für die Erkenntnis eines absoluten Allgemeinen genommen werden könnte. Was die verschiedenen Fälle zusammenhält und eint, ist nicht ein allgemeiner Begriff oder ein universelles Gesetz, das sich in jedem einzelnen Fall manifestiert, sondern etwas geschichtlich Konkretes, das aus den Fällen selbst gelesen, an ihnen gezeigt werden muß. Die Fälle sind auf *Geschichten* hin zu untersuchen, auf *Geschichten* des Herstellens und Gebrauchens. Das Wesentliche des Falls liegt in seiner implizit vollzogenen Hinsicht, bezogen auf eine konkrete Lebenssituation. Den Fall auf sein Wesentliches hin »abstrahieren« heißt, die noch verdeckte Hinsicht explizit zu machen. Man wird dem Einzelfall nicht gerecht, wenn man ihn als Exemplar einer allgemeinen Sturkturiertheit untersucht, um an deren Maßstab den Abstand der vorgefundenen Reproduktion zu demonstrieren. So wird gerade vom Wesentlichen weggesehen. Es liegt weder im Vermögen noch im Horizont des konkreten Falls, Fall eines allgemeinen Gesetzes zu sein. Es macht keinen Sinn, einen Gegensatz zwischen Besonderem und Allgemeinem in erkenntniskritischer Absicht vorzubringen. »Die Tendenz, den klaren Fall zu verallgemeinern, scheint in der Logik strenge Berechtigung zu haben; man scheint hier mit *voller* Berechtigung zu schließen: ›Wenn *ein* Satz ein Bild ist, so muß jeder Satz ein Bild sein, denn sie müssen alle wesensgleich sein.‹ Denn wir sind ja in der Täuschung, das Sublime, Wesentliche unserer Untersuchung bestehe darin, daß sie *ein* allumfassendes Wesen erfasse« (Wittgenstein 1984, § 444). Diejenige »Regel«, der wir uns in der Hermeneutik des konkreten Sprechens zuwenden müssen (und im Grunde schon längst zugewendet haben), gebrauchen wir, insofern wir im »lebendigen Meinen« (Stenzel) von der Bedeutung zum »Begriff« kommen. Dann nämlich, wenn unser bestimmtes Sprechen »bei der besonderen Anschauung noch bleibt und doch bereits zur allgemeineren hinübergeht, am Besonderen das ›Überhaupt‹ denkt und keins von beiden allein und ausschließlich meint. Denn dieses Ineinander von konkreter individueller Anschauung und mitgemeintem Allgemeinem oder umgekehrt von allgemeiner Bedeutung und mitgemeinter Exemplifizierung ist die eigentliche Form für das menschliche Denken und ganz besonders für das sprachliche Leben und seine Bedeutungserfüllungen« (Stenzel 1934, S. 73). Stenzel meint mit dieser Gegenüberstellung gerade *nicht* den Gegensatz von Einzelexemplar und Gattung, von Wahrnehmungsurteil und logischem Aussageurteil. Vielmehr widerspricht er einer einseitig auflösbaren Formung des Einzelnen aus dem Allgemeinen, der »Losreißung des Allgemeinen vom Besonderen« (S. 73). In der *Bewahrung* des Besonderen der Umstände, gerade auch wenn wir etwas »begrifflich Allgemeines« meinen, darin liegt das eigentliche Rätsel des konkreten Sprechens und zuhörenden Verstehens, nämlich angesichts der unendlichen Mannigfaltigkeit von Sichtweisen, der »Mehrdeutigkeit« des Wortes auf der einen Seite und dem sicheren Umgang mit der Einheit des Begriffs im situativen Mitteilen auf der anderen Seite. Beim Erwerb dieser Fülle von begriffsbildenden »Abstraktionen«, über die der Redende verfügt, ohne es zu »wissen«, befolgt der lebendig seine Muttersprache Sprechende mit instinktiver Sicherheit »Regeln«, die er nicht weiß und nicht explizieren kann (vgl. S. 75). Die statische Auffassung der Sprache als einer Struktur kann m. E. die Zeitlichkeit der Erfahrung, sowohl des Einzelnen als auch einer Gesellschaft, nicht erfassen. Denn nur durch Aufmerksamkeit, bezogen auf Wandelbarkeit und Variationsmöglichkeit des Gebrauchs unserer alltäglichen »Begriffe«, läßt sich der sozialen Praxis des Sprechens und »Texthandelns« nachspüren – am Leitfaden der situativen Verknüpfung von Bedeutung und Gebrauch! In diesem ursprünglichen Sinne des Umgangs mit der Welt spreche ich von der narrativen Pragmatik der Umgangserfahrung.

Die Spur, der »objektiv-hermeneutisch« gefolgt wird, läßt nicht den Fall in seiner situativen »Dramatik« bestehen, so daß der »Begriff« im Fall selbst als in einer vollzogenen Konzeption sichtbar gemacht werden könnte. Die geschichtenhermeneutische Explikation der narrativen Pragmatik von Texten deckt kein Wissen auf, das man schon vorher hätte explizit beherrschen können oder sollen. In der Praxis des Umgangshandelns ist Wissen immer ein Können, ein Sich-zurechtfinden-bei und Selbst-fertigwerden-mit. Dieses Können ist kein defizienter Modus des Wissens von Regeln. Um erfolgreich zu handeln, müssen nicht vorab irgendwelche generellen Regeln kognitiv bewältigt werden. Sicher kann man jede konkrete Lebenspraxis auf ihren Vorgriff hin betrachten. Aber die »praktische Vernunft«, ich würde lieber vom Vorgriff auf das »gute Leben« sprechen, ist nicht objektiv darstellbar im Sinne einer leeren Strukturform, die man regelgerecht – praktisch-vernünftig – auffüllen kann. Ein Verständnis des »guten Lebens« (vgl. Seel 1991, S. 42 f.) ist im Führen des eigenen Lebens schon *mitkonzipiert*. Die Wirklichkeit des Lebens, dem es um sein Gelingen geht, ist nicht objektivierbar wie »richtige« Annahmen über Naturgesetze und Tatsachen in der Welt. Die Einsicht in das richtige Handeln für einen selbst ist selbst wiederum ein Element der Wirklichkeit. Auch unser »Bewußtsein« ist *in* der Welt und nicht der Welt gegenüber. Einsichten in das »Gute« sind mein Vermögen, insofern ich aus dem Umgang mit der Welt meine Lehren gezogen habe. Und darin liegt eine praktische Vernünftigkeit, die uns nicht von außen als rationale Vernunft aufgegeben werden kann, sondern die eine durch Erfahrung beherrschte Umsichtigkeit für das richtige Handeln in konkreten Situationen bedeutet. Da unser Alltagsleben nicht anders als in der Mitwelt vollzogen wird, gehen gemeinsame Erfahrungen, über deren Bedeutung für das »gute Leben« wir uns untereinander verständigen und austauschen, immer schon mit ein. Dieses praktische Umgangswissen oder Wissen des Besonderen ist weder Fach- noch Sachwissen, da es nicht ein Wissen »für alle« ist, sondern nur für einen selbst.

Denn jeder muß sein Leben selbst führen und ist dafür verantwortlich. Worauf dieses Wissen des Guten gewissermaßen »hinausläuft«, ist weder eine Theorie noch ein Hand- oder Kunstwerk. Deren Herstellungs-Wissen ist potentiell immer auch das Wissen anderer, die diese Theorie oder Kunst erlernen können. Es geht nämlich nicht darum zu wissen, wie etwas zu *machen* ist, sondern zu wissen, was in einer Situation zu *tun* das »Richtige« ist. Und der schlechten Erfahrung, der Enttäuschung, bei der man sich dann nachträglich betrifft, kann nicht dadurch Entlastung gebracht werden, daß man vorher schon wissen sollte, welche Erfahrung man mit etwas einmal machen wird. Vor allem die Enttäuschung läßt neue Erfahrungen zu. Aber um überhaupt Erfahrungen machen zu können, muß man schon etwas verstanden haben. Ich denke, es ist angebracht, statt von auf regelgeleiteten Normen aufsitzender »praktischer Vernunft« auszugehen, an das zu denken, was das »Wesen« der narrativen Pragmatik als das Vonwoher und Woraufhin der Umgangserfahrung ausmacht: praktische Klugheit, fürsorgliche Umsicht, *phronesis.* Es kommt nämlich für uns darauf an, eine soziologische Erfahrung zu machen, welches Prinzip die *alltägliche* praktische Vernunft selbst eignet. Nur durch Beispiele, in denen das Prinzip schon unausdrücklich verstanden und angewandt wurde, wird der Soziologe zum Wissen der Prinzipien hingeführt. Indem der Soziologe das vorgängige Verstehen ausdrücklich macht, wird die gemeine praktische Vernunft über ihr eigenes Prinzip aufgeklärt.
»Geltung« und »Reichweite« werden nun nicht am Apriori »pragmatischer Kompetenz« o.ä. festgemacht und universell bzw. normativ behauptet. Dies ist auch gar nicht nötig, denn nur die Reihung von Einzel-Fällen wird zeigen können, ob und wie sich etwas in den Umgangserfahrungen durchhält, so daß jedes Beispiel die Variation eines anderen Beispiels ist und alle Beispiele einer Reihe die Breite von Erfahrungen aufzeigen, nicht mehr – aber auch nicht weniger. Die Beispiele zeigen nur die gestreuten Anwendungsmöglichkeiten unserer alltäglichen »Begriffe«. »Geltung« und »Reichweite« dieser »Begriffe« messen sich einzig an unseren Beispielen, insofern wir sie als Vergleichsobjekte nehmen. »Die Struktur des Beispiel-Verstehens ist die ausdrückliche Wiederholung dessen, was sich als Konzeption vollzieht (...). Was zum ausdrücklichen Beispiel wird, ist nichts anderes als die jeweilige konkrete Erfüllung, in der die Konzeption überhaupt erst

faßbar ist« (Buck 1989, S. 155). Das beispielhermeneutische Verfahren der Interpretation von Umgangserfahrung weist sich (etwa gegenüber klassisch-eidetischen phänomenologischen oder objektivhermeneutischen Verfahren) durch eine reflexive und kreative »Wiederholung« schon immer intuitiv vollzogener Verhaltungen aus. »Wiederholung« ist als *bewußt* durchgeführter Nachvollzug vernehmenden Verstehens etwas völlig anderes als sogenannte Konstruktionen zweiter Ordnung (vgl. Kapitel 3, 1.1), aber auch etwas anderes als eine idealtypische Abgleichung unter dem normativen Vorsitz einer Idee von »praktischer Vernunft«.

In diesem Sinne ist hermeneutische Soziologie also »Beispiel-Verstehen«. Darin sehe ich nun aber den »klassischen« Gegensatz von Verstehen und Erklären aufgehoben, insofern das »Beispiel-Verstehen« ein *Erkennen* als eine *andere* Art des Verstehens, nämlich *reflexives Verstehen*, ist. (Davon wird später noch ausführlich zu sprechen sein.) Damit stimme ich auch mit der hermeneutischen Logik überein: »Denn zwischen Verstehen und Erklären besteht kein Gegensatz. Man erklärt immer *jemandem*, z.B. auch ›sich‹ etwas. Erklären heißt: verstehen lehren. Man erklärt z.B. auch einen Text. Anderes wird dabei herangezogen, auf Bekanntes zurückgegriffen, um – das ist der Sinn der Erklärung – auf das zu Erklärende von anderem her ein Licht fallen zu lassen« (VdS, S. 139). In einer *Reihe* mit der Überschrift »Verhalten« stünden als dessen Beispiele sowohl Verstehen als auch Erkennen. »*Beispiel-Verstehen*« als reflexives Verstehen steht nicht unter der Idee einer konstruktiven oder rekonstruktiven Vernunft. Es ist zunächst schlicht *vernehmende Vernunft*. Nur so kann das soziologische Verstehen das Beispiel als eine »*indirekte Mitteilung*« auslegen (vgl. Pleines 1970, S. 232).

2. Narrative Pragmatik

Eins der Grundgesetze, denen die Existenzen unterworfen sind, ist das der Begegnung.

Jakob Wassermann

»Aber ich habe doch einen bestimmten Begriff von dem was ich ›Satz‹ nenne.« – Nein, wie würde ich ihn denn einem Anderen, oder mir selbst, erklären? Denn in dieser Erklärung wird sich ja zeigen, was mein Begriff ist (...) Ich würde den Begriff durch Beispiele erklären. – Also geht mein Begriff, soweit die Beispiele gehn.

Ludwig Wittgenstein

Was bedeutet ein Verständnis von sozialer Wirklichkeit als »narrative Pragmatik«? Oberflächlich möchte der Ausdruck den »logischen« Kern von Umgangserfahrung treffen, insofern Umgangserfahrung »Sinn« darstellt und als »Sinn« darstellbar ist. Im Zutunhaben mit den Dingen sind die Dinge immer schon angesprochen, aber nicht irgendwie, sondern bezogen auf unsere *Orientierung* in der Welt. Wir werden zur Sinn- und Bedeutungsgebung geradezu genötigt, insofern wir uns im Umgang mit den Dingen in der Welt zurechtfinden müssen. Sinn und Bedeutung sind also immer unmittelbar *praktisch* »motiviert«. Ferner meint der Ausdruck einen Vorgriff, als die soziale Wirklichkeit oder das soziale Geschehen im umsichtigen Umgang der Menschen miteinander und im Hantieren mit den Dingen der »Umgebung« sich konstituieren und daß diese soziale Praxis in der jeweils gebräuchlichen *Umgangssprache* ihren Niederschlag findet. Die nächste Art des Umgangs ist der hantierende, gebrauchende und nutzende Umgang in der Welt mit den umweltlichen Dingen. In unserer jeweiligen Praxis haben wir es jedoch nicht mit »bloßen Dingen« zu tun. Womit man es im besorgenden Umgang zu tun hat, dies besitzt aber gerade einen spezifisch *pragmatischen* Charakter der Handgreiflichkeit, Verfügbarkeit und Verwendbarkeit. Man ist kundig, man weiß Bescheid über den Gebrauch der Dinge. Die Dinge sind eingewiesen in eine bestimmte Umgangserfahrung. Jede Erfahrung ist *Welt*-Erfahrung. Das heißt, jede Erfahrung steht unter der Antizipation eines Vorwissens und eines Vorhabens, so daß weder der andere noch das eigene Ich noch der Gegenstand isoliert und losgelöst vom jeweiligen Weltbezug thematisch werden kann. »Intentionalität« kann also nicht ins Gehäuse des einsamen Bewußtseins verbannt werden, aus dem heraus das »autonome Subjekt« die an sich »wert«-losen Dinge der Außenwelt absichtsvoll bezeichnet. Man muß die Dinge schon ursprünglich in-Griff-genommen haben, wenn man an ihnen etwas spezifizieren möchte.

Wenn der sozialen Wirklichkeit das Prinzip der »narrativen Pragmatik« – der Einheit von Umgang und Umgangswissen – eigen ist, dann muß die soziologische Forschung darauf eingestellt sein, diesem Zusammenhang nachzuspüren. Schon aufgrund dieser ersten Einschätzung der narrativen Pragmatik der Umgangserfahrung kann sich der Beitrag der *erfahrungswissenschaftlichen Sozialforschung* nicht darin wiederfinden, handlungstypologische bzw. handlungstheoretische Bestimmungen und Erklärungen vorgängig zu organisieren. Es wird vielmehr darum gehen, die *Möglichkeiten* des Zutagetretens von Sinn, sein Vonwoher und Woraufhin, in ihrer phänomenalen Mannigfaltigkeit sich begegnen zu lassen. Möglichkeiten sind aber immer bezogen auf Lage und Umstände, sie sind je eines Möglichkeiten im Mitsein mit anderen, sich zu orientieren und die Welt in Griff zu nehmen. Insofern sich im jeweiligen Sich-Verhalten Sinn »darstellt«, kann er auch vernommen werden. Das *Vernehmen* von Sinn in der Begegnung ist jedoch nicht schon ein *soziologisches Auslegen*. Es ist aber sowohl hinzunehmender Vorgriff als auch nicht-methodisierbare Bedingung einer hermeneutischen Sozialwissenschaft. Das *reflexive* Verstehen expliziert das Verstandene im Hinblick auf seine Antizipationen. Nur das, was einem schon irgendwie bekannt ist, kann auch reflexiv erkannt werden. Nur bei demjenigen, der etwas schon verstanden hat, steht die *Möglichkeit* zur soziologischen Auslegung. Das *Ergreifen* dieser Möglichkeit ist das Geschäft des hermeneutischen Interpreten.

Das ausdrückliche Verstehen des Soziologen ist *nachträglich* auf das »Welt- und Selbstverständnis« der Menschen bezogen, dessen Texte ihm als *Fall* vorliegen. Es kann in der qualitativen Sozialforschung also nicht darum gehen, einen außerwissenschaftlichen, alltäglichen Weltbezug sowie eine lebensweltliche Bedeutung des theoretisch uns angehenden sozialen Geschehens durch »soziologische Erkenntnis« zu stiften. Das Soziale, so wie wir es im

mitweltlichen Umgang erfahren, haben wir uns bereits bezüglich unserer Orientierung in der Welt »begrifflich« erschlossen. Die soziologische Interpretation muß an dieser umgangssprachlichen Hinterlegung ansetzen, will sie nicht ihr Verstehen von sozialem Sinn und der Bedeutsamkeit sozialer Gebilde verfehlen.
Die soziologische Relevanz der hermeneutischen Erweiterung der Phänomenologie zeigte sich in der zentralen Stellung der *Umgangserfahrung*. Umgangserfahrung geht jeder theoretischen Setzung voraus. Vor allem bei solchen Entzweiungen wie: Bewußtsein und Welt, Bewußtsein und Leib, Theorie und Praxis, Besonderem und Allgemeinem, Einzelmensch und Gattung, Fall und Gesetz usw. handelt es sich um theoretisch aufgeladene »Welt-Entwürfe«, die sich vom »ursprünglichen Nehmen der Welt« schon abgesetzt haben. »Welt-Entwürfe« oder »Welt-Anschauungen« sind immer nachträglich zum vorgängigen *Umgang* mit der Welt. Von solchen bestimmten Voraussetzungen gilt es unbestimmte Vorwegnahmen zu unterscheiden, die als sozusagen sicheres Vor-Wissen die Umgangserfahrung leiten. Jeder Blick in die Welt ist nämlich schon von Gewißheiten und Überzeugungen getragen, die normalerweise nicht Bestandteil unserer Reflexionen werden. Nun ist es aber nicht möglich, weder die eine noch die andere Welt »pur« zu sehen, das heißt unter Abzug unseres Vor-Wissens. Der Beobachter kann *sein* Beobachten nicht selbst wieder beobachten. Gewißheiten können dramatisch an Boden verlieren, und Welten können einstürzen. Aber in der Regel doch nur, um neuen Gewißheiten und Überzeugungen Platz zu machen. Am Anfang und am Ende steht eine Ordnung. Wir können in vielen Fällen unsere Handlungen begründen, indem wir auf Prinzipien verweisen, aus denen ein bestimmtes Tun oder Unterlassen folgt. Aber die Kette der Gründe hat ein Ende. An diesem Ende steht unser Glaube(n). Wir können unsere grundlegenden Überzeugungen nicht wieder durch »erste« Prämissen begründen. Jede Praxis lebt vielmehr von dieser »Grundlage akzeptierter Wahrheit« (von Wright). Dieses »Wissen«, welches unsere Überzeugungen *sind*, läßt sich auf »wahr« oder »falsch« gar nicht untersuchen. Man kann in seinem Vor-Wissen nicht irren. Es ist vielmehr die Gewißheit, von der aus überhaupt etwas in der Welt behauptet werden kann. Es ist grundlegend, insofern es für unsere empirischen Aussagen den Grund legt. »Das Vor-Wissen ist kein propositionales Wissen. Aber wenn diese Grundlage nicht propo-

sitional ist, was ist sie dann eigentlich? Sie ist, könnte man sagen, eine *Praxis*« (von Wright 1986, S. 184; Hvhg. im Original). Es ist wesentlich, diese Unterscheidung zwischen Vor-Wissen (Gewißheiten) und Tatsachen-Wissen (in dem man auch irren kann) festzuhalten.

Ich werde unter dem Stichwort *narrative Pragmatik* im folgenden zu zeigen versuchen, daß wir als Soziologen, insofern wir der *Wirklichkeit des Sozialen* nachspüren, nicht beim Handeln oder beim Bewußtsein, in dem sich das Handeln als subjektiver Entwurf intentional vorbereiten soll, beginnen können. Das Soziale ist in dem Sinne nichts, was erst durch welche bewußten oder unbewußten Akte auch immer *konstruiert* werden müßte. Genausowenig wie »Intersubjektivität« oder »soziales Handeln« als *besonderes* Ereignis in der sozialen Welt aufgefaßt werden können, dem sich dann der Soziologie wie einem Goldschatz feiertäglich zuwendet. Auch »Objektivität« ist etwas, was wir immer schon kennen, insofern wir mit anderen in sozialen Beziehungen leben (vgl. auch Blumenberg 1986, S. 65; Davidson 1991, S. 1012). Wir leben immer schon in dieser sozialen Welt mit anderen und bei den Dingen. Es ist kein vorsozialer, rein subjektiver Zustand des bloßen zunächst Bei-sich-Seins in »monadischen« Lebenswelten zu entdecken. Die Welt ist immer schon verstanden und vertraut, wir haben immer schon unsere Erfahrungen in ihr gemacht, wir sind immer schon in eine bekannte Welt von Verhaltungen eingebettet, wir wissen die Welt immer schon irgendwie zu nehmen, wenn wir handeln, etwas tun oder lassen. Was unseren Verhaltungen vorgeht, was aber auch durch unsere Verhaltungen stets und ständig in Bewegung gehalten wird, nenne ich *Umgangserfahrung*.

2.1 Umgang und Begegnung

In einer frühen Vorlesung Heideggers aus dem Freiburger Wintersemester 1921/22 steht: »Um-welt bestimmt sich aus dem Umgang mit ...« (Heidegger 1921/22, S. 98). Und bei Hans Lipps heißt es in seiner ersten Buchveröffentlichung von 1927: »Die Frage nach demjenigen, was etwas eigentlich ist, kann allererst erstehen *im Umgang* mit der Natur, d.i. im Hantieren (...)« (PdE 1, S. 47; Hvhg. im Original). Mit *Umgang* bezeichne ich das Nehmen der Dinge in Richtung einer Hinsicht. Erfahrung ist die Sicht der Dinge, deren »offener« Horizont die Möglichkeit einer neuen Erfahrung ist. Die Dinge, aber auch das eigene Selbst und das lebendige Andere, begegnen in der Welt, das heißt in der Weise einer Umgangserfahrung. »Begegnis charakterisiert die Grundweise des Daseins von weltlichen Gegenständen. Erfahrung charakterisiert die Grundweise des auf sie Zugehens, auf sie Stoßens. (...) Jede Erfahrung ist in sich selbst ein Begegnis« (Heidegger 1921/22, S. 91). Der Ausdruck *Umgangserfahrung* faßt sowohl das Vonwoher als auch das Woraufhin der Begegnung mit Weltlichem. Die Erfahrung der *Begegnung* hat den Doppelaspekt, daß sich etwas mit uns ereignet und daß wir etwas tun und machen. Etwas trifft uns, was wir hinnehmen müssen. In der Begegnung stoßen wir auf etwas, was uns zustößt. Wir verhalten uns zu dem, was uns widerfährt, bezogen auf unsere Bedürftigkeit und unser Orientiertsein. In Begegnungen erfahre ich etwas, was mich betrifft und das ich deshalb schon irgendwie verstanden haben muß. Vor allem geschieht uns das Tun und Lassen der anderen.

Buytendijk spricht in seiner »Phänomenologie der Begegnung« von der »doppelten Aktivität« des Menschen, die Ausdruck einer »zweifachen Intentionalität« ist (Buytendijk 1958). Die Situation der Begegnung ereignet sich nur in der Welt des Daseins, die Mitwelt ist. Im Mit-Sein mit Anderen vollziehen wir eine produktive Begegnung mit unserer Umwelt. Darin begegnet der andere Mensch als Mit-Mensch. Doch wir haben immer auch zu rechnen mit der *Eigensinnigkeit* des Begegnenden. »Auch die Dinge zeigen sich, entziehen sich, kommen uns entgegen, treiben ihr Spiel mit uns – können uns begegnen« (S. 71). Die *offene* Spannung in der Begegnung, zugleich *Mit-* und *Gegen*bewegung zu sein, führt zu einer Zweideutigkeit der Erfahrung: »nämlich etwas tun, sich auf das Andere zugreifend richten, und ein sich selbst Hingeben in der Weise, daß etwas an uns geschehen kann« (S. 74). Nur da das Begegnende »selbst« begegnen kann, sich dem Verstehen darstellt, was es hinnehmen muß, also nicht vorgängig von einem Subjekt *bestimmt* gesetzt wird, bleibt jede Erfahrung, die man in der Begegnung macht, offen: es können sich Erwartungen bestätigen, man kann aber auch enttäuscht oder überrascht werden.

Der Mensch ist immer schon inmitten seiner sozialen Welt, wenn er sich zu etwas verhält. Der Grundcharakter der Welt wird erfahren in seiner Bedeutsamkeit für uns, insofern *wir* uns in der Welt

orientieren müssen. Erfahrung ist die Grundweise, wie auf »Weltliches« zugegangen und gestoßen wird. Der Grundsinn, der mit der Bedürftigkeit und Bedeutsamkeit gegeben ist, ist vorgrifflich jeder Begegnung mit der Welt. Nur wenn wir schon verstanden haben, können wir auf etwas stoßen, was uns angeht. Die Erfahrung vermittelt so etwas wie eine ursprüngliche Sicherheit. Vorgreifend erfassen wir das Begegnende schon in vorläufigen Auslegungen. Von diesen Vorgriffen und Antizipationen her hat Lipps die »Zeitlichkeit des Daseins« bestimmt: »Ganz allgemein gehört es zu meiner Existenz, daß ich etwas vor-habe. Man hat die Dinge im voraus auf etwas hingenommen, wenn man sie befragt. (...) Das Sichvorausein trifft die Zeitlichkeit dessen, der ›schon da‹ ist, wenn er sucht, fragt, beobachtet« (PdE II, S. 10). Ohne dieses Vor-Wissen könnte einen gar nichts angehen, zu Fragen Anlaß geben, zur Aufmerksamkeit veranlassen.
Auch Wilhelm Kamlah hat in seiner frühen Schrift von 1949 auf den Zusammenhang von »Zeitlichkeit« und Erfahrung hingewiesen, insofern man immer schon Erfahrungen gemacht hat, wenn einem etwas »Neues« zustößt. »Neues« kann nur von einem Bekannten her aufgefaßt werden. »Das vergegenwärtigte Ungegenwärtige kann das Abwesende wie das Künftige oder Vergangene sein. Erst der Mensch hat Zeit, indem er Zeiten unterscheidet. Er vergegenwärtigt vorprobierend Möglichkeiten zukünftiger Situationen auf Grund erfahrener vergangener Situationen. Er verfügt erinnernd über Erfahrungen, die er beliebig für die neue Situation neu kombinieren kann. Aber er kann auch nachdenkend, ›nachdenklich‹ das Vergangene als Vergangenheit vergegenwärtigen« (Kamlah 1949, S. 151). Damit wird auch deutlich, wie das »Neue« in sozialen Situationen der hermeneutischen Soziologie kein Geheimnis bleiben muß, sondern aus der Situationshaftigkeit der sozialen Begegnungen, indem man in seinen Möglichkeiten je »neu« sich entwirft, sichtbar wird: man gleichsam nur im Rückblick vorblicken kann. Dabei ist dann vor allem auf die Sprache zu achten, die auch in diesem Fall die »Griffe« schon bereithält, mit denen man neuen Situationen begegnet. »Und wieder ist das geschmeidigste Werkzeug, mit dem Erfahrungen neu kombiniert werden, die Sprache selbst. Mit bekannten Redewendungen, alten Worten und Formeln wird jeweils ein noch nie Gesagtes gesagt. Jedoch die Unverfügbarkeit der jeweils neuen, ›so nicht vorhersehbaren‹ Situation, die Unverfügbarkeit des ›Schicksals‹ also,

wird von der Sprache niemals eingeholt, sondern im Wettlauf mit ihr gleichsam nur immer weiter vorgetrieben. Erst der Mensch, der Geschichte hat, ist auch das Wesen, das Schicksal hat« (S. 153). Trotz wiederholender Handgriffe, trotz geplanter Tätigkeiten, trotz vorsorgender Voraussicht muß der Mensch sich stets des »Novum(s) geschichtlicher Situationen in ihrer nie wiederkehrenden Einmaligkeit« (S. 153) vergegenwärtigen.

2.2 Sich-Verhalten in Situationen

Menschliches Verstehen von Welt
ist handelndes Vernehmen.
Wilhelm Kamlah

Der soziologisch verengte Blick auf das *vernünftige*, an einer *Regel* orientierte Handeln des hell-wachen Menschen als »evidenter« Musterfall sozialen Handelns in der Welt muß nachhaltig revidiert werden. Das Handeln fällt einem nicht aus heiterem Himmel zu, so wenig wie der Handelnde selbst und seine »Welt« zunächst als ein unbeschriebenes Blatt soziologisch genommen werden können, in welches der Soziologe »Sinn« und »Bedeutung« einschreibt. Soziologie ist mehr und etwas anderes als Handlungstheorie. So wenig wie eine Soziologie der Sprache bei einzelnen Wörtern beginnen kann, so wenig kann die Soziologie beim »Subjekt« und bei der einzelnen »Handlung« die soziale Welt anfangen lassen. Man kann nur dort als Soziologe einsetzen, wo man den Menschen in seinem konkreten Leben findet: im täglichen Umgang mit den nahen Dingen verstrickt in seine Situation. Darin versteht sich der Mensch immer schon im Miteinander mit anderen. Das Sich-Verstehen in einer *gemeinsamen* Welt ist für uns das Frühere gegenüber einem späteren Erwachen zur Individualität. Es gibt von daher gar kein Rätsel der sogenannten »Intersubjektivität«, wie uns nicht nur die phänomenologische Bewußtseinssoziologie einreden will. Auch die Sprache haben wir zunächst als etwas Gemeinsames, unter deren individuellem *Gebrauch* jeder erst Bedeutungen konkretisieren muß. Die in einem ursprünglichen Verstehen wurzelnden Verhaltungen sind der nicht reduzierbare Vorgriff einer hermeneutischen Soziologie. Alles, was der Soziologe beobachtet oder ihm als Text vorgelegt ist, sind *Bei-*

spiele solcher Verhaltungen. Sie können als Einzelfall betrachtet werden, insofern man die Möglichkeiten, die soziale Welt in-Griff zu nehmen, aus ihrer lagebedingten Verhältnismäßigkeit heraus interpretieren will. Unter welchen Gesichtspunkten müssen die menschlichen Verhaltungen und Handlungen gesehen werden? Inwiefern ergibt sich eigentlich das Muß einer kausalen Erklärung?

Erich Rothacker hat in seiner *Geschichtsphilosophie* von 1930 daran erinnert, »daß wir fast vergessen haben, daß wir in der schlichten *Lebenserfahrung* eine Betrachtungsweise des menschlichen Lebens bereits besaßen, von der allermindestens dies entschieden behauptet werden soll, daß sie nämlich praktisch bewährter und aufschlußreicher sei als die ›kausale‹« (Rothacker 1930, S. 42). Ähnlich wie Wittgenstein in seinen »Philosophischen Untersuchungen«, erläutert auch Rothacker menschliches Verhalten am Beispiel Spiel. »Wenn wir z.B. zwei Schachspielern zuschauen, so wird unser Verständnis in einem so konkreten Falle nicht um den kleinsten Schritt gefördert durch die Feststellung, daß beide gleicherweise auf Grund kausaler Prozesse, die sich in ihrem Gehirne abspielen, ihre Figuren verrücken. Man könnte im Grunde genommen gerade so aufschlußlos etwas vom Monde erzählen« (S. 42). Im gleichen Sinne, wie man von Lebenserfahrung nur in bezug auf ein gewisses *Handhaben* und *Können* von Situationen, vor die man gestellt ist, sinnvoll sprechen kann, so von einem Spiel nur bezogen auf den *Gebrauch* der Spielregeln. »Was aber unsere Beurteilung normaler Spiele aus der praktischen Lebenserfahrung angeht, so ist zu deren *Verständnis* eine Kenntnis der ›*Spielregeln*‹ dieses bestimmten Tuns offenbar von unvergleichlich größerer Bedeutung als eine Kenntnis der physiologisch-physikalisch-chemischen Regeln der uns unsichtbaren Prozesse hinter den Stirnen der Spieler. (...) Menschliches Verhalten ist sinnhaft. Alles sinnhafte Geschehen folgt Spielregeln, und dieser Begriff schließt die Bestimmung der dieses Geschehen leitenden *Ziele* ebenso ein wie die Regelung der *Maßnahmen*, welche zu diesem Ziele führen« (S. 42 und S. 43). Hier ist aber genau darauf zu achten, was es heißt, »Spielregeln« zu beherrschen. Wieder ist es unmöglich, den jeweiligen »Zug« im Spiel als Interpretation einer Regel zu deuten. Jedes Spiel ist immer mehr und auch etwas anderes als die Summe angewandter Regeln. Allein die Strategie, wie man an sein Ziel kommen will, welche Maßnahmen man in welcher (Spiel-)Situation tatsächlich verwirklichen kann, läßt sich niemals auf das Wissen von Regeln reduzieren. Will man ein Spiel verstehen, dann müßte einem schon gezeigt werden, »inwiefern der 10. Zug von W. auf lange hinaus den Gang des weiteren Spieles bestimmte, mit welchem Zug Sch. einen bestimmten Fehler machte und welcher geniale Einfall seine Partie noch gerettet hätte, wenn nicht W. noch scharfsinniger diesen letzten Ausfall pariert hätte« (S. 43).

Es kommt also vor allem darauf an, den *Witz* eines Spiels zu beherrschen, in der gegebenen oder, insofern der Zug des Gegners eine bestimmte Lage herbeiführte, *widerfahrenen* Situation das *Richtige* zu tun. Für Rothacker ist dieses Spiel-Beispiel gewissermaßen ein *Musterbeispiel* »für die ganze Welt menschlichen Verhaltens und damit die geschichtliche Wirklichkeit« (S. 43). Das Einsetzen bei der Lebenserfahrung als »tragender Grund alles Verstehens« (Rothacker) ist praktisch unerläßlich, will man zu einem Verständnis des menschlichen Verhaltens kommen. Es darf jedoch bei aller Überzeugungskraft der Spiel-Metapher nicht die Differenz übersehen werden, die zwischen Spiel-»Situationen« und konkreten Handlungssituationen besteht. Beim Spiel hat man sich immer schon auf gewisse Voraussetzungen, nämlich die Spielregeln, geeinigt. Aber Konzeptionen, die man vollzieht, sind nicht als selbstgewähltes Regelwerk hinterlegt. Für die Härte des Handelns in Situationen und für den Ernst der Entscheidung gibt es kein Äquivalent (vgl. Wieland 1972).

Bevor ich den Gang der Argumentation bei Rothacker weiter verfolge, gilt es das schon angeklungene Verhältnis von Sich-Verhalten und Handeln zu vertiefen. Die Soziologie hat das Verhalten durchweg als bloßes Reagieren auf äußere Impulse abgewertet. Erst das (soziale) Handeln als rationales bzw. reflexionsfähiges Verhalten sichere die Überlegenheit des Menschen gegenüber dem dumpfen Reagieren des Tieres auf seine Umwelt. Es gilt aber nun im folgenden, von diesem Urteil Abschied zu nehmen. Wiederum finde ich für dieses Unternehmen keinen Rückhalt in der Soziologie, sondern ich sehe mich wieder auf die Belehrung durch die hermeneutische Philosophie angewiesen. Wilhelm Kamlah hat in seiner *Philosophischen Anthropologie* das hermeneutische Verständnis von Verhalten, Handeln und Widerfahrnis ausgebreitet. Dies sollte von einer sich hermeneutisch konzipierenden Soziologie nicht ignoriert werden.

Der Mensch als dieses Selbst, das sich durch Selbst-Verständnis auszeichnet, ist nicht nur hervorgehoben als lebendes Lebewesen, sondern auch als dasjenige, welches stets hineinsieht in seine Welt, die ihm »als sprachlich gegliederte bereits bekannt und vertraut ist« (Kamlah 1976, S. 31). Das eigene Selbst ist der Antrieb zum Reden und Handeln. Fragen wir als Wissenschaftler nach dem Menschen, so sind wir immer auch selbst beteiligt. Ein Sich-Verhalten des Anderen verstehen wir doch nur, weil wir uns auch schon so oder ähnlich verhalten haben oder verhalten könnten. Unser Selbstverständnis ist nun auf eindrucksvolle Weise in der Umgangssprache hinterlegt. »Im Halbdunkel des Wechselspiels von Reden und Handeln hat sie sich ausgebildet und sich unserem ›Umgang‹ mit der Welt und den Mitmenschen im Laufe der Jahrtausende geschmeidig angepaßt« (S. 16). Die Umgangssprache wird nicht ausschließlich zur Bewältigung der jeweiligen Situation eingesetzt, während »Reflexion« allein der Bildungssprache vorbehalten wäre. Vielmehr reflektieren wir auch in der Umgangssprache unsere Erfahrungen und vergewissern uns der Traditionen. »Aber ist die gemein-menschliche Wirklichkeit, nämlich unser Tun und Lassen, das Sich-Orientieren und Handeln im Zusammenhang unseres Lebens, unserer Gesellschaft und Geschichte, eine von uns abgetrennte, allererst zu erreichende Wirklichkeit, sprich ›Außenwelt‹« (Böhler 1985, S. 241), eine von uns isolierte, für sich bestehende und nur *methodisch* erreichbare »Neben-Welt«, irgendwo jenseits unserer Lebenswelt? Brauchen wir abstrakte Modell- und theoretische Systemkonstruktionen, um die Wirklichkeit unserer sozialen Welt zu erreichen? Mit den Begriffen »Selbstverständnis« und »Umgangssprache« verneint Kamlah den methodischen Weg als den einzig gangbaren. Wir leben schon immer in dieser Welt und haben sie uns bereits begrifflich erschlossen. Jede Wissenschaft kann, ja muß darauf aufbauen. Eine wichtige Unterscheidung trifft Kamlah, indem er das etwas altmodische Wort *Widerfahrnis* benutzt und es dem soziologisch wohlbekannten Begiff Handlung gegenüberstellt. Auf jeden Fall zu eng ist die Identifizierung von Handlung mit »aktiv« und Widerfahrnis mit »passiv«. »Menschen handeln aneinander, es widerfährt uns ›Freud und Leid‹ durch Menschen, die uns helfen, lieben, verlassen, verletzen« (Kamlah 1976, S. 34). Oder es widerfährt uns ein Schicksalsschlag (Tod eines geliebten Menschen). In diesem Fall machen wir nicht Personen verantwortlich; vielmehr

»›geschieht uns etwas‹, als ob es uns ›geschickt‹ worden sei« (S. 35). In diesen Zusammenhang gehört auch das Wort Ereignis. Von Ereignissen sprechen wir, wenn etwas passiert, das für jemanden ein »Widerfahrnis« ist: etwas widerfährt jemandem, oder, wenn wir davon absehen können, wem etwas widerfährt: etwas ereignet sich. »Z. B. Regen ereignet sich, umgangssprachlich abgekürzt: ›es regnet‹« (S. 35). Eine wesentliche Klarstellung gelingt Kamlah, wenn er Widerfahrnisse und Handeln in den pragmatischen und umgangssprachlichen Zusammenhang stellt: »Unser aller Leben ist eingespannt zwischen den Widerfahrnissen Geburt und Tod. Gleichsam das erste und das letzte Wort hat für uns nicht unser eigenes Handeln. Aber auch, wenn wir handeln, widerfährt uns stets etwas. Es gibt Widerfahrnisse ohne Handeln, aber es gibt kein pures Handeln« (S. 35). Diese Feststellung trifft nun alle *soziologischen Handlungstheorien*, die jedes soziale Tun mit zweckrationalen Tätigkeiten beginnen lassen und somit die Konstitution von Handlungen in widerfahrenen Situationen schlechterdings nicht berücksichtigen oder besser: soziologisch gar nicht erst zeigen können (vgl. auch Böhler 1978, S. 354). Widerfahrnisse sind stets bezogen auf unsere *Bedürftigkeit*. Nur von daher erfahren wir sie als erfreulich und gut oder widrig und schlecht. So erst können wir unterscheiden, inwiefern Handlungen gelingen oder mißlingen.

Wir werden aber auch befragt nach unserer Lage, unserer Situation, und dann antworten wir: Es geht mir gut (oder schlecht), »ohne daß wir handeln und ohne auf ein Widerfahrnis als Ereignis zu verweisen« (Kamlah 1976, S. 36). Wir befinden uns etwa in guten oder schlechten »Zuständen«, wir sind gesund oder leiden an einer Krankheit: »Der Terminus ›Widerfahrnis‹ darf also nicht auf Ereignisse beschränkt werden« (S. 36). Kamlah kann deutlich machen, daß Widerfahrnis und Handlung ineinandergreifen, daß oftmals auch Handlungen des einen Widerfahrnisse für den anderen sind. Wie etwa beim Tennisspiel »meine eigenen Schläge zwar meine Handlungen (sind), die sich aber sofort, im Gelingen und Mißlingen, auch für mich selbst in Widerfahrnisse verwandeln. In einem Dialog handeln ebenfalls beide Partner, doch so, daß dem einen die Antwort des anderen widerfährt. (...) Handlungen und Rückhandlungen wechseln in allem menschlichen Miteinanderleben ab (...)« (S. 37).

Gegen ein einseitiges Verständnis von Anthropologie (oder auch

Soziologie) als *Handlungslehre* setzt Kamlah den »Widerfahrnischarakter des menschlichen Lebens«. Für unser Selbstverständnis sind die Widerfahrnisse den Handlungen mindestens ebenbürtig (vgl. S. 37 f.). Von daher kann Kamlah konsequent zu seiner plausiblen Interpretation der Beziehung zwischen Sich-Verhalten und Handeln kommen. An einfachen und einprägsamen Beispielen kann er deutlich machen, daß *Sich-Verhalten* als Oberbegriff zu Handeln gesehen werden muß. »Der Mensch handelt nicht von früh bis spät, sondern ›überläßt‹ sich auch der Ruhe, dem Schlaf, dem Faulenzen. Widerfahrnisse wie ein Unfall oder der Tod ›treffen‹ ihn einfachhin. Anderen Widerfahrnissen gegenüber handelt er zwar nicht eigentlich, erleidet sie aber auch nicht einfachhin, sondern ›verhält sich‹ so oder so. Simple Beispiele: husten, stolpern, lachen, atmen. Weniger simple Beispiele: erschrecken, Angst, Kummer, mißtrauen – Weisen nicht des Handelns, wohl aber des Sichverhaltens. (...) Man wird also jedenfalls gut daran tun, die Termini ›handeln‹ und ›sich verhalten‹ nicht synonym zu setzen, sondern zu unterscheiden, in der Weise nämlich, daß ›handeln‹ als ein Spezialfall von ›sich verhalten‹ zu verstehen ist« (S. 49). Zusammenfassend läßt sich sagen: Alles Handeln bezieht sich auf Vorgegebenes und Widerfahrenes, wobei sich das Handeln mehr oder weniger aus dem Verhalten herausprofiliert. Unser Handeln ist immer mehr oder weniger beabsichtigt. Es folgt dabei nicht unmittelbar einem »Drang«, »sondern einem ›Begehren‹, das erst nach mehr oder weniger ausgeprägtem ›Überlegen‹ zu einem ›Entschluß‹ und somit zu ›beabsichtigtem Handeln‹ führt« (S. 52).

Wenn Kamlah den »Widerfahrnischarakter des Lebens« gegen jede (psychologische oder soziologische) Handlungstheorie herausarbeitet und betont, so vor allem auch deshalb, weil er – wie schon Hans Lipps – darum weiß, daß der Mensch immer schon da ist, wenn er handelt. Der Mensch ist immer irgendwie in einer »Lage«, das heißt in seiner »Situation«. Zu dieser Lage gehören die Widerfahrnisse ebenso wie die Umstände, die unserem Handeln jeweils vorgegeben sind. Gemeint ist damit sowohl unser Sein mit anderen als auch bei den Gebilden der sogenannten sozialkulturellen Welt mit ihren sozialen, wirtschaftlichen und politischen Institutionen; ferner auch das, was wir aus der Natur gleichsam als unsere »zweite Natur« herausgebracht haben. Schließlich – neben der uns vorgegebenen Natur – auch, was wir

unsere eigene Natur nennen. »Gute und schlimme Widerfahrnisse treffen uns ja nicht allein ›von außen‹, d.h. hier: aus der Umgebung unseres Körpers, sondern z. B. auch als Versagen des eigenen Körpers, ja ›von innen‹ als ›Stimmungen‹, die uns ›überkommen‹, vielleicht als übergroße Ängste in der Nacht, als ›Affekte‹ am Tage« (S. 50). Alle diese Umstände machen die Lage oder die Situation des Menschen aus, was nur ungenügend mit »sozialer Lage« oder mit »biographischer Situation« (Schütz) getroffen ist. Meine »Situation« ist, um mit Wilhelm Schapp zu sprechen, die Geschichte, in die ich verstrickt bin. »Jeder von uns befindet sich stets in der Grundsituation des sterblichen Menschen. Jeder von uns befindet sich ferner in einer ›konkreten‹ Situation, in ›seiner‹ besonderen Situation ›hier und jetzt‹ (...): Jeder von uns befindet sich jeweils in einer gänzlich singulären, unwiederholbaren Situation, oft genug so, daß er sie keinem anderen ›klarmachen‹ kann, daß ihn ›keiner versteht‹« (Kamlah 1976, S. 51).
Widerfahrnisse treffen mich als Umstände, die ich verstehe oder zumindest verstehen kann und auf die ich handelnd eingehen kann. »›Verstehen‹ ist auch eine Weise menschlichen Verhaltens« (S. 51). Darauf hat auch Böhler in seiner »Kamlah-Würdigung« hingewiesen: »Ein Widerfahrnis sei immer schon ein erfahrenes Ereignis (resp. ein erfahrener Vorgang oder Zustand), das (resp. der) jemanden oder eine Gruppe ›betrifft‹ und das als etwas, welches ihn (resp. die Gruppe) ›angeht‹, verstanden wird. ›Widerfahrnis‹ – so darf behauptet werden – setzt begriffslogisch einen Ausdruck des Sich-Verhaltens, wie ›verstehen‹, ›erfahren‹ und ›auf sich beziehen‹, voraus« (Böhler 1978, S. 352). Nie ist die Handlung ein Erstes, mit dem ein menschliches Verhalten einsetzt. Sondern Kamlah sieht den bedeutenden Zusammenhang zwischen Widerfahrnis und menschlicher Bedürftigkeit. Prinzipiell kann man sagen: *Die Welt widerfährt mir bezogen auf meine Bedürftigkeit.* Dann ist aber jedes Widerfahrnis etwas Bedeutsames, das immer auch ein Sich-Verstehen beinhaltet.
Ich habe schon darauf aufmerksam gemacht, daß Kamlah dem Widerfahrnis eine Priorität gegenüber der Handlung einräumt und Sich-Verhalten als Oberbegriff zu Handeln auffaßt. Weitere Fälle von Sich-Verhalten sind: Wahrnehmen, Verstehen, Erfahren, Begehren. Der Ausdruck »Widerfahrnischarakter des Lebens« meint nun, daß wir uns in irgendeiner Weise zu Widerfahrnissen *verhalten*. Dieses Verhalten ist alles andere als beliebig. Denn es

setzt das Verhältnis-zur-Welt immer schon voraus, nämlich als das Verhältnis zu sich selbst, zum Mitmenschen und zu den Dingen. Das Verhältnis-zur-Welt ist grundsätzlich ausdrucks- und sprachfähig und findet seinen Niederschlag in der Umgangssprache. Denn zu unserem In-der-Welt-Sein gehört auch das sprachliche Nehmen der Welt als ... Das Widerfahrnis betrifft mich, und insofern es mich betrifft, ist es *meine* Situation. Das Widerfahrnis betrifft mich aber nur, weil die Situation immer schon irgendwie verstanden und bedeutsam ist. Widerfahrnisse betreffen uns aufgrund unserer Bedürftigkeit. »Sie widerfahren uns bezogen auf unsere Bedürftigkeit« (Kamlah 1976, S. 36). Deshalb wird jedes Widerfahrnis verstanden als etwas Bedeutsames, das ich als so Verstandenes auf mich und meine »Lage« beziehe. Dieses Verstehen ist Ausdruck des Sichverhaltens und vollzieht Bedeutungen, die prinzipiell sprachfähig sind.

Ich habe von den Widerfahrnissen gesprochen, die uns betreffen, und von den Umständen, die unserem Handeln vorgegeben sind. Diese Widerfahrnisse und Umstände sind nicht allgemein in dem Sinne, daß sie Allgemeingültigkeit etwa für eine soziale Gruppe besäßen. Obwohl gewisse Umstände viele Menschen betreffen können, kann man im hier gemeinten Sinne nicht von einer »allgemeinen« oder »objektiven« Lage sprechen. Umstände können viele Menschen angehen und betreffen. In »Situationen« befinden sich alle Menschen irgendwie, aber jeder befindet sich stets in seiner einmaligen, besonderen Situation. Der »Widerfahrnischarakter des menschlichen Lebens«, von dem Kamlah spricht, ist nichts anderes als unser In-Geschichten-und-Situationen-Verstricktsein. Erst und nur vor diesem Hintergrund kann das menschliche Handeln, wie jedes Sich-Verhalten, seinen Ort in unserem sozialen Mit-anderen- und Bei-den-Dingen-Sein zugewiesen bekommen.

Wir befinden uns also immer schon in einer bestimmten Situation oder Lage, wenn wir handeln. Das hat auch Rothacker in seinem Musterbeispiel des Schachspiels herausgestellt. »Jeder sinnvolle Schachzug ist die ›Antwort‹ eines ›Spielers‹ auf eine ›Lage‹ oder ›Situation‹, in die ihn der Partner versetzt hat. Verallgemeinert: jede konkrete menschliche Handlung ist eine tunlichst sinnvolle Antwort auf eine konkrete Lage. Wobei diese Lage ebenso eine innere wie eine äußere Lage sein kann« (Rothacker 1930, S. 44). Damit wird auch deutlich, wie berechtigt die Erweiterung der

Handlungsproblematik um den Begriff Widerfahrnis durch Kamlah ist. »Soziales Handeln« kann nicht nur als Adressierung des gemeinten Sinns an einen anderen und sein Tun verstanden werden. Menschen handeln »aneinander«, so daß die Handlung des einen dem anderen widerfährt. »Sinn« kann auch hier nicht auf eine Interpretation von Regeln oder einer »objektiven Situation« reduziert werden. Denn das Wesentliche liegt darin, daß es je eines Lage ist, in die man durch die eigenen »Züge« und die des anderen geraten ist. Es liegt in jedem Spiel immer eine gewisse Unberechenbarkeit, bezogen auf Tun und Lassen der Spieler. »Es wäre ein Irrtum zu glauben, eine Handlung wie ein Schachzug von W. sei eine einheitliche geschlossene Aktion, so wie etwa ein Federstrich, mit dem ich eine Seite ausstreiche, eine einzige zusammenhängende Handlung ist. (...) Jeder einzelne Zug von W. (ist) eine Antwort auf die Lage, in die W. immer von neuem durch die Züge von Sch. versetzt wird. (...) Ein Schachspiel ist also ein Gegeneinander nicht zweier geschlossener Handlungen je eines Partners, sondern zweier *pulsierender Handlungsfolgen*, in deren Reihe jedes einzelne Glied immer auf neu entstehende Lagen bezogen ist« (S. 44).

Rothacker geht es in seinem Beispiel um die Besonderheit des in Lage und Situation verstrickten Menschen, der darauf nicht analog kausaler Gesetzlichkeiten oder im Wissen einer Situation an-sich rational handelt, sondern der sein Können in immer neuer Bewältigung von einzelnen Situationen herausgefordert sieht. Geht es bezogen auf die Spielregeln darum, dem Gesamtsinn des Spiels zu entsprechen, nämlich zu gewinnen, das heißt in einem übertragenen Sinne sein »Lebensziel« zu erreichen, so muß doch der »Witz« des Spiels darin gesehen werden, gerade mit den immer neuen Situationen und Herausforderungen fertigzuwerden. Im Horizont einer solchen »Richtigkeit« im Tun liegt sowohl der einzelne »Zug« als auch der Gesamtzweck des Lebens. Der »Witz« einer Zweck-Mittel-Relation kann nicht allein in der aus ihrem Kontext isolierten und für sich betrachteten Handlung, ihrer »Absicht« und »Folge« gefaßt werden. Der »Witz« bezieht sich immer auf das »Ganze« eines Spiels bzw. auf das *Ganze*, auf das hin wir leben. Es zeigt sich jedoch weiter die Unmöglichkeit, Lagen planmäßig zu konstruieren und vorab in Rechnung zu stellen. Denn jede konkrete Lage oder Situation ist *offen* nach *allen* Seiten. Es macht ja gerade die Eigenart des »Widerfahrnischarakters des menschlichen Lebens« aus, daß wir auf etwas stoßen, das uns zustößt. Jede Situation, in die man dabei gerät, ist einzigartig. Um mich darin zurechtzufinden, stelle ich den widerfahrenen einzelnen Fall in die Reihe ähnlicher, früher durch mich schon gehandhabter Fälle, aus deren Umgang ich eine Erfahrung gewonnen habe, die mir bei der Bewältigung der konkreten Situation helfen kann. Vor den Fall gestellt, bin ich gezwungen, zwischen *Möglichkeiten* zu wählen. Auch diese Möglichkeiten sind nicht objektiv, so daß man sie etwa vorausberechnen könnte. Es gibt kein allgemeingültiges Schema, das einem die Wahl abnehmen könnte. Die Möglichkeiten sind immer meine Möglichkeiten, mein Vermögen, die Situation zu meistern. Möglich ist etwas insofern, als es sich auf etwas Wirkliches beziehen kann. Nur so kann das Mögliche wirklich werden und nicht unmöglich bleiben. Jedes Wirkliche ist aus einem Möglichen hervorgegangen, dessen Verwirklichung es ist.

2.3 Sinn und Vorgriff

Für eine hermeneutische Erfahrungswissenschaft wird sich der überkommene soziologische Handlungsbegriff zugunsten der zentralen Stellung der *Umgangserfahrung* auflösen müssen. Darunter verstehe ich die Begegnung mit Weltlichem (Andere, Dinge, Selbst). Sie ist eine Weise des Sich-verhaltens-zu und Sich-richtens-auf ... Damit ist der phänomenologische Begriff der *Intentionalität* nicht mehr als ein »bewußt-Haben« eines Gegenstands aufgefaßt. Im praktischen Verhalten der Umgangserfahrung zeigt sich vielmehr, daß man immer schon etwas vorhat und sich bereits orientiert hat, wenn man sich auf etwas richtet. Deshalb gibt es auch keine alltagsweltliche *Erkenntnisart*, unter deren leitendem Vorgriff wir quasi wissenschaftlich den Gegenständen als Objekten des Bewußtseins gegenübertreten. »Es ist primär kein Reflektieren auf einen begrifflich analysierten, diskursiv gedachten Sachverhalt, in welchem uns Welt begegnet, sondern ein praktisches Handhaben, in welchem ein Gegenüber weit weniger ›gegen-ständlich‹ ›vor-gestellt‹ wird als vielmehr als ein gegenständlich so und so Aufgebautes praktisch vorausgesetzt und impliziert ist. (...) So handhaben, leben, tätigen wir Welt und erschließen dabei (in den zahlreichen Gradabstufungen dieses Könnens) von ihr genau so viel, als sich unserer jeweiligen subjektiven Zuständlichkeit eröffnet« (Rothacker 1930, S. 87). Insofern ich jedoch nur von einem *Früheren* her, einer »ersten« Erfahrung, mich auf etwas richten kann, liegt darin eine apriorische Bestimmung. Der »Vollzug« der Begegnung kann in einem spezifischen Sinne als Handlung gefaßt werden, insofern das Besondere und Eigenartige der Begegnung, nämlich daß sie sowohl Tun als auch Erleiden (»Begegnis«), sowohl Handlung als auch Widerfahrnis ist, im Blick bleibt.

Die soziologische Beispielhermeneutik hebt hervor, daß im Handeln stets ein »Sich-Wissen« zum Ausdruck kommt. Im Sich-Verhalten ist man nicht nur am Begegnenden interessiert, sondern man will und muß hier sich *selbst* orientieren, man muß *selbst* mit etwas fertig werden. Die soziologische Beispielhermeneutik will das »Neue« in den sozialen Beziehungen zeigen. Insofern der Handlungszusammenhang als in-bezug-stehend-zu einer (neuen) Erfahrung dem Handelnden sich darstellt, hat der Handelnde auch das *Wesentliche* (nicht das Routinemäßige) »reflektiert«. Dieser Zusammenhang kann jedoch nicht von der Einmaligkeit der Situation, in der man steht, abstrahiert werden. Wesentlich ist mein Mich-stellen-zu den begegnenden Sachen. Ich selbst bin es, schon immer mitseiend mit den anderen und bei den Dingen, der sich zu den begegnenden Sachen verhält. Jede »neue« Erfahrung durchkreuzt und erweitert den gewohnten Erwartungs- bzw. Erfahrungshorizont. Die Lösung dieser Situation wirft das Problem eines neuen Ingriffnehmens der *eigenen* Möglichkeiten auf. Auch zur Sprache kommt hier etwas nur, wenn ich es mit »meinen« Worten sagen kann. Aber die Wörter entnehme ich einer Sprache, die ich mit anderen teile und die Konzeptionen schon vorgeprägt hat. Dieses eigene Reden wird dann nötig, wenn eine »Handlung« oder besser: eine Begegnung nicht nach dem »allgemein« erwartbaren Muster abgelaufen ist. Mitgeteilt und erzählt wird ja nicht, was man schon tausendmal gemacht hat und jeder schon kennt, sondern das Unerwartete, nämlich das Ereignis, das eine Erwartung enttäuscht hat: die *neue* Erfahrung.

Sinnvoll ist ein Tun in der Erwartung seines bekannten Ausgangs, das heißt, man rechnet handelnd mit etwas, was man aus Erfahrung kennt. Wenn ich in diesem Zusammenhang auch von *Zweck* spreche, so ist darin immer auch der *Lebenszweck* gemeint, um den es einem im Ganzen zu tun ist. Enttäuschte Erwartungen gehen ja immer auch einen selbst an. Ich bin es ja, der mit etwas gescheitert ist. Handeln ist gerichtet oder intentional, insofern man überhaupt etwas im Sinn hat. Dieser Sinn ist *Bezugssinn*, da er im Bezug zu einem konkreten Umgang steht. Sofern jedoch das im Handeln je Begegnende mit das Ereignis einer Situation ausmacht, einem also handelnd Welt immer auch »neu« widerfährt, kann man soziologisch nicht von Reproduktion, Wiederholbarkeit usw. sprechen. »Zwecke« sind nichts Statisches, das sich als Plan des Handelns dann im Ergebnis der Handlung unverändert durchhält. Dies unterschlägt den (lebens-)geschichtlichen Charakter der Erfahrung. Erfahrungen vollziehen sich in der konkreten Zeitlichkeit eines bestimmten Lebens. Oftmals wird mir erst im Verlauf des Handelns klar, welcher konkrete Zweck intendiert war. Keine Lebenssituation wiederholt sich als etwas Identisches, vielmehr ist jede Situation, in der einer steht, singulär. Situationen mögen sich ähneln, man mag zu ihrer Bewältigung eine gewisse Routine entwickeln. Insofern für die Bewältigung einer Situation »Routine« benötigt wird, darf dies nicht dahingehend ausgelegt werden, daß man einer allgemeingültigen Regel folge, die soziologisch dann als Regelmäßigkeit »erkannt« werden könnte.

Eine »Regelmäßigkeit«, die sich in einem wiederholenden Tun darstellt, ist nicht selbst wieder auf eine Regel zurückzuführen, die dieses Tun bestimmt. Es ist ja nicht so, als ob Menschen ihr Verhalten erst anhand einer bestimmten Regel »kognitiv« formalisieren, um es *auf diese Weise* reproduzieren zu können. Vielmehr sind wir durch viele Erfahrungen im Umgang mit den Dingen in Einzelfällen so auf diese eingerichtet, daß wir sie mit einseitiger Übersicht bewerkstelligen können. Daß, um ein anderes Beispiel zu geben, unsere Schwimmbewegungen sich ständig wiederholen, bedeutet ja doch nicht, daß wir zu diesem Verhalten nur kommen konnten, indem wir eine bestimmte Schwimmregel immer wieder anwenden. Vielmehr haben wir uns eine körperliche Geschicklichkeit aufgebaut, so daß wir nun einfach etwas *können*. Routine sollte deshalb von einem Begriff der Erfahrung her verstanden werden. Genaugenommen wird Routine wirksam im Vorgriff auf eine erwartete situative Konstellation. In diesem Sinne hat Routine allerdings nichts mit der Wiederholbarkeit von Situationen oder repetitivem Handeln zu tun, aus der sich identische Regeln ableiten ließen und man soziologisch überhaupt auf eine Regel schließen müßte, sondern sie ist das *Vermögen* eines Erfahrungslebens, welches das *Wesentliche* der Situation zu »erkennen« vermag. Wer in Situationen seine Erfahrungen einzubringen weiß, tut ja nicht immer dasselbe oder folgt stur einem Schema, sondern vollbringt das hier und jetzt Richtige, das heißt der Situation Angemessene. Wie ja auch ein 100-Meter-Läufer nicht immer denselben identischen Lauf (etwa als Vor-, Zwischen- und Endlauf) wiederholt (reproduziert). So wie es ja für manchen Athleten die Möglichkeit gibt, »taktisch zu laufen«, deren Wirklichkeit sich erst in der Situation selbst zeigen wird. Hier kann man nicht von einer allgemeinen Möglichkeit sprechen. Immer zeigt sich dieses »taktische Laufen« als verwirklichte Möglichkeit eines bestimmten Läufers. Vor allem der »erfahrene« Läufer »erkennt« den richtigen Moment, sein Lauftempo zu ändern. Es ist in diesen Fällen sinnvoller, statt von »Reproduktion« von *kreativer Wiederholung* oder auch von »reflexiver Produktion« (vgl. Luhmann 1985, S. 79) zu sprechen. Nur den technischen Medien gelingt eine »Wiederholung«. Doch schon für den Zuseher ist die »Wiederholung« wieder eine *neue* Situation gegenüber dem »originalen« Lauf. Die eigene Befindlichkeit, die Stimmung wechseln. Das je Begegnende selbst mag sich wandeln, die Umstände liegen nicht immer gleich. Es ist deshalb nicht gerechtfertigt, die Geschichtlichkeit der jeweiligen Lebenssituation geringzuschätzen.

Neben dem Begriff der »Reproduktion« ist auch der Begriff der »Regel« hermeneutisch zu besetzen. Ich meine damit kein unsichtbares Regelwerk, dessen Beherrschung geeignet wäre, die Funktionsweise sozialer Systeme zu durchschauen und zu erklären. Sicherlich ist es denkbar, daß Menschen meinen, sie wendeten zu ihrer Welt- und Menschenkenntnis eine »Regel« an, bzw. jene Kenntnis gründe auf einer Regel. Aber ein anderer wird zu einer Welt- und Menschenkenntnis eben nicht durch das Lernen dieser oder jener Regel gebracht, das heißt durch das Beherrschen einer Technik, sondern nur durch Erfahrung. Letztere läßt sich natürlich lehren und lernen, wie Wittgenstein gezeigt hat unter Betonung des besonderen Sinns von einer Regel, die nicht wieder innerhalb eines umfassenden Systems steht: »Kann man Menschenkenntnis lernen? Ja; Mancher kann sie lernen. Aber nicht durch einen Lehrkurs, sondern durch ›Erfahrung‹. – Kann ein Andrer dabei sein Lehrer sein? Gewiß. Er gibt ihm von Zeit zu Zeit einen Wink. – So schaut hier das ›Lernen‹ und ›Lehren‹ aus. – Was man erlernt, ist keine Technik; man lernt richtige Urteile. Es

gibt auch Regeln, aber sie bilden kein System, und nur der Erfahrene kann sie richtig anwenden. Unähnlich den Rechenregeln« (Wittgenstein 1982, S. 365).
Meine These ist nun, daß das Erfahrungsleben zu »Begriffen« kommt, in denen »Sinn« nicht unmittelbar thematisch wird. Auf welchen Sinn hin man etwas genommen hat, von woher man dabei gekommen ist, ist nichts äußerlich Ablesbares. Es ist aber auch nichts Verborgenes (Weber) oder krankhaft Unterdrücktes und Verdrängtes, wie es das Vorurteil vom tiefenhermeneutischen Unbewußten aussagt. Es ist schlichtweg der vorgängig ungewußt bleibende Entwurf, der erst nachträglich hermeneutisch bewußt werden kann. Man versteht sich auf eine Sache, ohne deren Hinsicht, Konzeption explizit zu machen. Dies ist für das umgängliche Weiterkommen in der Begegnung auch gar nicht nötig. Es wäre völlig verfehlt, hier irgendein aufhebbares »Defizit« oder irgendeine verbesserungswürdige »Ungenauigkeit« sehen zu wollen. Vielmehr zeigt sich in der Erfahrungswelt Sinn (Bedeutung) im Gebrauch, in der Anwendung. Nur *im* Handeln und *im* Sprechen »bedeuten« wir etwas.

2.4 Frage-Antwort-Struktur von Texten

Umgangserfahrung, so habe ich bislang argumentiert, ist die uns nächste Weise, den Dingen zu begegnen. In dieser Begegnung verwirklicht der Mensch ein »Lage-Antwort-Verhältnis« (Rothakker). Sinnvoll geht man mit den Anforderungen der Situation um. *Sinnvoll* heißt hier vor allem: bezogen auf die Umgangserfahrungen, die man in die Situation schon mitbringt, und bezogen darauf, worum es einem zu tun ist. Dieses »Lage-Antwort-Verhältnis« läßt sich nicht einengen auf ein kausales oder kognitives Verhältnis zum Begegnenden, auch wenn beides mit in eine Lage hineinspielt. »Der Regen als Kausalfaktor macht mich naß. Aber eben derselbe Regen wird auch als Lage erlebt und durch sinnvolle Maßnahmen beantwortet. Sinnvoll heißt dabei nicht nur reflektiert und prinzipiengeleitet. Der geschulte Straßengänger hat es *gelernt*, auch ohne Reflexion sich gegen Regen zu schützen« (Rothacker 1930, S. 114; Hvhg. von mir). Man wird hier aber vergebens nach allgemeingültigen Regeln und Normen suchen, aus denen sich Motive des Reagierens-auf ableiten ließen.

Die »Antwort« ist also immer eine des »ganzen Organismus« auf eine neue »Gesamtsituation«. Daß der »ganze Mensch« an der Bewältigung von Lagen beteiligt ist, kann nicht anders gedeutet werden, als daß hier tatsächlich *Wirklichkeit* begegnet und als solche genommen wird. »(...) eben diese Gesamtreaktion ist ein sicheres Zeichen dafür, daß es dem psychophysischen Gesamt ›ernst‹ ist mit dem Begegnenden, d. h. daß das reagierende Gesamt das Begegnende als schlechthin wirklich nimmt. (...) Die Wirksamkeit des Wirklichen auf unsere Reaktionen, die Wirklichkeit des Reagierens, das Faktum der motorischen und emotionalen Erregung sind das Symptom und Kriterium dieses ›Fürwahrhaltens‹. Was wir wirklich beantworten, das halten wir auch für wirklich, d. h. für leibhaftig anwesend« (Rothacker 1954, S. 309). Es macht keinen Sinn, hinter dem Vernehmen des Begegnenden noch eine nur wissenschaftlich zu findende und methodisch erreichbare, höhere Wahrheit zu vermuten. Auch der Wissenschaftler hat zunächst »naiv« vernommen, was ihm dann zum Gegenstand weiterer Überlegungen wird.

Welche Möglichkeiten bestehen für den Soziologen, eine Sicht auf dieses »Lage-Antwort-Verhältnis« zu bekommen? Denn eines scheint für die soziologische Beispielhermeneutik fraglos, daß es ein *reflektiertes* »Wiederholen« gerade dieses Verhältnisses ist, was einen hermeneutischen Zugang zur sozialen Wirklichkeit ermöglicht. Insofern Soziologie empirische Textwissenschaft ist, stellt sich die Frage, ob in Texten sich eine entsprechende »Frage-Antwort-Struktur« zeigen läßt. Der englische Archäologe, Philosoph und Historiker R. G. Collingwood berichtet in seiner Autobiographie von 1939 (dt.: 1955), wie er zu seiner Art von hermeneutischer Logik, die er selbst »Frage-und-Antwort-Logik« nennt, gekommen ist. Es ist vor allem die Bedeutung der »fragenden Aktivität« (Collingwood), die ihn zur Auseinandersetzung mit der Schullogik veranlaßte. Bei der Betrachtung eines unansehnlichen Denkmals, so berichtet er, dem er tagtäglich auf dem Weg zur Arbeit begegnete, kamen ihm – jeden Tag mehr – verschiedene Fragen in den Sinn: zunächst die nach der offensichtlich schlechten künstlerischen Qualität, dann die nach der künstlerischen Absicht des Architekten und nach dem Ziel seines Schaffens usw. Freilich konnte man sich dazu plausible Antworten einfallen lassen, vor allem aber fragte sich Collingwood bald, ob er denn überhaupt die »richtigen« Fragen an das Denkmal richtete. Wenn

dieses Denkmal nun als »Antwort« des Architekten aufgefaßt werden muß, so ist diese »Antwort« nur dann verständlich, wenn man weiß, auf welche »Frage« der Architekt denn antworten wollte. Daraus ergibt sich für das Prinzip der Logik, daß es nicht ausreicht, »Aussagen« und »Urteile« in bestimmten Denkvollzügen festzustellen, sondern es muß den *Fragen* nachgegangen werden, auf die jene Vollzüge die *Antwort* sind. Übertragen auf das hermeneutische Studium von Quellen und Texten heißt diese »Frage-und-Antwort-Logik« folgendes: »(...) durch das bloße Studium von gesprochenen oder geschriebenen Aussagen (kann man) nicht herausfinden, was jemand meint, selbst dann nicht, wenn er mit vollkommener Beherrschung der Sprache und mit dem Willen zu größter Wahrhaftigkeit gesprochen oder geschrieben hat. Um seine Meinung herauszufinden, muß man vielmehr ebenso die Frage kennen – eine Frage, die die seine ist und von der er voraussetzt, daß sie auch die unsre sei –, auf die hin das, was er gesagt oder geschrieben hat, als Antwort gedacht war« (Collingwood 1955 b, S. 32 f.).
Frage und Antwort müssen als streng korrelativ aufgefaßt werden. Fragen sind immer situativ, aus einem bestimmten Kontext und einer bestimmten Lage heraus gestellt. Nur wenn dies beachtet wird, entgeht man Täuschungen. Bestimmte Antworten können nicht auf unbestimmte und allgemeine Fragen zurückgeführt werden. So kann man sich täuschen lassen, wenn man von einem »Wilden« sagt, »er stehe ›vor dem Problem der Nahrungsbeschaffung‹, während ihn in Wirklichkeit das – wie alle menschlichen Sorgen durchaus vorübergehende – Problem beschäftigt, diesen Fisch da aufzuspießen oder diese Wurzel auszugraben oder in diesem Wald Brombeeren zu finden« (S. 34). Hat man als Forscher schon die Frage mißverstanden, dann wird es unmöglich sein, den Sinn der Antwort zu verstehen. So wird es entsprechend nicht so leicht möglich sein, von zwei Aussagen in einem Text zu behaupten, sie widersprächen einander. *Widersprechende* Antworten können nämlich nur für den Umstand festgestellt werden, der sie tatsächlich auf *dieselbe* Frage antworten ließ. Eben diese hermeneutische Logik muß auch auf das Gebilde der »Wahrheit« angewandt werden: »Wenn der Sinn einer Aussage sich auf die Frage bezieht, die sie beantwortet, so muß sich ihre Wahrheit ebenso auf die Frage beziehen. Sinn, Übereinstimmung und Widerspruch, Wahrheit und Falschheit gehören nicht den Aussagen in ihrer Ei-

genständigkeit, nicht den Aussagen an sich zu, sondern allein zu Aussagen, die Antworten auf Fragen sind. Jede Aussage beantwortet dabei eine Frage, der sie genau entspricht« (S. 34f.). Die Frage-und-Antwort-Logik darf die Fehler der *formalen Grammatik* nicht wiederholen.

Es liegt sozusagen auf der Hand, den »Komplex«, den Collingwood aus Fragen *und* Antworten bestehen sieht, als *Geschichten* (Schapp) aufzufassen, in die das Antworten auf Fragen unabweislich hineingehört. Geschichten sind ein »Ganzes«, dem jede Frage und jede Antwort »dienlich und angemessen« (Collingwood) zu sein haben. Frage und Antwort müssen »sowohl dem Ganzen als auch dem Platz ›zugehörig‹ sein, den sie in dem Ganzen einnahmen. Jede Frage mußte ›sich erheben‹, d.h. es muß sich das einstellen, dessen Fehlen wir dadurch bemängeln, daß wir uns weigern, eine Frage zu beantworten, weil sie ›sich nicht erhebt‹. Jede Antwort muß die ›richtige‹ Antwort auf die Frage sein, die sie zu beantworten vorgibt« (Collingwood 1955 b, S. 38). Nur mit Blick auf das »Ganze« kann letztlich beurteilt werden, ob eine Frage, die wir an einen Text heranführen, »sinnvoll« ist. Denn das »Ganze« selbst ist als *eine* Antwort zu verstehen, die auf den »Zweck des Lebens als Ganzes« gerichtet ist. Letzteres ist nichts anderes als Lage und Situation, in die man verstrickt ist, und von dem der Text ein sinnvoller Ausdruck ist.

An diese »Frage-und-Antwort-Logik« schließt auch Collingwoods Hauptwerk *The Idea of History* (1946; deutsch: *Philosophie der Geschichte*, 1955) an, das u. a. der Frage nachgeht, inwiefern »Geschichtsforschung als Nachvollzug der Erfahrung der Vergangenheit« (Collingwood 1955 a, S. 294) möglich ist. Der Historiker hat es mit Quellen und Texten zu tun. Seine Aufgabe besteht nun darin, den gemeinten Sinn der überlieferten Worte zu verstehen oder besser: nachzuvollziehen. Collingwood gibt folgendes Beispiel eines Historikers, dem ein bestimmter Edikt eines Kaisers, nämlich der Theodosianische Codex, vorgelegt ist: »Damit, daß er die Worte liest und zu übersetzen weiß, ist noch nicht gesagt, daß er ihre historische Bedeutung erkennt. Zu diesem Zweck muß er die Situation betrachten, mit welcher der Kaiser sich auseinanderzusetzen hatte, und zwar muß er sie mit dessen Augen zu betrachten suchen. Dann muß er sich überlegen, gleich als ob die Situation des Kaisers seine eigene wäre, wie man mit ihr fertigwerden könnte; er muß die verschiedenen Entscheidungsmöglichkeiten ins Auge fassen, welche die Umstände dem Kaiser boten, und die Gründe erwägen, welche die eine dieser Entscheidungsmöglichkeiten als günstiger erscheinen lassen als die anderen. Und so muß er den ganzen Prozeß der Überlegung, der den Kaiser zu seinem Entschluß geführt hat, im eigenen Geist nochmals durchgehen. So vollzieht er in sich selbst die Erfahrung jenes Kaisers nach; nur soweit er das tut, gewinnt er ein über die rein philologische Kenntnis hinausgehendes Wissen von der Bedeutung des Edikts« (S. 295 f.). Collingwood versucht nun zu beschreiben, wie der Historiker überhaupt zu *sinnvollen Fragen* bezüglich eines vorgelegten Textes kommen kann. Es ist methodologisch höchst aufschlußreich, daß Collingwood den Historiker anweist, nicht syllogistische Schlüsse zu ziehen, sondern es allein darum gehen muß, *Erfahrungen nachzuvollziehen*. Er wehrt sofort das Mißverständnis ab, daß damit natürlich nicht ein *identischer* Denkakt, der beide Erfahrungen zur Deckung bringen könnte, gemeint sein kann. Denn zwei Erfahrungen können niemals identisch sein. Deshalb kann es sich auch »nur um ein Verhältnis der *Ähnlichkeit* zwischen den beiden Erfahrungen handeln« (S. 296; Hvhg. von mir). Schon allein weil beide Erfahrungen auf verschiedene Situationen zurückgeführt werden müssen, kann die zweite Erfahrung nur in der *Art*, sich hinführen zu lassen, »gleich« sein. Beide Erfahrungen sind nämlich *epagogisch* strukturiert, nur insofern sind sie von der »nämlichen Art«. Collingwoods These lautet, daß man eine Kenntnis eines Denkaktes eines anderen nur gewinnen kann, wenn es gelingt, diesen Denkakt im eigenen Denken zu wiederholen. Den wesentlichen Unterschied zwischen beiden Denkakten sieht Collingwood darin, daß der Historiker seinen Denkakt *als Erfahrung reflektieren* muß. Es geht weder um eine formalisierte Reproduktion anhand einer *allgemeingültigen* Regel noch um ein Nachfühlen einer fremden *unmittelbaren* Erfahrung, was auch nicht möglich wäre, sondern um die Organisation einer bewußten Erfahrung. Der Historiker will ja etwas in seiner Erfahrung *erkennen*. Nämlich »daß ich ihn erkenne als meinen Denkakt, der einen bestimmten Platz in meinem geistigen Leben einnimmt. (...) Ich bin mir meines Akts nicht nur als irgendeiner Erfahrung bewußt, sondern als meiner, und zwar als einer eigenen Erfahrung, bestimmter Art; nämlich eines Aktes, eines Denkaktes, der auf eine bestimmte Weise entstanden ist, einen bestimmten Erkenntnischarakter hat usw.«

(S. 304). Das »wiederholende« Denken einer Erfahrung ist ein Denken, das seine eigene Erfahrung mit bedenkt. Insofern ist es »Selbst-Erkenntnis«, »also kritisches Erforschen des eigenen Denkens, nicht bloß Gewahrwerden dieses Denkens *als* des eigenen« (S. 305). Wir müssen aber bei aller Plausibilität dieser Frage-Antwort-Logik bei Collingwood beachten, daß wir für unsere nachträgliche Wiederholung von Erfahrungen ja niemals die subjektiven Denkakte des anderen vor uns haben, sondern immer nur einen, wenn auch »authentischen«, *Text*. Nur mit einem uns vorgelegten Text können wir unsere Erfahrungen machen, die die Erfahrung unserer Erfahrung mit dem Text einbezieht. Die hermeneutische Erfahrung der gesuchten Frage kann sich also »nur« auf den *Sinn des Textes* beziehen, nicht aber auch auf eine Rekonstruktion gewissermaßen der erlebten Vor-Geschichte des Textes (vgl. Gadamer 1986, S. 378).

Die Wiederholung einer »historischen« Erfahrung kann das Wiedergeholte nie identisch abbilden, denn das unmittelbare Vernehmen, das als hinzunehmender Eindruck vom Begegnenden einmalig ist, kann nicht nachvollzogen werden. Wiederum wäre es aber ein Mißverständnis, daraus die Folgerung zu ziehen, daß am Ende des hermeneutischen Nachvollzugs eine unmittelbare Identität zwischen dem Historiker und seinem Gegenstand stehe. Man kann auch hier nur von einer *Ähnlichkeit* sprechen. Als Vermittlungsebene kommt ein »Gespräch« zwischen dem vergangenen und dem gegenwärtigen Denken in Frage, insofern das gegenwärtige Denken den Zeitenabstand zu überspringen vermag und das vergangene Denken die Fähigkeit aufweist, sich in der Gegenwart zu erneuern. Beide Erfahrungen haben darüber hinaus gemeinsam, daß sie jeweils in einem bestimmten *Erfahrungszusammenhang* oder *Fragehorizont* stehen. So gilt es, nicht nur einzelne Erfahrungen zu vergleichen, sondern auch den *Komplex des Ganzen* zu beachten, in den jede Erfahrung als in ihrer »Geschichte« eingebettet ist. Denn die Erfahrung oder der Denkakt »kann sich nicht *in vacuo* wiederholen, als das entmaterialisierte Gespenst einer Erfahrung der Vergangenheit. Ein Denkakt muß sich, so oft er sich auch wiederholt, jedes Mal in einem bestimmten Zusammenhang ereignen, und der neue Zusammenhang muß ihm ebenso angemessen sein, wie der alte« (Collingwood 1955 a, S. 314). Damit ist die reflexive Erfahrung gleichsam aus dem Bann des puren Nachsprechens und bloßen Übersetzens befreit und stellt ihr ei-

genes Fragen ins *Offene* des hermeneutischen bzw. soziologischen Gesprächs. Der Forscher muß sich in die *Lage* bringen, den fremden Gedanken zu verstehen, ihm zu entsprechen. Diese *Lage* kann für einen Historiker wie für einen *Soziologen* keine andere sein, als die eines Menschen, der selbst in-Geschichten-und-Lagen-verstrickt ist. Nur mit dieser Erfahrung als Verstehensgrund im Rücken kann überhaupt ein adäquates Fragen beginnen. Unsere eigenen, ähnlichen Erfahrungen können uns beim richtigen Fragen zu Hilfe kommen, denn der Soziologe wird mit Lagen »in« einer *Gesellschaft* konfrontiert, der er selbst auch angehört. Voraussetzung ist wie bei jedem Verstehen auch hier, daß das eigene Denken schon irgendwie vorbereitet darauf ist, das fremde »gastlich aufzunehmen« (Collingwood).
Wenn verstehen selbst ein Fragen ist, dann zeigt sich am soziologischen Sinn-Verstehen auch das Vermögen einer Wissenschaft, »wirkliche« Fragen zu stellen. Denn die Wiedergewinnung der »Frage, aus der sich der Sinn eines Textes als Antwort versteht, (geht) in unser eigenes Fragen über. Denn der Text muß als Antwort auf ein *wirkliches Fragen* verstanden werden« (Gadamer 1986, S. 380; Hvhg. von mir). Das hermeneutische Fragen zeigt sich nicht im Setzen von Hypothesen und im Konstruieren von Unwahrscheinlichkeiten, sondern im Herantragen und Erproben von Möglichkeiten. Der soziologische Vorgriff auf das »Lage-Antwort-Verhältnis«, von dem ich ausgegangen bin, hat so in der »Frage-und-Antwort-Logik« ein methodologisches Pendant gewonnen, das im folgenden weiter beachtet werden soll. Vergleichen wir dieses hermeneutische Verfahren, das die eigentliche Frage im Umgang mit Einzelfällen erst noch »entdecken« muß, mit herkömmlichen formalen Methodologien, so liegt auch hier der Unterschied auf der Hand. Denn die rationalen Wissenschaften zeichnen sich gerade dadurch aus, daß der Forscher (»Subjekt«) einseitig von *sich* aus *seinen* Gegenstand (»Objekt«) mit einer im Vorfeld der Forschung schon bestimmten Frage (Hypothese) konfrontiert. Nur indem der Gegenstand dieser exakten Frage ausgesetzt wird, kann die Forschung überhaupt in Gang gebracht werden (vgl. Bollnow 1970, S. 140). In diesem Sinne sind die rationalen Wissenschaften planmäßig organisiert und durchführbar; vor allem: am Ende kommt immer ein Ergebnis heraus. Das Ergebnis repräsentiert genau dasjenige Wissen, nach dem der Forscher gesucht hat. Aus diesem Grunde verbleibt die For-

schung, die innerhalb der rational-logischen Wissenschaften betrieben wird, »im Rahmen eines geschlossenen Vorverständnisses« (S. 141). Gehen wir nun in der hermeneutischen Soziologie von Texten aus, so ist der *Text* die einzige Grundlage, die »wirkliche« Frage zu gewinnen. Man kann nicht mit einer Kritik an der »Antwort« (= am vorgelegten Text), die irgendwie von außen (etwa über das Suchen nach Regeln, Gesetzen oder Normen) herangetragen wird, beginnen. Ohne erst die Frage gewonnen zu haben, kann man die Antwort, deren Ausdruck der Text ist, nicht verstehen.

Der alltäglich pragmatisch vollzogene Umgang mit den Dingen wäre überhaupt sinnlos, wenn er nicht hinsichtlich eines Vorgriffs, einer Antizipation bzw. Konzeption geschähe. Im Fragen und Suchen ist man der späteren Bestimmung des umgänglich Begegnenden sozusagen schon vorweg. Hermeneutische Logik versteht sich so als »Nachtrag« der vorgängig bei der Auseinandersetzung mit der Welt leitenden, aber erst im Vollzug sichtbar werdenden Konzeptionen. Der dem Soziologen vorgelegte Fall kann als ein Ausdruck dieses Vollzugs von Konzeptionen genommen werden, insofern dieser im Text *sich darstellt*. Wir stehen somit vor der Aufgabe – im Sinne einer Soziologie als Erfahrungswissenschaft – einer reflexiven Wiedergewinnung der den Umgang mit den Dingen leitenden Vorgriffe und Konzeptionen. Nur so können wir in die Hinsicht eingestellt werden, die den Text leitet.

2.5 Interpretative Soziologie und Geschichten-Verstehen

Die Menschen, auf deren soziale Welt die interpretative Soziologie ihre Aufmerksamkeit richtet, stehen zu den Sozialgebilden ihrer Lebensumwelt in einer lebendigen und dynamischen Beziehung. Diese Sozialgebilde betrachtet der Soziologe als Phänomene, die durch Wahrnehmen, Erfahren, Verstehen, Handeln und Sprechen hervorgebracht werden. Diese Phänomene gewinnen nicht durch die spezifische Hinwendung und Einsicht des Soziologen ihre Sinnhaftigkeit und Bedeutung. Vielmehr gehören sie einer schon vorgängig interpretierten Wirklichkeit an, die sich Menschen als »ihre« Welt geschaffen haben. Den alltäglichen Umgang mit den Dingen zeichnen Sachlichkeit, Vernünftigkeit und Sinnhaftigkeit aus. Im Hantieren mit den Dingen »kenne« und »benenne« ich die

Dinge in ihrer praktischen Bedeutung. Der pragmatisch und umgangssprachlich orientierte Bedeutsamkeitsbezug hat es dabei immer schon mit inhaltlich sinnvollen und verständlichen Welten zu tun; verständlich einmal für die Mitglieder der eigenen Lebensform- und Sprachgemeinschaft, verständlich u. U. aber auch für den aufmerksamen Soziologen. Als Mitte ihrer Umwelt stehen die Menschen ständig in einem leisen und lauten Dialog über die Gebilde ihrer Welt. Diese dialogische Kompetenz des Redens-über- und Erzählens-von-etwas ist Teil der Verhaltenskompetenz von Menschen, die als Akteure in der Welt als einem Sozial- und Sinnzusammenhang immer schon einbezogen sind. Jedes verständliche Reden, jedes Erzählen von widerfahrenen Geschehnissen greift zurück auf die Erfahrungen der eigenen Lebensgeschichte ebenso wie auf den sozialen Bezug von Traditionen, Üblichkeiten und Gepflogenheiten. Im praktisch-lokalen Kontext des Umgangs mit den Mit-Menschen und Hantierens mit den Dingen werden »Mensch und Ding« erkannt und umgangssprachlich angeeignet. Der sozialen Wirklichkeit eignet das Prinzip der narrativen Pragmatik.

Das Bezugsfeld soziologischer Forschung läßt sich nun nicht von seiner Umgebung oder von seinem Hintergrund isolieren: die Menschen nicht von ihrer Lebensform und Sprachgemeinschaft, die sozialen Gebilde nicht von ihrem Bedeutsamkeitsbezug. Vielmehr gewinnt das Bezugsfeld erst seine »Deutlichkeit« und »Normalität«, wenn es in seine soziale Umgebung und Umfassung hineingestellt bleibt. Jedes soziologische Verstehen braucht diesen Bezug auf das außerwissenschaftlich schon Eingeordnetsein ihrer Phänomene in eine soziale Welt. Andernfalls würde den Sozialgebilden ihre Bestimmtheit und ihr Charakter, das heißt ihr mitweltlicher *Wirklichkeitsaspekt* fehlen, ohne die sie schon außerwissenschaftlich aber gar nicht wahrgenommen, erfahren und verstanden werden könnten, sondern an denen orientierungs- und interesselos *vorbei*gelebt würde.

Zum lebendigen Erfahren und Verstehen aber, dann auch zum mitteilenden Erzählen von Handlungen und Widerfahrnissen gehört eine besondere sprachlich-soziale Gestalt – die der *Geschichte* – als Geschichte meines Lebens, in die ich unlöslich verstrickt bin, deren Begegnungen und Widerfahrnisse ich als Erzählung mitteilen kann. Geschichten bewahren auf, was uns in der sozialen Welt passiert und wie uns diese widerfährt. Niemals reichen hier ein einzelnes Wort, ein isolierter Satz aus, denn etwas zu verstehen und mitzuteilen vermögen wir nicht durch das Wissen fixer Begriffe und Definitionen, sondern indem wir eine passende Geschichte parat haben oder, was dasselbe ist, eine bekannte Geschichte fortsetzen. In einer sozialen Welt leben heißt, für alles, was einem in dieser Welt begegnet, eine Geschichte bereithalten. Erst in Geschichten als öffentlich-sozialem Sprachspiel können Bedeutsamkeiten aufgefaßt und ausgelegt werden. Der soziale Ort solcher Geschichten ist das mitteilende Gespräch, das Sprechen, Hören und Verstehen umschließt.

Diese Überlegungen abschließend läßt sich zusammenfassen, daß dieses Bezugsfeld der interpretativen Soziologie nicht von außen oder von oben einsehbar ist. Es kann auch nicht als »Objekt« wissenschaftlich aufgefaßt werden, insofern »Objekt« etwas aus seinem sozialen Wirklichkeitskontext Freigestelltes meint, freigestellt etwa von den Auslegungen, die ihm in einer Sozialwelt zugewachsen sind. Darüber hinaus hat die interpretative Soziologie sich methodologisch-methodisch darin einzurichten, daß sie sich Sozialgebilde nur erschließen kann, wenn sie sich deren »Geschichtlichkeit« zuwendet. Sozialgebilde sind Menschen nur in Geschichten, in die sie »verstrickt« sind, bekannt. Die Menschen verständigen sich über Sinn, Zweck, Bedeutung, Charakter usw. der Dinge ihrer Welt, indem sie Geschichten erzählen, hören, verstehen, widersprechen, weitergeben, in denen die Dinge – und die Menschen auch! – einen Platz haben. Nur über das Bekanntwerden, Verstehen, Nach-Erzählen und Deuten solcher Geschichten findet der Soziologe hier einen Zugang.

Fragen wir als Soziologen, was wir in solchen Geschichten zu »entdecken« haben, so dürfen wir nicht hoffen, daß ein großer theoretischer und methodischer Aufwand uns einen offenen Zugang verschaffen könnte. Als Soziologen, die wir eher akademischen Lebensformen angehören, haben wir allemal davon auszugehen, daß wir uns als »Fremde« in solchen Geschichten nicht auskennen. Welche »Haltung« könnte in dieser fremden »Umgebung« eine adäquate sein? Joachim Schulte gibt in seiner lesenswerten Wittgenstein-Monographie einen wichtigen Fingerzeig, der uns weiterhelfen könnte: »Wer sich nicht auskennt, wird nicht seine Umgebung kritisieren, sie umzugestalten versuchen oder sich ausmalen, wie viel schöner sie wäre, wenn man dies oder jenes anstellte, sondern er wird sie so, wie sie ist, auszukundschaften und zu verstehen suchen« (Schulte 1989, S. 133). Es wird also nichts erfunden und entdeckt. Vielmehr ist es Aufgabe, das zu interpretieren, was schon da ist. Als Soziologe eine fremde Welt verstehen, die z. B. als Text eine besondere Darstellung gefunden hat, gelingt dann unter Aufgabe der Monopolstellung des wissenschaftlichen Bezugssystems zugunsten der verschiedenen Maßstäbe des Weltverständnisses, die dem außerwissenschaftlichen Nehmen der Welt eigen sind. Denn was in einer sozialen Welt sinnvoll oder sinnlos, richtig oder falsch ist, muß und wird sich in ihr selbst zeigen. Es kann hier nichts durch sogenannte objektive wissenschaftliche Kriterien bewiesen werden. Damit ist Richtung zu nehmen auf das pragmatische Bezugssystem, das Wittgenstein als *Lebensform* beschrieben hat. Mit dem Ausdruck *Lebensform* ist Bezug genommen auf den Gebrauchskontext, der uns lebensweltlich immer schon umgibt. *Lebensform* ist der generelle Verweis auf das pragmatische Interpretationsfeld, in das jede Situation, jede Auslegung eingepaßt ist. Insofern Alltagsbegriffe nicht einleuchten, müssen sie veranschaulicht und erörtert werden. Dann muß in der mitteilenden Erzählung Richtung auf ein passendes Beispiel genommen werden. Dieses Beispiel stößt in die Konkretion der Lebensform, in deren Eindeutigkeit das Beispiel seine Verwendungs-, Darstellungs- und Begründungsfunktion erfüllen kann.

Wir können nämlich den spezifischen Situations-Sinn mitgeteilter Worte erst »wiederholen«, wenn uns an Beispielen und vielleicht Gegenbeispielen beigebracht wird, wann und wann nicht man ein Wort verwendet. Erst so werden wir in die Lage versetzt, etwas soziologisch zu verstehen (vgl. Kamlah/Lorenzen 1967, S. 29). »Eine Geschichte verstehen« heißt, auf den konkreten Gebrauch von Wörtern, Sätzen und Geschichten zu hören und dabei jenen Kontext zu reflektieren, in dem sie gemeint sind und ihre Bedeutung finden. Der Sinn eines sprachlichen Ausdrucks ist bestimmt durch die konkrete Umgebung, in der der Ausdruck steht, und durch die besonderen Umstände seiner Äußerung. Es ist also auf die jeweilige Äußerungssituation mit zu achten, in der der Satz auftaucht. Nur die Praxis der Sprache schließt uns die pragmatische Dimension des Sinns auf. Dazu gehören auch Tonfall, begleitende Gebärde, Ort, Gelegenheit und Zeitpunkt der Äußerung. Wann immer wir nach der Bedeutung von Bestandteilen einer sozialen Welt fragen, müssen wir zurückgehen auf die *konkreten*

Umstände ihrer Darstellung. Damit muß jedoch ein anderes klar werden: die *Kriterien* dafür, warum die Dinge und Umstände einer sozialen Lebensform in diesem oder jenem Sinn verstanden werden, sind selbst Bestandteile dieser Lebensform, die man nicht einfach von ihr abziehen kann. Welche Bedeutung etwas für die Menschen besitzt, kann nur »von innen« erschlossen werden, im Hinsehen und Hinhören auf die konkrete Anwendung in der Lebensform. Denn die Praxis der Sprache ist eingebettet in die Umgangspraxis der Menschen. Die kommunikative Dimension des Sprechens und Mitteilens ist immer auch eine pragmatische: im An-sprechen des anderen und Be-sprechen der Handlungen und Widerfahrnisse will man zu verstehen geben, wie etwas hier von mir auf meine Lage hin und auf die Umstände bezogen aufgefaßt wird.

2.6 Begegnisse, die als Geschichten erzählt werden

> Wann erzählt man? Zunächst wohl, wenn etwas geschehen ist. Der dringendste Anlaß zum Erzählen ist immer da gegeben, wo einer etwas weiß, was die andern noch nicht wissen und was sie notwendig erfahren müssen.
>
> Franz Rosenzweig

»Handlungen« werden zu Geschichten durch das Dazwischenkommen von Widerfahrnissen und Umständen, die sich glücklich oder unglücklich auswirken. Läuft eine Handlung in der vorhersehbaren Einheit von Zweck und Ziel, von Wollen, Können und Tun ab, gibt es nichts zu erzählen, da ja nichts »passiert« ist. Immer wenn nach »Schema F« gehandelt wird, erübrigt sich ein Erzählen. Jeder kann sich den Handlungsablauf vorstellen. »Warum sollte man denn erzählen, was einer getan hat, wenn man weiß, was er wollte und konnte?« (Lübbe 1978, S. 237) Insofern sich uns unsere »erste« Erfahrung auch in der Anwendung auf einen folgenden ähnlichen Fall bestätigt, sehen wir keine Veranlassung zu einer besonderen Wahrnehmung. Durch *Geschichten* etwas mitteilen werden wir nur unter bestimmten Umständen und in gewissen Situationen. Wo *Geschichten* auftauchen, kündigen sie etwas »Besonderes« an. Nur wenn etwas Unvorhergesehenes *da-*

*zwischen*gekommen ist – nämlich zwischen Wollen, Können und Tun –, wenn Handlungen sich durchkreuzen oder sich überlagern, muß man »erzählen, um zu erklären, wieso einer nicht tat, was seinem primären Können und Wollen entsprochen hätte« (S. 237). Gerade weil es anders kam, als man gedacht hatte, muß erzählt werden. Und dasjenige, was einem beim Handeln dazwischenkam, macht dann den Stoff der Geschichte aus. Indem das Handeln in seinem Widerfahrnischarakter erzählt wird, wird es zu einer Geschichte, durch die wir anderen mitteilen, wieso etwas anders kam, als man es selbst vorhergesehen und erwartet hatte. Das Dazwischenkommen von etwas anderem, nicht das Handlungskalkül macht aus Handlungen Geschichten. Auch von daher erscheint es verkürzt, soziales Geschehen auf Begriffe wie Handlung und Zweck zu reduzieren und damit die Bedeutung von Widerfahrnissen, Umständen und den vielfältigen Fällen von Sich-Verhalten soziologisch zu unterschlagen.

Das Handeln und die Handlung werden auch nicht verständlich, wenn wir nach dem fragen, was der Handelnde *gewollt* hat. Eine Antwort auf diese Frage macht die Vorgänge nicht verständlich, die wir als Geschichten erzählen. »Geschichten sind Vorgänge, die zu etwas führen, was als solches keiner, der handelnd beteiligt war, gewollt hat, was nicht ausschließt, daß ihm, was schließlich eintritt, gelegen kommt. Geschichten sind Vorgänge, die der Handlungsraison der Beteiligten sich nicht fügen. Sie sind nicht handlungsrational« (Lübbe 1978, S. 238). Das heißt nun nicht, daß erzählte Geschichten keine Logik besitzen. Sie folgen ihrer eigenen »Situationslogik«, die die Widerfahrnisse und Umstände auf die jeweilige »Lage« des Geschichtenerzählers bezieht. Eine enttäuschte Erwartung betrifft ja immer auch eine gewohnte Orientierung. Deshalb lassen sich Geschichten nicht formallogisch auf die Handlungs- und Zweckrationalität der Beteiligten reduzieren. Die Alltagslogik teilt mit, indem sie eine Geschichte erzählt, die formale Logik erklärt durch Rekurs auf Handlungsziele und -zwecke (vgl. S. 243). In allen Fällen des »Schließens« in *Situationen* sind das Sich-verhalten-zu-etwas und das sprachliche Nehmen-als-etwas grundlegend. Uns betrifft eine Begegnung aufgrund unserer Lage und Bedürftigkeit. Das Erzählen von Geschichten hat das begegnende Handeln als Widerfahrnis, daß etwas *zwischen* unser Wollen, Können und Tun gekommen ist, »begriffen«. Die Erzählung sortiert die »neue« Erfahrung in die

Ordnung der »ganzen Geschichte« ein. Nur in dieser »reflektierten« Fassung als mitgeteilter Text wird Handlungs-Sinn »Gegenstand« der soziologischen Forschung. Es ist für eine sinnverstehende Soziologie geradezu witzlos zu versuchen, den Handlungsplan rekonstruieren oder »in ›Zweck‹ und ›Mittel‹ die letzten Elemente sinnvollen menschlichen Handelns sehen« (Weber, zitiert bei Twenhöfel 1985, S. 13) zu wollen. Weder was unmittelbar vor dem Handeln intentional dem Bewußtsein gegeben sein mag noch die nach Abschluß des Handelns zum physischen Ding in der Außenwelt gewordene Handlung, noch das Ausmaß ihrer Zweckrationalität, sondern die Erzählung, die die »neue« Erfahrung sprachlich erst beschließt, ist sinnstiftend.

»Begegnisse kann ich nur als ›Geschichte‹ erzählen. (...) In der ›Geschichte‹ wird Existenz wirklich in ihrer Haltung und Einstellung« (MN, S. 145; S. 146). Lipps begreift die »Geschichte« als Widerfahrnis, als »etwas, was mir passiert ist«, »als mir passierte Geschichte«, die ich »als Geschichte erzähle« (MN, S. 145; 146). Zum weiteren Verständnis ist es nötig, danach zu fragen, warum »passierte Geschichten« überhaupt *mitgeteilt* werden und welcher Bezug zur sozialen Welt im Erzählen aufgenommen wird. Erzählen kann der, für den sich etwas ereignet hat, dem etwas passiert, geschehen oder widerfahren ist. »Erzählt wird ein Geschehen, ein besonderes Geschehen, eines, das mir widerfahren ist« (Görtz 1986, S. 302). Das Geschehen betrifft mich in meiner *Lage* (»Existenz«) »innerhalb« meiner aufgefaßten Welt. »Daß das Geschehen mir widerfahren ist, besagt: Es ist eingebrochen in meine Welt; meine Welt, das ist jene Lebenswelt, die ich mir und in der ich mich kraft meines Denkens und Sprechens eingerichtet habe« (S. 302). Widerfahrnis und Erzähler sind untrennbar miteinander verbunden. Der Erzähler kann von dem, was ihm passiert ist, nicht sprechen, ohne zugleich von seiner *Lage* zu sprechen: Er muß immer auch *von sich selbst* sprechen. Will er von sich selbst sprechen, so muß er von dem sprechen, was ihm *widerfahren* ist. Im Erzählen wird das Widerfahrnis (Ereignis, Geschehen, »Schicksal« etc.) eingebracht und einsortiert in meine Welt. Und da dies Erzählen zugleich ein Deuten des Bedeutsamen ist, bekommt das Widerfahrnis seinen Platz in der *Ordnung* des Vorher und Nachher der Lebensgeschichte. »Die Geschichte im Gegensatz zum Geschehen hat einen Sinn« (Stierle 1975, S. 51). Die »Zeitstellen«, die solche Widerfahrnisse dann einnehmen, sind nach Geschichten orientiert, die ihren Haltepunkt im »Jetzt« der Erzählsituation haben. Innerhalb dieser Geschichtenordnung hat jede einzelne Geschichte ihre »Stelle«. Von *Zeit* im konkreten Sinne ist nur bezogen auf Positionen des Früher und Später in Geschichten zu sprechen. Nur in bezug auf das »Jetzt« der Geschichten, die uns bedrängen, »kann man von den Jetzten der Vergangenheit und Zukunft reden« (PdG, S. 31). Im einordnenden Erzählen wird das mich bedrängende Widerfahrnis mir gleichsam vom Leib geschafft und auf Distanz gebracht und schließlich zur Erzählung »transformiert«. Nur so wird der Erzähler der »Herr« über seine Geschichtenwelt, der er immer schon ist.

Im Horizont der einzelnen Geschichten steht immer auch die »ganze Geschichte« (Schapp), in die ich seit dem Widerfahrnis meiner Geburt verstrickt bin. Das Verständnis von diesem Verstricktsein in die eigene Lebensgeschichte ist der Boden, auf dem die erzählte Geschichte *sinnvoll* und *bedeutsam* aufbewahrt wird – im Rahmen der »ganzen Geschichte«. »Erzählt wird nicht nur *eine* Geschichte, die Geschichte des Ereignisses, und nicht nur *meine* Geschichte, die Geschichte meiner Erfahrung, sondern in der Erzählung, die doch vom Einzigen und Besonderen erzählen will, liegt ein Zug zum Ganzen und Allgemeinen, nämlich das Ganze und also die *Geschichte schlechthin* zu erzählen. (...) Das Ereignis, von dem erzählt wird, wird nämlich nicht nur *ins* Vergangene und schließlich an den Anfang gerückt, sondern das Interesse des Erzählens geht dahin, das Ereignis *als* Vergangenheit des Vergangenen und *als* den Anfang selbst zu erzählen. (...) Es wird erzählt, wie bereits der Anfang den *Sinn* der Geschichte verwahrt, und wie er also die Geschichte im ganzen orientiert. Wer erzählt, orientiert sich und orientiert seine Welt vom erzählten Ganzen her« (Görtz 1986, S. 305). Indem man nicht über seinen »Anfang« verfügt und jedes Sich-Verhalten in Situationen unter Vorgriffen geschieht, die man sich nur nachträglich bewußt machen kann, »funktioniert« die Erzählung einordnend, sinnstiftend und sich-betreffend. Im reflektierten Erzählen nimmt man auch einen Bezug auf zu seinen Antizipationen. »Der Erzähler eignet sich und seiner Welt das ihn enteignende Ereignis an, indem er dessen Geschichte erzählt, und zwar so, daß er darin zugleich seine und die Geschichte seiner Welt vom Ereignis her neu entwirft. Nachträglich zum Ereignis bringt das Erzählen die Welt in Ordnung (...)« (S. 309).

Diese Gedanken zum selbst- und weltbezüglichen Erzählen finden sich freilich schon ganz ähnlich bei Georg Misch. Jeder, der die Geschichte seines Lebens erzählen will, hat dieses Leben immer schon als ein Ganzes vor sich. Vom Verständnis des Ganzen her, worauf es also einem in seinem Leben ankommt, wird nun allen erinnerten Begebenheiten ein Platz eingeräumt. »In diesem einheitlichen Ganzen haben alle Tatsachen und Gefühle, Handlungen und Reaktionen, die er aus dem Gedächtnis hervorzieht, die Vorfälle, die ihn erregten, die Menschen, denen er begegnete, ihren bestimmten Platz, dank ihrer Bedeutung für das Ganze« (Misch 1949, S. 10). Dieses *Verstehen* des eigenen Lebens »als ein einheitliches Ganzes« (Misch) ist aber ein *Wissen*, das Misch *Selbst-Bewußtsein* nennt. »Unser Leben verläuft nicht bloß in der Welt als ein naturhafter Vorgang, ein Ablauf von Handlungen, Gefühlen und Reaktionen (...), sondern wir führen unser Leben mit Bewußtsein, wobei Selbstbewußtsein und Weltbewußtsein gleich ursprünglich sind« (S. 11). Ich und Welt sind uns zusammen als Einheit gegeben. Im »Wissen« der Welt ist Selbst-Wissen immer schon eingegangen. »Wissen« ist auf ein Leben hin orientiert, das als Ganzes aufgefaßt wird. Aber unser »Wissen« davon, daß die Ereignisse des Lebens ihre Bedeutung für das Ganze haben, muß nicht auch als bewußtes explizit aussprechbar sein. Es ist vielmehr eine *Gewißheit*, nicht ein »gemeintes Wissen«. »Wohl ist Leben, auch das menschliche, nicht an Bewußtsein gebunden, sondern bewegt sich diesseits und jenseits desselben. Ja, auch das Wissen, das wir von uns selbst haben, kann insofern ›unbewußt‹ sein, als es nicht zum Ausdruck gelangt in Worten, sondern diesseits und jenseits der Sphäre der Sprache liegt« (S. 11). Daß es nicht ausgesagt werden kann, ist dabei kein Mangel, der behoben werden könnte. Was aber etwa in autobiographischen Erzählungen zum Ausdruck kommt, ist dieser *Zug* zum verstandenen Ganzen hin, »in der Art, wie der Selbstbiograph sein Leben als Ganzes auffaßt« (S. 13).
Noch in einem anderen Sinne kann von Geschichtenerzählen mit methodologischem Gewinn für die soziologische Beispielhermeneutik gesprochen werden. Wenn wir nämlich das griechische Wort *mythologia* übersetzen, so finden wir es zusammengesetzt aus *mythoi*, den Geschichten, und *legein*, dem Erzählen. Karl Kerényi, dem es in seiner »Mythologie der Griechen« um das rechte Nacherzählen des griechischen Mythos geht, hat dieses Geschich-

tenerzählen »ein innerliches Resonanz-Erwecken (genannt), indem auch das Bewußtsein dadurch erweckt wurde, daß die erzählte Geschichte den Erzähler und die Zuhörer persönlich anging« (Kerényi 1951, S. 10). Vor allem interessiert mich Kerényis Auffassung, die »Mythologie der Griechen« sei in ihr »ursprüngliches Medium« zurückzuversetzen. Dazu ist es freilich nötig, eine fiktive Situation als exemplarischen Fall der Begegnung mit einer lebendigen Tradition nachzubilden. Diese Darstellung eines als Überlieferung Dokumentierten kann seinen »subjektiven Faktor (...) unter keinen Umständen (...) vermeiden« (S. 13). Denn jede Darstellung erzählter Geschichten »ist bereits Interpretation, und jede Interpretation hängt von der Empfänglichkeit des Darstellers ab« (S. 13). Die verschiedenen Quellen des Überlieferten, die dem heutigen Forscher vorliegen, dürfen nun nicht einem fremden Einheitsprinzip untergeordnet und so entwertet werden, sondern sie sollen in der angestrebten Darstellung als *verschiedene Versionen einer Erfahrung* des Mythos – »als Variationen desselben Themas (...) *unausgeglichen* nebeneinander stehen« (S. 13; Hvhg. von mir). Die antiken Erfahrungen des Mythos in den nebeneinander laufenden, sozusagen gereihten Erzählungen dokumentieren eine Interpretationsvielfalt, in der sich Ort, Zeit und Kunst des jeweiligen Erzählers ausdrücken. Die Empfänglichkeit des modernen Darstellers zeigt sich dann in »der richtigen Behandlung dieser Verschiedenheiten«. *Wie* und *auf welche Weise* erzählt wird, darin liegt schon die *Begründung* für die jeweilige Variation. Das Erzählen selbst, der situative Gebrauch des Überlieferten, hat demnach die »Funktion«, das Wie der Erzählung zu begründen. Insofern die *Reihe* der verschiedenen Variationen auf die für Kerényi wichtige Hinsicht konzentriert wird, zeigt sich etwas Analoges und eine Familienähnlichkeit unter den Variationen. Wesentlich ist hier nämlich die Hinsicht auf das, *was* erzählt wurde: »Das war aber, so oder so gestaltet, im Grunde genommen immer ein sich gestaltender, sich entfaltender und in allen Variationen unverkennbar bleibender Grundtext. (...) Hinter den Verschiedenheiten ist aber doch etwas Gemeinsames zu erkennen: eine Geschichte, die auf vielerlei Weise erzählt werden konnte und doch dieselbe blieb« (S. 14). Dieses Gemeinsame ist selbst etwas Konkretes und nichts Durchschnittliches oder Idealtypisches, noch etwas von einem Allgemeinbegriff Abgeleitetes. Es gibt diesen »Grundtext« nur, weil diese Versionen bestehen. In den vielen

Variationen gestalten sich die Erfahrungen, die die verschiedenen Autoren mit dem »Grundtext« machten. In den jeweiligen Gestaltungen begründet sich die erzählte Geschichte als diese so variierte Interpretation. Gemeinsam ist den Versionen, daß sie ihre Erfahrungen des »Grundtextes« jede auf ihre Weise kreativ interpretiert haben. »Grundtext« und Variationen sind nicht voneinander zu trennen. Die Variation ist die Interpretation einer Erfahrung, die es ohne diese gar nicht gäbe. Aufgabe des »modernen« (Nach-)Erzählers ist es, die überlieferten Erfahrungen nun auf *seine* Weise zu wiederholen.

2.7 Mitteilung und Zeugnis

Jede soziologische Forschung setzt bestimmte Vorgriffe voraus, unter denen der Forscher die untersuchte Sozialwelt nehmen will. »Wir existieren ›immer schon‹ in einem ›Vorverständnis‹ der Welt und unserer selbst, ehe wir nachzudenken und zu forschen beginnen, und dieses Vorverständnis artikuliert sich sprachlich« (Kamlah/Lorenzen 1967, S. 15). Wollen wir uns angemessen und offen als Wissenschaftler sozialen Welten nähern, so müssen wir den Forschungsprozeß als *Verständigungsverfahren* begreifen und als *Interpretationsprozeß* organisieren. Wir müssen uns klar darüber werden, daß die Menschen ihre Welt immer schon verstanden und ausgelegt haben. Der Mensch als – wenn man will – soziales Wesen ist dadurch vor anderen Lebewesen ausgezeichnet, daß er in seine Welt stets hineinsieht, hineinhört und hineinspricht. Dadurch ist der in seine Welt verstrickte Mensch ausgezeichnet als mitweltlicher Zeuge.

Eine These der vorliegenden Arbeit besagt ja, daß das Verhältnis von Erfahrung und Begriff immer schon besteht, ja schon gelöst und im umgangssprachlichen Gebrauch »Ereignis« der *Mitteilung* ist. Die Mitteilung ist die – wie mir scheint – soziologisch interessanteste Weise, jemandem, der eine Erfahrung nicht selbst gemacht hat, diese zukommen zu lassen. Mitteilen heißt etwas mit jemandem teilen, einem etwas zukommen lassen. »Nur weil die Welt, in der ich lebe, die meine ist (...), kann ich mich darein *teilen mit* anderen, kann sie mir mit ihnen gemeinsam sein« (MN, S. 46; Hvhg. von mir). In der Mitteilung trifft und begegnet man einander. Darauf verwendet der Soziologe sein Augenmerk. In der

Mitteilung will man sich selbst in seinen Erfahrungen vom anderen »zurückbekommen«. Dies ist für die soziologische Beispielhermeneutik entscheidend, denn nur wer selbst in der Möglichkeit steht, eine bestimmte Erfahrung zu machen oder mit ihr bekannt zu werden, kann diese überhaupt verstehen. Ich werde darauf noch zu sprechen kommen.

Jeder Mit-Mensch ist mit seiner Geschichte potentiell ein Beispiel resp. Fall der Soziologie, insofern er nämlich vor diese Wissenschaft als »Zeuge« treten und als solcher sprechen kann und gehört wird. Die »Erzählung«, als den anderen ansprechende mündliche Mitteilung, »ist Antwort auf eine Frage« (Rosenzweig 1984, S. 820). Sie ist bezeugte Mit-teilung. Der Erzähler teilt etwas Vergangenes mit, insofern es ihn und seinen Zuhörer *in ihrer gemeinsamen Situation* betrifft. »(...) das Erzählte ist nicht irgendein Vergangenes, sondern das für diese Gegenwart, und nur für sie und auch für sie nur gerade gegenwärtig, Vergangene« (S. 819). Der *Erzähler als Zeuge* hat deshalb nicht eigentlich die »Aufgabe«, »das Erzählte zu vergegenwärtigen, sondern den Hörer in eine Vergangenheit zu versetzen, deren unmittelbare Vorvergangenheit das Erzählte ist. Der Hörer muß so zuhören, als ob das Erzählte nicht irgendein Vergangenes wäre, sondern das Vergangene, *das ihn eben gegenwärtig gerade angeht*; (...) er soll an der Begebenheit teilnehmen, aber nicht mit der Teilnahme eines, der als Zeuge bei ihr zugegen war, sondern eines, dem ein solcher *Gegenwartzeuge* berichtet« (Rosenzweig 1984, S. 819). Das ist echte hermeneutisch-soziologische Teilnahme.

Der Witz, der in jeder Mitteilung liegt, rührt nicht von der beweisenden Schlüssigkeit ihrer Aussage her, sondern von der plausiblen Hinführung des anderen zu einer Sicht, die dieser vorher noch nicht besaß. Es soll dem anderen diese Sicht *vermittelt* werden. Mitteilung geschieht in der Begegnung. »Mit« und »teilen« setzt mitweltliche »Teilung« voraus. Genau darein gehört die soziologische Rede von »Sinnverstehen«. Sinnverstehen gelingt nur in der Aufnahme der sinnleitenden Hinsicht, zu der man, vermittelt durch Erzählung und Beispiel, geleitet wird. Das erste Wort übernimmt hier die Führung, dem der Zuhörer entsprechen muß. Das Wort, das eine Erfahrung packen, sie sozusagen auf den »Begriff« bringen soll, spricht die Hinsicht selbst nicht aus. Erst das treffende Beispiel, die passende Geschichte, versetzt den anderen in die gemeinte Aufnahme des Worts. Nicht isolierte Wörter, ihre lexikalische Definition, sollen mitgeteilt werden, sondern die besondere Erfahrung, für die ein Wort steht, soll dem anderen ein Beispiel sein. Dieses alltagsweltliche Geschehen der Mitteilung, wie je Erfahrung zu einem »Begriff« wird, den man anderen zukommen läßt, soll paradigmatisch (griech.: paradeigma, dt.: Beispiel, Vorbild) die soziologische Erfahrungswissenschaft leiten. Was die Menschen als ihre Welt erfahren haben, was sie von ihr »wissen«, hat die Qualität und Eigenart eines Zeugnisses. Unsere soziale Welt ist eine bezeugte Welt, in der jeder die Rolle des Zeugen spielt. Das »Dabeigewesen-Sein« und »Selbst-gesehen-Haben« haben eine andere Qualität als die Gegenwart eines alles Umweltliche kontrollierenden Beobachters beim Experiment. Sachwalter eines Laborversuchs zu sein, ist etwas anderes als das »Selbstsein« in Situationen, in denen sich etwas als die Wirklichkeit von etwas zeigen kann. »Die Wirklichkeit von etwas kann überhaupt nur bezeugt, sie kann aber nicht objektiv demonstriert werden« (MN, S. 47). In der Mitteilung gibt man »Kunde« vom eigenen »Mitdaringestandenhaben«, nämlich wie sich einem in seiner Lage etwas gezeigt hat. Ziel der Mitteilung ist Ver-mittlung. Im Verständnis, in welchem der eine den anderen trifft, kommt die Mitteilung an ihr Ziel. Wittgenstein sagt vom »Sprachspiel des Mitteilens«, daß es ein »geistiges Phänomen bewirkt«, nämlich daß der andere zu einem Wissen kommt, welches der Mitteilende schon besitzt (Wittgenstein 1982, § 363). Für Heidegger artikuliert sich in der Mitteilung das »verstehende Miteinandersein«; die Mitteilung »vollzieht die ›Teilung‹ der Mitbefindlichkeit und des Verständnisses des Mitseins« (Heidegger 1984, S. 162). Doch wodurch unterscheiden sich beide Arten von Wissen beim Mitteilenden und beim Zuhörer? Der Zeuge teilt eine Erfahrung mit, die dem Zuhörer eine Kenntnis zukommen läßt, über die er *so* noch nicht verfügte. Diese Erfahrung ist ein Beispiel, wie jemand auf die soziale Welt *hinsichtlich seiner Konzeptionen* gestoßen ist. An Beispielen (mhd., ahd. bispel = belehrende Erzählung, Gleichnis) werden Hinsichten mitteilend und vermittelnd lediglich *veranschaulicht*. Hinsichten selbst können nicht *konkret* werden, da sie ja das Prinzip einer bestimmten Sache sind und als deren Prinzip nicht für sich, ohne die dazugehörige Sache, bestehen können, vielmehr alltagsweltlich unsinnig wären. Man ist *notwendigerweise* auf Beispiele angewiesen.

2.8 Gekonnte Umsicht, die zur interpretierten Einsicht sich wendet

Mit der Auffassung sozialer Wirklichkeit unter dem Gesichtspunkt der »narrativen Pragmatik« rückt die Verstrickung des Menschen in die Welt in den Mittelpunkt soziologischen Forschens und Deutens und damit zugleich die Vollzugs- und Interpretationsproblematik menschlicher oder sozialer Identität. Der Ich-Erzähler gewinnt über die Summe einzelner Geschichten, die ihm im Laufe seines Lebens widerfahren, seine Identität. Auch wenn die Lebensgeschichte nicht als zusammenhängende Erzählung thematisiert und vorgetragen werden kann, liegt doch in ihrer, die einzelnen Geschehnisse übergreifenden Konzeption eines »gelingenden« Lebens der eigentliche Maßstab des geordneten Auffassens scheinbar voneinander abgelöster Singular-Geschichten. Jede Geschichte, die mich als Ich- oder Wir-Verstrickten ausweist, ist Teil meiner einzigartigen, einheitlichen und nichthintergehbaren Lebensgeschichte. Auf was kommt es an beim soziologischen Umgang mit Geschichten? Vor allem darauf, daß in Geschichten das Begreifen und Auffassen des Erzählers wahrhaftig zum Ausdruck kommen kann: sein Selbstverständnis und seine Sicht einer Welt, die ihm als Mensch unter Mitmenschen gleichsam zugewachsen sind. Die erzählten Lebensgeschichten können soziologisch nicht als eine Beschreibung von Ereignissen, wie sie damals »tatsächlich« waren und verstanden wurden, genommen werden. Jede Erzählung leuchtet gerade die aufgefaßte soziale Welt aus, aus der das Erzählen stammt und in die der Erzähler während des Erzählens hineingehört. So gelegen stellt der Erzähler den Zusammenhang dar, über den er in seine narrativ präsentierbaren Erfahrungen verstrickt ist. Erzählen gelingt unter Rückgriff auf den Wort- und Deutungsfundus einer gemeinschaftlichen Sprache. Das eigene Können der Hinsicht zeigt sich indes nur im situativen Gebrauch konkreter Rede.

Insofern sich die soziologische Beispielhermeneutik auf die narrative Pragmatik der sozialen Wirklichkeit einläßt, hat sie sich mit fremder Leute Geschichten zu befassen. Der Soziologe hat dann die Aufgabe, zunächst unter Bedingungen des zuhörenden Verstehens die Geschichten fortzusetzen und in die weitere Bearbeitung der Geschichten einzutreten. Dieses ursprüngliche Verstehen ist jedoch nicht schon ein »soziologisches«. Der »ganze Mensch«

muß Anschluß an die Worte finden, deren spätere Veranschaulichung und Explikation dann unter soziologischen Gesichtspunkten durchgeführt werden kann. Doch das soziologisch motivierte Zuhören, Verstehen und Fort-Erzählen scheint wieder eine *neue* Geschichte zu sein und selbst »nur im Rahmen einer Geschichte erfaßt und gefaßt werden zu können« (IGv, S. 101). Auch im soziologisch inszenierten Erzählen und Hören setzen sich Geschichten fort. »Eine Fortsetzung kann von der mannigfachsten Art sein. Sie ist aber wohl immer dadurch gekennzeichnet, daß die Fortsetzung nicht ohne weiteres zur Eigengeschichte des Mannes wird, der sie bearbeitet. Andererseits ist es aber auch keine Geschichte, die ihn nichts angeht« (IGv, S. 108). Anders als der Arzt oder Anwalt, dem eine Geschichte erzählt wird, um ihn zu veranlassen, in der Geschichte tätig zu werden und sie zum Abschluß zu bringen, muß der soziologische Forscher in der Regel ein Erzählen erst motivieren. Er muß seine Rolle als Hörer bzw. als Adressat einer Geschichte seinem Gegenüber plausibel machen. Das kann gelingen, wenn der Forscher ein »lebensweltliches Stichwort« bereithält, das sein Gesprächspartner als *Überschrift* zu einer, zu *seiner* Geschichte auffassen und umsetzen kann. Das mag auch gelingen, falls der Soziologe schon einen Einblick und ein Vorverständnis der sozialen Welt gewonnen hat, in die »Stichwort« und »Überschrift« möglicherweise hineingehören. Kann dem nun ein Ereignis, ein Widerfahrnis und eine Geschichte beigebracht werden, wird erst dann die folgende Erzählung zu einem Fall für den Soziologen. »Was wir hier als Fall bezeichnen, sind in Wirklichkeit Geschichten« (IGv, S. 104). Die Fälle stehen hier für Personen, und zu den Personen versucht der Soziologe über die Fälle vorzudringen. Ein Fall ist das, was einem passiert ist. Er muß so verstanden werden, wie er erzählt wird. Der Erzählung eines Falls geht notwendigerweise ein Widerfahrnis oder ein Erlebnis voraus. Die Beziehung zwischen Erzählung und Widerfahrnis kann nicht die einer Objektivierung dessen sein, was einem passiert ist. Eher ließe sich sagen, daß die Erzählung das Widerfahrnis fortführt, indem es eine gewisse Perspektivierung und Deutung erfährt. Die Erzählung »reflektiert« umgangssprachlich dasjenige, was einem widerfahren und passiert ist. Sinn und Ordnung gehören dabei schon immer zum Kern des erzählten Falls, sonst könnte es sich nicht um eine Erzählung handeln, sondern um ein wirres Sprechen. Um den Fall zu verstehen, bedarf es zunächst keines besonderen soziologisch-methodischen Zugangs. Das Verständnis eines Falls ist nicht primär das Verständnis einer nur dem Soziologen zugänglichen Problematik, sondern das Verständnis eines Lebensphänomens oder einer Lebenssituation. Wenn ich gesagt habe, daß ich über den Fall zur Person vordringen will, so besteht darüber hinaus das soziologische Interesse, durch die Kenntnisnahme mehrerer Fälle oder Fallgeschichten zum Verständnis von Sozialgebilden zu kommen, die in solchen Fallgeschichten ihren Platz haben. Im Horizont des Einzelfalls taucht die Bedeutsamkeit des Sozialgebildes innerhalb einer Lebensform- und Sprachgemeinschaft auf. Und im Horizont des Sozialgebildes taucht der Einzelfall auf. Insofern überhaupt etwas verstanden wurde, kann anschließend unter Berücksichtigung einer konkreten Hinsicht interpretiert werden.

Als Fall einer interpretativen Soziologie kann etwas aufgefaßt werden, wenn es als narrativ-pragmatische Einheit von Fallgeschehen *und* seiner Bedeutung in einer sozialen Welt vorliegt. Das Herausstellen von einer im Fall und durch Fallvergleich sichtbar werdenden genuin soziologischen »Hinsicht«, von der noch genauer zu sprechen sein wird, hat sich von den erzählten Lebenssituationen distanziert und »entfremdet«. Das zuhörende und vernehmende Verstehen ist übergegangen in das reflexive Verstehen oder verstehende Erkennen. Der Soziologe verfolgt die Fälle nicht mit dem Ziel, eine praktische und selbst-könnende Beziehung zu den Inhalten der narrativ mitgeteilten Pragmatik zu gewinnen. Er will nicht selbst mit etwas dann umgehen können, noch einen Gebrauch beherrschen lernen. Es geht ihm mit seiner »reflexiven Wiederholung« um den Gewinn eines »kontemplativ-theoretischen Elements«, nämlich einer »Art von Einsicht, in der die Sicht überwiegt« (Plessner 1982, S. 177). Ich sehe aber für den hinnehmend und verstehend erkennenden Soziologen keinen Ausweg aus seiner Rolle, die ihn hier in eine *Lage* gewissermaßen zwischen *Mitverstrickung* und *Distanzierung* versetzt. Und nur in der bewußten Verklammerung dieser beiden kann hier von »Objektivität« gesprochen werden. »Im Verstehen muß ich mich selbst zum Einsatz bringen, soll der Gegenstand, um den es geht, zum Reden gebracht werden. Je größer der Einsatz, d. h. je reicher und tiefer die persönliche Resonanzfähigkeit ist, je stärker sie ins Gewicht fällt, um so schwerer, um so gewichtiger wird der Gegenstand« (S. 179). Einzuüben ist daher die »Kunst des entfremdenden Blicks«, wie Helmuth Plessner einmal geschrieben hat, und das meint: »das Vertrautwerden in der Distanz, die das Andere als das Andere und Fremde zugleich sehen läßt« (S. 170 und 179).

2.9 Narrative Pragmatik und Beispielhermeneutik

Die soziologische Konzeption der sozialen Welt als narrative Pragmatik fragt nicht danach, was etwas vom objektiven Standpunkt der Soziologie wirklich, das heißt datenadäquat, definitiv ist. Ich suche nicht eine objektive Wirklichkeit außerhalb der narrativen Pragmatik kontingenter Lebenswelten, sondern versuche, gerade deren Wirklichkeiten auszulegen. Insofern die soziale Welt in unterschiedlichen Erfahrungen begegnet, ist sie auch nur in diesen konkreten Versionen zu verstehen. Die soziale Welt ist in diesen pluralen Erfahrungen schon ausgelegt. Die Konzeption der narrativen Pragmatik interpretiert die soziale Welt, indem sie den einzelnen Fall als Beispiel einer sozialen Erfahrung nimmt, die Menschen in einer konkreten Gesellschaft machen. Verschiedene Fälle variieren den Begriff dieser sozialen Erfahrung, die sich »wiederholen« kann. Begriffe stehen für Erfahrungen, deren Überschriften sie sind. Jeder Fall hängt an einer Erfahrung, von der er nicht loskommt. Der einzelne Fall stellt etwas dar, was man nur versteht, wenn man die dazugehörende individuelle Geschichte mit versteht. Zu einem Fall wird eine konkrete Geschichte jedoch erst durch das Interesse des Soziologen. Ihn interessiert der Fall nicht als Exempel einer Theorie, über die er schon verfügt. Der Einzelfall ist Beispiel dafür, wie Menschen die Wirklichkeit ihrer Welt erfahren. Diese Erfahrung wird nicht im Lichte mitgebrachter soziologischer Theorien erklärt, sondern es wird untersucht, welche Prinzipien solchen Erfahrungen eignen. Interpretieren bedeutet für die soziologische Beispielhermeneutik, daß sie in ihren Auslegungen die alltäglichen Wörter und Begriffe übernimmt *unter Bewahrung* der entsprechenden ursprünglichen Erfahrung, nämlich was die Wörter und Begriffe mitteilen. Der hermeneutische Soziologe interpretiert das Vokabular einer konkreten Lebensform. Jedes gehandhabte Vokabular ist ein Beispiel für eine konkrete Erfahrung. Das soziologische *Verifizieren* eines Satzes oder eines Worts dient dem Ziel, seine Anwendung herauszufinden. Auch in Umgangssituationen lassen

wir uns Beispiele geben, um die Bedeutung eines uns noch unklaren Begriffs, der für eine Erfahrung steht, zu verstehen.
Alles Handeln und Sprechen wird auf seinen Beispielcharakter zurückgeführt, insofern nur das in einem praktisch-lokalen Kontext situierte *Beispiel* das leisten kann, was methodologisch ansteht: die Veranschaulichung von Begriffen durch ihren Gebrauch. Was etwa der alltagsweltliche Begriff des Wohnens bedeutet, zeigt sich in den verschiedenen Beispielen, in denen das Wort verwendet wird. Verwendet wird der Begriff unter dem Mitvollzug einer Hinsicht, die man aus eigener Erfahrung, insofern man tatsächlich seine Wohnerfahrungen gemacht hat, kennt. Die Beispielhermeneutik fragt nach dem »begrifflichen« Vorverständnis solcher Erfahrungen. Denn Erfahrungen macht nur der, dem etwas schon vertraut und bekannt ist. Diese Vorwegnahmen nenne ich *Hinsichten* des Wortgebrauchs. Hinsichten sind der erfahrungsmäßige Hintergrund des Tuns und Sprechens, vor dem auch jede neue Wahrnehmung und Erfahrung »geprüft« bzw. »erprobt« wird. Hinsichten haben *Begründungsfunktion* für das situative Sprechen, und als solche haben sie Sinn. Doch im Thematisieren der eigenen Wohngeschichte veranschaulichen wir unsere Prinzipien nicht explizit, sondern wir machen von unseren Hinsichten *unter der Hand* Gebrauch. Insofern liegt tatsächlich eine Art Wissen von dem vor, was uns im Sprechen leitet. Die *interpretative* Soziologie versucht (mit geeigneten methodischen Verfahren) nachzuvollziehen, was die Menschen in ihren Hinsichten schon verstanden haben. Sie versucht, *reflexiv* zu veranschaulichen, auf was sich die Menschen schon im Zu-tun-Haben mit den Dingen im Hinblick auf ihre Mitwelt verstehen und was sie kennen, aber eben nicht ausdrücklich »wissen«. Soziologisches *Interpretieren* ist nicht einfach reproduzieren von etwas, was *so* schon vorhanden ist, sondern es ist innovativ und kreativ. Es veranschaulicht, was notwendigerweise unanschaulich bleibt.
In der Anwendung also findet sich erst die Hinsicht oder Konzeption, auf die sich die Interpretation bezieht. Hinsicht und Begriff »verhalten sich« wie Prinzip und Sache. Die Hinsicht oder das Prinzip sind immer nur Hinsicht oder Prinzip eines konkreten Begriffs oder eines konkreten Sachverhalts und können nicht für sich isoliert herausgestellt werden. Es gibt kein Prinzip des Prinzips. Man kann ein Prinzip nicht von einem anderen Prinzip her erkennen oder ableiten. Statt dessen ist darauf zu schauen, wie das

Prinzip die von ihm erwartete *Funktion*, nämlich *zu begründen*, wirklich leistet. Seine »Wahrheit« liegt in seinem Gebrauch, darin, was es faktisch leistet. Nur im faktischen Zusammenhang mit der konkreten Sache, für die es Prinzip ist, kann das Prinzip erkannt werden. Prinzip und Sache, Hinsicht und Begriff kommen nur in konkreten Umgangs- und Sinnzusammenhängen vor. Durch Beispiele, die man dem anderen gibt, wird erst die Anwendung eines Begriffs anschaulich. Durch das Heranziehen von mehreren Fallbeispielen zeigen sich statt einer Einheitlichkeit und Allgemeinheit eines umgangssprachlichen Begriffs gerade dessen *Variationen*. Das Auffinden dieser Variationen eines Begriffs nenne ich auch *Reihenbildung*. Dabei kommt es darauf an, ob und welche *Ähnlichkeiten* (oder Abweichungen) es bei der Verwendung eines Begriffs gibt. Der Begriff steht für einzelne Erfahrungen, deren Hinsicht(en) es gerade zu sichten gilt. Die Grenzen des Begriffs zeigen sich in Situationen, in denen die Umstände und Bedingungen seiner Verwendung variiert werden. Wechselt die Hinsicht, ändert sich der Gebrauch des betreffenden Begriffs und damit seine Bedeutung. Der einzelne Fall zeigt sich dann als bestimmte Hinsicht einer sozial geteilten Erfahrung und somit als deren konkrete Variation. Mehrere Fälle bilden eine Reihe, deren Gemeinsamkeiten und Unterschiede zu einer sinnvollen Überschrift führen. Diese Überschrift versammelt verschiedene Versionen *einer* sozialen Erfahrung. Bei dieser *soziologischen Reihung* kommt es nun auf die *Hinsicht* der Interpretation an, dank der die Beispiele in einer Parallele stehen. Die soziologische Interpretation zeigt in der Zusammenstellung verschiedener Fälle etwas Gemeinsames der Fälle. Reihenbildung bedeutet also: Zusammenstellung von Beispielen, an deren Analogie etwas auffällt. Reihenbildung bedeutet nichts anderes als zu prüfen, welche soziologischen Hinsichten möglich, sinnvoll und plausibel sind und welche nicht. Dabei ist nicht das Entdecken oder gar Erfinden einer Identität der Fälle das Leitende, was ja wieder ein erstes Prinzip voraussetzte, sondern das durch beschreibende Interpretation sich darstellende Ähnliche und Analoge der Begriffsverwendungen zur Kennzeichnung sozialer Erfahrungen. Erst das Verfügen über adäquate Begriffe macht soziale Erfahrungen überhaupt mitteilungsfähig. Die Reihe der besonderen Beispiele steht dann für die Breite einer sozialen Erfahrung, die Menschen in ihren je spezifischen geschichtlichen Situationen gemacht haben.

Jedes Beispiel variiert das andere, alle zusammen sind kreative Wiederholungen der einen sozialen Erfahrung, die es nur in der Vielfalt ihrer Versionen gibt.

3. Wohnen als Lage-Antwort-Verhältnis. Zum Zusammenhang von soziologischer Erfahrung und soziologischem Begriff

Die Erfahrung liegt in der Praxis.
Hans Lipps

Wir fragen als Soziologen nach dem, was der Mensch erfährt, indem die Welt ihm zustößt. Damit wollen wir das soziale Handeln wieder in den Kontext stellen, in den es hineingehört: der Gleichursprünglichkeit von Mensch und Welt. Es soll im folgenden darum gehen, die soziologische Beispielhermeneutik gewissermaßen zu erproben. Dies soll an der Erfahrung des Wohnens versucht werden. Zunächst ist zurückzugehen auf das, was ich unter der epagogischen Struktur der Erfahrung zu Anfang gefaßt habe. Die Erfahrung, die durch *epagogé* gelingt, habe ich als gleichsam plötzliches Erfassen einer Hinsicht beschrieben, was nur möglich ist, insofern man schon selbst auf diese Hinsicht »gefaßt« ist. In der reflexiven Besinnung darauf muß das Beispiel, das die *epagogé* auslöst, dahingehend geklärt werden, für welches Prinzip es ein Beispiel (in einer Reihe möglicher verwandter Beispiele) ist. Durch *epagogé*, so habe ich in dieser Untersuchung unterstellt, werden *Prinzipien* erkannt, die selbst nicht durch wissenschaftliches Schließen gewonnen werden können, da auf ihnen unsere Erkenntnis überhaupt sich gründet (vgl. Kato 1987, S. 190 ff.). Auch unsere alltäglichen Gewißheiten, insofern man hinter sie nicht zurückgreifen kann, lassen sich nicht aus »Beweisen« ableiten. Des weiteren haben wir nun zu sehen, wie Umgangserfahrung in der reflexiven Erfahrung der Soziologie aufgenommen werden kann. Das größte methodologische Problem zeigt sich darin, wie aus Geschichten Fälle werden können, wie aus den Fällen der soziologische Begriff gewonnen werden kann und schließlich: welches Verhältnis sich aus dem »Besonderen« (Fall) und dem konkreten »Allgemeinen« (Begriff) aufweisen läßt. Die

Erfahrung ist das für uns Frühere allein durch ihren Bezug auf eine Praxis. Die soziologische Beispielhermeneutik unternimmt erst gar nicht den Versuch, zu einem definierten wissenschaftlich-logischen Begriff von Wohnen zu kommen, sondern sie will dem lebensnahen sozialen Kontext, in dem Wohnen je geschieht, als praktisch-pragmatischem Umgang nachspüren. Sie »arbeitet« mit der ursprünglichen Bedeutung von *empeiria*: »(...) die durch Kenntnis vieler Einzelphänomene erworbene Möglichkeit, das Allgemeine im Besonderen wahrzunehmen, d.h. gegenwärtig zu haben« (Kambartel 1966, S. 55).

3.1 Wohnbegriff und Wohnverhältnisse oder Wohn-Erfahrung

Die räumliche und begriffliche Eingrenzung empirischer stadt- und wohnsoziologischer Forschung durch hypothetische Voraus-Setzungen, die das Phänomen »Wohnen« vor jeder konkreten Fallbetrachtung schon definitorisch abhandeln, behindert den soziologischen Forscher, die an lebensweltliche Horizonte gebundenen Erfahrungen der Menschen mit »Wohnen« wahrzunehmen. So zeigt etwa der Ansatz an sogenannten »Wohnverhältnissen« (vgl. Herlyn/Herlyn 1983) die Immunisierung der Forschungslogik gegen jede Art von Wohnerfahrung: »Die dem modernen Wohnbegriff entsprechenden Wohnverhältnisse sind also nicht allein mit dem Ausmaß der verfügbaren Wohnfläche, gemessen in qm oder Raum pro Person zu ermitteln, sondern auch mit der Qualität der Ausstattung der Wohnung mit sanitären Einrichtungen, in der Art der Wärmeversorgung; ihrer binnenräumlichen Organisation hinsichtlich der darin liegenden Chancen zur Gemeinschaftsbildung und Individualisierung; ihrem Zugang zu privatem Freiraum; ihrer Lage zu anderen Wohnungen und damit zwangsweiser Nachbarschaft mit spezifischem sozialem Klima und sozialem Status; ihren Zugangsmöglichkeiten zu kollektiven Einrichtungen außerhalb der Wohnung für Konsumzwecke, Gesundheitsvorsorge, Bildungs- und Kulturbedürfnisse, ihrer Beeinträchtigung durch Immission und auch der Kultur und dem Sozialprestige des Viertels; ferner sind die ökonomischen und sozialen Abhängigkeiten von Vermietern oder aber von Schulden bei Wohnungseigentum zu berücksichtigen« (Herlyn/Herlyn 1983,

S. 31). Wie sind unter diesen »wohnsoziologischen« Voraussetzungen und Hypothesen noch Erfahrungen, die Menschen mit »wohnen« machen und gemacht haben, überhaupt auffindbar? Was dort prädikativ dem Wohnbegriff beigesetzt wird, hat sich erst gar nicht dem je konkreten Wohnen zu stellen. Der wissenschaftliche Begriff gibt vielmehr schon das vor, unter was die »Empirie« subsumiert werden soll. Das heißt, die empirischen Fälle werden verrechnet in bezug auf den allgemeinen Begriff. Nur insofern sie den begrifflich vorgegebenen Eigenschaften entsprechen, treten sie für die Wissenschaft als wesentlich überhaupt ins Blickfeld. Der oben antizipierte Zusammenhang von Wohnbegriff und Wohnverhältnis ist für die soziologisch-hermeneutische Logik aber kein erkenntnistheoretischer, sondern jedes konkrete *Sich-Verhalten* des Menschen hat schon irgendwie die Dinge in *Griff* genommen, die in einer bestimmten Hinsicht bereits verstanden sind.

Das Wohnen, so wie es das eigene Vorverständnis konzipiert, gehört als praktische, fürsorgende Umsicht (*phronesis*) zur menschlichen Praxis. Das Wesen der Praxis ist, so Aristoteles, *Handeln*. Der klug und an einem wertvollen Endziel orientierte Handelnde läßt sich durch die erwägende und überlegte Umsicht leiten. »(Die phronesis) ist aber auch nicht lediglich auf das Allgemeine gerichtet, sie muß vielmehr auch in den Einzelfällen klar sehen. Denn ihr Wesen ist Handeln, das Handeln aber hat es mit Einzelfällen zu tun. Daher kommt es vor, daß manche, obwohl sie über eine theoretische Fundierung ihres Könnens nicht verfügen, geschickter im Handeln sind als solche, die darüber verfügen – auch auf anderen Gebieten übrigens: es sind das die Leute mit praktischer Erfahrung« (Aristoteles, Nik. Ethik VI 8; Übers. v. F. Dirlmeier 1957, S. 130). Aristoteles spricht an, daß die Erfahrungen, die man im Umgang mit den Dingen macht, vor allem praktischer Natur sind. *Phronesis* heißt bei Aristoteles die »Klugheit in der Durchführung von Maßnahmen, die zu den Bemühungen um das Menschheitliche gehören« (Szilasi 1946, S. 142). Dieses durch praktische Klugheit geprägte Handeln aus mitunter lang erprobter Erfahrung bewährt sich an der *praktischen Richtigkeit* des Tuns oder Unterlassens. Es ist somit *nicht* als eine Erkenntnisart aufzufassen. Mit dem Erreichen ihres Ziels (*telos*) gilt sie als vollendet. – Was ist das Ziel des Wohnens?

Wie zeigt sich nun das konkrete Wohnen? Hören wir uns ein

erstes Beispiel an, um eine Vorstellung davon zu bekommen, wie sich Wohnerfahrung darstellt: »Das ist doch Irrsinn sowas: die Schlafzimmer nach vorne, wo die großen Parkplätze sind, das mußt du dir mal überlegen: um 4 Uhr morgens fahren die ersten zur Arbeit und du liegst im Bett und möchtest vor Wut auf das Wagendach hopsen – um vier, um halb fünf, um fünf, ach hör doch auf. Ich möchte manchmal vor Wut rennen und die Architekten an Arsch und Kragen packen, daß die mal hier wohnen sollen. (...) Ein großer zentraler Raum, da kann sich alles abspielen. Du teilst ein Stück von diesem Raum ab, den machst du schalldicht und da hat jeder seine Schlafkoje drin. Das müßte so sein, daß du mit einer Holzjalousie – zuerst das Rollo praktisch runter und hast deine völlige Ruhe, wenn du das Bedürfnis spürst, mal ganz allein zu sein. Und das ganze als Fensterwand außen, daß die in ihren Pritschen auch Licht kriegen. Unterm Fenster ein Schreibbrett oder was du immer damit tun willst, das is ja völlig wurscht – für meine ganz persönlichen Dinge, und damit Feierabend: 2 mal 2 Meter reicht. Überleg dir mal unsere Wohnung so eingeteilt: ich möchte mal so eine Chance haben, ich möchte mal so ein Ding bauen, wirklich!« – Mit einem Schlag sind wir mitten drin. Jemand hat etwas mitzuteilen. Das gegebene Beispiel versetzt uns in eine Welt und Situation, in der einige von uns sich so oder ähnlich vielleicht schon mal selbst befanden, in die aber zumindest jeder von uns kommen könnte. Einige meiner Studenten, mit denen ich Sequenzen des Interviews besprach, machte diese Textpassage betroffen, sie spürten und meinten, daß dieser Frau aus dem Märkischen Viertel in Berlin ihr Wohnen mißglückt sei. Andere Studenten entdeckten dann, wie diese Frau ganz selbstverständlich vom Bauen spricht, daß offensichtlich Wohnen und Bauen auf eine Art zusammengehören, von der wir vielleicht so noch nichts wußten. Aus dem konkreten Wohnen heraus wird hier ein Anspruch auf das Bauen formuliert. Warum? Weil man im Wohnen eine Erfahrung macht und so etwas gelernt hat: zum einen, daß man wohnend seine Bedürftigkeit und sein Orientiertsein entdeckt und auf dieses Wohnen bezogen nun etwas vermißt. Zum zweiten, daß diese Wohnung augenscheinlich nicht den konkreten Zweck erfüllt, Lebens-Mittel dieses bestimmten Lebens zu sein und dem Wohnen nicht die Spielräume gewährt, um die im Wohnen kreativ entdeckten eigenen Möglichkeiten verwirklichen zu können.

Das Wohnen »als ein elementares Bedürfnis« des Menschen aufzufassen, wie es Herlyn (1970, S. 16ff.) unternimmt, bringt sich schon um die Möglichkeit, Wohnen als Umgang mit Weltlichem zu verstehen. Das *Bedürfnis* ist nicht noch neben dem mitweltlich verstrickten Menschen als »elementares« oder sonstwie zu bestimmen. Als *Bedürfnis an-sich* gefaßt, steht das Wohnen dem individuellen Leben als etwas diesem Leben Äußerliches gegenüber. Die theoretische Bestimmung des Bedürfnisses müßte dann – durch geeignete Maßnahmen umgesetzt – eine adäquate Befriedigung herbeiführen. Das Bedürfnis kann mit seiner Befriedigung verrechnet werden. Damit ist jedoch schon der Blick auf das Phänomen Wohnen verbaut. Wessen ich bedarf, was auf meine Bedürftigkeit die passende Antwort ist, dieses »Wissen-um« setzt voraus, daß ich mich als bedürftiges Wesen bereits erfahre. Ich erfahre meine Bedürftigkeit und die Möglichkeiten einer Befriedigung nur im besorgenden und orientierenden Umgang mit der Welt. »Die Spontaneität meines Handelns, des hantierenden wie schon des sehenden, entspringt aber meiner Bedürftigkeit. Ich habe das ›Bedürfnis, mir die Hände zu waschen‹, ich suche, was ich ›brauche‹; ich besorge mir suchend und handelnd die Möglichkeiten, meine Bedürfnisse zu befriedigen. Daher wird im Finden immer eine Erwartung, die im Suchen liegt, erfüllt oder im Nichtfinden enttäuscht« (Kamlah 1949, S. 121). Was Kamlah schon früh im Zusammenhang von Bedürftigkeit und Umgangserfahrung ausgesprochen hat, finden wir auch in dem wieder, was der amerikanische Philosoph Hubert Dreyfus eine »kreative Entdekkung« nennt. Wenn ich ein Bedürfnis spüre, so weiß ich zunächst nicht genau, was ich brauche. Erst prüfend, manchmal auch scheiternd, muß man zu entdecken suchen, was einem weiterhilft. »Das geschieht nicht, indem wir verschiedene Gegenstände und Tätigkeiten mit einem objektiven, feststehenden Kriterium vergleichen, sondern durch das, was Samuel Todes ein Gefühl der Befriedigung nennt. Zwar wird diese Befriedigung erfahren, als hätten wir endlich entdeckt, was wir die ganze Zeit schon brauchen; aber dabei handelt sich um einen Akt rückwirkenden Verstehens, der die Tatsache verdeckt, daß wir unser Bedürfnis nicht bestimmen konnten, bevor wir die Befriedigung erlangten« (Dreyfus 1985, S. 229). Nur in der Befriedigung erfahren wir, wessen wir tatsächlich bedurften. Hier steht dem Menschen niemals so etwas wie ein objektivierbares Bedürfnis *gegenüber*, das als Gegenstand an sich bestimmbar wäre, denn ich bin es ja immer selbst, der ich meiner Bedürftigkeit in Situationen begegne. Nur insofern ich immer schon umsichtig mein Tun und Lassen auch an meiner Bedürftigkeit orientiere, kann ich, im Gelingen wie im Scheitern, mich als bedürftiges und darin (nicht) befriedigtes Dasein erfahren. Das gelingende Wohnen muß wohnend kreativ entdeckt werden. Von Bedürfnis ist also immer nur konkret, bezogen auf jemandes Bedürftigkeit, zu sprechen. Was zu mir paßt, ist nicht zu trennen von den Möglichkeiten, in denen ich mich immer schon weiß. »Umsichtig« und »vor-sichtig« begegne ich der Welt, wobei meine Um- und Vor-Sicht stets auf meine Möglichkeiten verweist. Im Ergreifen meiner Möglichkeiten verstehe ich mich und meine Situation. Im Wohnen liegt immer das Können der eigenen Möglichkeiten. Nicht von einem »elementaren Bedürfnis« aus, das prädikativ-begrifflich vorab bestimmt wird, ist logisch auf das »wahre« Wohnen zu schließen, sondern umgekehrt: Das *richtige* Wohnen ist die Antwort auf unsere Bedürftigkeit, deren »Struktur« (als unbestimmt-bestimmte Frage) nur im konkreten Wohnen selbst entdeckt und interpretiert werden kann.

»Das Haus«, so Hegel in seiner *Ästhetik*, »ist ein schlechthin zweckmäßiges Gefüge, von Menschen zu menschlichen Zwecken hervorgebracht« (Hegel 1970, S. 307). Aber die Zwecke des Bauens sind offensichtlich nicht selbst wieder dem Bauen zu entnehmen. Das Ziel des Bauens ist nicht ein bestimmtes Bauwerk. Dies ist vielmehr sein Produkt. Das Ziel des Bauens aber ist das Wohnen. Der Berliner Architekt Hans Scharoun hat in einer Vorlesung aus dem Jahre 1952 Heideggers Wort zitiert: »Nur wenn wir das Wohnen vermögen, können wir bauen.« Hugo Kükelhaus behauptet in seinem Geleitwort zum Buch »Menschlich wohnen« von 1956: »Die Wohnungskunst versteht nur, wer die Kunst zu wohnen versteht.« Was Hegel, Heidegger, Scharoun und Kükelhaus und mit ihnen die soziologische Hermeneutik der Architektur *er*-kannt haben, dies kannte freilich schon die Frau aus dem Märkischen Viertel. Erst in der tatsächlichen Nutzung verwirklichen sich die Möglichkeiten eines Bauwerks als konkreter Nutzen für eine bestimmte Bedürftigkeit. Wohnend erfährt man seine Bedürftigkeit. Man sucht dann danach, was man braucht. Das Suchen und Probieren ist geleitet von einer Erwartung, die schließlich im Finden erfüllt, im Nichtfinden enttäuscht wird. Hat man in seinem Wohnen das gefunden, was man brauchte, dann fühlt man sich wohl und hat im Wohnen eine kreative Entdeckung gemacht, insofern man erfahren hat, wessen man tatsächlich bedurfte.

3.2 Zugang über den vielfältigen Umgang mit den »räumlichen« Dingen

Der schwedisch-amerikanische Architekt und Architekturtheoretiker Lars Lerup hat davon gesprochen, daß wir dem gesellschaftlichen Phänomen Architektur, was sie »eigentlich« sei, näher kommen, »wenn wir uns mit der Geschichte auseinandersetzen und uns insbesondere mit dem Wohnen und Bauen beschäftigen« (Lerup 1986, S. 157). Ich verstehe diese Aufforderung gerade in dieser Reihenfolge so, daß der Bezug von Bauen und Wohnen aufeinander ein historischer ist und daß es Sinn macht, die Geschichte des Wohnens und Bauens als Geschichte von lebensweltlichen Erfahrungen zu lesen. Im Vorgriff darauf, daß das Bauwerk ein Lebens-Mittel ist, das der Räumlichkeit des sozialen Miteinanders und des Sichaufhaltens bei den Dingen angepaßt ist und der Bedürftigkeit und dem Orientiertsein des Menschen dient, erweist sich das Bauen als soziale Tätigkeit; diese ist nicht nur herstellend und errichtend, sondern immer auch umsichtig. Die Erfahrung der Umsichtigkeit des Bauens ist selbst eine historische. Sie begleitet das Bauen seit seinen Anfängen. Hegel spricht im Abschnitt »Architektur« seiner *Ästhetik* über die frühesten Anfänge der Baukunst. Es interessiert mich hier nicht, ob die Architektur ihren Ausgang bei der Hütte oder Höhle, beim Holzbau oder Steinbau nahm. Wichtig ist für uns etwas anderes: versuchen wir mit Hegel den »Anfang« des Bauens zu bestimmen, »so liegt die Hütte als *Wohnung* des Menschen, der Tempel als *Umschließung* des Gottes und seiner Gemeinde als das Nächste da« (Hegel 1970, S. 267; Hvhg. von mir). Das Bauen, so erkannte Hegel, setzt schon eine, wie wir heute sagen würden: Bauaufgabe voraus, einen Zweck, der aus dem Zusammenleben der Menschen, ihrem Umgang mit der Welt, heraustritt. »Bei dem Hause und Tempel und sonstigen Gebäuden nämlich ist das wesentliche Moment, auf welches es hier ankommt, daß dergleichen bloße Mittel sind, welche einen äußerlichen Zweck voraussetzen. Hütte und Gotteshaus setzen Bewohner, den Menschen, Götterbilder usf., voraus, für welche sie aufgeführt werden« (S. 268). Das durch Umschließung möglich gewordene Wohnen, das Sich-Versammeln schon sozial vergemeinschafteter Menschen an einem Ort ist der nächste *Zweck* für das Bauen. Wohnen setzt die Möglichkeit des Umschließens ebenso wie die des Sich-Versammelns voraus. Beides setzt die Wirklichkeit einer Erfahrung voraus, die dem Menschen das konkrete Verorten an einem Platz, sein Hier- und Da-Sein, bietet.

Soziales Handeln ist Sich-Verhalten in Situationen, die einen angehen und die daraufhin schon verstanden sind. In der konkreten Situation stößt ein Hier- und Jetzt-Sein auf eine Welt, in welche es mitweltlich schon verstrickt und verortet ist. Was hat es mit dieser Verortung soziologisch auf sich? Georg Simmel hat davon gesprochen, »daß sich der Raum für unsere praktische Ausnutzung in Stücke zerlegt, die als Einheiten gelten und (...) von Grenzen eingerahmt sind« (Simmel 1903, S. 226). Durch konkret-lokale Verortung bekommen der Mitmensch und die Dinge des nahen Umgangs ihren Platz, wo sie von nun an hingehören. Platzschaffen und Einräumen sind zentrale pragmatische Ziele des wohnenden Handelns. Der bewohnte Ort verweist auf die verschiedenen Möglichkeiten, die er bietet. Er stellt sein Bewohntwerden gleichsam dar. Der bewohnte Ort wird wahrgenommen und erfahren in bezug auf diesen Umgang, den man mit ihm hat und der sich so pragmatisch-praktisch von anderen Räumen unterscheidet. Dies ist nicht als anthropologische Konstante gemeint, sondern wir haben es immer nur mit sozialen Erfahrungen in einer Mitwelt zu tun, die sich so oder so konkret darstellen und erst dadurch dem soziologischen Blick etwas zu erkennen geben. Erfahrungen, auch sogenannte soziologische, sind immer jemandes Erfahrungen bezogen auf ein Tätigkeitsfeld, mit dem man es zu tun hat. Der bewohnte Ort bietet also der teilnehmenden Erfahrung inmitten ihres konkreten gesellschaftlichen Daseins eindrücklich diesen *Gesamtzusammenhang* des konkreten Wohnens. Die *Verortung* des einzelnen im lokalen mitmenschlichen Kontext durch die Zuweisung, Beanspruchung und das Einnehmen von Plätzen wird zu einer spezifischen Raumerfahrung jeder gesellschaftlichen Sozialisation. Was der Mensch als räumliche und soziale Tatsache schafft, nämlich be-greift und auffaßt in bezug auf seine Bedürftigkeit und Orientierung, dies widerfährt ihm zugleich auch wieder als seine sozialräumliche Umwelt. Im folgenden soll es darum gehen, das grob skizzierte Phänomenfeld der Umgangserfahrung mit Architektur so in den Blick zu nehmen, daß ihre möglichen »Gegenstände« in *dem* Licht in Erscheinung treten können, in welchem sie alltags- oder lebensweltlich angetroffen werden. Dies können sie ausgezeichnet dann, insofern sie als Erfahrungsbeispiel Eingang in die Methodologie der Soziologie finden: Das Beispiel leuchtet gerade deswegen ein, weil es an der vorliegenden Erfahrung etwas bewußt macht, das in ihr unter der Hand vorweggenommen ist und zunächst unausdrücklich bleibt. Mit dem Orientieren an Beispielen lösen wir soziologisch ein, was unter dem Ausdruck *empeiria* gefaßt ist. Jenseits aller methodischen Systematik geht es nun gerade darum, das Ganze der Räumlichkeit des Umgangslebens in seiner spezifischen Vielfältigkeit und Besonderheit zu zeigen.

Im Lernen der Wörter einer Gemein- oder Umgangssprache übernehmen wir schon die sichtenden Konzeptionen, mit denen die Sprache den Umgang mit den Dingen vorgestaltet. Erst die situative Aufnahme der in der gemeinschaftlichen Sprache hinterlegten Konzeptionen bringt mich zu meiner mir eigentümlichen Sprache. Daß wir, wie mein Beispiel gleich zeigen wird, für offensichtlich verschiedene Dinge das Wort »Brücke« verwenden können, zeigt, daß unsere Umgangssprache so etwas wie ein vorgeprägtes Sinnfeld für Wörter bereithält, deren konkrete Bedeutung sich erst im die Dinge ansprechenden Umgang mit ihnen ausprägt. Es soll uns im folgenden die soziale Praxis des Herstellens und Gebrauchens von Bauwerken interessieren. Das Bauwerk ist das Ding, das an einem Ort versammelt. Als solches begegnet es auch. Das Ding als Bauwerk versammelt aber nicht verschiedene Eigenschaften, die wir dann durch Zusammensetzen auf den Begriff bringen. Sondern wir fassen es mit einem Schlage auf: Dies ist eine Brücke, da ist ein Haus, und dort ist eine Treppe. Was wir so aufgrund des vorgängigen Bekanntseins zu fassen bekommen, ist das *Wozu* oder *Umzu* der Dinge. Das Ding versammelt, worum willen es angefertigt wurde, nämlich seine Dienlichkeit und Zweckmäßigkeit. Das Bauwerk bringt beides an einem bestimmten Ort zusammen.

Nun zu dem Beispiel, das Lerup uns gibt: Er berichtet von einem alten schwedischen Fischerdorf und Urlaubsort namens Smögen. Sein Interesse gilt der Gegend zwischen dem Dorf und der See. Die Landschaft ist karg, der Boden felsig und kaum bewachsen. Bevor man an die offene See gelangen kann, muß man unzählige

kleine Inseln überwinden. Lerup nennt diese Gegend »dramatisch, mondähnlich« (Lerup 1986, S. 32). Aber Menschen haben diesem unwirtlichen Raum eine Bedeutung gegeben, indem sie Wege und Brücken angelegt haben. »Die Brücken wurden zu Beginn unseres Jahrhunderts erbaut und sind seitdem von Generationen von Zimmerleuten aus den Dörfern erhalten worden. Ein Zweck ist offenkundig: Sie sollen so viele Badestellen wie möglich erschließen« (S. 33). Was hier am konkreten Beispiel des Anlegens von Wegen und Stegen Ausgangspunkt des Interesses von Lerup ist, hat schon selbst eine Geschichte oder Erfahrung hinter sich, die diese Menschen in Smögen für ihre Situation und Lage gestaltet haben. Die Erfahrung nämlich, daß es Getrenntes und Verbindendes gibt. Denn nur die Erfahrung des Überwindens der im Weg liegenden Hindernisse läßt die Gegend zwischen Dorf und See als getrennte überhaupt sichtbar werden, die durch Überbrükkung wegsam gemacht werden kann. Nur wer hier etwas vorhat, nämlich relativ bequem die See zu erreichen, um zu baden, antizipiert und versteht in der baulichen Überwindung des Trennenden eine mögliche Aufgabe. Simmel hat den Wegebau »eine spezifische menschliche Leistung« (Simmel 1909, S. 8) genannt: »Die Menschen, die zuerst einen Weg zwischen zwei Orten anlegten, vollbrachten eine der größten menschlichen Leistungen. Sie mochten noch so oft zwischen beiden hin und her gegangen sein und sie damit sozusagen subjektiv verbunden haben: erst indem sie der Erdoberfläche den Weg sichtbar einprägten, waren die Orte objektiv verbunden, der Verbindungswille war zu einer Gestaltung der Dinge geworden« (S. 7).
Aus der Anpassung der Zwecke an die konkrete Örtlichkeit erwächst erst die Bedeutung, die sich auch in einer bestimmten Gestaltung darstellt. Dies ist an den vielen Brücken in dem kleinen Badeort Smögen erfahrbar. Lerup: »Ich bin auf diese Brücken vor einigen Jahren so gestoßen wie ein Jäger auf eine seltene Vogelart, die ihm den Atem raubt und ihn tief bewegt. Sie saßen, kletterten, sprangen, spreizten, spannten und streckten sich in der grauen, sonnengebleichten Landschaft, die von gelegentlichen Ausläufern der blauen See durchbrochen und von einem perlend farbigen Himmel überwölbt wurde« (Lerup 1986, S. 33). Was eine Brücke alles sein kann, zeigt sich hier bild- und gestalthaft in den vielen Gebrauchsweisen, insofern hier die Gestalt auf die Örtlichkeit Rücksicht genommen hat. Die Gestalt ist aber auch an einem

Maß orientiert, das der kletternde, steigende, balancierende, schreitende, sitzende, laufende, gehende Mensch ihr gibt. Die Brücke ist ein menschlicher Maßstab in dieser unbehausten Landschaft, »mit der sich die Welt, die über den menschlichen Körper hinausgeht, messen läßt« (S. 38). Lerup erkennt in seiner Betrachtung dieser Breite und Vielfalt von Anwendungsmöglichkeiten, was den Menschen in Smögen schon vor hundert Jahren bekannt war: daß jede örtliche Situation eine eigene handwerkliche Lösung verlangt und eine je angepaßte Gestalt hervorbringt. Die Bedeutung einer Brücke ist deshalb nichts Allgemeines, sondern die Beantwortung einer sich von Situation zu Situation immer neu stellenden Frage und Aufgabe. Das *Prinzip* der Brücke, hier Treppe zu sein, dort Laufsteg, dort Zaun, dort Sprungturm, dort Floß und dort Leiter, ist nicht als verallgemeinerbares Prinzip »Brücke an sich« aus dem konkreten Sachverhalt der einmaligen örtlichen Situation zu abstrahieren. Jedes einzelne Bauwerk hat *sein* Prinzip in der jeweils gelösten Aufgabe verwirklicht.

Schauen wir nun auf die konkrete Reihe der vielen Brücken, so zieht sich wie ein roter Faden etwas Gemeinsames und Ähnliches durch. In allen Fällen zeigt sich nämlich das *Brückenmäßige* der verschiedenen Artefakte: etwas als *getrennt* Begegnendes zu verbinden. Nur deshalb erkennt sie Lerup auch als Brücken wieder. Was sich in den vielen Fällen durchhält und uns berechtigt, überhaupt von Brücken zu sprechen, ist die fallweise Wiederholung dieser Erfahrung des Trennens und Verbindens, auf die schon Simmel aufmerksam gemacht hat. In der gekonnten Handhabung individueller Fähigkeiten zeigt sich aber nicht das sture Befolgen einer allgemeinen Regel, die hier auf bestimmte Fälle deduktiv angewandt wurde. Vielmehr wurde jene Erfahrung in vielen Einzelfällen umsichtig und kundig wiederholt und so einer einmaligen räumlichen Situation angepaßt. Das Treppenartige ist ja ebenso konkret in einer dieser Brücken gemeint, wie in einem anderen Beispiel, auf das ich jetzt kommen möchte, in einer Treppe ein Berg sich konkretisiert. Lerup erzählt nämlich an anderer Stelle seines Buches von dem zehnjährigen Jungen eines befreundeten Architekten.

»Der Junge ›spielt‹ auf der Treppe (d. h., eigentlich arbeitet er ganz ernsthaft). Die Treppe ist für ihn ein Berg, wenn er sich pustend und keuchend mit Hilfe von imaginären Seilen und Nagelschuhen vom unteren Niveau auf das obere hochschleppt. Und sie wird zu

den Niagarafällen, wenn er, in einen Pappkarton gepreßt, die gewaltigen Stromschnellen der Treppe hinuntersaust. Auf diese Ideen kam er, nachdem er Bergsteiger und andere verwegene Draufgänger im Fernsehen gesehen hatte« (Lerup 1986, S. 124). Lerup berichtet weiter von einem Buchhändler in Paris, der bei der Suche nach neuem Platz für seine Bücher »auf die kleine Treppe zwischen einer Wand und einem Regal (stieß)« (S. 125). Aus dieser Treppe wurde kurzerhand ein Bücherregal. »In der Treppe ist ein Bücherregal ›ausfindig‹ gemacht worden.« Oder in einem weiteren Fall, der von einem älteren Ehepaar handelt, das in der Treppe, die es wegen körperlicher Schwäche nicht mehr wie gewohnt nutzen konnte, plötzlich »einen Blumenständer ›entdeckt‹«. Hier liegen Fälle des Gebrauchs vor, die das Treppenartige für ihre Situationen adäquat zu nutzen wissen. Die Bedeutung, die die Dinge durch den Umgang erlangen, müssen darin erst interpretiert, im Umgang geradezu ausfindig gemacht werden. Man versteht und begreift sie dann plötzlich als Berg, Wasserfall, Bücherregal oder Blumenständer, insofern man in ihnen das kreativ entdeckt hat, was man suchte. Auch hier haben die Menschen keine allgemein gültige Regel befolgt oder einen definierten Begriff umgesetzt, sondern sie sind im probierenden Hantieren und Verwerfen auf eine neue Seite der Verwendungsmöglichkeiten der räumlichen Dinge gestoßen.
Die Beispiele, die Lerup uns vorlegt, zeigen die Breite von Verwendungsmöglichkeiten an, die der »Begriff« Treppe, als Wort der Umgangssprache, als sichtende Konzeption bereithält. Was eine Treppe, eine Brücke, ein Fenster oder eine Tür ist, dies läßt sich nicht definitorisch vorab eingrenzen und bestimmen. Es bringt uns auch nicht weiter, dem Vorschlag Lerups zu folgen und die verschiedenen Beispiele auf so etwas wie ein »geknicktes Objekt« zu reduzieren. Er meint, die Menschen seiner Beispiele hätten zunächst von der konkreten Treppe auf etwas Allgemeines (»geknicktes Objekt«) geschlossen. Erst über diese Abstraktion hätten sie dann die neue Vorstellung intendieren können. Dies erscheint mir jedoch eine willkürliche Erfindung Lerups zu sein, die phänomenal nicht gezeigt werden kann. Damit fällt Lerup wieder auf ein Identitätsmodell zurück, das ein konstantes, vorempirisches Wesen der Dinge abstrahieren möchte. Er erfindet gleichsam ein »objektives Sein« der Dinge, statt zu interpretieren, was schlicht da ist. Aber dieses abstrakte Allgemeine ist gar nicht nötig, um zu

begreifen, was die Menschen in ihren jeweiligen Situationen praktisch bewältigen. Die Dinge sind jeweils genau das, als was sie sich im Umgang und Gebrauch dem Menschen zeigen. »Spielend« deuten wir die Dinge in einer Hinsicht, die auf das situative Ergreifen von Möglichkeiten den Blick freigibt. Durch die gekonnten Griffe bekommen die Orte und die Dinge an ihren Plätzen erst ihre Bedeutung. Es gibt keine an-und-für-sich seienden Dinge außerhalb eines lokal-pragmatischen Situationskontextes.

3.3 Zur Wechselwirkung von Mensch und (architektonischer) Umwelt

Architektur- und stadtsoziologische Sozialforschung tut sich schwer, das Leben wahrzunehmen, das sich in Häusern, Gärten und Grünflächen von Siedlungen unserer Städte eingerichtet hat. Und gar kein Verständnis zeigt sie dafür, daß die Menschen mit ihren Lebensgeschichten, in denen die Geschichte der Siedlung und ihrer Bewohner einen wesentlichen Teil ausmacht, in diesen »erzählenden Raum« verstrickt sind. »Dem Haus ist es zu danken, daß eine große Zahl unserer Erinnerungen ›untergebracht‹ sind«, heißt es bei Gaston Bachelard (Bachelard 1957, S. 34). Es fehlt aber auch jedes soziologische Wissen über die Wechselwirkung, die Bewohner und Umwelt interaktiv zusammengeschlossen hat und dynamisch diese Siedlungen prägt. Wir wissen nichts darüber, welche Lebensgeschichten in diesen Siedlungen beherbergt sind, welche Umgangsmöglichkeiten sich je entfalten konnten (und als Wohn-Erfahrungen einem nichtblinden Wandel einer Siedlung dienen könnten) und welche nicht. Die wechselseitig gestimmte Prägung, welche die Interaktionen zwischen Menschen den Siedlungen aufdrückt und die Siedlung als »harte Tatsache« dem jeweiligen besonderen Leben abverlangt und es in einer bestimmten Art ausrichtet, all dies gehört hier zur Räumlichkeit einer Lebenswirklichkeit, die in einem konkreten sozialräumlichen Gefüge beheimatet ist. Rainer Mackensen hat schon früh auf die Einheit von »Dasein, Gefüge und Raum« aufmerksam gemacht und dafür den Ausdruck »Daseinsformen des Menschen in der Großstadt« gebraucht (Mackensen 1959). Es geht bei einer soziologischen Erfahrung des Wohnens grundsätzlich um die

durch empirische Einsicht gewonnene *Anerkennung* des Phänomens, daß sich im lebensnahen Umgang mit Siedlungsgegebenheiten tatsächlich soziales Leben »entworfen« hat. Die im Umgang geformten und widerfahrenen räumlichen »Strukturen« sind immer schon gekennzeichnet durch die *Hinsichten* des besonderen Lebensinteresses, der sich-kümmernden Orientierung am »gelingenden Leben« im mitweltlich gefügten Raum, mit denen man ihnen begegnet. Der Architektur- und Stadtsoziologie aber fehlt jede genuine Kenntnis von Umgangskönnen und Umgangswissen, das sich als Wohnerfahrung gebildet hat.
Nun ist es aber auch typisch für eine gutgemeinte Kritik architektonischer Ensembles, ihnen einen »sozialen« Kontext unterzulegen, der heute nicht mehr umstandslos nachvollzogen werden kann bzw. nurmehr durch intellektuellen Aufwand, im historisierenden Nachweis nämlich, daß besondere Architekturgeschichten daran ihren Ausgang nahmen oder an ihm einen Halt fanden. Werfen wir deshalb einen Blick auf den sozial engagierten Denkmalschutz, der sich unter dem Slogan »Architektur und Städtebau der fünfziger Jahre / Nicht wegwerfen!« äußert. Typisch für den »sozialen Blick« des aufgeklärten Denkmalgedankens ist nicht so sehr der selbstverständliche Hinweis auf ästhetische Qualitäten und sozialhistorische Umstände, denen ein Bauwerk sein Vorhandensein verdankte und die u.U. heute noch, freilich nur dem geschulten Auge, ablesbar sein mögen. Aber solche Rekonstruktionen können nicht für sich in Anspruch nehmen, damit auch unseren praktischen Erfahrungen mit Architektur schon ihren *Begriff* gegeben zu haben. Erfahrungen, die wir machen, knüpfen immer an einem schon Bekannten an, von dem überhaupt erst etwas in unseren Aufmerksamkeits- und Wirksamkeitsbereich kommen kann. Architektur wird wie jedes andere Begegnende erfahren *als* etwas »Bekanntes« vor dem Hintergrund schon geprägter Erwartungshorizonte. Wenn wir nach den Bedeutungen von Architektur soziologisch fragen, dann müssen wir uns immer schon darüber verständigt haben, welchem Erfahrungsleben denn gebrauchte Architektur überhaupt etwas bedeutet. Der Denkmalschutz (als wissenschaftliche Institution) meint zwar einen raumzeitlich exakt bestimmbaren Gegenstand insofern, als er sein Objekt mit genauer Ort- und Zeit-Angabe als *bedeutenden Fall der Architekturgeschichte* nachweisen kann. Dieses Fall-sein für eine wissenschaftliche Disziplin ist aber sicherlich etwas anderes als

das fallweise alltagspraktische Umgehen der Menschen mit Architektur. Das »Subjekt«, für welches der Denkmalschutz – nachträglich zum architekturhistorischen Rang – gewisse architektonische Qualitäten zu sichern beabsichtigt, wird gleichsam als ein Idealsubjekt (etwa: »alle Stadtbewohner«; vgl. Durth/Gutschow 1987, S. 10) *konstruiert*, das dann soziologisch völlig spekulativ bleibt. Die »Bedeutung«, um die es dabei geht, ist keine, die dieses fiktive Subjekt im Umgang mit der Architektur *erfahren* hat, sondern sie entspringt einer im weitesten Sinne gesetzten Hypothese. Von den allgemeinen architektonischen Qualitäten wird auf soziale Umgangsqualitäten geschlossen: Es *soll* so erfahren werden. Das hängt nun damit zusammen, daß sich jene »Konkretheit« sogenannter allgemeingültiger architektonischer Werte eben nicht am primären Umgang orientiert, sondern der Umgang mit Architektur wird als das Spätere von den sogenannten architektonischen Qualitäten abgeleitet. Der Umgang erscheint so als abhängige Funktion des Gebauten, wo es doch darauf ankäme, am sozialen Geschehen der Umgangserfahrung einen empirischen Wirklichkeitsaspekt nachzuvollziehen, wie Menschen auf eine Architektur stoßen, die ihnen zustößt. Es erscheint in diesem Zusammenhang allzu »einfach«, wenn Durth/Gutschow das »Erleben der Architektur«, wie sie es nennen, vom Wandel der Moden und des Geschmacks her verstehen wollen. Denn die *ästhetische* Rezeption von Architektur macht doch nur einen (wie ich meine: kleinen) Teil unseres Erfahrungslebens aus. *Erfahrungen* jedoch, die bleiben, weil sie sich alltagsweltlich bewährt haben, und unser Tun und Lassen auf eine bestimmte Weise formen, sind die, die wir sozusagen am eigenen Leibe im Umgang mit den Dingen gemacht haben. Man mag bedauern, daß der ästhetischen Wahrnehmung von Architektur nicht der gleiche Stellenwert für unser Alltagshandeln zukommt wie der unmittelbar pragmatisch und umgangspraktisch erfahrenen Wirkung von Architektur. Jedenfalls steht jedes »Erleben« schon unter einem Vorverständnis der Erwartungen, die man an eine gewissermaßen »funktionierende« Architektur ganz selbstverständlich heranträgt.
Die Verkürzung, die im Pathos vom »Erleben der Architektur« durch »alle Stadtbewohner« zum Ausdruck kommt, liegt in der Loslösung konkreter Architektur von ihrem *umgangsweltlichen* Charakter. So wird nämlich übersehen, daß es sich immer um ein ganz konkretes bauliches Ensemble handelt, eingebunden in eine

sozialräumliche »Landschaft«, in der die Menschen schon einen Sinnbezug zu den Gebilden ihrer Umwelt aufgenommen haben, der dem spezifischen Wozu-Charakter der Gebilde korrespondiert. Architektur ist ein Wozuding (Schapp). Der architektonische Entwurf, seine Idee und vielleicht auch noch das erstellte Haus vor dem ersten Bezug mögen ihren Platz in der Architekturgeschichte im Sinne einer architektonischen Ideen- und Entwurfsgeschichte finden. Das bewohnte und genutzte Wozuding als Gebrauchsding und Lebens-Mittel kann dort nicht sinnvoll untergebracht werden. Als das dem Wohnen dienliche Haus, das Geschichten gesehen und mitgestaltet hat, hat es seinen Platz in der konkreten Reihe von Wohnerfahrungen. Damit ist auch schon der zweifache geschichtliche Horizont von Wozudingen besehen, nach der Richtung ihrer Entwurfs- und Herstellungsgeschichten zum einen, nach der Richtung ihrer Gebrauchs- und Wirksamkeitsgeschichten zum anderen. Dieser Horizont ist aber immer auch aktuell, insofern Wozudinge nur in der Einheit mit ihrer Vergangenheit, mit dem, was sie sozusagen schon durchgemacht haben, begegnen. Das Wissen von der Nützlichkeit eines Bauwerks ist nicht zu trennen vom Gebrauch, der dieses Wissen erst praktisch auslegt und darin aktualisiert. Denn wir bedürfen in unserem Wohnen ja nicht eines allgemeinen Nutzens, sondern der konkreten Nützlichkeit für unser Wohnen hier und jetzt. In diesem Horizont bewegen sich unsere Erfahrungen, ohne das wir sie so auch erkennen. Entscheidend für die *reflexive* Wiederholung von Umgangserfahrungen mit Artefakten ist die Befreiung der soziologischen Aufmerksamkeit von ihrer Gebundenheit an Sekundäres (Vorstellungen, Hypothesen, theoretische Begriffe, Normen usw.) und ihre Verlagerung auf das, »was mit den Wozudingen auftaucht, auf die Bestimmtheiten und Charaktere der Wozudinge, auf die Sinnhaftigkeit der Wozudinge, auf das Geschichtliche oder Geschichtenhafte, so wie damit auf den schaffenden Menschen, der immer im Horizont der Wozudinge auftaucht« (PdG, S. 72).

Für diese und innerhalb dieser sozialräumlichen »Landschaft« als bestimmte Umwelt besonderer Lebensformen hat das architektonische Ensemble schon längst eine Bedeutung erlangt. Und diese Bedeutung hat weder den Charakter einer Mode noch den von Geschmack, sondern der Wirksamkeitscharakter einer konkreten Umwelt ereignet sich im handhabenden Umgang. Der hantierende, gebrauchende und nutzende Umgang mit den umweltlichen Dingen ist der ursprüngliche *Interpretationsvorgang*, der Bedeutungen »schafft«. Im Wozu des architektonischen Handelns (z.B. Entwerfen des Architekten) liegt der Vorgriff auf gewissermaßen unbestimmte Wozudingbestimmtheiten im Sinne einer allgemeinen Nützlichkeit; das sind noch leere Möglichkeiten, die sich erst im Umgang verwirklichen und in der Umgangserfahrung zu ihrem je bestimmten »Begriff« kommen. Inwiefern die »entworfenen« Möglichkeiten eine Wirklichkeit tatsächlich antizipieren, zeigt nur deren spätere Wendung in die Wirklichkeit selbst. Und zwar verwirklichen sie sich als konkreter Nutzen für dasjenige Dasein, das um seine Bedürftigkeit »weiß«. Der das Wozuding Haus tatsächlich nutzende Umgang ist die verstehende Aneigung der Möglichkeiten einer widerfahrenen Umwelt, er ist der Vollzug eines Lage-Antwort-Verhältnisses: »Die Umwelt ›spricht an‹. Der Mensch antwortet« (Mackensen 1959, S. 21). Damit ist auch schon die Einseitigkeit einer losgelösten ästhetischen Wahrnehmung architektonischer Wozudinge mit angesprochen. Das Bauwerk ist wohl heute das einzige »Kunstwerk«, das tatsächlich noch Teil unserer alltäglichen Lebenswirklichkeit ist, insofern nämlich die Frage nach seinem praktischen Nutzen nicht als sinnlos zurückgewiesen werden kann. Vielmehr drückt die Frage eine nicht hintergehbare Wozudingbestimmtheit von Architektur aus. Das Haus, so Bachelard, ist unser »Winkel der Welt«, in dem wir uns Tag für Tag »verwurzeln« (Bachelard 1957, S. 31). Diese durch kulturelle Erfahrung gewußte Charakteristik der gebrauchten Architektur, einem *Lebenszweck* zu dienen, muß beachtet werden. »Ein Bauwerk ist niemals nichts als ein Kunstwerk. Seine Zweckbestimmung, durch die es in den Zusammenhang des Lebens gehört, läßt sich von ihm nicht ablösen, ohne daß es selber an Wirklichkeit einbüßt. Ist es nur noch Gegenstand eines ästhetischen Bewußtseins, so ist es nur noch von schattenhafter Wirklichkeit und lebt nur noch in der entarteten Form des Touristenziels oder der photographischen Wiedergabe ein verzerrtes Leben« (Gadamer 1986, S. 161). Insofern also Architektur und architektonisch gestaltete Umgebung vor allem dem alltäglichen Umgang unterliegen und somit »einem Lebensverhalten dienen« (Gadamer), werden sie, wie andere Lebensmittel auch, unter dem spezifisch pragmatischen Charakter der Handgreiflichkeit, Verfügbarkeit und Verwendbarkeit vor dem Hintergrund eines »gelingenden Lebens« ausgelegt.

Umwelt ist in diesem Sinne nichts, was sich selbst etwas bedeuten könnte, sondern wir verstehen darunter die Welt, die *um* uns Menschen ist. Denn ein »Subjekt«, das identisch mit seiner Umwelt ist, kann nicht entdeckt werden. Mit unserem vielfältigen Nehmen dieser Welt, mit dem wir ihr sprechend und handelnd begegnen, prägen wir dieser Umwelt ihre Bedeutung auf. Diese Begegnung ist nicht so zu verstehen, als ob hier ein »Subjekt« sein »Objekt« bestimmt, indem es Gegenstand seines Handelns wird. Sondern: Die Beziehung von Mensch und Umwelt vollzieht sich als *wechselseitige Begegnung*, denn zunächst widerfährt uns unsere Umwelt und damit auch unser »eigenes« Tun an ihr. Diese dialektische oder zweideutige Lebensexistenz des Menschen inmitten seiner Welt hat Helmuth Plessner einmal als Gleichzeitigkeit von »Umgriffensein und Umgreifen« bezeichnet (vgl. Plessner 1982, S. 14). So muß zwangsläufig bei der Auflistung der erhaltenswerten Eigenschaften von denkmalschutzwerter Architektur eine soziologische Verkürzung in Kauf genommen werden. Der Denkmalschutz kann zwar die »Geschichte« eines Bauwerks in vielerlei Hinsicht rekonstruieren, verbleibt aber zwangsläufig in einer polemischen Einseitigkeit, insofern er eben nicht die mannigfachen »Geschichten« vernimmt, in die Menschen und Architektur wechselseitig ganz konkret verstrickt sind. Wenn die »Wirklichkeit von Architektur« sich nicht nur in ihrer historischen und ästhetischen »Kritik« erschöpfen soll, sondern sich vielmehr im lebensnahen Umgang mit ihren Möglichkeiten zeigt, dann muß sich jede »ehrliche« Auseinandersetzung um die jeweilige Umgangserfahrung bemühen. Vereinseitigt das »ästhetische Bewußtsein« ein Bauwerk zu einem raum- und zeitlosen Gegenstand eines ästhetischen Erlebnisses, dann übersieht es die zweiseitige Vermittlungsleistung der Architektur, die ich schon in der doppelten Wozudingbestimmtheit von Architektur als *Entwurf* (allgemeine Nützlichkeit) und als *Gebrauchsding* (konkreter Nutzen) aufgezeigt habe: »Ein Bauwerk soll gewiß die Lösung einer künstlerischen Aufgabe sein und insofern die staunende Bewunderung des Betrachters auf sich ziehen. Gleichwohl soll es sich einem Lebensverhalten einordnen und will nicht Selbstzweck sein. Es will als Schmuck, als Stimmungshintergrund, als zusammenhaltender Rahmen einem Lebensverhalten dienen« (Gadamer 1986, S. 163). Wir können uns von einen konkreten Wirksamkeitsbereich keinen soziologischen Begriff machen, insofern das außerwissenschaftliche Nehmen und Begreifen überhaupt nicht *selbst* zu Wort kommt.

3.4 Wohnen als Erfahrung – Methodologie

> Er (Aristoteles) nimmt einige Satzformulierungen der konkreten Umgangssprache und reibt sie gleichsam so lange aneinander, bis sich gewisse Prinzipien ergeben.
>
> Wolfgang Wieland

Wenn Soziologie die Wissenschaft von den Erfahrungen der Menschen mit ihrer sozialen Welt ist, dann müssen diese Erfahrungen auch ins Zentrum der soziologischen Methodologie gestellt werden. *Wohnen* erwies sich im Laufe dieser Untersuchung als eine Erfahrung, welche die Menschen in ihren verschiedenen lebensgeschichtlichen Lagen mit ihrer sozialräumlichen Umwelt machen. Auch wenn man *wohnen* erst »lernen« muß, so fängt doch *wohnen* niemals ganz »von vorne« an. Immer hat man schon irgendwie *gewohnt*, kennt man aus Erfahrung, was *wohnen* ist. Deshalb geht es darum, das rechte Fragen zu gewinnen: *Was ist wohnen*? Von woher und woraufhin wird so gefragt? Das »Was« fragt nach dem Phänomen, das heißt nach dem, was sich von-sich-her zeigt. Das »Wohnen« fragt nach einem Tun und Können, einem Vermögen also, das sich als Praxis vollzieht. Und die Kopola »ist« fragt schließlich nach dem konkreten praktisch-lokalen Kontext, in den das Wohnen als Prinzip und Sache hineingehört.
Die Möglichkeit, in fremde Erfahrungen eingestellt zu werden, ebenso wie eine reflexive Wiederholung von fremden Erfahrungen setzen voraus, daß im Grunde jedermann in die spezifische Erfahrungssituation kommen kann oder – wie wohl beim Wohnen – schon gekommen ist. In diesem Sinne spricht Schapp von »Mitverstrickung«, die die *Möglichkeit des Verständnisses* überhaupt erst eröffnet. Dies gilt nun aber in einem besonderen »methodischen« Sinne auch für den Erfahrungsforscher selbst. Es ist sogar wesentlich für die Möglichkeit empirisch-hermeneutischer Forschung (vgl. Bollnow 1970, S. 148 f.). Da die hier vertretene Forschung nicht mit einer bestimmten hypothetischen Frage beginnt, die ein stillschweigend unterstelltes Verhältnis von Rele-

vanz und Überprüfbarkeit schon voraussetzt, sondern *das richtige Fragen erst gewinnen* will, kann sie den Sinn ihrer Untersuchung nur der eigenen Lebenserfahrung entnehmen. So muß der Erfahrungswissenschaftler das seine Untersuchung leitende Verständnis schon selbst in seiner eigenen Lebenserfahrung gewonnen haben. Für andere »überprüfbar« sind Erfahrungen ja nur, insofern sie »von jedem wiederholt werden (können), der in eine entsprechende Lage kommt. Es ist auch nicht ein rein privates individuelles Erleben; denn der eine kann sich mit dem anderen darüber verständigen« (Bollnow 1970, S. 149).

Erfahrungen haben für uns die Aufgabe, gewisse Erwartungen an das Wohnen vorzuhalten. Darin sind Konzeptionen gewonnen, was »gutes Wohnen« im größeren Rahmen des »gelingenden Lebens« bedeutet. *Konzeptionen* sind gewissermaßen vorgängige Orientierungen im Zu-tun-Haben mit dieser Umgangswirklichkeit, in der wir unser Wohnen je in den Griff nehmen. Wesentlich für die verschiedenen Hinsichten, unter denen Konzeptionen vollzogen werden, sind Lage und Situation, in denen sich der Mensch mitweltlich befindet und versteht. Jeder Vollzug, der z.B. in einer konkreten Wohngeschichte einen Ausdruck findet, ist ja niemals bezogen auf einen gattungsmäßigen Allgemeinbegriff von Wohnen. Vielmehr gibt die Hinsicht den Blick auf das Lage-Antwort-Verhältnis frei, sofern es gelingt, diese leitende Hinsicht reflexiv zu veranschaulichen. Das Allgemeine ist vielmehr das *Prinzip*, auf das hin das *Wesentliche* einer Sache in Griff genommen wird. Konzeptionen helfen, zu möglichen Zielen seines Handelns sich zu stellen. Die unmittelbare Situationsbezüglichkeit von Konzeptionen erklärt die Selbstverständlichkeit, mit der Konzeptionen im Umgangshandeln und -sprechen vollzogen werden. Die Umgangssprache, unter deren Gebrauch wir zur Welt Stellung nehmen, ist hier die primäre und ausgezeichnete Quelle, solchen Konzeptionen soziologisch nachzuspüren. Das konkrete situationshafte Sprechen schöpft aus dem Reservoir der Lebenserfahrung ebenso wie aus dem der Umgangssprache.

»Ein Wort ist immer eine Antwort« (Gadamer). Worauf antwortet das Wort »wohnen«? Was ist die Frage, auf die dieses Wort eine vom allgemeinen Sprachbewußtsein angenommene Antwort darstellt? So können wir zunächst nach den sichtenden Konzeptionen fragen, die von der Sprache, in der wir heimisch sind, vorgeprägt sind und uns so eine Richtung angeben, in der wir weitersuchen sollten. Dabei hilft, nach der Herkunft des jeweiligen Wortes und nach dem Verständnis seiner Bedeutung zu forschen. »Die unmittelbar erlebte Wirklichkeit ist also gar nicht anders zu fassen als in diesem Medium der bereits terminologisch fixierten Sprache; denn jede Besinnung auf das, was wir unmittelbar erleben, bedeutet sein Artikulieren im lautwerdenden oder schweigenden Denken, das immer der Worte bedarf und diese nirgends anders hernehmen kann als aus der bereits geprägten Sprache« (Landgrebe 1971, S. 137). Diese Konzeptionen unserer Sprache, die schon eine »allgemeine« Sicht aufgenommen haben, können ein erster »Maßstab« sein, uns eine vorläufige Spur auf unserer Entdeckungsreise zu zeigen. Schauen wir also auf die Sprache, so erfahren wir, daß die räumliche Bestimmung im Wort »wohnen«, nämlich »seinen ständigen Aufenthalt haben«, nachträglich ausgeprägt wurde. Das mittelhochdeutsche »wonen« meint indes: »wohnen, sein, bleiben, (ver)weilen«, auch »ausharren, pflegen«. Und das gotische »wunian« trägt die Bedeutung von »bleiben, wohnen, gewohnt sein« und sagt damit deutlicher, wie dieses Bleiben *erfahren* wird: »zufrieden sein, zum Frieden gebracht, in ihm bleiben« (vgl. Heidegger 1954, S. 143). Nach Kluge ist die Grundbedeutung von wohnen »zufrieden sein« (Kluge 1963, S. 869). Die heutige Auffassung, mit der wir »wohnen« mit einem ständigen Wohnsitz verbinden, ist offensichtlich eine spätere Interpretation gegenüber der früheren Bedeutung des Verweilens an einem bestimmten Ort (vgl. Bollnow 1963, S. 127). Das »Etymologische Wörterbuch des Deutschen« (1989, S. 1988) weist auf folgende interessante Bedeutungsverschiebung von »wohnen« hin: »Die Bedeutungsentwicklung geht von ›streben (nach etwas)‹ aus und führt wohl über ›erreichen, befriedigt sein, etwas gern haben, gewohnt sein‹ zu ›wohnen‹, d. h. ›sich an einem gewohnten Ort ständig aufhalten‹«. Eine vergleichbare Wandlung hat wohl auch das Wort »Wohnung« durchgemacht. Zunächst meint es nämlich nicht den uns heute geläufigen bestimmten Raumort, an dem jemand wohnt, also: »fester Wohnsitz, Unterkunft«. Das mittelhochdeutsche »wonunge« ist noch allgemeiner bezogen auf den Aufenthalt, den der Mensch an einer bestimmten Stelle nimmt. Es meint »das Bleiben, Aufenthalten, Gegend, Gewohnheit«. Mit diesen Wortauslegungen ist schon ein erster Vorgriff auf das Wohnen getätigt. Wir haben es noch nicht mit der konkreten Rede zu tun, sondern entnehmen zunächst dem allgemeinen Sprachbewußtsein die in ihm hinterlegten Konzeptionen. Was jede lebendige Sprache *vorprägt*, sind lediglich *sichtende* Konzeptionen. »Der Richtung, unter der die Dinge entdeckt werden, ist darin vorgegriffen« (HL, S. 70). Die Wirklichkeit bekommt so eine gewisse erste Gliederung. Griffe, unter denen man die Dinge nehmen kann, sind so vorgestaltet. Durch das Wort als Begriff einer lebendigen Sprache verstehen wir schon die eigentliche Bewandtnis, die es mit irgend etwas hat. Die angegebene Wortbedeutung zeigt sich aber noch nicht unter einem bestimmten Sinnhorizont.

Beim alltäglichen Verständnis der Dinge werden diese »irgendwie« bestimmt. Es sind aber keine Bestimmungen, die wie etwa in der Logik Merkmale, Eigenschaften oder Bestimmungen unter einen Begriff subsumiert werden. Der Begriff als *gekonnter* Griff läßt sich nicht in Merkmale sedimentieren. Man kann auch nicht seinen allgemeingültigen Bestand festlegen. Der praktische Begriff zeigt sich nur im Vollzug als Griff. In der alltäglichen Verwendung von »Begriffen« werden Dinge unter einer *Hinsicht* angesprochen, wie *mir* etwas in bestimmter Weise vorkommt oder erscheint. Diese auf eine bestimmte Hinsicht zielende Bestimmung läßt notwendigerweise gewisse andere Seiten *unbestimmt* ruhen. »Diese ›Unbestimmtheit‹ gehört gerade mit zu diesem ›Begriff‹, in dem von vornherein nichts als das, was es ›eigentlich ist‹, verstanden oder gar ›bestimmt‹ werden soll« (VdS, S. 31). Es gibt verschiedene Arten, mit den Dingen *umzugehen*. Die Dinge in ihrer Umgänglichkeit *begreifen* heißt: sie nehmen als ... Mit ihnen weiterkommen, selbst mit ihnen fertig werden – dabei helfen *Konzeptionen*. Als *gekonnte Griffe* spiegeln sie meine Möglichkeiten im Umgang mit ... »Etwas begriffen haben bedeutet sich darauf verstehen, bescheid damit wissen« (HL, S. 56). In der Konzeption liegt der Widerschein der Erfahrung des gekonnten Fertigwerdens mit Situationen zugleich als Vorschein auf Künftiges, als Erwartung. Konzeptionen als alltagsweltliche *Begriffe* zeigen ihre »Bedeutung« in ihrer *Anwendung* in verschiedenen Situationen.

Wohnen, wie auch jedes andere praktische Sich-einrichten-in-Verhältnissen, vollzieht sich in der dialektischen Spannung zwischen unserem Verfügen über Möglichkeiten und unserem Fertigwerden mit Um- und Widerständen innerhalb der Pragmatik unserer Lebenswelt. Dialektisch deswegen, weil neue Erfahrungen auf mitgebrachte Erwartungen einwirken und somit unseren Erfahrungsbzw. Erwartungshorizont des Wohnens ständig erweitern. Die Grenzen seiner Pläne und Konzeptionen liegen in der den Menschen begrenzenden Lage und Situation. Die Erfahrung, die einer mit seiner Wohnumwelt gemacht hat, kann dann nur als *Einzelfall* soziologisch herausgestellt werden. »Erfahrung kann man nicht suchen, sie bildet sich erst allmählich in der Wiederholung der Einzelfälle aus« (Bollnow 1970, S. 134). Insofern wir die *Phronesis* als fürsorgend-besprechende Umsicht gefaßt haben, ist sie die *Einsicht in den praktischen Einzelfall.* Lage und Umstände des Falls sind nichts, was einfach herausgelöst und isoliert betrachtet werden kann. Nur für ein bestimmtes Leben in seiner Situation sind sie dessen Umstände. Ohne den Kontext der Situation wäre ein Fall soziologisch belanglos, denn die Gebundenheit der Erfahrung und damit das »Verstehen der Dinge« an die jeweilige Situation wären gelöst.

Damit ergibt sich eine gewisse Ähnlichkeit mit dem epagogischen Verfahren der Kenntnisvermittlung Wittgensteins, der erfundene Geschichten (Sprachspiele) erzählt, um uns bislang ungewußte und vielfach überraschende Anwendungsmöglichkeiten unserer »Begriffe« zu zeigen (vgl. auch Schulte 1989, S. 163). Sprachspiele sind klare und einfache Beispiele. Sie stehen da »als *Vergleichsobjekte*, die durch Ähnlichkeit und Unähnlichkeit Licht in die Verhältnisse unserer Sprache werfen sollen« (Wittgenstein 1971, § 130). Der methodologisch-methodische Zusammenhang von *epagogé* und Beispielverstehen ist evident. Sieht man keine Möglichkeit, durch Subsumtion unter Allgemeinbegriffe Klarheit in das Verstehen von Einzelfällen zu bekommen, dann kann man sich nur noch durch die Veranschaulichung von Beispielen zum Prinzipienerkennen hinführen lassen. Für Wittgenstein ist der Einzelfall nicht bloßes Moment einer Regel, als ob methodologisch schon ausgemacht sei, das Besondere aus dem Allgemeinen abzuleiten. Es hat keinen Sinn, immer dann, wenn nach der »Bedeutung« gefragt wird, nach »Regeln« zu suchen. Jörg Zimmermann hat konsequent den epagogischen »Witz« in Wittgensteins Sprachspielen herausgearbeitet. Es zeichnet gerade auch die Beispielhermeneutik Wittgensteins aus, daß sie »den Primat des ›besonderen Falles‹ vor der ›allgemeinen Regel‹ begründet« (Zimmermann 1975, S. 107). Zwar sei Sprache nicht ohne Regeln möglich, aber sie erschöpfe sich nicht in Regeln. Vor allem der Blick auf den Gebrauch der Sprache zeige, daß die Verwendung von Worten »nicht auf ein fixes Inventar von Regeln zurückgeführt werden kann, einmal, weil jede Regel vieles ›offen‹ läßt, den Gebrauch eines Ausdrucks also nicht eindeutig bestimmt, zum anderen, weil mit zunehmender Differenzierung der Begriff der Regel seinen Sinn verliert, insofern wir dazu gezwungen werden, ad-hoc-Regeln einzuführen, die nur den Umstand kaschieren, *daß von einer Regel im Grunde nicht mehr gesprochen werden kann*« (Zimmermann 1975, S. 116; Hvhg. von mir). Das Entscheidende bei der Frage danach, ob es sinnvoll oder berechtigt ist, nach »Regeln« zu fragen, zeigt sich letztlich jedoch in der Tatsache, daß der *»Sprung von der Regel zur Anwendung«* (Zimmermann) unter keinen Umständen durch eine Regel geregelt werden kann! Statt auf Regeln verweist Wittgenstein deshalb auf *Beispiele*: »Um eine Praxis festzulegen, genügen nicht Regeln, sondern man braucht Beispiele. Unsre Regeln lassen Hintertüren offen, und die Praxis muß für sich selbst sprechen« (Wittgenstein 1984, § 139).

Es ist ein semiotisches Mißverständnis zu meinen, die Bedeutung eines Ausdrucks »zeige« sich im Wort. Nur durch Reflexion auf den *Gebrauch* von Wörtern im Kontext des konkreten Sprechens läßt sich der »Sinn« aufzeigen. So kann es keine »Gebrauchstheorie der Bedeutung« (Zimmermann) geben, sondern nur das hermeneutische Aufhellen einer besonderen Situation, insofern die Verwendung von Worten im Kontext einer Rede geklärt wird. »Der Gebrauch repräsentiert die ›Phänomenalität‹ der Sprache, im Gebrauch muß jede Frage ansetzen und jede Antwort sich bewähren« (Zimmermann 1975, S. 112). Einsicht in das »Wesen« der Sprache gelingt nur durch den am Beispiel der tatsächlichen Verwendung von Sätzen entdeckten Gebrauch sprachlicher Mittel. Der *Sprung* in die Anwendung erst zeigt die individuelle Fähigkeit oder Sprachkompetenz, das Wort im konkreten Fall verwenden zu können. Soll einem anderen diese Anwendung »erklärt« werden, dann müssen ihm Beispiele gegeben werden. Diese dienen aber nicht einer Begriffserklärung, sondern führen zu einer bestimmten Hinsicht und einem Sinnfeld, unter denen das Wesentliche verstanden werden kann. »Man gibt Beispiele und will, daß sie in einem bestimmten Sinn verstanden werden« (Wittgenstein 1971, § 71). Da es sich bei Wittgenstein meist um ein (Sprach-)Spiel handelt, geht es ihm auch darum, den anderen anzuleiten, die Beispiele nun in bestimmter Weise *selbst* zu verwenden. Der didaktische Rückgriff auf Beispiele, das Exemplifizieren, ist nicht ein notdürftiges indirektes Mittel der Erklärung, sondern es weist unmißverständlich darauf, daß »Erklärung« und Anwendung am konkreten Fall *zusammen*gehören. Die Radikalität der »Sprung-Metapher« gibt sich uns letztlich noch darin zu erkennen, was das *Apriori* des situativen Gebrauchs (»Spielen«) vor dem Beispiel-Geben bedeutet: »daß auch dasjenige, was die Erfahrung zeigt, unserer besonderen Interpretation der Erfahrung im Rahmen jenes Sprachspiels verpflichtet ist, das wir immer schon spielen« (Zimmermann 1975, S. 241). Es läßt sich kein absoluter Anfang bestimmen, wir leben immer schon im Verständnis unserer Umgangserfahrungen.

Insofern es dem Soziologen gelingt, sich anhand von Beispielen in eine Hinsicht einstellen zu lassen, wird das ihm Vorgelegte zu seinem Fall. Nur über das Fall-sein kann es zum soziologischen Begriff kommen. Schapp spricht von der Geschichte mit Fallcharakter als von der Geschichte, die als Fall auftritt. »Der Mensch und das Menschsein tritt bei dem Fall weit in den Hintergrund. Im Fall versucht man sich von der Geschichte zu lösen« (IGv, S. 188). Damit charakterisiert er sehr gut ein methodologisches Problem der Beispielhermeneutik. Schapp gibt zu bedenken, daß es immer eine Geschichte ist, die in einen Fall verwandelt wird. Bei der *Umwandlung* einer Geschichte in einen Fall darf nicht verloren oder unterschlagen werden, »daß das Tragende für jeden Fall eine Geschichte ist, daß der Fall nur über eine Geschichte auftauchen, in den Gesichtskreis kommen kann« (IGv, S. 188 f.). Zu einem solchen Gebilde von Fall versucht Schapp über den Ausdruck »abblenden« zu kommen. »Der Fall wird aus der Geschichte abgeblendet, löst sich aber nicht von der Geschichte. Dies kann man auch so ausdrücken, daß jeder Fall wieder anders liegt oder anders liegen kann« (IGv, S. 189). Was nun jeweils aus der Geschichte »abgeblendet« werden soll, kann nichts anderes sein als die Hinsicht, die als vollzogene Konzeption im Text sich darstellt. Zwar legt die Geschichte die Abblendung nahe, immer ist es jedoch der Hermeneut, der durch Fallvergleich eine Ähnlichkeit unter diesen interpretiert, insofern er zu einem bestimmten Aspekt durch Zusammensicht der Fälle »veranlaßt« wird.

Hans Lipps hat sich mit dem vergleichbaren Zusammenhang von Beispiel und Fall auseinandergesetzt. Es kommt hier alles auf die *Wendung* an, die ein Beispiel erfährt, wenn es als »Fall« weiterbehandelt werden soll. Nur insofern das soziologische »Aufgreifen«

gerade die Seite des Beispiels heraushebt, unter der es ursprünglich begegnen konnte, kann es die »antizipierte und hermeneutisch zu gewinnende Bedeutung des auf etwas hin ›Angesprochenen‹ und insofern gerade bereits ›Begriffenen‹, das dann überdies noch – manchmal – spezifisch bestimmt werden kann«, meinen (VdS, S. 18). Es kann also nur die Wendung auf das Wesentliche sein, die das Beispiel – als Fall genommen – erfährt. Dies kann nur gelingen, wenn das Beispiel als Fall einer Praxis erkennbar bleibt. Denn der praktische Umgang und die darin gewonnene Erfahrung haben sich ja als das Wesentliche des mitweltlichen Handelns gezeigt. Da sich das Wesentliche explizit jedoch erst durch hermeneutische Reflexion aus einem Text gewinnen läßt, ist dieser Umgang – die hermeneutische Erfahrung des Soziologen – orientiert an der Umwandlung dieses Beispiels zu einem Fall der sozialen Praxis. Das Wesentliche bezieht sich gerade auf die Besonderheit des Falls, wie die Dinge hier »liegen«.

In der interpretativen Soziologie haben wir es mit Beispielen zu tun, die zur Erläuterung eines »Begriffs« gegeben wurden: z. B. »wohnen«. Das Beispiel veranschaulicht nicht Bestimmungen, Merkmale oder Eigenschaften, sondern was diese Konzeption überhaupt »soll«. »Beispiele für Begriffe weisen in die Hinsicht, unter der etwas zu erschließen und zu entdecken ist« (VdS, S. 41). Begriffe durch Beispiele zu veranschaulichen, heißt vorerst einmal die Richtung ihrer Konzeption zu verdeutlichen. Das Beispiel will den anderen betreffen, insofern er durch eine bestimmte »Einstellung« bewegt werden soll. »Am Beispiel wird einem etwas bewußt, nämlich etwas, was vorher in einem bestimmten Sinn ›unbewußt‹ war« (VdS, S. 44). »Unbewußt« drückt hier aber lediglich das Nicht-Ausdrückliche am Ausdrücklichen aus, »was als vor-läufig gerade wiederum richtungweisend ist für das hierbei *sich* auf etwas hin verstehende Dasein« (VdS, S. 45). Dies ist festzuhalten für das soziologische Beispiel-Verstehen. Das soziologische Ausdrücklich-Machen des notwendig Unausdrücklich-Gebliebenen vollzieht sich als Gang vom Beispiel zum Fall. Der besondere Fall erfährt seine Wendung durch die richtungweisende »Abstraktion« auf die Konkretion des Begriffs. Der Begriff, unter dem alltagsweltlich etwas angesprochen wird, kann nicht allgemein sein, sofern das Allgemeine ja gerade abstrahiert von der bestimmten Bedeutung, auf die in der Konzeption Richtung genommen wird. Im alltäglichen Begriff, da er immer in einer

Hinsicht liegt, wird eine wesentliche Seite von etwas getroffen. Die so getroffenen Bedeutungen können nicht definiert werden, sondern müssen an Beispielen veranschaulicht werden. »Die Begriffe im Sinne dessen, als was die Dinge angesprochen werden, sind nichts, was nur ›allgemein‹ mit diesen Worten ›verbunden‹ würde. Gegenüber dem Begriff, den *ich* – in Übereinstimmung mit dem Sprachgebrauch – mit einem Wort *verbinde*, ist die Bedeutung etwas, unter der bzw. in der mir *sich etwas zeigt*. Das, was ›ein Baum‹ ›bedeutet‹, kann man nicht eigentlich ›beschreiben‹, man kann nur versuchen, die darin enthaltene Hinsicht zu explizieren, in der wiederum rückverwiesen wird auf ein bestimmtes existentielles Verhältnis, in dem man zu demjenigen steht, was man insofern ›versteht als ...‹« (VdS, S. 36).
Fall-sein bedeutet im weiteren Verlauf der soziologisch-hermeneutischen Erfahrung mit »wohnen« nicht, daß der einzelne Fall von einem schon fix-und-fertigen wissenschaftlichen Wohnbegriff her erkannt werden soll. Vielmehr hat der Einzelfall die Bedeutung eines Beispiels, das uns in die Lage zu versetzen vermag zu verstehen, was »wohnen« hier bedeutet. Jedes weitere Beispiel variiert gewissermaßen die schon bekannten Beispiele, und die Besonderheit des Einzelfalls zeigt uns die Möglichkeiten der empirischen Abwandlungen des Unbestimmt-»Allgemeinen«, nämlich der sozialen Möglichkeiten, je das Vermögen zu wohnen *als* ein individuelles Können darzustellen. Die Beispiele bringen uns auf eine Spur, insofern sie uns in eine *Praxis* versetzen. Indem die soziologische Beispielhermeneutik so einen ungewohnten Blick auf das Wohnen wirft, zeigt es sich so *von sich her* uns in seiner Vielfältigkeit neu, obwohl jeder es schon zu kennen glaubte. Der hermeneutische Blick auf die im Wohnen vollzogene Konzeption gibt uns Kenntnis, welches »Prinzip« dem konkreten Wohnen je eignet. Denn das gegebene Beispiel ist ein Beispiel, das *für* etwas gegeben wird. Es ist Beispiel für die »Natur« der betreffenden Sache, die selbst – für sich – nicht explizierbar ist. Deswegen soll das Beispiel das, was etwas »von Natur her« ist und bedeutet, veranschaulichen. Die umgangswirkliche »Natur« des Wohnens, wie sie in vielfältigen Anwendungen im Erfahrungshandeln und Erfahrungswissen deutlich werden kann, ist gar nicht auf *einen* Nenner zu bringen, und diese Unmöglichkeit, feste Grenzen des Begriffs zu ziehen, ist gar kein Mangel, der erkenntnislogisch zu überwinden wäre.

So spreche ich also von Wohn-Situation, um wieder an den pragmatisch-lebensnahen Charakter von Erfahrungen anzuknüpfen, der sich nur im Umgang mit den Dingen bildet und der in der Umgangssprache seinen angemessenen Ausdruck findet. Mit Erfahrung und Situation meine ich keine Erkenntnisart, sondern das Vermögen, wie einer inmitten seiner Welt über seine Mittel verfügt und mit den Umständen fertig wird. »Wohnen« als eine Form von Sich-Verhalten zu verstehen, betont sowohl die aktiven wie passiven Momente des Umgangs mit sozialräumlichen Gegebenheiten: Wir eignen uns interpretierend und handelnd einen konkreten und einmaligen Raum *als* Wohn-Raum an, der uns gleichzeitig in seiner sozialen und »natürlichen« Tatsächlichkeit widerfährt. »Aneignung« heißt hier sich nicht blind den Wirkungen des eigenen Tuns sowie der Umwelt und Umstände aussetzen, sondern gekonnt und abwägend die Widerfahrnisse bewältigen, probierend sich seine Möglichkeiten nehmen, eben über die durchkreuzten Handlungen und enttäuschten Erwartungen zu einer neuen Erfahrung kommen.

Der Text, der der folgenden soziologischen Beschreibung vorliegt, wurde aus der Verschriftung verschiedener Gespräche mit Bewohnern einer Berliner Siedlung gewonnen (vgl. auch Peiniger 1991). Der Text besitzt den Charakter eines dem Soziologen vorgelegten Falls, der auf den Situations- und Erfahrungskontext eines besonderen Lebens und seine Bedingungen hin zu verstehen und auszulegen ist. Wir »lesen« ihn als eine Geschichte über Wohnerfahrungen. Aber nur wer schon verstanden hat, vermag zu lesen. Der Text begegnet der soziologischen Betrachtung als Wohngeschichte, die etwas darstellt. Insofern der Text in die besondere Hinsicht einer Praxis einführt, ist er Ausdruck dessen, was einem in der Welt Bedeutsames widerfahren ist. Die soziologische »Spannung« eines Textes ergibt sich daraus, daß seine Ausdrucksgestalt und sein Sinngehalt die Antwort auf das Problem sind, um dessen Bedeutsamkeit wegen die dem Text zugrundeliegende Geschichte vorgetragen wird. Die »Wahrheit« eines Textes ist nicht abzulösen von seiner Bestimmung, wirkliche Antwort zu sein. Und ein soziologisches Verstehen gelingt nur in der Besinnung auf diese Bestimmung. Der soziologisch auszulegende Kontext ist nichts anderes als der Nachtrag der wirklichen Frage, ohne die die als Text vorliegende Antwort nicht konkret und sinnvoll verstanden werden kann. Das heißt, der Soziologe darf seine im Text mitprotokollierte »Interview«-Frage nicht als »Ursache« der gegebenen Antwort unterstellen, sondern muß von der Antwort her zu entdecken versuchen, auf welche »Frage« tatsächlich geantwortet wurde.

3.5 Fall-Beispiele

1. Fallbeispiel: *»So daß unsere Kinder genügend Platz hatten«*
Familie G. wohnt seit 1958 in der Siedlung Britz-Süd/Berlin. Die Familie besteht aus fünf Personen, den Eltern mit zwei Jungen und einem Mädchen, die heute ihre eigenen Wohnungen haben. 1958 bezog die Familie eine Zweieinhalb-Zimmer-Parterre-Wohnung in einem vierstöckigen Haus der Fritz-Reuter-Allee. Vom Wohnzimmer aus tritt man auf einen Balkon, von dem aus wieder eine Treppe in einen Mietergarten führt. Außer dem Wohnzimmer besteht die Wohnung aus einem Schlafzimmer und einem Kinderzimmer, einer Einbauküche und einem Bad. Zum Zeitpunkt des Einzugs der Familie G., so erfahren wir, waren die Häuser *»ganz neu«*, auch im Garten *»war vorher gar nichts«*. Die verschiedenen Siedlungsteile verbindet ein Grünstreifen, *»der zuerst auch (Pause) ganz niedrig (Pause) und klein war«*. Bezogen auf diese Umstände von vor zweiunddreißig Jahren, benennt Frau G. das Besondere, sozusagen den *Witz* ihrer Wohn-Situation, das man sich gut als Kernstück einer ausführlichen Erzählung vorstellen kann: *»mhh, die Wohnung war natürlich für fünf Personen etwas beengt (Pause) aber (Pause) wir haben das gemeistert«*. So könnte also eine Spannung versprechende Wohn-Geschichte beginnen, auch wenn das »gute« Ende vorweggenommen erscheint.
Am Beispiel einer Geschichte können Situationen, deren Begriff man nicht so ohne weiteres bestimmen kann, verdeutlicht werden, um anderen, denen eine bestimmte Situation nicht vertraut ist, Konzeptionen und Umstände gerade dieser Situation plausibel zu machen. Leider hat Frau G. keine längere Geschichte erzählt. Nur das Bruchstück einer Geschichte findet sich im Text, auf das wir vorerst bei der Heranführung eines konkreten Kontextes angewiesen sind. Das erwähnte Bruchstück – aber vielleicht handelt es sich doch um eine *ganze* Geschichte – lautet: *»Wir haben unsere Betten praktisch ins Wohnzimmer getan mit einem Wandlerbett, (Pause) so daß unsere Kinder (Pause) genügend Platz hatten«*.

Zunächst möchte ich das Wort »*Platz*« bedenken, das Frau G. mit Wohnen zusammenbringt. Wohnen setzt offensichtlich »Raum« voraus, der unserem Tun und Lassen gegeben sein muß, über den man dann verfügen kann. Im pragmatischen Umgang mit den Dingen heißt »Raum geben« den Dingen ihren Platz anweisen, nämlich den bestimmten, an den sie – bezogen auf den umsichtigen Gebrauch – hingehören und an dem sie bei Bedarf auffindbar sind. Dinge, für die man keinen Platz gefunden hat, liegen bloß herum und bleiben, wenn man sie tatsächlich gebrauchen will, verborgen. Tätigkeiten, denen man in einer Wohnung keinen Platz einräumen kann oder will, müssen so ganz unterbleiben. Wohnen ist also orientiert auf eine »Ganzheit von umsichtig angewiesenen Plätzen« (Heidegger 1984, S. 104). Wohnen ist, sich und die nahen Umgangsdinge einrichten, ist, den gewünschten Tätigkeiten und Dingen *Raum schaffen* und *Platz geben* bezogen auf eine konkrete Bedürftigkeit. Wenn Frau G. sagt: *»Sind (Pause) hier hineingezogen, als die Häuser ganz neu waren«* und *»es war vorher gar nichts«*, so meint sie damit auch, daß (noch) nichts an *seinem* Platz war.

Die Geschichte der Wohn-Situation der Familie G. in dieser Siedlung beginnt mit dem *Einräumen* und *Platzschaffen*. Das heißt, es war wohl eine Wohnung vorhanden, in der man »sich aufhalten« konnte. Aber man mußte ihr erst etwas abgewinnen, um tatsächlich bleiben zu wollen. *»Wir fühlen uns wirklich jetzt hier wohl (längere Pause) nach zweiunddreißig Jahren sehr sehr wohl«*. Wohnen ist also mehr als sich aufhalten. Es ist der verantwortungsbewußte Umgang mit den angetroffenen Gegebenheiten und deren Ausrichtung auf die eigene bedürftige Situation (und der der Familie) mit dem Ziel, Gefallen zu finden und sich zu gewöhnen. Wohnen ist für Frau G. eine Herausforderung, eine Lebensaufgabe zu meistern. Man muß aber schon irgendwie um diese Aufgabe wissen, um das eigene Tun daran, als an einem Ziel, zu orientieren.

Welchen soziologisch-philosophischen Vorbegriff haben wir von Wohnen, Ziel, Gelingen (»Meistern«) als *Inbegriff von Praxis*? Den aristotelischen Begriff der Praxis, der sich im vollendeten Können als Gelingen einer Beschäftigung zeigt, hat Wilhelm Szilasi herausgestellt. Die ärztliche Kunst zeige sich nicht in der Betrachtung der Gesundheit an sich. Vielmehr muß der Arzt die Krankheit dieses bestimmten Kranken auf seine mögliche Genesung hin behandeln. Der Arzt wendet sein Wissen ja immer an diesem *einzelnen Menschen* an, nur auf einen *konkreten Einzelfall* bezogen soll ja jeweils etwas gelingen. »Das Gelingen seiner Beschäftigung verlangt, daß er einen größeren Umkreis der besonderen Umstände überblickt: die materielle Lage des Kranken, seine Familienverhältnisse, seine Beschäftigung und seinen seelischen Zustand usw. Er kann also überhaupt nicht isolieren, wie es eine Betrachtung des ›für sich‹ verlangen würde, denn er würde sich die Möglichkeit der vollen Praxis nehmen und das, was ihm vorschwebte, wäre weder für die Handlung verwertbar noch für irgendeine Vermehrung seiner Einsichten« (Szilasi 1946, S. 117). Gelingen kann etwas nur, wenn es im faktischen Zusammenhang aller Umstände versucht wird. Von Gelingen kann nur gesprochen werden im Hinblick auf das, womit man »beschäftigt« ist. Beschäftigung ist Ausübung eines Könnens, was auf je eines Möglichkeiten verweist. Sie »vollendet« sich, insofern sie zu ihrem Ziel (Heilung dieses Kranken) kommt. »Das Ende (telos) ist also von dem Können her zu verstehen, von einer bestimmten Weise der Seinsmöglichkeit. Damit gewinnen wir einen neuen Sinn für die Bezeichnung Praxis. Sie ist die Ausübung der menschlichen Seinsmöglichkeiten. (...) Die aktuelle Erledigung einer Aufgabe ist nicht die Vollendung einer Beschäftigung; das Ende einer Krankenbehandlung (...) ist kein Ende im eigentlichen Sinn« (S. 118 f.).

Offensichtlich werden ihre drei Kinder und insbesondere deren Aufwachsen und »Entwicklung« von Frau G. ursächlich mit der Praxis *zu wohnen* in Verbindung gebracht. Der Sinn des Wohnens, bezogen auf die Situation des »*es war vorher gar nichts*«, besteht für sie darin, den Kindern »*genügend Platz*« zu schaffen. Es ist also nicht von irgendeiner Wohn-Situation die Rede, sondern von »unserer«: »*Unsere Wohnung (Pause) hat zweieinhalb Zimmer.*« Damit ist freilich ein *Maß* angegeben, das nicht zu berechnen ist. »*Unsere Kinder, wir haben drei Kinder, sind hier alle aufgewachsen. Auch sie hatten (Pause) gute Entwicklungsmöglichkeiten.*« *Möglichkeiten* müssen als etwas verstanden werden, das bei einem selbst liegt. Man selbst ist gefragt in seiner Praxis, insofern man in der Wirklichkeit seine Möglichkeiten erkennt und in Griff nimmt. Im Umgang mit der Lage ist das kluge Schaffen von (Entwicklungs-)Möglichkeiten die Antwort auf die Frage nach dem »Sinn des Wohnens«. Wohnen hat hier den konkreten Sinn des Behütens

und Pflegens, nämlich bezogen auf das Aufwachsen und die »Entwicklung« der Kinder. Damit sind Maß und Sinn des Wohnens für Frau G. bestimmt. In Anbetracht der *Fraglichkeit* eines Wohnens mit diesem Maß spricht Frau G. – sozusagen die eigene Weise »zu wohnen« übersehend – antwortend von einem *gelungenen* Wohnen: »wir haben das gemeistert«.
Wir sehen, daß das Wohnen im Fall der Frau G. einen Hergang entfaltet, der mit dem *Gewinn* des *guten* Wohnens an sein Ziel gekommen ist, sich sozusagen vollendet hat. Darin hat sich nun nicht eine Zweck-Mittel-Kausalität gezeigt, so als ob das Umräumen des Wohnzimmers sich im Herrichten eines Kinderzimmers erschöpfte. Vielmehr sind diese Tätigkeiten nur von diesem Ziel eines Lebenszwecks her zu verstehen, insofern sich erst im konkreten Wohnen selbst ihr »eigentlicher Sinn« ausdrücken kann. Der »Zweck« erfüllt sich nicht als idealer, schon kognitiv vorwegnehmbarer Endzustand eines herstellenden Handelns, sondern erst im Können einer bestimmten Praxis zeigt sich die Bemeisterung der Welt. –
Zusammenhängend liest sich die untersuchte Interviewpassage folgendermaßen:
»Wir wohnen hier (längere Pause) seit 1958. Sind (Pause) hier hineingezogen, als die Häuser ganz neu waren (längere Pause) und haben (längere Pause) praktisch alles (Pause), was jetzt hier in unserem Garten ist, selbst gepflanzt (Pause) und (längere Pause) wir fühlen uns wirklich jetzt hier wohl (längere Pause) nach zweiunddreißig Jahren sehr wohl. Unsere Kinder, wir haben drei Kinder, sind hier alle aufgewachsen. Auch sie hatten (Pause) gute Entwicklungsmöglichkeiten (Pause) durch den Garten, (Pause) durch diese schöne Umgebung, gleich hier (Pause) mh anschließend haben wir auch noch den Grünstreifen, der zuerst auch (Pause) ganz niedrig (Pause) und klein war und inzwischen auch zu einem kleinen Wäldchen herangewachsen ist. (längere Pause) Mhh die Wohnung war natürlich für fünf Personen etwas beengt (Pause) aber (Pause) wir haben das gemeistert. Wir haben unsere Betten praktisch ins Wohnzimmer getan mit einem Wandlerbett (Pause) so daß unsere Kinder (Pause) genügend Platz hatten«.

2. Fallbeispiel: *»Da betreut jeder jeden im Haus«*
»Wie ist denn das Nachbarschaftsverhältnis hier?« – Mit dieser Frage wird eine Sequenz eines Gesprächs mit einem etwa fünf-

unddreißigjährigen Mann, Herrn K., eingeleitet. Herr K. ist unverheiratet und arbeitet bei der Post, die im Einkaufszentrum der Siedlung liegt. Er wohnte über zwanzig Jahre zusammen mit seinen Eltern in der Siedlung und hat nun in der Nähe eine eigene Wohnung gemietet. Das Vorgespräch, das mit Herrn K. am Informationstisch der SPD auf dem hiesigen Marktplatz geführt wurde, entließ Herrn K. offensichtlich in der Meinung, er solle als »Lebensweltexperte« der Siedlung befragt werden. So hat er sich auf das Gespräch mit den Studenten richtiggehend vorbereitet und einen Notizzettel mitgeführt, der ihn bei seinen geplanten Ausführungen unterstützen sollte. Die Studenten wurden schon im Treppenhaus erwartet; Herr K. hatte sich auf einen Spaziergang eingerichtet. Ungewöhnlich an der folgenden Gesprächssituation ist der Umstand, daß das »Interview« während eines Rundgangs durch die Siedlung stattfand.

Die verschiedenen Ortswechsel, die zwangsläufig die Aufmerksamkeit der Beteiligten beeinflußten, führten zu raschen, manchmal abrupten Themenwechseln. Die in dieser Situation verständliche Frage der studentischen Interviewer nach dem »Nachbarschaftsverhältnis« gehört wohl in den Kontext eines Expertengesprächs, in dem die Gesprächspartner eine solche Problematik erwarten dürfen. Das Thema paßt nicht so recht zu der angestrebten Alltagskonversation, welche die Wohn-Situation des Gegenübers konkret im Sinn hat. Immerhin spricht das »hier« auch die Situation des anderen konkret an.

»K.: *ähh*« – Herr K. scheint überrascht ob der Frage und der Öffnung eines neuen Erfahrungszusammenhangs. Er braucht etwas Zeit, sich die neue Lage zu erschließen und sich in ihr zu orientieren. Wie wird er die Frage auffassen? Wird er als »Experte« antworten oder ist mit dieser Frage seine Wohn-Situation getroffen?

»K.: *Hier kennt jeder jeden.*« Dies ist eine Antwort, die auf Zeitgewinn aus ist. Sofern die Frager nicht näher erläutern, was sie unter dem Terminus »Nachbarschaftsverhältnis« verstehen, bleibt diese Antwort eine Möglichkeit, die noch alles offen und Herrn K. seinen Spielraum läßt. Nehmen wir jedoch den Inhalt der Antwort wörtlich, so hätten wir einen sozialen Befund, den wir für ein Dorf erwarten können. Wobei freilich in diesem Fall »kennen« spezifisch aufgefaßt werden müßte: z.B. »kennen« der Lebensgeschichte, »kennen« aus langjährigem Umgang. Die Aufnahme des

»hier« aus der Frage bestätigt jedoch auch den zunächst von den Interviewern nur unterstellten *situativen* Kontext.

»Das ist also noch nicht so unpersönlich wie in der Gropiusstadt« – das »das« meint das Nachbarschaftsverhältnis. Aus der auslegungswürdigen ersten Antwort präzisiert sich eine bestimmt aufgefaßte zweite: *»nicht so unpersönlich wie«*. Eine alltagslogische Plausibilität fungiert als Begründung: weil hier jeder jeden kennt, also ist es so und so. Doch diese »Logik« ist nicht einwertig, sie läßt auch noch eine andere Hinsicht gelten, da es weitere Erfahrungen gibt: »noch nicht«. Herr K. deutet die Möglichkeit und Gefahr an, daß ... Der positiven Bestimmung: *»hier kennt jeder jeden«*, wird die negative Abgrenzung: *»noch nicht so unpersönlich wie in der Gropiusstadt«* quasi als Erläuterung beigegeben. Damit ist eine Unterscheidung getroffen. Die Wohn-Situation in der Gropiusstadt wird zu einem möglichen *Maßstab*, die eigene zu erfassen.

»(längere Pause) man kennt den Mitmieter« – Herr K. geht offensichtlich nun dazu über, die Wohn-Situation, wie sie »hier« typisch ist, zu thematisieren. Die Pause vor dieser Ausführung deutet auf eine gedankliche Sammlung von Herrn K. hin. Das »man« kennzeichnet das unvermeidlich Distanzierte und Pauschale jeder Aussage, die etwas Typisches treffen will. Dazu paßt der Terminus »Mitmieter«, denn er betont etwas Umschließendes. Es meint aber einen konkreten und nicht allgemeinen Typus »Mitmieter«, nämlich denjenigen, den er in seinem Haus kennengelernt hat. Auch »kennen«, was oben schon auftauchte, wird nun aufgefaßt im Sinne von: in dem anderen den »Mieter« erkennen. Als »Mieter« sind *hier* alle gleich. Und das »man« versammelt sich über die Miete oder den Mietvertrag. Dieses »Kennen« verbleibt in der Konkretheit von Herrn K.s »Lage«, die er als »Mitmieter« *mit* anderen *hier* teilt. Bezogen auf den praktisch-lokalen Kontext »Miete« ist man in einer vergleichbaren bzw. gemeinsamen Lage.

»(längere Pause) man weeß wat (längere Pause) er macht oder nicht macht, wie (ich) zum Beispiel meine öhh (Pause) meine Mitmieterin unter mir kenne« – Der Übergang zum Plattdeutschen zeigt Herrn K. in seinem Sprechen weniger kontrolliert; offensichtlich bahnt sich eine Veränderung der Redehaltung, vielleicht gar eine Erzählung an. Jetzt stellt sich heraus, daß ihn die Frage der Interviewer tatsächlich *situativ* getroffen hat. Und um die Zuhörer in »seine« Situation versetzen zu können, kündigt er ein

Beispiel an, das schlechterdings nur als Geschichte vorgetragen werden kann. Zum uns inzwischen vertrauten »Kennen« kommt nun das »Wissen«. Während das »Kennen« eher die Unterscheidung kennen – anonym bleiben meint, betrifft das »Wissen« die Unterscheidung kennen (wie oben) – persönlich etwas über jemanden wissen, hier konkret über »meine Mitmieterin«. Das »Wissen« ist sozusagen eine Steigerung von »Kennen«.

Da von einem »man« keine Geschichte erzählt werden kann, entschließt sich Herr K. – nach einer Pause! –, zur Ich-Erzählung zu wechseln, wobei im folgenden dann das notwendige »ich« zweimal verschluckt wird. Die Pause leitet über zu den »Inhalten« seines »Wissens«. – *»meine öhh (längere Pause) meine«* – Offensichtlich fällt es Herrn K. schwer, in die Rolle des Ich-Erzählers zu wechseln und sich gewissermaßen »seiner« Situation zu stellen. Er muß zweimal ansetzen, will sich verbessern, doch schon beim nächsten Anlauf bleibt wieder das fällige »ich« auf der Strecke.

»(ich) weeß zur Zeit, daß es ihr nicht so juut geht« – Bezieht sich »kennen« auf den gemeinsamen »allgemeinen« Status der Nachbarn, auch Mieter zu sein, so ist »wissen« anscheinend anders gelagert. Es bezieht sich konkret auf eine bestimmte Person und deren »besondere« Lage; zum anderen ist »wissen« eine irgendwie temporäre Angelegenheit, die an eine bestimmte Erfahrung gebunden ist, die man nicht selbst anstrebt, sondern die einem eher zufällig widerfährt: *»zur Zeit«*. Weiter stellt sich die Frage: Was folgt aus diesem »Wissen«, welche Schlüsse hat Herr K. *als Nachbar* daraus zu ziehen?

»da betreut jeder jeden im Haus neh« – »Da« meint wohl so viel wie »in dieser Situation« bzw. wenn ein bestimmter Fall eingetreten ist. Doch welcher Fall? Die Antwort darauf steckt offensichtlich im Wort »betreuen«. Gemeint ist der »Betreuungsfall«. »Jeder jeden«, wie wir es schon oben gehört haben (*»hier kennt jeder jeden«*), konkretisiert sich nun: jeder jeden *im Haus*. So mag jenes »hier« nicht die Siedlung im ganzen meinen, sondern nur sich jeweils auf ein oder sogar nur auf *das* Haus beziehen, welches Herr K. bewohnt. Das »hier« ist auf seine Situation bezogen. In der *Sorge für andere* wird jemand »betreut«, der sich selbst nicht so recht zu helfen weiß. Es gibt Betreuungsdienste der Stadt und der karitativen Einrichtungen. Unter »Betreuung« verstehen wir Dienstleistungen, die nicht (mehr) von Familienangehörigen geleistet werden, sondern die eine Angelegenheit des Sozialstaates

und von darauf spezialisierten Wohlfahrtsverbänden geworden sind. Man glaubt auch, daß es die Pflicht des Staates sei, solche Dienstleistungen anzubieten. »Betreuung« ist heutzutage etwas, was nicht gemeinschaftlich-informell, sondern formal-institutionell geregelt wird. In unserem Fall des Herrn K. kann nur die Nachbarschaft des Hauses gemeint sein, die sich in ihrer Wohn-Situation als Mitmieter auf irgendeine Weise »verpflichtet«, sich zu *sorgen*. Hier soll etwas zuverlässig geschützt, nämlich betreut werden, aber was? Vielleicht eine bestimmte Anwendung von Nachbarschaft, die anderswo (»Gropiusstadt«) nicht mehr gegeben ist. Das »neh« beendet dieses Beispiel, das gegeben wurde, um zu veranschaulichen, was das Wort »man kennt den Mitmieter« *hier* zu bedeuten hat.

»(längere Pause) wenn man sie also ein paar Tage nicht sieht, dann fragt man den Nachbarn« – Die anfängliche Pause wartet eine Reaktion der Zuhörer ab. Da sie offensichtlich noch nicht so recht verstanden haben, läßt Herr K. ein weiteres Beispiel folgen, um zu zeigen, wie es hier einmal zu einem Betreuungsfall gekommen ist. Das »also« verweist auf den vorherigen Kontext und läßt eine Erläuterung, nämlich das Beispiel, erwarten. Das Fürwort »sie« meint die Nachbarin so, wie sie zunächst von Herrn K. als Mitmieter beschrieben wurde. Auch kommt eine konkrete Zeitlichkeit ins Spiel: Erst nach *»ein paar Tagen«* ist man als Mitmieter verpflichtet, das Kennen sozusagen in ein Wissen überzuführen. Die Verwendung des Wortes »wissen« hat man selbst aus diesem oder einem anderen Beispiel »gelernt«. Es zeigt sich an diesem Kontext, daß hier keine Typisierungen im Hinblick auf allgemeine Gattungsbegriffe vorliegen. Es ist vielmehr das »Erlebnis der Ähnlichkeit«, das die analoge Umgebung von widerfahrenen Einzelfällen zu etwas konkret Typischem zusammenbringt. Was und wann man etwas als Nachbar zu wissen hat, ergibt sich daraus, ob unter Umständen jemand im Haus »ein Fall« geworden ist.

»dann fragt man den Nachbarn: du holst doch immer ein für sie, wat ist denn da« – »wenn« (s.o.), »dann«: Wenn A eintrifft, ist B zu tun. Diese hier als quasi-formalisierte Verpflichtung zum Be-Sorgen aufgefaßte Nachbarschaft gibt eine gewisse Sicherheit und Beruhigung in Situationen, in denen tradierte Handlungsgewohnheiten nicht mehr hineinreichen oder schlicht vergessen sind. Es ist wohl nicht nur eine emotionale Verknüpfung, die einen Mitmieter zum »Fall« für die Nachbarschaft werden läßt. Es ist die

Unterbrechung einer Üblichkeit, die Durchkreuzung einer Erwartung, die Herrn K. auf den Weg bringt, nachzufragen. Auf was zielt die Nachfrage ab? *»wat ist denn da«* – Nicht allein die Nachbarin in ihrer Lage ist Ziel der Frage, sondern man fragt ebenso nach den Gründen für das Aussetzen des gewohnheitsmäßig Erwarteten. Herr K. ist hier selbst verunsichert. *»man fragt den Nachbarn«*, weil jetzt diese Nachfrage sinnvoll ist, insofern Herr K. sich orientieren muß. Dies geschieht dann dadurch, daß er sich mit dem Mitmieter, der auch Nachbar ist, darüber verständigt, ob der »Fall« der Nachbarin tatsächlich ein »Fall« für die Nachbarschaft, eben damit auch für Herrn K. selbst ist. *»du holst doch immer ein für sie«* – Auch hier ist das »Sich-sorgen-um« schon konkret konzipiert im *etwas Besorgen für* ...

»also das beste Verhältnis« – Damit scheint die sequenzeinleitende Frage, wenn auch abrupt, zu einer abschließenden Antwort gekommen zu sein. Herr K. greift auf den anfänglichen Stimulus »Nachbarschaftsverhältnis« zurück und nimmt auch den Maßstab wieder auf: *»das beste«*, angesichts der lokalen Umstände und der Verhältnisse in der Gropiusstadt bzw. wie es der »Norm« heute entspricht.

»(längere Pause) was sich natürlich denn da auch nicht verheimlichen läßt« – Wir dachten, Herr K. hätte das Thema zu einem Ende geführt. Doch nach einer Pause ergänzt er seine Erläuterungen durch ein weiteres Beispiel. Offensichtlich will er noch einen ihm wichtigen Aspekt ansprechen, etwas, was aber sozusagen »in der Natur der Sache« liegt. Das *»da«* ist fallbezogen. Es ist die »Natur« eines konkreten Sachverhalts. Es wird eine Fallbegebenheit eingeleitet, die das »Prinzip« der Sache in der Situationsbezüglichkeit jedes Falls selbst zeigt: Was hier bei uns passiert ist, ist eigentlich nur eine »Geschichte« und nicht Fall eines allgemeinen Begriffs, nach dem, so Herr K., offenbar die Studenten gefragt haben, als sie auf das »Nachbarschaftsverhältnis« zu sprechen kamen.

»wenn man mal länger weg ist dann weeß es am nächsten Tag das ganze Haus« – Wieder soll an einem Beispiel (einer Geschichte) veranschaulicht werden, was der »Begriff« konkret bedeutet. Wir erfahren, was passiert, wenn es jemandem zustößt, »zum Fall« zu werden. Man wird zu einem Fall für das *»ganze Haus«*. Obwohl Herr K. wieder von »man« spricht, bin ich fast sicher, daß er von einem ihm widerfahrenen Geschehen spricht. Jedenfalls kann je-

der schnell zu einem Fall für die anderen Hausbewohner werden, auch wenn sich später herausstellt, daß es sich nicht um einen *Betreuungsfall* handelt, und insofern hat man gerade in der Enttäuschung des Erwarteten doch über den Hausbewohner etwas Neues »gelernt«. Diese »Kehrseite« einer gleichsam nur fallweise akut werdenden Nachbarschaft ist immer noch besser, ja sogar »das beste« (s.o.), als ganz auf Nachbarschaft verzichten zu müssen. Damit hat man eine neue Erfahrung auch über die eigene Nachbarschaft gemacht.

»(längere Pause) ja (längere Pause) der ist ja erst morgens um drei nach Hause gekommen« – Bekräftigt wird die Richtigkeit, daß hier einer zum Fall geworden ist. Mit anderen Worten: Er ist selbst daran schuld. Er ist schließlich nicht irgendwo zur unrechten Zeit hingekommen, sondern *»nach Hause«*. Nur zu Hause, wo man wohnt, kann man zu einem »zu-besorgenden« Fall werden, nicht in der Gropiusstadt.

»(Pause) *danke schön«* – Die Geschichte ist nun wirklich zu Ende. Der Sprecher bedankt sich bei seinen Zuhörern und auch bei der Geschichte, die ihm zugefallen ist und die offensichtlich paßte.

Im Zusammenhang liest sich die Sequenz so:

I(nterviewer)2: Wie ist denn das Nachbarschaftsverhältnis hier?
K.: ähh
I2: (??)
K.: *Hier* kennt jeder jeden. Das ist also noch nicht so unpersönlich wie in der Gropiusstadt (längere Pause) man kennt den Mitmieter (längere Pause) man weeß wat (längere Pause) er macht oder nicht macht, wie (ich; ergänzt) zum Beispiel meine öhh (Pause) meine Mitmieterin unter mir kenne, (ich; ergänzt) weeß zur Zeit, daß es ihr nicht so juut geht, da betreut jeder jeden im Haus nöh (längere Pause) wenn man sie also ein paar Tage nicht sieht, dann fragt man den Nachbarn: du holst doch immer ein für sie, wat ist denn da, also das beste Verhältnis (längere Pause) was sich natürlich denn da auch nicht verheimlichen läßt, wenn man mal länger weg ist, dann weeß es am nächsten Tag das ganze Haus (längere Pause)
I1: mhh (Pause)
K.: ja
(längere Pause) der ist ja erst morgens um drei nach Hause gekommen (längere Pause) danke schön ...

Weitere Fallbeispiele:
In einem anderen Hochschulseminar mit Studenten und Studentinnen der Fachrichtung *Architektur* der TU Berlin, das die Frage erst gewinnen wollte, auf die das konkrete Wohnen die Antwort ist, machten zwei Studenten den Vorschlag, Gespräche führen zu wollen, die diese Frage nach dem Wohnen zum Inhalt nehmen sollten. Es ging ihnen darum, kurze spontane Statements einzuholen, was denn dem jeweiligen Gesprächspartner Wohnen bedeute. Offensichtlich soll die Hinführung auf den »allgemeinen« Begriff durch Beispiele geschehen. Die Beispiele stehen für Versionen einer bestimmten Erfahrung, in der etwas immer wieder sich »anders« wiederholt. Nicht die Erfahrungen selbst lassen sich »textlich« greifen, sondern die Mitteilungen über das jeweilige Wohnen. An den Mitteilungen stellt sich indes etwas dar, insofern sie nämlich Beispiel für etwas lediglich implizit Mitdargestelltes und Mitgemeintes sind. Von den 23 Kurzinterviews möchte ich einige wiedergeben, und zwar so, wie sie die Studenten selbst verschriftet haben:
Was bedeutet für Dich wohnen? – Wohnen hat für mich einen ganz großen Wert und am liebsten würde ich in einer großen Altbauwohnung wohnen, mit Parkett und hohen Räumen.
Und was bedeutet für Dich wohnen, was ist wohnen für dich? – Ja, also ein Heim, Platz, Zuhause, Gemütlichkeit, Ruhe ... hm ... Zufriedenheit, mehr fällt mir nicht ein. (eine Medizinstudentin)
Was bedeutet für Dich wohnen? – Heimat, Zuhause, Ruhepol, Zurückgezogenheit, eigener Bereich (längere Pause) ... Gemütlichkeit, Wohlfühlen ... Sicherheit ... (eine Architekturstudentin)
Was versteht Ihr unter wohnen? Was ist für Euch wohnen? – Denkt ruhig einen Moment nach! – Wohnen?
Ja, was ist wohnen, was verbindest Du mit wohnen, was gehört zu wohnen für Dich, was ist wichtig für Dich, daß Du wohnst? – Eine Wohnung, ein Haus, die Umgebung, das Grüne, das soziale Umfeld, die Leute, die dazu gehören, Nachbarn ... Ja, und dann das Innere der Wohnung, aber da kann man natürlich auch wieder stundenlang erzählen ...
Und gibt es für Dich irgendwie Merkmale, die wichtig sind, damit Du wohnst? – Ja, also Luft, Ruhe, nicht, daß andere einen irgendwie lärmen.
Fällt Dir noch was ein? – Also wohnen ist erstmal ganz einfach ein Dach über dem Kopf.

Ist es das wirklich, ein Dach über dem Kopf? – Erstmal ja, und dann unterscheide ich, z.B. hier in Berlin wohne ich wirklich. Ich habe eine kleine Wohnung, in der ich gerade so auskommen kann. Und zu Hause auf dem Land gehört halt alles dazu: das Haus, der Garten, das ganze Dorf und auch, daß man dort aufgewachsen ist und alles kennt; also das gehört da alles dazu. Aber das sind zwei verschiedene Arten, glaube ich. Ich habe hier ganz andere Ansprüche an meine Wohnung, als wenn ich sage, ich bin fertig und will mich auf Dauer irgendwo niederlassen.
Aber hier wohnst Du doch auch? – (zögernd) ... Naja, hier ist es aber mehr ein Dach über dem Kopf, daß ich sage, ich habe einen Platz, wo ich meine Sachen lassen kann, aber wenn ich auf Dauer wohnen würde, dann würde ich auch mehr daran tun an der Wohnung, mehr andere Sachen reinstellen, mehr daran basteln, daß es schöner wird; also das würde sich dann auch entwickeln ... (Er nach Überlegungspause) Wohnen hat was mit wohlfühlen zu tun und da, wo man sich wohlfühlt, da wohnt man auch. (Informatikstudentin und Mathematikstudent)
Überlegt mal kurz und erzählt mir dann, was wohnen für Euch ist, was bedeutet für Euch wohnen? – Wohnen, sich wohlfühlen, eine Höhle haben ...
Eine Höhle haben? – Na klar! Sich zurückziehen können.
Aber in einer Höhle hast Du zum Beispiel kein Licht! – Ja, man muß alles haben. Man muß einmal die Höhle haben, in die man sich verkriechen kann und wieder die Fläche, auf die man raustreten kann und trotzdem sich wohlfühlt ... Platz zum ausbreiten.
Ist das alles, was wohnen für Dich bedeutet? Was, wenn Du dann vor die Tür gehst und alles ist häßlich, oder es ist nichts da? – Ja natürlich, es geht dann weiter nach draußen; Umgebung, Freunde, überhaupt nette Leute, wo man sich morgens »n Morgen« sagt und beim Zeitungsholen vielleicht auf der Treppe noch ein Schwätzchen hält!
Was fällt Dir zu wohnen ein? – Wohnen, Treffpunkt, einziger Ort, wo die family zusammen ist ... hm ... Rückzugsgebiet, wichtiger Ort von Auseinandersetzungen – Auseinandersetzungen mit Menschen, Auseinandersetzung – die hört nie auf – mit Architektur natürlich und ihren beschissenen Auswirkungen ... auf meine Psyche (lacht).
Ja, aber gibst Du Dich damit zufrieden? – Ne, aber ich hab' keine

Kohle um 'ne andere Lösung zu suchen ... ich geb' mich nie damit zufrieden, fühle mich unwohl, ne, ist zum Kotzen.
Und selbst glaubst Du, daß Du daran nichts ändern kannst? – Doch natürlich, man versucht ständig, Dinge auch zu verändern, sich das angenehmer zu machen, oder einfacher zu machen, funktioneller oder funktionaler zu machen, aber 'ne wirkliche Veränderung gibt es nicht, das Vorgegebene ist so stark determiniert, daß man da immer nur bestimmte kosmetische Veränderungen vornehmen kann.
Aber nicht so weit, daß Du zufrieden bist, daß Du Dich wohlfühlst? – Doch, ich fühle mich schon wohl, aber es ist beileibe nicht der Zustand, den ich mir wirklich wünsche, auch für meine Kinder wünsche, da ist das ganz extrem! (zwei Mitarbeiter der Akademie der Künste)
Was ist wohnen für Dich? Was bedeutet wohnen? – Wohnen? Geborgenheit.
Ist das alles? – Nö, wohnen, was ist wohnen für mich? Luxus, möglichst, hoffentlich, irgendwann mal; wäre schön! (lacht) ... nach Hause kommen, zu Hause sein.
Und was gehört dazu, um zu Hause zu sein? – ... Oh, mir fällt noch was ganz Wichtiges ein zu wohnen: ankommen, irgendwie einen festen Punkt haben, meinen eigenen Punkt haben, das ist wohnen.
Muß das ein einziger Punkt sein oder können es mehrere sein? – Nein, ein ganz exakt definierter Punkt, der meiner ist, nur meiner. (junger Typ in einer Snack-Bar)
Was bedeutet für Dich wohnen? – Daß man Schutz findet, wo man geborgen ist, wo man ... Platz zum Schlafen einfach. (ein Schüler)
Was ist für Euch wohnen? – Wohnen? ... nach Hause kommen, in dein Zuhause, was dir gehört, deine eigenen vier Wände, darin kann dich niemand mehr stören, da machst du, was du willst ... das ist wohnen. (eine Schülerin)

Eine zweite Studentin behauptete, nachdem wir einige dieser Statements im Seminar besprochen hatten, daß für andere Gruppen, z.B. für Behinderte, etwas ganz anderes bedeutsam wäre in ihrer Antwort auf die Frage, was denn wohnen sei, nämlich: *Funktionalität*, z.B. der Wohnung. Daraufhin machte sie selbst Kurzinterviews in einem Behindertencafé. Auch davon möchte ich zwei wiedergeben:

Interview mit F.C., männlich:
Würdest Du mir kurz sagen, was für eine Behinderung Du hast? – Ja, ich hatte eine Kinderlähmung und fahre im Rollstuhl.
So, nun würde ich gerne von Dir wissen, was für Dich »wohnen« bedeutet. – Tja ... gar nicht so einfach zu beschreiben; ich würde sagen: zwei Zimmer und »Reichelt«. (»Reichelt« ist der Name einer Kette von Lebensmittelgeschäften in Berlin.)
Kannst Du das etwas erklären? – Zwei Zimmer, so ungefähr 80 qm, damit ich genügend Platz habe, weil ich viel zu Hause arbeite – mit großen Türen, damit ich leicht mit dem Rollstuhl durchkomme. Ach ja, und hell muß die Wohnung sein, also mit großen Fenstern – und toll finde ich auch die Terrasse mit dem bißchen grün vor der Tür, wo ich im Sommer reinrollern kann. Bloß das Bad ist ein bißchen bescheuert gemacht.
Weshalb? – Naja, da bauen sie so Behinderteneinheitswohnungen, mit rutschfestem Fußboden und so. Aber diese Noppen im Bad, da ist ständig Dreck drin, von den Reifen – und den kriege ich gar nicht mehr raus! Und, hast Du schon mal jemanden im Rollstuhl ausrutschen sehen?
Nein, aber so viele Rollstuhlfahrer kenne ich ja auch nicht. Und was meintest Du vorhin mit »Reichelt«? – Der liegt um die Ecke, ist ebenerdig und hat große Gänge, so daß ich dort fast alles, was ich brauche, selber holen kann. Ach ja, und eine gute Kneipe sollte auch in der Nähe sein.
Interview mit E.W., männlich:
Sagst Du bitte kurz, was für eine Behinderung Du hast? – Ich bin Spastiker.
Was bedeutet für Dich »wohnen«? – Ein Zuhause haben, sich geborgen und unbeobachtet fühlen – manche Leute gucken mich draußen so an, als wenn ich ein dreibeiniges Kamel wäre, das nervt!
Und wie sollte die Wohnung sein? – Also früher, bei meinen Eltern, da habe ich mich oft an irgendwelchen Ecken und Kanten gestoßen. Ich meine, groß muß sie schon sein und hell, mit großen Fenstern und so – am besten mit Balkon oder sogar einem kleinen Garten. Ich mag nämlich Pflanzen sehr gerne. Also, die Altbauwohnungen hier in Berlin sind schon ganz gut – vor allem ist auch auf der Straße was los, wenn man mal vom Balkon guckt. Kinder, die spielen, oder im Sommer, wenn alle möglichen Leute auf dem Grünstreifen Boccia spielen und unten in der Kneipe was los ist.

Mit dem Ausdruck Wohnsituation können wir eine Reihe von Einzelfällen überschreiben. Jedes neue Beispiel, jeder neue Fall kann eine noch nicht gesehene Hinsicht zeigen. Mit der Bildung der konkreten Fallreihe zum Phänomen *wohnen* geht es mir gar nicht darum, einen Begriff zu gewinnen, unter den man später noch weitere Fälle subsumieren könnte. Umgekehrt: Von den Fällen her gewinnen wir den »Begriff«. »Der Begriff erledigt, sofern er überholt« (VdS, S. 12). Er erledigt das Wesentliche, insofern er das »in ursprünglichen Konzeptionen Verstandene« preisgibt (VdS, S. 12; Anm. 4). Ich verfüge ja nicht schon über einen allgemeinen Begriff, den ich dann an einem Fall demonstrieren will. Der »Begriff« steht erst zur Verfügung, insofern das *Zusammensehen* mehrerer Fälle etwas Gemeinsames oder Ähnliches erblikken läßt, dessen Explikation »mit einem Mal« den entdeckten soziologischen Begriff freigibt. Entdeckung heißt immer soviel wie Interpretation. Der Begriff soll ein Umgangsverhältnis interpretativ klären, wobei es jedoch nicht um das methodische Messen an hypothetischen Lehrbegriffen geht. So wird nämlich nur das Besondere eines Falls durch Entzug von Individualität als »zufällige Randbedingung« abgeschafft. Durch die Aufreihung mehrerer Fälle hinsichtlich ihrer Gemeinsamkeit wird erst ein Bezug auf einen Begriff aufgenommen. Aufgrund ihrer Ähnlichkeit stellt sich das Besondere der Fälle in einer bestimmten Richtung dar. Diese Richtung auf den unausdrücklich-ausdrücklichen Begriff hin, insofern die Beispiele dahin uns führen, ist die hermeneutische Wendung, die die Beispiele als soziologische Fälle eines Begriffs erfahren. Die Fälle bringen den Soziologen auf etwas, was er dann als deren Begriff interpretiert. Soziologische Erfahrung ist reflexive Interpretation.

Betrachten wir die beiden ersten Gespräche, so fällt zunächst die augenscheinliche Eigenart jeder Gesprächssituation auf. Wie sollte es anders sein? Jede Situation entfaltet sich in der Begegnung unterschiedlicher Erfahrungen und Erwartungen. Und jedes einzelne Gespräch, v. a. jede Fallbeschreibung drängt hin auf das *Besondere* des Falls: jedes Wohnen ringt um den Vollzug einer bestimmten, Erfahrungen schon voraussetzenden Konzeption oder, wenn man so will, um ein aus den Erfahrungen hervorbrechendes »Prinzip«. »Platz« und »Sorge« sind die Paßwörter oder

Überschriften dazu. Als solche Überschriften gehören sie offensichtlich zu bewährten Selbstverständlichkeiten, unter deren Griff man die Mitwelt versteht. So zeigt sich *wohnen* recht eigentlich eingepaßt in die Fülle umgangsweltlichen Sich-Verhaltens. Es widerfahren uns Situationen und Umstände, denen wir dann tätig begegnen. Auch *wohnen* heißt, sich zweckvoll verhalten. Der Zweck ist aber nicht isolierbar von der Praxis, in der man Zwecke überhaupt nur entdeckt und Mittel gebraucht. In der Praxis interpretiert man »Zwecke«, die sich darin erst wirklich zeigen. Darin finden wir die Unmöglichkeit, *wohnen* auf einen hypothetisch gesetzten Wohnbegriff hin zu isolieren. Denn Zwecke sind stets *jemandes* Zwecke und so auf ein konkretes Leben und seine Bedürftigkeit hin orientiert. Oder, positiv ausgedrückt: *Wohnen* muß von dem her verstanden werden, was es als gewonnene Erfahrung konkret für das jeweilige Umgangswissen und -handeln bewirkt. Entsprechend lernen wir als Soziologen einen Begriff wie *wohnen* nicht dadurch, daß wir seine verschiedenen Einzelheiten und Eigenschaften feststellen und aufzählen, sondern nur dadurch, daß wir diese einzelnen Bestimmtheiten zu etwas anderem in Beziehung setzen; z. B., daß wir *wohnen* als eine orientierende und *daher* zweck-dienliche Tätigkeit begreifen, die *wohnen* vom bloßen Sichaufhalten unterscheidet. Der Zweck begegnet dem konkreten Wohnen selbst umsichtig, insofern das Wohnen einen konkreten Nutzen bezweckt. Nur die Umsicht, der es immer schon um das eigene Dasein geht, läßt Dienlichkeit und Schaden des Gebrauchsmittels unterscheiden. Immer ist das Verstehen eines Begriffs zugleich das Erfassen der Bedeutung und des Nutzens, mithin seines Charakters.

Worum es dem jeweiligen Wohnen geht, das zeigen auch schon die Statements, ist nicht durch allgemeine Begriffe oder Prinzipien wie »Geborgenheit«, »Heimat«, »Zuhause«, »Sorge«, »Platz« usw. zu gewinnen, als wären die Beispiele Fälle eines Begriffs, den wir als allgemeine Idee voraussetzen, um die Fälle an ihr zu messen. Der *Sinn*, der in den Ausdrücken wie »*sich wohlfühlen*«, »*Dauer*«, »*Ort*«, »*sich zurückziehen*« usw. der Statements bedeutet wird, ist praktischer Bezugssinn. Nämlich bezogen auf das konkrete Dasein, dem es in seinem Wohnen auf etwas ankommt. Denn was etwa »*genügend Platz*«, »*ankommen, irgendwie einen festen Punkt haben, meinen eigenen Punkt haben*«, »*da wohnen bleiben*« oder »*sich geborgen und unbeobachtet fühlen*« heißt, läßt sich nur von dem konkreten Dasein her bestimmen, *dem* der Platz genügt, dem dieses *Da* ein Bleiben wert geworden ist. Dieses *Da* ist ebenso daseins- und erfahrungsmäßig bestimmt wie der »*eigene Punkt*«. Dies »*genügend*« ist nicht quantitativ auszumessen, sondern das Maß setzt die jeweilige Praxis des Wohnens selbst. Umgangserfahrung, die ja sowohl Selbst- wie Ding- und Mitwelterfahrung ist, ist das lebenslange Geschehen, das ein Maß überhaupt gewinnen läßt. Den »*eigenen Punkt*« zu haben, ist nicht das Wissen einer geometrisch aufweisbaren Stelle in einem Koordinatensystem (Außenwelt), sondern dieser »*Punkt*« ist einmalig bezogen auf die konkrete Bedürftigkeit dieses Daseins, das in seinem Erfahrungsleben seinen »*eigenen Punkt*« entdeckt hat. Nur so kann sich das verwirklichen, was erst nur Möglichkeit war. Das Prinzipielle der Ausdrücke »*Geborgenheit*«, »*Zuhause*« und »*Heimat*« usw. bezieht sich immer auf die konkrete »Sache«, um die es einem im Zu-tun-Haben mit den Dingen geht. Sie sind Prinzipien des vollzogenen Wohnens selbst und so nicht als Prinzipien *an sich* bestimmbar. Die Prinzipien lassen sich nicht lösen von dem, wofür sie Prinzipien sind: für das konkrete Wohnen. Sie sind Hinsichten des je an sich selbst entdeckten »Wohnlichen«. Das praktische Wissen, »prinzipiell« zu wohnen oder, anders ausgedrückt: was wohnen »von Natur aus« bedeutet – das nämlich stellt sich dem Soziologen im untersuchten Texthandeln dar –, ist weder technisches noch theoretisches Wissen, das beides lehr- und lernbar ist. Es ist vielmehr die sorgende Umsicht, in der einem *von Anfang an* das eigene Leben begegnet. Im Sich-wohlfühlen, Sich-ausbreiten, Sich-verstehen-auf zeigt sich die besondere »Art« dieses Wissens, nämlich immer auch ein Sich-wissen zu sein. Insofern ist dieses Wissen nicht anschauend-allgemein. An dem, was den Menschen schon als »Prinzip der Sache« *bekannt* ist, setzt die soziologische Beispielhermeneutik an. Was derart im einzelnen Fall als *be*kannt, aber nicht *er*kannt begegnet, wird durch soziologische Reihenbildung in Zusammenhänge von Ähnlichkeit und Unähnlichkeit gestellt. So erst wird die Breite der Erfahrung als realtypische Verdichtung von Umgangswissen fallübergreifend, nicht jedoch fallerledigend, soziologisch faßbar.

Nun kann auch deutlich werden, was es mit der sogenannten »Funktionalität« von Wohnungen auf sich hat. Zwar sind die behindertengerechten Wohnungen auf eine Funktionalität oder Nützlichkeit hin geplant, aber diese Planung kann immer nur an einer allgemeinen Funktionalität ausgerichtet sein (»Behinderteneinheitswohnung«). Das konkrete Wohnen ist aber an dem Nutzen orientiert, den das Nützliche für *dieses* Wohnen hat. Das Wissen der allgemeinen Nützlichkeit bezogen auf die Herstellung von Wohnungen ist *techne*. Das Wissen um die Nützlichkeit und den Nutzen dieser Wohnung für dieses Wohnen, nämlich was man in seinem Wohnen über diese Wohnung (und über sich selbst auch) erfahren hat, ist *praktisches Wissen*. Es zeigt sich erst und nur im Gebrauch des Lebens-Mittels Wohnung. Nur sofern man umsichtig-wohnend die Dienlichkeit oder den Schaden des Mittels bezogen auf seine eigene Bedürftigkeit und die anderer, für die man sorgt, erfährt, weiß man praktisch, was es mit Geborgenheit, Wohnung und wohnen usw. auf sich hat. Nur im Wohnen selbst sind wir beim Eigentlichen, um das es uns geht.

Fragen wir nach dem Allgemeinen, so zeigt sich uns dies im »Wohnartigen«, »Wohnlichen«, »Wohnmäßigen«, wie immer hier das »Allgemeine« in dem vielen Einzelnen und Besonderen benannt werden kann. Dieses »von Natur her« Frühere, als was wir die Dinge immer schon kennen, ohne sie freilich eigens »so« je zur Kenntnis genommen zu haben, ist die Bewandtnis mit etwas überhaupt, deren Bedeutsamkeit, nämlich das, was man im Umgang mit den Dingen im voraus kennt: »(...) von den Körpern das Körperhafte, von den Pflanzen das Pflanzliche, von den Tieren das Tiermäßige, vom Menschen das Menschenartige« (Heidegger 1950, S. 76). Dieses Allgemeine widerfährt dem Forscher niemals als eine vom konkreten Sachverhalt losgelöste empirische Tatsache. Nur insofern es als Konzeption sich im Umgang vollzieht – und zwar als sicherer Griff in der Fraglichkeit einer Situation, zeigt sich das »Kennen« des Prinzipiellen als Vorwegnahme der »Natur einer Sache«. Der konkrete Umgang geschieht im Horizont dieses schon Bekanntseins. Die einzelne Erfahrung orientiert sich an der Konzeption, die eine Leistung des ganzen Erfahrungslebens ist. Die Erfahrung »benutzt« schon immer die Konzeption von »der Natur einer Sache« und kennt sie insofern bereits, obwohl sie dieses Vorwissen nicht ausdrücklich besitzt. Gerade dies aber charakterisiert die Erfahrung als Erfahrung, »daß sie sich dessen nicht bewußt ist, was in ihr immer schon vorausgesetzt wird« (Buck 1969, S. 36).

Erst wenn wir auf das für uns als Wissenschaftler Wesentliche schauen, wenn wir die Fallreihe mit der Überschrift »Wohn-Situation« bilden, erschließt sich uns das Allgemeine oder Prinzipielle von Umgangserfahrungen als etwas Gemeinsames oder Ähnliches, indem es uns nämlich auf eine Gleichartigkeit *in einer bestimmten Richtung* aufmerksam macht. *Allgemein* ist ein Fall, insofern er mit einer *Reihe* anderer Fälle *in einer Hinsicht* eine Ähnlichkeit besitzt, in einer anderen nicht. Nur in einer Hinsicht ist allen unter einer Überschrift versammelten Fällen etwas gemein. Diese Hinsicht müssen wir aus den Geschichten und aus dem, *wofür* sie erzählt werden, herauslegen. Die Reihe stellt zusammen, auf was *wohnen* im unreflektierten Vorverständnis jeweils angesprochen wird. In allen Fällen tritt nie »wohnen an sich« in den Umkreis des Bekanntseins, sondern immer ist von einem konkreten Wohnen – im Sinne eines gegebenen Sachverhalts, von dem man nicht loskommt – die Rede. Es geht der soziologischen Beispielhermeneutik nicht darum, neue Sachverhalte aufzuzeigen, denn der Sachverhalt ist ja bekannt. Es geht auch nicht darum, Bedingungen der Möglichkeit von Sachverhalten nachzuweisen. Es geht vielmehr darum, eine kreative Entdekkung zu machen: was wir als den Kern der Dinge bereits antizipieren, wenn wir die Dinge so oder so ansprechen und befragen. Das natürliche Bewußtsein macht so eine Erfahrung über seine Konzeptionen, die es immer schon vollzieht, ohne sich darüber je explizit zu verständigen. Das Allgemeine, das im Besonderen als Vorwissen leitend ist, kann nur nachträglich gewonnen werden. Es ist das vorverstandene Prinzipielle im handhabenden Umgang mit einer Sache, von dem wir immer schon einen »Begriff« haben, sonst könnte einem erst gar nichts begegnen. Das *Prinzip einer Sache*, wie es nämlich an einem Fall vollzogen wird, – nicht ein »Prinzip an sich« – läßt sich nur im *Umgang* selbst sehen. Das hat Heidegger schon in einer Vorlesung vom WS 1921/22 festgestellt: »Soll eine Sache qua Sache prinzipiell erfaßt sein, so muß sie in dem gefaßt werden, worauf es bei ihr als zu erfassender Sache ankommt, d.h. in dem, *wie sie dem ihr eigentümlichen Umgang entsprechend da ist (...)«* (Heidegger 1921/22, S. 25; Hvhg. von mir).

Fassen wir zusammen: *Wohnen* ist nicht auf einen Begriff zu bringen, sofern der Begriff eine Definition liefern soll. Deutlich zeigt sich die Dialektik von Wohn-Konzeption und Wohn-Erfahrung. Während Konzeptionen hier am Ziel des »guten Wohnens« orientiert sind, zeigt sich in den Wohnerfahrungen der konkrete Um-

gang mit der widerfahrenen Wohnwirklichkeit. Immer jedoch ist die konkrete, vorgefundene Wohnanlage von der jeweiligen, den Umgang leitenden Konzeption her »angeeignet«. In der Spannung von Umgangserfahrung und situativer Möglichkeit ereignet sich *wohnen*. Nur von den Konzeptionen her und auf die realen Möglichkeiten ihres »Auslebens« bezogen, so meine Interpretation, gewinnt *Wohnen* erst seine Bedeutung, seinen Sinn. Möglichkeiten sind immer auf eine Wirklichkeit bezogen, deren Möglichkeiten sie sind. Jedes Ingriffnehmen war erst eine Möglichkeit, die man sich zugreifend als Wirklichkeit erschließt. Konzeptionen sind keine freischwebenden Utopien, sondern selbst stets an Erfahrungen, Erwartungen und Enttäuschungen gebundene, nämlich im Umgang erprobte »Griffe«, *Wohnen* »für-sich-selbst« zu gestalten.
Der architektonisch gestaltete Raum wird auf seine konkrete Nützlichkeit hin angeeignet. Dinge werden eingeräumt und an ihren Platz gebracht, wo sie von nun an hingehören. Denn nur im nutzenden Umgang sind die Dinge das, was sie sind. Im aneignenden Gebrauch legen wir die Bedeutung der Dinge aus. Aber nicht aus hohlem Bauch, denn wir werden in unseren Begegnungen mit Wohnarchitektur von einem Vorverständnis geleitet. In diesem Vorwissen ist eine bestimmte, unausgesprochen bleibende Hinsicht mitgegenwärtig, ein Vorblick auf das, was man das »gute Wohnen« nennen könnte. Ich schlage deshalb vor, diese Erfahrung, die das konkrete Wohnen unter der Hand führt, die Erfahrung des »Wohnlichen« zu nennen. Die *Erfahrung des Wohnlichen* leitet das praktische Wohnen als dessen Konzeption. Wir müssen in der soziologischen Beispielhermeneutik also aufmerksam werden für das, was sich je als das Wohnliche zeigt. Das Wohnliche zeigt sich immer nur fallweise als Prinzip eines konkreten Wohnens, dessen Prinzip es ist. Seine Möglichkeit, sich darzustellen und mitzuteilen, ist das Beispiel. Aber auch das Bauen wird von Hinsichten geleitet, was es an explizitem Fachwissen und implizit an praktischer Umsichtigkeit im Entwerfen aufgreifen und einer konkreten Örtlichkeit anpassen kann. Für den Architekten stellt sich die Aufgabe, den notwendigerweise zunächst nur allgemein antizipierbaren Nutzen seiner Artefakte durch ein anhand vieler Einzelfälle erworbenes Verständnis von konkreter Nützlichkeit und praktischer Vernünftigkeit zu bereichern. Der Architekt kann weder sich auf eine Archetypik des

Bauens und Wohnens berufen noch sich auf so etwas wie naturale Zwecke des Wohnens bequem zurückziehen. Das Bauen und Wohnen ist eine Kulturleistung und nur deshalb Thema der Soziologie. Aber alle menschlichen Kulturleistungen beruhen auf kreativen Interpretationen, insofern durch neue Erfahrungen überkommene Erwartungen durchkreuzt und enttäuscht werden.
Das Fall-Beispiel, durch das wir immer neue Beschreibungen des Bauenkönnens und Wohnenkönnens vorlegen und insofern es uns so wieder vor unser Selbstverständnis und Vorwissen bringt und indem es diese Vorgriffe mit einer »besonderen Welt des Wohnlichen« konfrontiert, vermag erst unseren Horizont von Wohnen und Architektur als soziales und mitweltliches Phänomen zu öffnen und zu erweitern, vor dem auch die Soziologie nur ihren reflexiven Umgang auf den Begriff bringen kann. Die hermeneutische Soziologie fragt gerade nach den Konzeptionen des konkreten Bauenkönnens und Wohnenkönnens, die unter der Hand sozusagen als Prinzipien des alltags- und erfahrungsweltlichen Umgangs mit der Räumlichkeit der Welt in konkreten Situationen uns führen. Wenn aber, wie wir an den Beispielen gesehen haben, das je besondere Wohnen an einer Konzeption, das heißt einem Kennen des konkreten Allgemeinen (»Geborgenheit«, »Platz«, »Sorge«, »Zuhause«), seine Mitte gewinnt, dann ist das Ausgehen von der Erkenntnis des »Besonderen« in Wahrheit ein Ausgehen von einem darin implizierten Wissen des Allgemeinen. »Ein Beispiel könnte uns nicht auf das Allgemeine bringen, wenn wir nicht das Besondere immer schon in allgemeiner Hinsicht kennten. Anhand des Beispiels kommen wir auf das zurück, was als allgemeine Hinsicht in unserer Kenntnis des Besonderen schon leitend ist« (Buck 1969, S. 37). Durch das Beispielverstehen wird der Soziologe auf eine Spur gebracht, die zu Begriffen führt, die dem Einzelnen helfen, seine Erfahrungen zu bewerten. Nur in der ständigen Vergegenwärtigung des Beispielcharakters »jedes soziologischen Falls« erfaßt man die spezifische Historizität darin sich bildender soziologischer Begriffe und die Geschichtlichkeit der sozialen Welt. Der Zusammenhang von soziologischem Begriff und der »Natur einer Sache« besteht ja folgendermaßen: die »Natur einer Sache« kann erst dann als vollständig bestimmt angesehen werden, wenn wir sie *in all ihren Abwandlungen*, *in der vollen Breite ihrer Variationsmöglichkeiten* kennen. Da dies nicht möglich ist, kann der soziologische Begriff, der die »Natur einer

Sache« bestimmen soll, nur vorläufig und eingeschränkt sein. Die hermeneutische »Begriffsbestimmung« kommt somit an *kein* Ende. Der Begriff umfaßt die fragliche Sache nur insofern, als er das Wesentliche der Einzelfälle, die dem Soziologen bekannt geworden sind, herausstellt.

Was wir in unseren alltäglichen Begriffen gestalten, ist nichts Statisches und ein für allemal Verwahrtes. Sofern unser Leben zwischen erster und neuer Erfahrung sich in die Zukunft entwirft, befinden sich auch unsere Begriffe in der Spannung oder Differenz von Erwartung und Möglichkeit. Denn was wir mit einem Begriff alles zu deuten vermögen, ist nicht vorab definitorisch abzuhandeln. Dies bleibt immer *Ereignis*. Wir können niemals die Situationen voraussehen, in denen wir Weltlichem noch begegnen werden. Luhmann spricht von der »Differenz von Sinn und Welt als Differenz von Ordnung und Störung« (Luhmannn 1984, S. 122). Jede Situation kann dazu führen, das Buch des Lebens neu schreiben zu müssen. Wir können uns niemals sicher sein, daß sich unsere Erwartungen mit unseren Erfahrungen decken werden. Diese Offenheit muß sich auch eine hermeneutische Soziologie bewahren. Sie muß die »Einheit der Differenz« (Luhmann) verteidigen. Und abschließend: nur insofern die Soziologie offen bleibt für immer neue Beispiele, garantiert sie ihre Offenheit als echte Erfahrungswissenschaft.

4. Zur Konzeption einer soziologischen Beispielhermeneutik – ein Fazit

Das Verhältnis von Handeln und Wissen, wie es für alle soziologischen Ausformungen belangvoll ist, die sich im Verständnis einer verstehenden Soziologie bewegen, habe ich vom Geschehen der Erfahrung her zu begreifen versucht. Dies habe ich zunächst in den verschiedenen Wendungen zu zeigen unternommen, die das Handeln und Wissen in der gegenwärtigen interpretativen Soziologie angenommen hat. Es gilt nun abschließend zu klären, in welchem Sinne wir von Handeln und Wissen in bezug auf Erfahrung und schließlich auf eine soziologische Erfahrungswissenschaft und Beispielhermeneutik sprechen sollen. Mit welchem »Wissen« haben wir es vorzüglich bei den durch *epagogé* erworbenen Kenntnissen zu tun? Wir haben mehrmals den Wink bekommen, daß es sich um ein »Wissen« handelt, das der Praxis eignet. Es ist ein »Wissen«, das unseren umsichtigen Umgang mit der Welt leitet, zugleich aber auch von diesem Umgang geprägt wird. Ich werde in diesem abschließenden Abschnitt nach dem »Wie« einer Soziologie zu fragen haben, die sich diesem »Wissen in der Umgangserfahrung« zuwendet, dabei jedoch die epagogische Struktur jedweden – auch des soziologischen – Kenntniserwerbs reflektiert.

Aristoteles, auf dessen Ausdruck von *empeiria* ich mehrmals zurückgekommen bin, hat zwischen *poiesis* und *praxis* unterschieden. Mit dem Ausdruck *poiesis* werden Handlungen identifiziert, deren Ziel in einem vom Handeln selbst abgesetzten Werk besteht. Dieses Werk, das aus der *poiesis* (»Produktion«) herauskommt, steht als etwas Selbständiges und Getrenntes neben dem Handelnden. Das herstellende Handeln des Tischlers erzeugt den fertigen Tisch als vom Produzenten schließlich getrenntes Werk. Entsprechendes läßt sich für die Tätigkeit des Architekten sagen. Das Bauwerk hat sich vom Architekten abgelöst und ist etwas Eigenständiges geworden. Ähnliches gilt wiederum für den in der Schule angefertigten Aufsatz. Eine andere Grundform des Handelns erzeugt nicht solche selbständigen Werke neben dem Handeln. Darauf hat in neuerer Zeit Georg Picht in seinen Vorlesungen und Interpretationen zu »De anima« hingewiesen. »Das Sehen ist das Werk des Auges. Aber es steht nicht selbständig neben der Tätigkeit des Auges, sondern ist in dieser Tätigkeit enthalten« (Picht 1987, S. 39). Tätigkeit und Produkt lassen sich nicht voneinander abheben. Der Vollzug des Sehens ist zugleich das Werk des Auges. Auch die Theorie war für Aristoteles kein vom Akt des Erkennens loslösbares Werk, das etwa in Buchform eine eigene, andere Wirklichkeit bekäme. Die Wirklichkeit der »Theorie« liegt im Erkennen selbst, »und nur wo ›wirklich‹ erkannt wird, ist der Begriff der ›Theorie‹ am Platze« (Picht 1987, S. 39). Und schließlich, dies ist für meinen Zusammenhang bedeutsam, ist das *Leben* kein isoliertes Produkt, das man neben dem Vollzug des Lebens für sich noch hätte. »Auch beim Leben ist das Werk im Vollzug selbst enthalten« (S. 39). Jene erste Gruppe des herstellenden Handelns nennt Aristoteles also *poiesis*, die zweite Gruppe, bei der Handeln und Handlung nicht zu trennen sind, *praxis*. Der Zusammenhang von Werk und Ziel trifft auf beide Gruppen zu. Sowohl ist das *Werk* Ziel der Herstellung als auch Ziel der Praxis.

Die wesentliche Verknüpfung von Handeln und Wissen zeigt sich, wenn beides von der *praxis* und damit auch von dem, um dessentwillen Praxis überhaupt ist, her verstanden werden: dem mitweltlichen Dasein. Diesen lebensnahen Zusammenhang von Handeln und Wissen unterstellt W. Hennis auch Max Webers Begriff des »sozialen Handelns«. Das soziale Handeln müsse im Sinne Webers »auf die Lebensführung des – ganz aristotelisch fast: in Gemeinschaft lebenden Menschen – (...)« (Hennis 1987, S. 75) hin verstanden werden. »Ihr (Webers Soziologie, A. H.) *einziger* ›Gegenstand‹ ist ›Lebensführung‹. Um sie, in der die Menschen ihr ›Menschentum‹ auslegen, dreht sich *alles*« (S. 33). Der Hinweis auf Aristoteles und den Ausdruck »Lebensführung« scheint für Hennis nahezulegen, daß Weber bei seinem Handlungsbegriff der aristotelische Ausdruck »*praxis*« vorgeschwebt habe: »Dies ›Handeln‹, das ihn (Weber, A. H.) angeht, ist nicht ›action‹, geschweige denn ›behaviour‹, sondern *immer*: ›*Lebensführung*‹« (S. 95).
Georg Picht hat in seinen Vorlesungen, die Aristoteles gewidmet sind, noch einmal auf dieses Verständnis von Praxis und Leben, Werk und Ziel (*telos*) hingewiesen: »Jedes lebendige Wesen erreicht sein Ziel in dem Zustand, in dem seine im Lebensvollzug intendierte Gestalt rein hervortritt. Erst dann gelangt es, wie wir auch heute noch sagen können, in seine Wirklichkeit. Erst dann zeigt es sich so, wie es in Wahrheit ist. Diese reine Wesensgestalt nennt Aristoteles, wie Platon, *eidos*. Aristoteles hat aber an Platon immer kritisiert, daß bei ihm nicht klar würde, in welcher Form das Sinnliche am reinen *eidos* Anteil hat. Die Begriffe *energeia* und *entelecheia* bezeichnen seinen Versuch, dieses Problem zu lösen. Das *eidos* ist der Zustand, das Ziel in sich zu haben, dem der Lebensvollzug, weil er Praxis, also *energeia* ist, zustrebt. Auch die unvollkommene Praxis hat immer schon die Struktur der *energeia*. Sie trägt das Werk, das sie vollbringt, in sich selbst. Aber zu jeder Form der Praxis gehört auch das Streben, dieses Werk immer besser zu vollbringen, es deutlicher hervorzuarbeiten. Die Praxis ist also allein schon dadurch, daß sie Praxis, daß sie Vollzug ist, auf ein in ihrer eigenen Struktur vorgezeichnetes Ziel gerichtet und strebt danach, dieses Ziel zu erreichen (...). Dieses Ziel ist aber sein eigenes *eidos*. Deshalb enthält jeder Vollzug, rein dadurch, daß er Vollzug ist, daß er Bewegung ist, die einem Ziel zustrebt, in sich sein *eidos*. Das ist die aristotelische Lösung des Verhältnisses zwischen Sinnlichem und Idee« (Picht 1987, S. 40 f.).

Ziel (*telos*) darf hier nicht in einem deterministischen Sinne gefaßt werden. Die Welt und die weltlichen Dinge sind nicht *von sich aus* schon auf die menschliche Praxis hingeordnet. Vielmehr behandelt der Mensch seine Umwelt, *als ob* sie nur für ihn vorhanden ist. Man hat das »Ziel« nicht neben der Praxis als etwas Selbständiges in der Hand. Das Ziel zeigt sich in dem, worauf die Praxis zustrebt. Von einem Ziel spreche ich im folgenden, insofern man überhaupt in seiner Praxis etwas vorhat. Offensichtlich ist aber mit dem griechischen Ausdruck *praxis* das getroffen, was ich bislang unter dem Ausdruck *Umgang-mit* gefaßt habe (vgl. auch Spaemann 1989, S. 223). *Phronesis* läßt sich dann hermeneutisch-soziologisch verstehen als *Umgangserfahrung*. Damit ist dann auch der Rahmen konkretisiert und ausgelegt, in dem ich von Handeln und Wissen soziologisch sprechen will. Wir müssen jenes Verständnis von Handeln verwerfen, welches das Ziel des Handelns in der Handlung als »abgeschlossenes Ding« in der Außenwelt vermutet (Schütz). Dies trifft für ein Wissen zu, das etwas hervorbringt. Damit ist jedoch nicht unser *Orientierungswissen* in der Mitwelt gefaßt, das auf uns-selbst hin ausgerichtet ist. Günther Buck sieht den Zusammenhang von Handeln und Wissen im Vermögen des Handelnkönnens verwirklicht in bezug auf das ganze Leben, das ein gelingendes sein soll. Dieses durch »Bildung« angeeignete »Wissen ist dadurch charakterisiert, daß es immer zugleich handlungsorientierendes Wissen, Handelnkönnen ist, und zwar Handelnkönnen in Beziehung auf ein gelingendes Leben der Menschen untereinander, nicht nur als technische Verfügungsgewalt. Es ist Handelnkönnen, weil es sich auf das ›Ganze‹ hin reflektiert« (Buck u. a. 1969, S. 11). Das Ziel des Lebens ist das geglückte Leben. Die Erfahrungen, die wir in der Zeitlichkeit unserer Lebensvollzüge machen, stehen im Dienste dieses Lebens. Die spezifische Wissensform, die der Lebenserfahrung zukommt, unterscheidet sich sowohl vom herstellenden, technischen Wissen (*techne*) als auch vom theoretischen Wissen (*episteme*). Der Handelnde, dem es in seinem praktischen Handeln auch um sein Leben als gelingendes zu tun ist, stellt nichts her, was als Produkt losgelöst vom Vollzug des Handelns in Erscheinung tritt. Im Sich-richten-auf die Welt ist er stets auch auf sich selbst gerichtet. Dafür gilt: »Umgang ist ursprünglicher als Vernunft« (Spaemann 1989, S. 225).

Wohnen ist Praxis, das Wissen davon *phronesis*. Das »Werk« des

Wohnens ist nicht die Wohnung oder sonst etwas Dinglich-Materielles, sondern immer nur das Wohnen selbst als Vollzug. Deshalb trifft die Unterscheidung, Trennung und Losgelöstheit von Handeln und Handlung, die konstitutiv für die sogenannte »phänomenologische Soziologie« bei Alfred Schütz ist, nicht die Wesensmerkmale von Praxis. Auch die auf dieser Entzweiung aufbauende sogenannte »Wissenssoziologie« kann niemals das praktische Wissen erfassen. Ebensowenig können wir die menschliche Praxis und ihre situative »Vernünftigkeit« und Angemessenheit von einem Begriff der »sprachlichen Kompetenz« (Oevermann) her begreifen. Was man erst mühsam und langwierig einüben muß, das kann nicht *generell* angeboren sein, um fallweise ausgefüllt zu werden. *Praktische Kompetenz*, nämlich seine praktischen Angelegenheiten zu vermögen, ist nicht eine mit »Leben« ausstaffierte Hohlform mit dem Titel »sprachliche Kompetenz«. In einer solchen Automatik wäre kein *Vollzug* von Praxis mehr nachweisbar. Es gäbe kein Ringen und Scheitern, aus dem man seine Lehren ziehen könnte. Erfahrung, im Sinne eines lebenslangen Lernens, wäre unmöglich. Für eine gelingende Praxis gilt jedoch, daß sie sich nur gewinnen läßt »durch einen längeren praktischen Lernprozeß, durch fortgesetztes Einüben in das rechte Handeln, ein Einüben, das – nach den entscheidenden frühkindlichen und kindlichen Phasen der Zuwendung, Fürsorge und Erziehung, des Lobens und Tadelns, des Vormachens und Nachmachens, des Versuchens und damit verbunden der Erfahrung des Gelingens und Mißlingens – später auch deutliche Elemente der Selbsterziehung enthält« (Höffe 1979, S. 626).
Offensichtlich ist bereits Georg Simmel zumindest in seinem Spätwerk von einem Begriff von *Praxis* ausgegangen, der das *Handeln* sowohl in dem versteht, wie es *wirklich* ist, als auch, wie es – von den Erfordernissen der Praxis her – sein *sollte*. Das Leben selbst ist sich beides bewußt. Dabei ist das *Sollen* aber nicht die kategorisch dem Leben gegenüberstehende, ihm unerreichbare Norm. »Das Sollen steht nicht über dem Leben überhaupt oder ihm gegenüber, sondern ist ganz genau so eine Art, auf die es sich seiner selbst bewußt wird, wie das Wirklichsein eine solche ist« (Simmel 1918, S. 156). Man kann nicht das *Sollen der Praxis*, daß das Leben ein gelingendes sein »soll«, ihr Ziel und ihre darauf ausgerichteten Zwecke, auf einen von einer allgemeinen Ethik abgeleiteten *Begriff* von Sollen (als Moralgesetz), wie es die *prakti-*

sche Vernunft in Aussicht stellt, reduzieren. Simmel hat dies unmißverständlich deutlich gemacht: jedes individuelle Leben kennt sein *Sollen* schon »von Natur her«. »Erst wenn wir das Sollen, jenseits noch aller einzelnen Inhalte, als einen primären Modus begreifen, auf den das individuelle Bewußtsein ein ganzes Leben erlebt, wird es verständlich, warum man aus der Tatsache des Sollens niemals herauspressen konnte, *was* wir denn, inhaltlich, sollen. All diese Versuche mußten aus demselben Grunde mißlingen, aus dem man auch aus der Tatsache der Wirklichkeit nicht deduzieren kann, *was* denn eigentlich wirklich ist. Man könnte ebenso einer bestimmten Tonart entnehmen wollen, welche Melodie in ihr möglich oder notwendig ist. (...) Das Gesolltsein kann so wenig hergeleitet werden, wie das Wirklichsein« (Simmel 1918, S. 157; 158). Insofern uns das Sollen in der *Begegnung* mit dem Selbst, das wir selbst sind, widerfährt, steht es dem Leben, das wir zu führen haben, nicht gegenüber, sondern es ist »ein Modus seines gesamten Vollzuges« (S. 164).

Die *soziologische Beispielhermeneutik* fragt danach, was der Mensch erfährt, indem die Welt ihm zustößt. Sie versucht eine Einsicht in die menschlich-sozialen Verhaltungen zu gewinnen, indem sie sich dem Wissen, durch das wir die Mitwelt und uns selbst auslegend verstehen, nähert. Sie will interpretieren, was bereits der Fall ist. Aber der »Fall« kann nur als Wendung von Beispielen gebildet werden, wobei es auf den richtigen Weg vom Beispiel zum Fall ankommt. Für die soziologische Beispielhermeneutik entspricht die Trennung von Besonderem und Allgemeinem *nicht* der von Praxis und Theorie. Mit solchen Dichotomien kommt man hier keinen Schritt weiter. Es galt in dieser Arbeit zu zeigen, daß sich im Vollzug der Praxis sowohl die je begegnende konkrete Situation als auch der Vorgriff auf das »gute Leben« darstellen. Es ist in diesem Sinne *ein* untrennbares Wissen, das um das hier und jetzt »richtige« Tun ebenso weiß wie um das, worauf es im Leben als Ganzes ankommt. Dies aber »weiß« vor allem der, der schon seine Erfahrungen mit der Welt gemacht hat. Erfahrungen antizipieren jedes Zu-tun-haben-mit und greifen sich-orientierend dem Handeln vor. Es ist einleuchtend, daß es keine allgemein anwendbaren Regeln geben kann, insofern es um das »Wie« des rechten Lebens für einen *selbst* geht und dabei um konkrete Situationen, in denen man handeln *muß*. Das ganze Feld des Sozialen ist nun vorzüglich ein Bereich, mit dem jeder in-Konzep-

tionen-verstrickt seine Erfahrungen zu machen hat, insofern er sich in seiner Welt bereits orientiert hat. »Bedürfnisse, Interessen, Hoffnungen oder auch ausdrückliche Begriffe dessen, was not tut und tunlich sei: alle haben die Struktur von Antizipationen, Vorwegnahmen dessen, was sein sollte oder sein kann und sich tun läßt, und in dessen Licht für uns die Zukunft wie auch unsere Vergangenheit Verständlichkeit gewinnen, ob nun unsere Vorwegnahmen erfüllt werden oder nicht« (Buck u. a. 1969, S. 22). Es wird nun einsichtig, daß es zu einem »anderen« Begriff des Sozialen kommen muß, wenn er nicht hypothetisch und idealtypisch gebildet werden soll, sondern wenn er sich vom nichtmethodisierten praktischen Wissen und dessen soziologischer Interpretation her ausgestaltet. Die Umgangserfahrung ist die erworbene praktische Kompetenz, die uns auch das »Sehen der situationsentsprechenden Einzelziele und der ihnen angemessenen Wege der Realisierung« (Höffe 1979, S. 627) ermöglicht. Dieses »Wissen« hat der Handelnde nicht als etwas zunächst ihm Äußerliches gelernt, um es rezeptartig umzusetzen, sondern er »steht« von Anfang an selbst als Erfahrener in diesem Wissen. Der Soziologe muß diese *soziale Einheit* der Umgangserfahrung als besonderes und allgemeines Wissen beachten: »Dies Wissen begegnet nur jeweils in der Orientierung, in der sich der handelnde Mensch schon immer befindet und als ein durch die Gesellschaft bereits Erzogener sich befindet« (Gadamer 1990, S. 21).
Die interpretative Soziologie, die sich hermeneutisch konzipieren will, versteht die Handlung des Sprechens, deren Ergebnis als Text zur Beurteilung vorliegt, als Praxis. Der Gebrauch von Ausdrükken, den das Sprechen macht, dieser sich im Text darstellende Gebrauch ist »Gegenstand« der soziologischen Text- und Handlungswissenschaft. Die soziologische Beispielhermeneutik fragt danach, wie Menschen im sozialen Handeln Praxis vollziehen, darin ihre bestimmte Geschichte realisieren und zugleich das Soziale interpretierend konstituieren. *Situation* und *Begegnung* strukturieren die soziale Praxis. Nur in der situativen Begegnung treten dem Handelnden der andere, die Dinge oder das eigene Selbst in Erscheinung. Insofern ich in meiner Lage gefordert bin und mich das Begegnende etwas angeht, erfahre ich die Situation als eine, die von meinem Urteil abhängt, die ich zu lösen und zu erledigen habe. »Situationen gehen einen an und werden besorgend erledigt« (HL, S. 40). Die Notwendigkeit zu handeln ergibt

sich daraus, daß wir immer in Lagen verstrickt sind, auf die wir handelnd antworten müssen. »Wir müssen im Leben handeln. Das ist unaufhebbar« (Rothacker 1966, S. 146). Dieser Handlungsdruck und Entscheidungszwang entlädt sich im Wenden der Situation. Der *Schluß der Situation* ergibt sich jedoch nicht aus der Zwangsläufigkeit des Beweisens, in dem ein Tun an sein logisch vorgezeichnetes Ende kommt, dem nicht widersprochen werden kann. Der Be-Schluß einer Situation ist nichts technisch Hergestelltes, also auch nicht die unbewußte Anwendung einer Regel, deren Bewußtmachung einen Erkenntnisgewinn brächte. Es läßt sich keine allgemeingültige Methode angeben, nach der man Situationen richtig beschließen könnte. »Zum Schluß wird man aber gedrängt. Nämlich durch die Situation im ganzen, die sich im Schluß zusammenfaßt« (HL, S. 47). Der richtige Schluß ist das, was nach Lage der Dinge das richtige ist. Diese Lage ist aber immer *verhältnismäßig* bezogen auf die Situation, in der einer steht. Der praktisch Erkennende ist immer in Situationen verstrickt. Diese Situationsgebundenheit sozialer Praxis ist etwas völlig anderes als ein neutrales Gegenüberhaben von Objekten, denen alles Umständige und Okkasionelle entzogen ist, um es unter Gesetze und Regeln fassend und reduktiv mit fremdem Maß als sich reproduzierendes Vorkommnis in der Außenwelt auszurechnen. »Der Versuch, eine Situation empirisch-analytisch von Regelmäßigkeiten her zu erklären, geht aber gerade davon aus, daß man Situationen beliebig als Objekte, Handlungszusammenhänge als gegenständliche Prozesse darstellen könne. (...) Analytische Verständlichmachung trifft nicht die Besonderheit einer Situation, die die *meine* ist (...)« (Buck 1979, S. 66). Die *Unmittelbarkeit* unserer Erfahrungen ist dem Forscher in der wissenschaftlichen Empirie durch methodische Veranstaltungen nur mehr *»vermittelt«* gegenwärtig. Sogenannte Erfahrungstatsachen werden als Objekte und Daten distanziert.

Ein soziologisch-hermeneutischer »Begriff« von Handeln und Wissen, welcher der Situation angemessen ist, muß ein »geschichtlicher« Begriff sein. Denn die Situationen, in die man in seinem Leben gekommen ist, sind als *Momente einer erzählbaren Geschichte* vergegenwärtigbar. Man erinnert sich der Geschichte seines eigenen Lebens, spürt reflektierend verdeckte Motive und Handlungsziele auf, verwirft u.U. alte Projekte und Konzeptionen, ist insofern also immer zuerst bei sich und nicht zunächst an äußeren Ursache-Folgen-Zusammenhängen orientiert. Das, was man wollte, was in seiner Hinsicht lag, wird als vormalige Handlungsmöglichkeit erkannt und als »meine« Vorgeschichte übernommen. In der erzählten Geschichte ist das eigene Leben in eine Ordnung gebracht, von woher es verstanden und sinnvoll wird. Im Vorgriff dieser Ordnung liegt das, was Lipps »gekonnte Konzeptionen« genannt hat.

Die soziologische Beispielhermeneutik nimmt diese Leistungen der praktischen Handlungs- und Seinsvollzüge in ihrer jeweiligen besonderen »Gelegenheit« als *Beispiele* zur Kenntnis – als Beispiele für soziale Lagen, in die Menschen in ihrem Leben kommen können. Indem sie die Beispiele in soziologische Fälle wendet, nimmt sie einen *identifizierenden* Bezug auf den soziologischen Begriff auf. Durch Beispiele läßt sie sich hinführen zu einem Begriff, der den Beispielen als deren mitgemeinte Hinsicht schon innewohnt. Die Einreihung von Beispiel-Fällen in die soziologische Fallreihe vollzieht den Gang der praktischen Erfahrung von Beispiel zu Beispiel nach, die sich an der Reihe der vorhergegangenen Situationen – diese erinnernd – orientiert. Praktisches Erkennen geht deshalb von Beispiel zu Beispiel einer konkreten Erfahrungs-Reihe. *Soziales Handeln* als geschichtliche Praxis – wie das Leben in der Orientierung auf Um- und Mitwelt geführt wird und geführt werden soll – ist darin verstanden als Zu-tun-Haben mit den Dingen in Hinblick auf *unseresgleichen*. Kamlah hat das auch so ausgedrückt: Handeln ist immer »aneinanderhandeln«. Buck identifiziert Handeln als »Miteinander-Handeln«, insofern sich dieses Handeln auf das Gemeinsame orientiert, in welchem wir immer schon verstehend sind. Das ist »diejenige Instanz, der am Ende unsere innerweltlichen Besorgungen gelten, die letztes innerweltliches Ziel, ›Zweck‹ unseres Zu-tun-Habens mit den Dingen ist, auch dann, wenn der Handelnde ausschließlich an sich selbst als letzten Zweck seiner Besorgungen zu denken meint« (Buck 1979, S. 64 f.).

Sich die Gesellschaft als ein System von Normen, Werten und Regeln und das gesellschaftlich-soziale Leben (»soziale Praxis«) als Befolgen oder Nichtbefolgen dieser Normen, Werte und Regeln vorzustellen, ist ein entscheidendes Merkmal soziologischer Handlungstheorien. Aber *handeln* und *wissen* wir tatsächlich in der Weise, daß wir von einem allgemeingültigen, regelgeleiteten, anerzogenen und gesellschaftlich sanktionierten System her auf unsere konkrete Handlungsnot wahr oder falsch schlußfolgern und so zum logisch-vernünftigen oder krankhaft-beschädigten Handeln und Wissen kommen? – Es komme vielmehr darauf an, die »Macht des Beispiels« und die »Rolle der Erfahrung« in ihr Recht zu setzen, behauptet demgegenüber der norwegische Philosoph Tore Nordenstam. Was wir Norm, Wert und Regel nennen, ist nicht davon zu trennen, wie wir sie von den Beispielen, in denen wir ihnen je konkret begegnet sind, her kennen. Sie sind uns nur vertraut in relevanten Praxisfällen und Handlungszusammenhängen. Nordenstam entdeckt darin eine Zirkelhaftigkeit des Verstehens, deren *Einheit von Umgang und Auslegung* nicht hintergangen werden kann. »Das Verstehen einer Regel wird von den Beispielen, aus welchen sie abgeleitet ist, gesteuert; und zur gleichen Zeit können die Beispiele nur als Beispiele irgendeiner Regel verstanden werden. Das Regelverstehen und das Beispielverstehen sind von einer Zirkelstruktur gekennzeichnet, die dem Verhältnis zwischen Ganzheitsverstehen und Teilverstehen in bezug auf Texte ähnlich ist (›der hermeneutische Zirkel‹)« (Nordenstam 1986, S. 206). Dem Handelnden erwächst eine Kompetenz nicht aus dem Wissen und Befolgen allgemeiner Anforderungen, sondern im Bemeistern einer konkreten Situation, in der ein Können zum Tragen kommt. Das Wissen, das zu jedem kompetenten Handeln gehört, ist »in einem gewissen Sinne von Regeln geleitet« (S. 208). Die Regeln, die unser Tätigsein begleiten, sind meist »implizit vorhanden in dem, was wir tun« (S. 208). Man kann sie keinem Lehrbuch entnehmen, man muß sie durch eigene Erfahrung erwerben. Das Lernen geschieht so, daß einem dabei eher etwas *vorgemacht* und so *gezeigt* wird, als daß man etwas *gesagt* erhielte, dem man dann nachkäme. Der Erfahrene verfügt nicht über ein Wissen als festen Bestand, sondern über eine Fertigkeit. Entsprechendes gilt auch für den Erwerb von »moralischer Kompetenz«. Moralregeln sind in unser Handeln eingebettet, so daß wir oft nicht einmal das klar *sagen* können, was wir handelnd »wissen«: Wir urteilen situativ offensichtlich nicht logisch-vernünftig, sondern intuitiv-richtig. »Das Wissen, das für moralisch richtiges Handeln und Beurteilen erforderlich ist, wird durch Erziehung und Erfahrung erworben und ist unzertrennlich an ein Repertoire von Musterbeispielen geknüpft. Das Vorhandensein von richtigen moralischen Intuitionen ist der Kern der praktischen Klugheit, die wir ethische Kompetenz nennen« (S. 208).

Sich von Musterbeispielen führen zu lassen, setzt ein *Verallgemeinerungsvermögen* voraus. Es ist das Vermögen, in den vielen Erfahrungs-Beispielen ein *Muster* zu erkennen, an welchem sich der Handelnde im konkreten Zu-tun-haben-mit wie an einem *Maß* orientieren kann. Diese Orientierung gelingt jedoch nicht logisch-ableitend, sondern jedes situative Weiterkommen ist in sich einmalig, intuitiv-schöpferisch und geschichtlich offen. »Vor dem Hintergrund des oben angeführten Zirkels von Normen und Beispielen kann die Verallgemeinerungsfähigkeit (...) als die Fähigkeit charakterisiert werden, von einer gegebenen Reihe von Musterbeispielen selbständig zu klugen und moralisch richtigen Resultaten zu gelangen. Das Verallgemeinerungsvermögen ist wesentlich an einzelne Fälle gebunden, erfordert aber, wie alles kreative Handeln, die Fähigkeit, vom Gegebenen zum Unbekannten klug weiterzukommen« (S. 210). »Gegeben« ist einem jedoch nur etwas als Erfahrung, insofern man davon nicht mehr loskommt.

Praxis ist niemals methodisch gesichert und theoretisch begründbar wie das herstellende Handeln (Produzieren). Praxis ist das Handeln, das sich auf Zwecke richtet, die Zwecke des menschlichen Lebens sind. Sie hat die Struktur des sich durch Beispiele vollziehenden Erkennens, deren Gewinn schon als umsichtiges Können identifiziert wurde. Das »Verfahren«, durch Beispiele zur Kenntnis des hier und jetzt Richtigen hingeführt zu werden, habe ich als *epagogé* herausgestellt. Umgangserfahrung ist das erworbene Vermögen, in der besonderen Situation das Richtige zu tun. Kraft dieses Vermögens, dieser praktisch-intuitiven Urteilskraft löst der Handelnde die je gegebene einzelne Situation im Hinblick auf den »ganzen« Praxis- und Lebenszusammenhang. Über das »Allgemeine«, gerade weil darüber in wechselnden Situationen und Lagen zu befinden ist, verfügt der Handelnde nicht wie über einen wohldefinierten und streng umgrenzten Bestand (Regel, Gesetz), den er dann »nur« auf den einzelnen Fall, als erkannter Fall eines Allgemeinen, anzuwenden hätte. Das Vermögen der praktischen Urteilskraft »schließt« von der Reihe erinnerter Situationen, insofern ich darin etwas Bedeutsames und Gleichartiges wiedererkenne, auf die vorgegebene aktuelle Situation. Dieser *Gang* von einem besonderen Allgemeinen zum vorliegenden praktischen Einzelfall ist *epagogisch strukturiert*. »Ein Besonderes aber, in dessen Vergegenwärtigung ein Allgemeines mitvergegenwärtigt wird, auf welches das Besondere hinweist, heißt Beispiel. Die praktische Urteilskraft behandelt die vorliegenden Situationen beim Geschäft ihrer Identifizierung nicht bloß als Besonderheiten, sondern notwendigerweise als besondere Beispiele des im allgemeinen Geforderten und Tunlichen!« (Buck 1979, S. 71) Da also kein durch Prädikate fixierter, allgemeingültiger Begriff feststellbar ist, unter den der Handelnde das je situativ Geforderte und Zutuende sich zurechtfindend subsumieren könnte, kann es nur die Reihe der vorhergegangenen Situationen sein, an der sich der Handelnde orientiert. Es ist also die *Reihe* der in einem Erfahrungsleben vorangegangenen und so *von früher her* schon bekannten Beispiele von Situationen, mit deren Hilfe der Handelnde weiterkommt, da die Beispiele über sich hinausweisen auf etwas durchgängig *Analoges* bzw. *Gemeinsames*. Das Allgemeine als etwas, das allen Beispielen in einer Hinsicht gemeinsam ist, ist daraufhin als dies Gemeinsame selbst etwas *Konkretes*. Wie man auch an zwei Gesichtern eine Familienähnlichkeit feststellt, die sich in beiden Gesichtern als etwas Konkretes zeigt.

Jedes Handeln ereignet sich im situativen Kontext. Das Sinnpotential des situativen Handelns liegt in der Lösung der konkreten Sache als Einzelfall, insofern die Sache hier auf ihren »Begriff« gebracht werden soll. Dieses könnende Handhaben von Einzelfall (oder Beispiel) und Allgemeinem (Prinzip) nennen wir Praxis. Das Beschließen einer Situation, insofern diese durch praktisches Handeln gelöst werden soll, hat nicht die Zeitlichkeit der puren Gegenwart, sondern es ist als Lösung eines »Falls« der Praxis immer auf das Leben als Ganzes gerichtet, insofern man sich vieler »analoger« Fälle erinnert, und erfährt so seine besondere Geschichtlichkeit. Man beginnt sozusagen mit dem Überschreiten des Endes. Der Vor-Blick auf das Zutuende ist nur möglich durch Rück-Blick und Erinnerung. Das »Überschreiten« dessen, was man mit dem Handeln vorhat, gehört schon zum Handeln selbst. Zum Handelnkönnen bedarf es schon des Vorgriffs, unter dem man der zu erledigenden Sache – in der Vorwegnahme von etwas Erwartbarem – zunächst begegnet. Daran hat nun auch das, was wir in der Soziologie *Sinn* nennen, Anteil. Sinn ist das durch Vorgriff antizipierte Woraufhin des Nehmens der mitweltlichen Gegebenheiten, aus dem her »etwas als etwas« verständlich wird. Die Kenntnis aus Erfahrung, die zum richtigen Handeln gehört, ist von diesem nicht als gesondertes Wissen ablösbar und für sich objektivierbar und aussagefähig. Es handelt sich beim sozialen Handeln vielmehr »um jene praktische Vertrautheit mit der Sache, die nur durch Einübung erworben wird und sich im adäquaten Umgang mit der Sache beweist. Dieses praktische Vertrautsein mit der Sache kann durch den Besitz wahrer Sätze über die Praxis niemals ersetzt oder auch nur bewirkt werden« (Wieland 1972, S. 526).

Praxis ist Vollzug des Lebens. Das praktische Handeln geschieht um dieses Lebens willen, das ein gelingendes sein soll. Dies habe ich schon am Wohnen deutlich zu machen versucht. Das »Werk« des Wohnens nimmt nicht in einem Produkt (Wohnung) Gestalt an. Sondern: Im Wohnen, das heißt im Gebrauch bestimmter Wozudinge (Schapp), insofern diese einem konkreten Nutzen dienlich gemacht werden können, geschieht das »sinnvolle« und »richtige« Wohnen. Der Gebrauch der Wozudinge zielt auf die Vollendung des Wohnens selbst. Dem Wohnen geht es, wie anderer Praxis auch, um das Leben schlechthin. In jeder Praxis liegt der Vorgriff auf ein Ziel, auf das hin die eingesetzten Mittel letztlich angewandt werden. Darauf bezogen also spreche ich von *Sinn*. Auch von Zwecken kann reichhaltig nur mit Blick auf die gehandhabte Praxis selbst gesprochen werden. Zwecke gelten vordergründig vielleicht dem »Herstellen« von etwas. So »bezweckte« bei meinem ersten Fallbeispiel das Umräumen des Wohnzimmers zu einem Kinderzimmer das Platzschaffen für die Entwicklungsmöglichkeiten der Kinder. Im Hintergrund dieser Aktion, und erst unter diesem Blickwinkel wird das Bezweckte sinnvoll, steht die *Fraglichkeit* des richtigen Wohnens. So *vollendet* sich dieses Platzschaffen auch erst im tatsächlich gelungenen Wohnen, von dem man *am Ende* sagen kann, man habe es »gemeistert«, nämlich die *passende Antwort* auf die Frage nach dem eigenen Wohnen gefunden. Genau in diesem praktischen Können als »Bemeisterung der Welt«, dem es um das Gelingen des Ganzen geht, bewähren sich Erfahrungen.

Welche Wissenschaft ist die soziologische Beispielhermeneutik, insofern sie sich an der Praxis und Umgangserfahrung orientiert? Das vorgeschlagene Verfahren der Reihenbildung und der fallbezogenen Begrifflichkeit kann sich nur in der Praxis der soziologischen Forschung bewähren (vgl. Hahn et al. 1987; Hahn 1988; Vonderach et al. 1992; Vonderach 1993). Gibt es jedoch überhaupt die Möglichkeit, auch wenn die Notwendigkeit plausibel geworden sein sollte, die soziologische Wissenschaft von der Welt des praktischen Handelns und Wissens her aufzubauen? Das soziale Handeln ist das ureigenste Untersuchungsfeld des Soziologen. Wilhelm Hennis hat dies für das gesamte Werk Max Webers festgestellt. In seiner *verstehenden* »Soziologie der ›Lebensführung‹« sei es Weber gerade »um die ›Rettung der Probleme‹ – um es aristotelisch auszudrücken – der alten ›Moralwissenschaften‹, der alten ›praktischen Philosophie‹ für eine moderne, ›empirische‹ Sozialwissenschaft« (Hennis 1987, S. 54) gegangen, deren Gegenstand »nicht die Gesellschaft (ist), sondern einzig individuelles ›soziales Handeln‹« (S.67). Aber schon die Tatsache, daß in der Soziologie das eigene wissenschaftliche Treiben (»Aufstellen von Hypothesen«; »Theoretisieren«; »Typenbildung«) nicht einmal als Handeln aufgefaßt wird, zeigt das Dilemma einer schon sich selbst mißverstehenden Erfahrungswissenschaft. Dabei ist das Aufstellen wissenschaftlicher Sätze, da es nichts anderes bedeutet als ein den Dingen Zu- oder Absprechen von Prädikaten, eine Tätigkeit von Individuen. Hier wirkt sich nun der Verzicht der Soziologie auf eine (Eigen-)Reflexion in Form einer umfassenden Wissenschaftstheorie nachteilig aus, indem sie in ihrem Selbstverständnis gar keinen Anlaß sieht, ihr eigenes Tun als soziales Handeln (Praxis) zu bedenken. Auf der anderen Seite ist aber auch deutlich geworden, daß gerade ein hermeneutischer Bezug auf diese Welt des Handelns durch die *Voraussetzungen*, die die soziologische Wissenschaft *sich* zumutet, ausgeschlossen ist. Bei der Suche nach einer *sozialen Ordnung*, die durch Regeln und Regelmäßigkeiten gekennzeichnet ist, kann der Welt des Handelns nichts Entsprechendes entnommen werden. Diese analytisch-begriffliche *Ordnung* ist an Prinzipien ausgerichtet, die nicht aus der Alltagswelt kommen. Diese *Ordnung* hängt einzig mit dem Selbstverständnis der Wissenschaft als einer rational erklärenden zusammen. Jede nach Prinzipien und Gesetzen reglementierende und normierende Ethik des Handelns setzt einen *Begriff* von Handlung voraus, dem der Inhalt einer Handlung entsprechen soll; »(...) sonst würde die Handlung in dem stetig abrollenden Geschehen verschwimmen und dem Gesetze keine gesicherte Anwendung auf sie bieten« (Simmel 1918, S. 173). Simmel war sich der Problematik voll bewußt, die er darin sah, daß jede Begrifflichkeit, die den Prozeß und Vollzug des Lebens faßt, in diesem Fassen das Leben sozusagen *anhalten* und eine Handlung *künst-*

lich aussondern muß. Es soll hier gar nicht die »Künstlichkeit« der Begriffsbildung in Frage gestellt werden, sondern es bedarf der Klärung der *adäquaten* Begriffsbildung *angesichts* ihrer notwendigen »Künstlichkeit«. Auch Simmel will ja zeigen, daß das Leben schon zu seiner *eigenen* Begrifflichkeit kommt: »indem der Organismus sich von vornherein als Einheit gibt, am ersten und entschiedensten wohl im Bewußtsein der eigenen Persönlichkeit, *ersteht aus seiner Wirklichkeit sein Begriff*« (S. 175; Hvhg. von mir).

Die Funktion des wissenschaftlichen Begriffs, nämlich normierend-rationalisierend das Geschehen des Lebens zu fesseln, zeigt sich dann auch in dem, wie die Wirklichkeit des Lebens und *seine* Handlungen sich dem wissenschaftlich gültigen Handlungsbegriff zu fügen haben. Unmißverständlich macht Simmel deutlich, daß es eines besonderen *methodischen* Verfahrens bedarf, um aus dem »stetigen Fluß unseres Wollens und Uns-Betätigens« eine Handlung *herauszuschneiden* und zum *Gegenstand eines Urteils* zu machen. Aber das Einheitliche und Charakterisierbare erhält die »Handlung« nicht erst und allein durch die begrifflich gesetzte Eingrenzung, die die Wissenschaft allgemeingültig – die Handlung typisierend und schematisierend – festlegt: »Die Handlung, angesehen als ein Pulsschlag des unmittelbaren Lebens, läßt sich in ein vorbestehendes Begriffsschema garnicht adäquat einfügen; sie bestimmt ihr Wesen von dem Innern des Lebens her, und ihre Verwebungen mit dem Vorher und Nachher und dem ganzen seelischen Komplex dieses Lebens machen ihre Abgrenzung durch einen von außen kommenden Begriff – so unentbehrlich sie für die Praxis ist – zu etwas Zufälligem und Äußerlichem. Die Handlung ist *eine*, weil das Leben sich von sich aus zu einem gewissen Intensitätsmaß von Willen und Kraftbewährung hebt, sich zu einer Wellenhöhe zuspitzt, mit der es sein nivelliertes, unpointiertes Hingleiten durch den Tageslauf überragt. Diese Konzentriertheit und Heraushebung von dem Rhythmus des wollenden Lebens selbst her, die aber die Kontinuität mit dessen Totalverlauf nicht unterbricht, ist die Szenenform dieses Lebens, die wir jeweils ›eine Handlung‹ nennen, und die für diese Bezeichnung nicht der Einzäumung durch einen, den Handlungsinhalt herausschneidenden Begriff bedarf« (Simmel 1918, S. 176).

Auch der *Sinn* einer Handlung, den man durch Herauslösen einer Handlung aus dem Lebensganzen abgrenzt, bewegt sich im Rahmen des durch einen allgemeinen Begriff ausdrückbaren Sinns. Damit das Handeln, sein Sinn und sein »Sollen«, überhaupt unter allgemeine Gesetze subsumiert werden können, darauf will Simmel letztendlich hinweisen, muß die soziologische Logik »Handlung« – »gleichsam von oben her« – als etwas Umgrenzt-Dingliches ansehen, das darüber hinaus mit einem festen Begriff »zulänglich« beschreibbar ist. Es muß *prinzipiell* von einer *identischen Handlung* ausgegangen werden, die »sich als die *genau gleiche* innerhalb der *verschiedensten Lebensläufe* rekognoszieren läßt« (S. 183; Hvhg. von mir). Wird die einzelne Tat als Fall eines Gesetzes oder eines Prinzips, das in ihr zur Anwendung kommt, »individualisiert«, dann widerspricht dieses »derjenigen Individualisierung, die sie als Szene oder Pulsschlag des Gesamtlebens ihres Subjekts besitzt und in der allein – dies ist allerdings mein Grundaxiom – ihre volle und letzte sittliche Bedeutung sich dartun kann« (S. 196). Das »Gesetz«, das das Tun tatsächlich leitet, kann nur »aus der als Sollen ablaufenden Lebenseinheit des Individuums stammen« (S. 196). Insofern das *Individuum* dieses Sollen *selbst* auch *will*, steht dieses Sollen als Ideal nicht eigentlich über dem Leben, sondern jenes Ideal wurzelt *in* ihm. Aber nicht die einzelne Tat als herausgerissenes Stück, wie es so zerstückelt nur der Reflexion methodisiert zugänglich gemacht wird, sondern »das *Ganze* soll (...) soundso sein, wenn einmal eine bestimmte Individualität gegeben ist« (S. 197). Der Gleichgültigkeit des allgemeinen Gesetzes gegen das Individuum setzt Simmel das *individuelle Gesetz* des Individuums gegenüber. Denn schon der Inhalt eines idealen Gesollten, *was* es nämlich dem Subjekt sagt, ist nicht einheitlich auszulegen. Denn dieses »Was« ist in dem einen konkreten Fall etwas anderes als in dem anderen.

Simmel sieht darin zuallererst ein *erkenntnislogisches* Problem, insofern nämlich auch hier der gängige Syllogismus scheitert: Der Obersatz enthält notwendigerweise ein Urteil, das selbst nicht mehr bewiesen werden kann. Der logische Schluß bewegt sich in einem Zirkel, als er bekanntlich nur dasjenige beweisen kann, was er als Bedingung zuvor schon voraussetzt. Er ist ein Schluß aus Prämissen. Simmel bewahrt sich jedoch einen Begriff der »Allgemeinheit«, nur daß dieser nicht mehr die *Allgemeinheit aller Menschen* umfaßt, da er so jenem Zirkel anheimfiele, sondern von der *»Allgemeinheit« dieses bestimmten Menschen* spricht. »Das Allgemeine des Individuums ist nicht ein Abstraktum aus seinen einzelnen Qualitäten und Handlungen« (S. 200). Dieses Allgemeine macht die *Einheitlichkeit eines konkreten Daseins* erst aus und unterscheidet es unverwechselbar von allem anderen individuellen Dasein. Es ist sozusagen der Inbegriff der Handlungs- und Geschehensreihen dieses konkreten Lebens. »Das Allgemeine des Individuums steht also nicht als Abstraktion oberhalb seiner Handlungen, sondern als Wurzel unterhalb ihrer« (S. 201). Jede einzelne Handlung hat nicht nur Anteil an diesem Allgemeinen, sondern ist von diesem »durchdrungen«. Wenn indes das Individuum als Ganzes nicht durch eine logische Operation analysierbar ist, dann stellt sich generell die Frage seiner möglichen Erfahrbarkeit. Simmel spricht von einer »Art von intellektueller Anschauung« (S. 201). Erst wenn man nicht mehr das Individuum aus einzelnen Teilen zusammensetzt, sondern wenn man – »auf einmal«! – seine Mitte als eine Einheit zu sehen vermag, dann erst ergreift man ein Ganzes und seine Teile *aus* dieser Einheit. Aufgrund der so »geschauten« Einheit ist nun auch nicht mehr einzusehen, wie sich aus vereinzelten Handlungen Rückschlüsse auf die Allgemeingültigkeit von Handlungsnormen ziehen lassen. Dann müßte schon das ganze Leben eines Individuums, aus dem die einzelne Tat herausgerissen ist, als allgemeines Gesetz gedacht werden. Sinnvoll ist eine Handlung aber nur »in der Totalität des Lebenszusammenhanges« (S. 204). Jene Verallgemeinerung, die jedes allgemein-gelten-sollende Prinzip und Gesetz logisch voraussetzt, leitet daraus eine »künstliche Individualisierung der einzelnen Tat« (S. 205) ab. Nur das läßt sich verallgemeinern, was als Einzelheit zuvor schon bestimmt wurde. Statt jedoch diese Einseitigkeit als Prämisse zu setzen, die den wissenschaftlichen Begriff schon determiniert, ergreift und erkennt die »intellektuelle Anschauung« die *Mannigfaltigkeit* des sozialen Lebens und seiner Handlungen. Daß es sich jedoch um die Mannigfaltigkeit eines Ganzen handelt und diese Mannigfaltigkeit in der Individualität ihre konkrete und einmalige Einheit hat, ist nur ein anderer Ausdruck für das *individuell Allgemeine*, das jedes Handeln *ist*. Jedes einzelne Verhalten oder Handeln, insofern darin der »ganze« Mensch produktiv geworden ist, setzt eine schon bestehende konkrete Lebensreihe fort und muß als »neue bereichernde Möglichkeit, mit der die Daseinstotalität sich darstellen kann« (S. 207), verstanden werden. So stellt sich in jedem einzelnen Verhalten und Handeln dies »individuell Allgemeine«, dies »individuelle Gesetz« dar. »(...) jede existenziale Besonderheit (drückt) das Ganze des individuellen Daseins, aus dem sie kommt, in ihrer besonderen Sprache restlos aus. Darum ist jeder Lebensaugenblick, jedes Sich-Verhalten und Handeln das ganze Leben« (S. 208).

Das Handeln steht dem individuellen Dasein nicht in ideeller Abgetrenntheit gegenüber, sondern das Dasein nimmt selbst im Handeln – es vollziehend – *Gestalt* an. Das Dasein stellt sich in Handlungsreihen dar, deren jedes einzelne Glied »wirklich und ganz« jenes Dasein war, ist und sein wird. Im einzelnen Handeln verwirklicht sich nicht ein allgemeiner Begriff, sondern ein individuelles Dasein. Eine konkrete Handlung ist ja nicht eine »Tat des Geizes« oder eine »Tat der Tapferkeit« – als Fall dieser Begriffe, als exemplifizierende Verwirklichung der Begriffe »Geiz« und »Tapferkeit« –, sondern »sie ist die jetzige Wirklichkeit dieses Totallebens« (S. 218). Handlungen sind von dem her zu bestimmen, »was sie (...) in der Reihe eines individuellen Lebens bedeuten, genauer: was sie *als* dieses Leben bedeuten« (S. 219). Nicht eine Tat kann geizig oder tapfer sein, sondern es handelt sich dabei um einen geizigen bzw. tapferen Menschen. Insofern sich nun das Dasein *anderen* in seiner Einheitlichkeit in all seinen Handlungen darstellt, so ist dieses individuelle Dasein nichts Subjektives. Die Darstellung dieses Daseins ist für jeden, dem es in seinem Dasein begegnet, etwas Objektives, insofern sich in dieser Darstellung sein Dasein objektiviert und eine faßbare Gestalt annimmt. Das Dasein begegnet in der Welt anderem Dasein als in sich »geschlossene« Einheit, als objektive und zugleich individuelle Totalität. Letzteres erscheint nur der formalen Logik, nicht dem sich darstellenden Dasein als Widerspruch: »Die falsche Verwachsung zwischen Individualität und Subjektivität muß ebenso gelöst werden, wie die zwischen Allgemeinheit und Gesetzlichkeit« (S. 228).

Man kann diese »falschen Verwachsungen«, auf welche die Soziologie hier durch den schon todkranken Georg Simmel erstmals – was später in der Soziologie weitgehend unbeachtet geblieben ist – gestoßen ist, gut beobachten, indem man darauf achtet, was mit konkreten Handlungen geschieht, wenn sie unter das Räderwerk gewisser wissenschaftlicher Voraussetzungen kommen. Wolfgang Wieland hat in einem Beitrag zur Wissenschaftstheorie drei wesentliche Bestimmungen des situativen Handelns herausgestellt, von denen die Sozialwissenschaften immer schon abstrahiert haben: die *Unbedingtheit*, die *Situationsgebundenheit* und die *Unwiderruflichkeit* des konkreten Handelns (Wieland 1972, S. 513 ff.). Die allgemeingültigen Gesetze und Regeln voraussetzenden Wissenschaften sehen von diesen Auffälligkeiten des Handelns planmäßig ab, da sie weder methodologisch noch methodisch auf sie eingerichtet sind. Statt dessen hat man den Eindruck, daß solche Wissenschaften, obwohl selbst Praxis, sich bewußt in Gegensatz zu den Bestimmungen praktischen Handelns stellen. Das konkrete Handeln ist eingepaßt in eine Welt von Umständen und Möglichkeiten, die es sich nicht aussuchen kann. Es kann sich nicht unentschlossen, sondern nur verbindlich zu den Bedingungen seines Handelns verhalten, da das eigene Vorhaben und die Konzeptionen, mit denen etwas in Griff genommen wird, nicht beliebig, sondern Vorgriff und Ausdruck des Erfahrungslebens selbst sind. Fakten, die das Handeln setzt, sind niemals relativ, man kann hier nicht erst versuchsweise oder unter Vorbehalt etwas tun oder unterlassen. Demgegenüber beschreibt die Wissenschaft ihre Freiheit u. a. darin, dem untersuchten Handeln selbst Bedingungen und Umstände zu setzen. Das Abschneiden des konkreten Handelns von *seinen* elementaren Bedingungen und Umständen kann, ja muß sich das wissenschaftliche Handeln erlauben, insofern es überhaupt auf *Systematisierung*, *Hierarchisierung*, *Schematisierung* und *Normierung* von Handlungen aus ist. Die vermeintliche Voraussetzungslosigkeit der Wissenschaft entpuppt sich spätestens hier als selbstverständliches und nicht hinterfragtes Voraussetzen eines bestimmten *methodischen* Vorgehens.

Um eine Wissenschaft aufzubauen, die eine Systematisierung usw. von Handlungen anstrebt, ist es unerläßlich, auf der *Wiederholbarkeit* von Handlungen als genau gleiche zu bestehen. Jedoch nur im Absehen von der Situationsbezüglichkeit jedes Handelns kann ein solches Postulat aufrechterhalten werden. Das konkrete Handeln oder Unterlassen ist indes unwiderruflich geschehen. Der Handelnde kann es nicht ungeschehen machen. Ein Handeln läßt sich aber auch nicht reproduzieren. Ein Wiederholen beschreibt schon eine neue und andere Situation. Die Wissenschaft muß also das Handeln und die Handlung von all dem isolieren, was einmalig und situativ wesentlich ist. Sie muß dann natürlich auch davon abstrahieren, daß jedes Handeln einem konkreten Handelnden zugehört, dessen Tun und Lassen in seinen Verant-

wortungsbereich fällt. Die *Trennung* von Handelndem und Handlung ist ebenfalls Resultat der methodologischen *Normierung* und *Situationsenthebung* von Handlungen bzw. der Reduktion konkreten Handelns auf »typisch wiederkehrende« Handlungsschemata. Ein solches Handlungsschema intendierte schon Max Webers Grundlegung der Soziologie, insbesondere des »sozialen Handelns«: »Es lassen sich innerhalb des sozialen Handelns tatsächliche Regelmäßigkeiten beobachten, d. h. in einem typisch gleichartig *gemeinten Sinn* beim gleichen Handelnden sich wiederholende oder (eventuell auch: zugleich) bei zahlreichen Handelnden verbreitete Abläufe von Handeln. Mit diesen *Typen* des Ablaufs von Handeln befaßt sich die Soziologie, im Gegensatz zur Geschichte als der kausalen Zurechnung wichtiger, d. h. schicksalhafter, Einzelzusammenhänge« (Weber 1980, S. 14).
Nun kann aber auch der hermeneutisch inspirierte Soziologe nicht so tun, als könne er ganz von vorne beginnen. Die Soziologie als wissenschaftliche Tradition mit ihren Theorien, Methodologien und Methoden verwirklicht sich auch im Soziologen hermeneutischer Provenienz. Er bringt ein theoretisches, methodologisches und methodisches Wissen über die Gesellschaft und ihre Institutionen, über das Individuum, sein Handeln und Wissen usw., aber auch über die eigene Disziplin immer schon als sein *Vorverständnis* mit, wenn er sich neu in einer Forschungssituation der lebensweltlichen Erfahrung stellt. Insofern das soziologische Wissen aus Erfahrungen mit dem praktischen Wissen hervorgegangen ist und es sich immer wieder neu den Beispielen der Praxis stellt, sollte in der Vorurteilsstruktur des soziologischen Wissens keine Problematik gesehen werden. Ist dieses Wissen indes als empirisch-analytische Gesetzeswissenschaft organisiert, hat es sich schon ein für allemal von den Erfahrungen der Lebenspraxis abgeschottet. Man kann wie Bollnow danach fragen, ob denn in den sogenannten empirischen Erfahrungswissenschaften überhaupt Erfahrungen gemacht werden. Bollnow behauptet wohl zu Recht, daß man dort nicht von Erfahrung, sondern von methodisierter Forschung sprechen muß (Bollnow 1974, S. 22 f.). Was der empirische Forscher unternimmt, sind planvoll und zielbewußt organisierte Veranstaltungen, die zu bestimmten, anderen übertragbaren Ergebnissen führen. »Aber Forschungsergebnisse sind keine Erfahrungen« (S. 23). Erfahrungen sind nicht methodisierbar. Als neue und kreative Interpretationen können reflektierte

Erfahrungen deshalb auch zu einem *Umschlagen des Vorverständnisses* führen, insofern die alte Erfahrung als ganze anders in Griff gebracht wird. Durch Erfahrungen, die unser Selbstverständnis in Frage stellen, können wir zur Besinnung kommen.

Der amerikanische Philosoph Hubert L. Dreyfus hat in diesem Zusammenhang den Begriff »kreative Entdeckung« vorgeschlagen. Will man ein bestimmtes Problem lösen, so kennt man zumeist schon irgendwie den Bereich, in dem die Antwort auf das Problem liegen muß. Aber erst wenn man die Lösung tatsächlich gefunden hat, weiß man genau, wo man gleich hätte suchen sollen. Durch eine neue Erfahrung definiert man sich selbst nun anders, und auch die Welt begegnet einem in einem neuen Sinn. »Wenn sich ein Mann verliebt, dann verliebt er sich in eine bestimmte Frau. Aber es war nicht diese bestimmte Frau, nach der er ein Bedürfnis hatte, *bevor* er sich verliebte. Nachdem er aber nun verliebt ist, nachdem er also herausgefunden hat, daß diese bestimmte Beziehung ihn beglückt, wird sein Bedürfnis zum spezifischen Bedürfnis nach dieser besonderen Frau, und der Mann hat eine kreative Entdeckung über sich selbst gemacht« (Dreyfus 1985, S. 229). Wichtig ist aber, daß hier zwar schon etwas Bekanntes vorlag, das sich einem jedoch erst aufgrund der folgenden reflektierten Erfahrung als etwas tatsächlich Erkanntes zeigt. Nur von einem schon irgendwie Gewußten her läßt sich etwas »entdecken«. Kreative Entdeckungen stoßen zu einer neuen Orientierung vor, die zwar schon als Möglichkeit »prinzipiell« vorhanden war, aber sich eben noch nicht im Umgang als bestimmte erhellte. »Angesichts dieser kreativen Entdeckung enthüllt die Welt eine neue Ordnung der Bedeutungen, die weder einfach entdeckt noch willkürlich gewählt wird« (S. 229). So sind auch wissenschaftliche *Entdeckungen* nur als in ihrer Art »neue« Interpretationen möglich. Forschung und theoretisches Wissen kommen jedoch dann nicht aus dem Gehäuse des mitgebrachten Vorverständnisses heraus, sofern in diesem Vorverständnis Methoden und exakte Fragestellungen des wissenschaftlichen Tuns *uneingestanden vorausgesetzt* sind, die jene Offenheit des interpretativen Entdeckens gerade verhindern.

Erfahrungen, die man im situativen Umgang mit der Welt macht, entziehen sich experimentellen Veranstaltungen. Nur insofern jemand tatsächlich oder könnenderweise selbst »Zeuge« sozialer Begegnungen ist, das heißt durch eigenes *Mitdarinnenstehen* seine

Erfahrungen gemacht hat oder gemacht haben könnte, wird die hermeneutische Begegnung als Forschung möglich. Diese *Zeugenschaft* des Erfahrenen ist reiner Beobachtung nicht zugänglich. Nur in der Beschreibung dessen, was sie an sich selber erfahren hat, kann eine Anknüpfungsmöglichkeit hermeneutischer Erfahrung beginnen. Stephan Strasser hat den »spezifischen Auftrag« des Erfahrungswissenschaftlers als den des »*verstehenden Zeugen*« charakterisiert (Strasser 1964, S. 142). Der hermeneutische Soziologe stellt sich so eigentlich die Aufgabe, sein Vorverständnis von der sozialen Welt gerade durch bezeugte lebensweltliche Erfahrungen überprüfen zu lassen. Man setzt sich und seine Vorurteile möglicher Zurechtweisung durch neue Beispiele bewußt aus. Die nur »vorverstandenen« Begriffe der Soziologie bekommen den Status von »bewährten Erfahrungen«, die als Vorurteile betrachtet werden. Davidson und Rorty sprechen auch von »vorläufigen Theorien« (vgl. Rorty 1991). Sie stammen aus den eigenen Umgangserfahrungen des Forschers, da er selbst Mitglied einer sozialen Welt ist, als auch aus den Erfahrungen, die er aus dem Umgang mit soziologischen oder anderen Theorien gewonnen hat. Sie haben nicht den Charakter von Gesetzen, aus denen sich Hypothesen generieren ließen, da man ja nicht eine bestimmte Frage, über die man vorab schon verfügt, überprüfen will. Das Vorverständnis des Soziologen wirkt als »sichtende Konzeption«, indem es uns auf eine erste Spur bringen soll. Dies ist ein wesentliches Merkmal hermeneutischer Forschung. Da sie keine Hypothesen setzt, knüpft sie am *Vorverständnis* des Wissenschaftlers an. Damit dreht sich freilich die überkommene Funktion des Alltagslebens für die professionelle Soziologie als Reservoir sogenannter vorwissenschaftlicher Erkenntnisse eigentümlich um. Die Experten- und Führungsrolle bezüglich des richtigen oder eigentlichen Wissens kann nicht dem Soziologen obliegen, insofern er immer alles »besser weiß«. Der Forscher-Wissenschaftler hat keinen privilegierten Zugang zur Wirklichkeit. Vielmehr hat der hermeneutische Soziologe einen *anderen* Anfang gewählt, insofern er nach der »Natur« einer gegebenen Sache forscht. Er fragt danach, was es mit einem bestimmten Sachverhalt *schlechthin* auf sich hat. Dieses von Natur her Frühere, das er explizit machen möchte, liegt aber immer schon im konkreten Tun und Sprechen als deren unausdrückliches Vorverständnis vor. Insofern »abstrahiert« der Soziologe das Wesentliche, aber so, daß dahinter noch

dasjenige sichtbar bleibt, von dem er etwas abgeblendet hat. Das reflexive Verstehen des hermeneutischen Soziologen will sich nicht gegenüber dem intuitiven Verstehen als ein »Besser-Verstehen« durchsetzen. Es will vielmehr ein genuin soziologisches Wissen erlangen, das nicht orientiert ist an einer pragmatischen Umsicht, sondern an einer reflexiven Einsicht in das eigene Vorverständnis und wissenschaftliche Vorurteil. Soziologische Beispielhermeneutik hat auch mit dem steten Abarbeiten der eigenen »disziplinären« Vorurteile und Scheinprobleme zu tun.
Alles, was ich über das Handeln gesagt habe, ist auf das *Texthandeln* übertragbar. Unter »Texthandeln« verstehe ich die *Darstellung einer Praxis im Medium der verschrifteten Mitteilung*. Bei der hermeneutischen *Interpretation* geht es darum, das mitweltlich »Vertraute« – gerade weil es notwendigerweise nur implizit unser Handeln und Sprechen leitet – zu explizieren, aber nicht so, daß es an einem Maßstab gemessen wird, der selbst wieder außerhalb des »Vertrauten« liegt. Gesellschaftskritik wäre dann die reflexive Erfahrung davon, wie Menschen auf eine Welt stoßen, die ihnen zustößt. »Interpretation« kann gelingen, wenn sie den Kontext mit einbezieht, in den etwa eine Beobachtung oder Mitteilung hineingehört. Es ist einleuchtend, daß ein solcher Kontext nicht aus einem formalen Kriterium wie gesellschaftliche Regel, allgemeingültige Norm, universelle Rationalität usw. bestehen kann. Denn der gesuchte Kontext, insofern er unser Tun und Lassen leitet, muß selbst konkret praktisch-lokal sein, das heißt, er ist nirgends anders zu finden als in unseren praktischen Erfahrungen. Gerade dieser Kontext ist entscheidend! Wir sind immer schon mitten in unserer Welt, wenn wir uns zu etwas in unserer Welt verhalten. Wenn wir unser gesellschaftliches Sein als konkretes Dasein in dieser Welt begreifen, dann sind Dasein, Kontext und Welt nicht voneinander zu trennen. Das Reden über »Subjekt«, »Objekt«, »Bewußtsein« und »Handlung« ist etwas Sekundäres und Abgeleitetes, insofern dieses theoretisierende Reden einen Menschen voraussetzt, der schon *da* ist in der Welt (bei den Mitmenschen und Dingen), die ihm bekannt und sprachlich bereits vertraut ist. Alles kommt hier nun an auf die *Begegnung* von Forscher resp. Gesellschaftskritiker und lebensweltlicher Erfahrung. Es ist die Begegnung von einem Vorverständnis oder Vorurteil von gesellschaftlichem, sozialem Leben und einer konkreten Praxis. Darin kommt nun nicht etwa eine Beziehung von Theorie (Ge-

setz/Regel) und Fall (Exempel) zum Tragen. Das konkrete Beispiel muß sich nicht als »Fall dieser Theorie« dieser Theorie anpassen und unterordnen. Umgekehrt: das Vorurteil muß sich am lebendigen Beispiel »messen«. Die Beispiele geben das Maß und die Reichweite einer Theorie an. Es verhält sich hier nicht anders als beim Hermeneutiker, dem ein Text vorgelegt wird. Er legt den Text aus, indem er ihn mit dem eigenen Vorurteil konfrontiert. Es geht dabei gar nicht »um eine Erkenntnis zum Zweck gegenständlichen Verfügens. Vielmehr heißt einen Text interpretieren primär: ein Einverständnis herstellen über das, was zwischen dem Autor und dem Interpreten in gemeinsamer Rede steht« (Buck u. a. 1969, S. 24). Der soziologische Interpret ist ja selbst Mitglied einer konkreten mitweltlichen Gemeinschaft, die er mit anderen teilt. Alle Mitglieder sind Zeugen dieser gemeinsamen Welt, deren Zeugenschaft nur in der Beschreibung sich selbst betreffender Umgangserfahrungen anderen erfahrbar wird. Auch wenn das vorgelegte Verhalten uns noch so fremd erscheinen mag, so muß es hermeneutisch doch primär in der Perspektive der *Zugehörigkeit* zu dieser Gemeinschaft ausgelegt werden. Die Interpretation beginnt mit dem, was schon vorliegt. Der Interpret muß dort beginnen, wo er mit seinem praktischen Urteilsvermögen schon steht. Er muß von dem Punkt ausgehen, an dem eine konkrete Gemeinschaft, der er selbst angehört, in zentralen Überzeugungen übereinstimmt. Soll Auslegung gelingen, so muß der Interpret sein Vorverständnis »hinsichtlich des in Rede Stehenden« vorbringen und an den Text heranführen – »ein Vorverständnis, das an einer geschichtlichen Ausgangssituation haftet« (Buck u. a. 1969, S. 25), insofern nämlich das Vorverständnis auf ein konkretes Erfahrungsleben zurückgeht. Der Interpret muß sich durch das ihm gegebene Beispiel etwas sagen lassen können. Er muß sogar bereit sein, sein Vor-Urteil durch einen neuen Fall radikal in Frage stellen zu lassen. Jeder Fall liegt anders. Erst die Reflexion dieser Andersheit nimmt den Fall in der Hinsicht, in der er vorgebracht wurde und gemeint ist. Das Vorverständnis des Interpreten hat lediglich den Status von *bewährten Erfahrungen*, die zu *vorläufigen Theorien* führen können. Eine solche Theorie ist nur gültig im Rahmen der Beispiele, aus dem sie gewonnen wurde.

Daß der Mensch der »Rede« und auch des »Textes« fähig ist, bedeutet, »daß er sich mit seinesgleichen teilt in die Welt in ihrer Ausgelegtheit«. Dies, wodurch der Mensch sich redend »bestimmt«, ist etwas, »worüber man sich in seiner Verständigkeit mitteilen kann« (MN, S. 60). Praxis stellt sich anderen hinreichend verstehbar dar, auch wenn das Texthandeln in seiner Artikulation stumm bleibt bezogen auf das Explizitmachen seines Sinns. Jedes Handeln vollzieht seinen Sinn praktisch-unmittelbar. Die dabei leitenden Konzeptionen müssen nicht als für-sich-gewußtes Wissen gegenwärtig sein. Es ist viel eher der Fall, daß man sich erst nachträglich über sie in Kenntnis setzen kann. Die *Darstellung einer Praxis* ist das, was einem in der Begegnung mit einem Text – diesen auslegend – widerfährt. Wenn wir die Unteilbarkeit von Praxis ernst nehmen, dann können wir in unserer Auslegung von Texten nicht Sinn, Zweck und Motiv des Handelns *als* vom Gesamtkontext isolierbare Bedingungen oder Funktionen von Handlungen fixieren. Jede »praktische« Handlungseinheit dient auch einem Gesamtziel. Schließlich soll das Leben als ganzes, nicht nur eine isolierte Handlung, gemeistert werden. »Das Gelingen des Lebens ist eben nicht Resultat einer *poiesis*, eines ›Machens‹, sondern ein Ganzes von *praxis*, von ›Tun‹ (...)« (Spaemann 1989, S. 40). Dem Menschen kommt es beim Handeln nicht so sehr auf das Erreichen eines handlungskonstituierenden Zwecks an, sondern auf das *richtige* Handeln. Für das richtige Handeln gibt es keine Regeln, die man lernen kann. Nur durch Erfahrung, das heißt Erprobung an vielen Einzelfällen, gewinnt man dieses Vermögen. Deswegen können auch enttäuschte Erwartungen, da man ein kurzfristig angepeiltes Ziel nicht erreicht, letztendlich nicht als vertane Zeit betrachtet werden, weil wir oftmals gerade im Mißerfolg wesentliche Erfahrungen machen und – wie wir vielleicht später selbst einsehen werden – tatsächlich etwas gelernt haben. »Das Gelingen des Lebens ist nicht einfach eine Funktion der Erreichung von Handlungszielen, sondern es verleiht den Handlungen selbst eine Bedeutung, die sie in der unmittelbaren Einstellung des Handelnden, in seiner direkten Intention zunächst gar nicht haben« (S. 41). Spaemann hat deshalb vorgeschlagen, nicht nach der Kausalität bzw. Rationalität von Zwekken zu forschen, da nicht darin ihre Wirkungsmächtigkeit liege, sondern auf die Finalität bzw. Teleologie der Zwecke zu achten, insofern sie nämlich menschlicher Praxis in ihrer Ausgerichtetheit auf ein gelingendes Leben zugehören (Spaemann 1974, S. 93 f.). Aber auch hier ist noch auf Simmel zu verweisen, daß zwar, was immer getan werden muß und soll, von irgend etwas Allgemeinem hergeleitet werden kann, daß jedoch »zuletzt oder zuerst *ich* es zu tun (habe)« (Simmel 1918, S. 222). Deshalb kommt das *konkrete Sollen* überhaupt nicht von einem äußeren oder von anderen aufgetragenen Zweck her. Denn: »Nicht von einem solchen, sondern *von uns aus* sollen wir« (S. 223; Hvhg. von mir). Für das Handeln gilt, als Vollzug einer solchen Handlungseinheit, daß es den Gesamtsinn, um dessentwillen man etwas tut oder unterläßt, ebenfalls zur Darstellung bringt. Nur von einem umfassenden Einsehen in die Praxis her, das den Blick auf das, *wessentwillen* wir praktisch etwas tun, einschließt, könnte eine vollständige Einsicht der Sinnhaftigkeit des Handelns möglich sein. Der praktische Sinn muß aber nicht gegenwärtig *gemeinter* Sinn sein, denn die jeweils leitende Konzeption gewinnt durch Bewußtheit nichts hinzu. Verstrickt in den Vollzug, vermag der Handelnde den ganzheitlichen leitenden Vorgriff auf die Hinsicht seines Tuns erst nachträglich zu reflektieren und zu explizieren. Nichtsdestoweniger stellt sich Praxis für jedes Verstehen dar. »Handeln als Handeln ist nämlich immer Darstellung seiner selbst, ist Darstellung eines in ihm leitenden Sinns, der nicht notwendigerweise auch bewußter, dem Handelnden gegenwärtiger Sinn ist« (Buck 1981, S. 528). *Handeln* und *Wissen* können nur in einem Lebenszusammenhang aufgesucht werden, der sich im Umgang mit Weltlichem (mit den Mitmenschen, den Dingen der nahen und fernen Umgebung, dem eigenen Selbst) ereignet und sich dem hermeneutischen Verstehen »ausdrücklich« darstellt. Das soziologische Verständnis von der sozialen Wirklichkeit als narrative Pragmatik oder etwas-mitteilende Umgangserfahrung hat darin schon einen methodologischen Griff vorweggenommen, insofern von einem sozialen Sachverhalt auf *verschiedene* Weise erzählt werden kann, er also nach *verschiedenen* Seiten hin ansprechbar ist. Diese soziologische Konzeption hat z.B. Gerd Vonderach in seiner geschichtenhermeneutischen Untersuchung zur Jugendarbeitslosigkeit gebraucht (vgl. Vonderach 1992). Dabei stehen sich jedoch Sachverhalt und Erzählung nicht gegenüber. Eine Sache tritt nämlich nur in unseren Horizont, insofern wir von ihr Kenntnis bekommen. Die Sache, um die es geht, ist immer schon Bestandteil unserer Erzählungen, in denen der Sachverhalt auf unsere vorgängige Orientierung in der Welt hingeordnet ist. Wenn wir erzählen, dann haben wir nicht zunächst ein Objekt in der Außenwelt mit Prädikaten versehen, dann noch diese Konstruktion auf die »Wirklichkeit« angewandt, um endlich auf »eine Sache« intentional uns beziehen zu können; sondern im Wahrnehmen, Erfahren und Sprechen haben wir schon unmittelbar mit den Sachen selbst zu tun. Soziologisch gibt es kein Zurück hinter unser aller Erfahrungsleben in der sprachlich erschlossenen Mitwelt. Das je Begegnende steht dem Handelnden nicht als »Objekt« gegenüber, sondern er erfährt es in spezifischer *Wechselwirkung* des Widerfahrens und des An- und Besprechens. In der Begegnung werden die Dinge aufgefaßt in bezug auf ihre Bedeutsamkeit für die Erfahrung selbst. Umgangserfahrung ist dann dasjenige praktische und »geschichtliche« Können, das unseren Umgang als antizipierendes Vorwissen leitet und das – bei enttäuschter Erwartung – als »neue« Erfahrung diesen Umgang beschließt, insofern man etwas aus der Begegnung gelernt hat und so weitergekommen ist. Es konnte weder ein Umgang, dem nicht schon irgendeine Erfahrung vorangegangen, noch eine Erfahrung, die nicht aus irgendeinem Umgang gewonnen wäre, entdeckt werden. Der Weg von der Umgangserfahrung zum Umgang und zur »neuen« Erfahrung als *Gang von Beispiel zu Beispiel* ist *epagogisch* strukturiert. *Vernunft* und *Rationalität* als methodisierte Voraussetzung einer erkenntnismäßigen Bestimmung von Erfahrungen können sich nur durch spezifische Reflexion auf System- und Strukturbildung, Konstruktion, Normierung und Schematisierung von Umgang und Umgangserfahrung als das Spätere und Nachgetragene gegenüber diesen primären Lebensprozessen einbringen.

Abschließend soll noch einmal danach gefragt werden, was die Antizipationen und Konzeptionen der Alltagserfahrung leisten. Sie sind gekonnte Griffe. Sie zeigen uns, wie etwas gemacht wird. Sie bewahren eine Fülle von Beispielen auf, was in bestimmten Situationen das Ratsame und Tunliche ist. Konzeptionen bewähren sich in Fällen der Praxis. Beispiele, die wir als Antizipationen »erinnern«, sind Anwendungsbeispiele, die mich darauf bringen, wie analog auch in dieser Siuation das »Richtige« und »Angemessene« zu tun ist. Was kann hier »allgemein« heißen? Etwas »Allgemeines« gibt es nur insofern, als sich eine Konzeption in einer Praxis vollzieht, die in einer bestimmten *Hinsicht* liegt. Und genau diese Hinsicht ist relevant für die Ähnlichkeit der Beispiele. »Allgemein« sind sie nämlich nur, insofern sie in einer bestimmten Richtung eine Parallele aufweisen. Die *Richtung* zu vermögen, ist Ziel und Leistung der Praxis. Im situativen Handeln vollzieht sich die Hinsicht einer praktischen Konzeption. Es wird hier aber nicht das viele Besondere zu *dem* einen Allgemeinen vermittelt, welches als allgemeine Prädikation schon im Bewußtsein vorliegt, wie es offensichtlich Husserl in »Erfahrung und Urteil« im Sinn hatte, als er z.B. vom »Gegenstand überhaupt« sprach (vgl. Husserl 1964). In der unmittelbaren Erfahrung finden wir aber nichts Entsprechendes. Was und wie etwas ist, ist es in den vielen Abwandlungen, in denen wir es kennen. Auch nur in diesem Sinne ist das Allgemeine konkret, insofern wir es nur in den vielen Beispielen kennen, in denen es für uns überhaupt auftauchen kann. Aber am Ende hat man (auch als Soziologe) nicht irgendwelche Strukturen bestimmt und aus Interesse an begrifflicher Bestimmung diese herausgestellt, sondern nur die konkreten Wendungen reflexiv wiederholt, in denen das Allgemeine überhaupt sichtbar wird.

Die Verbindungen oder Ordnungen, die wir als Ähnlichkeit zwischen den Einzelfällen entdecken, sind nicht als kognitiver Bestand soziologisch in Griff zu bekommen. Wir können uns diese Struktur nicht *an sich* vergegenwärtigen. Nur in der Situation, in der wir uns »konzeptionell« entschließen müssen, verstehen wir plötzlich die Verwandtschaft der Dinge untereinander. Ludwig Klages hat vom »Erlebnis der Ähnlichkeit« gesprochen, und was hier gemeint ist, hat Thomas Mann in der Begegnung von Lotte und August von Goethe (»Lotte in Weimar«) literarisch festgehalten: »Das genau vererbte Dunkelbraun dieser leicht ungehörigen Augen und ihr nahes Beisammenliegen war es, was – immer noch im Spielraum der Sekunden, in denen der junge Mann hereintrat, sich vorläufig verbeugte und sich ihr näherte – sie plötzlich empfänglich machte für Augusts Ähnlichkeit mit seinem Vater. Es war eine anerkannte Ähnlichkeit und so frappant wie im einzelnen schwer nachweisbar (...). Der abgewandelt-unzulängliche Versuch des Lebens, den sie vor sich sah, sich zu wiederholen und wieder obenauf in der Zeit, wieder Gegenwart zu sein (...)« (Mann 1986, S. 566). Damit hat Lotte gleichsam vom Vater zum Sohn oder vom Sohn zum Vater hin ein »wanderndes« und dabei »sich wandelndes« *konkretes* Bild vor Augen. Was sich dabei ähnlich bleibt und eher erfahren denn erkannt wird, kann man mit Fug und Recht Struktur nennen. Das Heraussehen einer konkreten Struktur aus dem verschiedenen Einzelnen durch das Zusam-

mensehen gegebener Ähnlichkeiten gelingt durch schöpferisch-produktive oder »anschauende Urteilskraft«, wie es Goethe einmal genannt hat. Ähnlich sind sich die Einzelfälle in einer *bestimmten* Richtung. Unter einem *besonderen* Blickwinkel läßt sich eine Struktur erkennen. Aber Lotte konnte in Gesicht und Haltung des August nur etwas wiedererkennen, da sie die Erfahrung vom Vater bereits gemacht hatte. Das Vermögen, in Gestalten eine »Struktur« wiederzuerkennen, gründet in den vielen einzelnen Erfahrungen, die wir machen und mit denen unser Wissen überhaupt nur anfängt. Das Lernen und Verstehen durch Einzelfälle vollzieht sich als Gang von Beispiel zu Beispiel.
Inwiefern besitzen wir mit der Erfahrung schon einen Vorgriff auf das Allgemeine? – Nur durch die Erfahrung selbst. Aber darin liegt noch kein Vorgriff auf eine analytische Subsumtion oder Klassifikation. Das Allgemeine ist für die Erfahrung immer das Allgemeine eines Besonderen, es ist als konkretes Allgemeines nicht auf etwas Gattungsmäßiges, auf das Allgemeine einer definitiven Sache überhaupt (z.B. Biographie, Lebenslauf schlechthin) zu abstrahieren. Das liefe auf ein allgemeines Strukturverständnis hinaus, dessen Prinzipien nicht aus den Sachverhalten entnommen sind. Man hat in der Erfahrung kein apriorisches Schema parat, mit dessen Hilfe Unbekanntes erkannt werden kann. Sondern in seinen Erwartungen ist man an Erfahrungen orientiert, die man nach Durchgang von Einzelfällen gewonnen hat. Man erkennt daraufhin in den Dingen, mit denen man es zu tun hat, ein »Schema« wieder, das einem beim Umgang weiterhilft. Die Authentizität unserer alltäglichen Mitwelt und der in ihr gemachten Erfahrungen würde geradezu unterlaufen werden, wollte man behaupten, jene beruhe auf der Deckung von Erwartung und Erfahrung. Gerade das Durchkreuzen unserer Erwartungen läßt uns immer wieder neu erfahren, nämlich auch uns selbst als historische »Wesen«.
Solche Modifikationen »erster« Erfahrungen können je nach Heftigkeit zu Diskontinuitäten und Destruktionen unserer Weltauffassung führen. Damit ist aber zugegeben, daß uns die Welt in ihrer sprachlichen Erschlossenheit als etwas Starres bekannt und gewußt ist. Ohne eine Ordnung des Vorher und Nachher, des Wahr und Falsch, des Hier und Dort usw. aufgrund vorgängiger Orientierung wüßten wir uns gar nicht in der Welt zurechtzufinden. Diese vertraute Ordnung im Sinne eines »starren Systems«

(Schapp) bedeutet aber nicht, daß wir immer davon ausgehen müßten, daß alles, was geordnet ist, auch durch universelle Regeln formalisiert werden kann. Das starre System und die vertraute Ordnung haben sich stets praktisch zu bewähren an unseren Erfahrungen mit immer wieder neuen Situationsherausforderungen. Im weiteren Umgang mit Menschen und Dingen zeigt sich dann, wie weit die Ordnung reicht. Ordnung heißt dann nicht, ein fixes und invariantes Verlaufsmuster des Handelns *an Regeln* gelernt zu haben, sondern in jeder Handlungssituation dem Handeln einen orientierenden und Wirklichkeit erschließenden Sinn geben zu können, der Anschluß findet an das mitgebrachte Vorverständnis. Die gemeisterten Situationen des Lebens vernetzen sich untereinander schließlich zur Lebenserfahrung und zu einem stabilen System, in dem alles, was wir von der Welt wissen, und auch wir selbst einen Platz haben. Dieses System ist dauerhaft, insofern es sich als *gebrauchs- und umgangsstabil* erweist. Gerade diese authentische Erfahrung unserer alltäglichen Lebenswelt, daß wir nicht mit der Deckung von Erwartung und Erfahrung rechnen können, bewahrt uns vor einem *geschlossenen* Ordnungs- und Systemverständnis. Sie unterläuft die theoretische Vorstellung, man könnte als Soziologe *vor* unsere Erfahrungen kommen. Geht man von einem System aus, in das man den Umgang in der Welt lükkenlos integrieren könnte, dann müßte man schon zugegeben haben, daß es eine Theorie der sozialen Welt im ganzen gibt. Man müßte die Welt aus einem einheitlichen Prinzip heraus erklären können. Man hätte ein oberstes Prinzip angesetzt, könnte aber die Frage, welches Prinzip das Systemsein der Welt prinzipiiere, nicht mehr sinnvoll beantworten. Statt dessen bin ich jedoch immer nur auf die Mannigfaltigkeit des umsichtigen Umgangs gestoßen, aus der sich auf kein einheitliches und umfassendes Prinzip schließen ließ. So habe ich, wie schon so viele andere auch, vorgeschlagen, bei den Phänomenen selbst zu beginnen und für diese ihre Prinzipien aufzusuchen.

Literatur

Apel, K.-O. (1966), »Wittgenstein und das Problem des hermeneutischen Verstehens«, in: *Zeitschrift für Theologie und Kirche*. Jg. 63, Heft 1, S. 49-87

Aristoteles (1957), Nikomachische Ethik, übersetzt, eingeleitet und kommentiert von Franz Dirlmeier, Frankfurt/M., Hamburg

Bachalard, Gaston (1987), Poetik des Raumes, Frankfurt/M.

Bellah, Robert/Madsen, Richard/Sullivan, William/Swidler, Ann/Tripton, Steven (1985), Habbits of the Heart. Individualism and Commitment in American Life, Berkeley

Binswanger, Ludwig (1955), Ausgewählte Vorträge und Aufsätze, Band II: Zur Problematik der psychiatrischen Forschung und zum Problem der Psychiatrie, Bern

Blumenberg, Hans (1986), Lebenszeit und Weltzeit, Frankfurt/M.

Böhler, Dietrich (1978), »Sprachkritische Rehabilitierung der Philosophischen Anthropologie. Wilhelm Kamlahs Ansatz im Licht rekonstruktiven Philosophierens«, in: J. Mittelstraß / M. Riedel (Hg.), *Vernünftiges Denken*, Berlin, New York, S. 342-373

– (1985), Rekonstruktive Pragmatik. Von der Bewußtseinsphilosophie zur Kommunikationsreflexion: Neubegründung der praktischen Wissenschaften, Frankfurt/M.

Bollnow, Otto F. (1942/43), »Hans Lipps. Ein Beitrag zur philosophischen Lage der Gegenwart«, in: *Blätter für deutsche Philosophie* 16, S. 293-323

– (1949), Das Verstehen. Drei Aufsätze zur Theorie der Geisteswissenschaften, Mainz

– (1963), Mensch und Raum, Stuttgart

– (1970), Philosophie der Erkenntnis. Das Vorverständnis und die Erfahrung des Neuen, Stuttgart u. a.

– (1972), »Was ist Erfahrung?«, in: Rolf E. Vente (Hg.), *Erfahrung und Erfahrungswissenschaft*, Stuttgart u. a., S. 19-29

– (1983), Studien zur Hermeneutik, Bd. II, Freiburg/München

– (1989), »Hans Lipps: Die menschliche Natur«, in: *Dilthey-Jahrbuch für Philosophie und Geschichte der Geisteswissenschaften*, hg. von Frithjof Rodi, Bd. 6, Göttingen, S. 99-126

Borst, Arno (1973), Lebensformen im Mittelalter, Frankfurt/M., Berlin

Bubner, Rüdiger (1982), Handlung, Sprache und Vernunft. Grundbegriffe praktischer Philosophie, Frankfurt/M.

Buck, Günther (1967), Kants Lehre vom Exempel. Archiv für Begriffsgeschichte, Band XI, Bonn, S. 148-183

– u. a. (1969), Wissenschaft, Bildung und pädagogische Wirklichkeit. Gefahren und Möglichkeiten des Menschen in der wissenschaftlich-technischen Welt, Heidenheim
– (1969), Lernen und Erfahrung. Zum Begriff der didaktischen Induktion, 2. Auflage, Stuttgart, Berlin, Köln, Mainz
– (1979), »Über die Identifizierung von Beispielen - Bemerkungen zur ›Theorie der Praxis‹«, in: O. Marquardt / K. Stierle (Hg.), *»Identität«*, München, S. 61-81
– (1981), »Von der Texthermeneutik zur Handlungshermeneutik«, in: M. Fuhrmann u. a. (Hg.), *Text und Applikation*, München
– (1989), Lernen und Erfahrung – Epagogik: zum Begriff der didaktischen Induktion, 3., um einen 3. Teil erw. Auflage, Darmstadt
Buytendijk, Frederik J. J. (1959), »Zur Phänomenologie der Begegnung«, in: ders., *Das Menschliche. Wege zu seinem Verständnis*, Stuttgart, S. 60-100
von Busse, Evamaria (1954), Nachwort. Hans Lipps. Die Wirklichkeit des Menschen, Frankfurt/M.
Claessens, Dieter (1980), Das Konkrete und das Abstrakte. Soziologische Skizzen zur Anthropologie, Frankfurt/M.
Collingwood, Robin George (1955 a), Philosophie der Geschichte, Stuttgart
– (1955 b), Denken. Eine Autobiographie, Stuttgart
Davidson, Donald (1991), »Subjektiv, Intersubjektiv, Objektiv«, in: *MERKUR. Deutsche Zeitschrift für europäisches Denken*, 45. Jg., Heft 11, S. 999-1014
Dreyfus, Hubert L. (1985), Die Grenzen künstlicher Intelligenz. Was Computer nicht können, Königstein/Taunus
Durth, Werner/Gutschow, Niels (1987), Architektur und Städtebau der fünfziger Jahre, Bonn
Esser, Hartmut (1991), »Die Rationalität des Alltagshandelns. Eine Rekonstruktion der Handlungstheorie von Alfred Schütz«, in: *Zeitschrift für Soziologie*, Jg. 20, Heft 6, S. 430-445
(Autorenkollektiv) (1989), Etymologisches Wörterbuch des Deutschen, Berlin
Fischer-Rosenthal, Wolfram (1990), »Diesseits von Mikro und Makro. Phänomenologische Soziologie im Vorfeld einer forschungspolitischen Differenz«, in: *Österreichische Zeitschrift für Soziologie*, Heft 3, S. 21-34
Gadamer, Hans-Georg (1930), Praktisches Wissen, Gesammelte Werke, Bd. 5: Griechische Philosophie I, Tübingen 1985
– (1986), Wahrheit und Methode. Grundzüge einer philosophischen Hermeneutik, Gesammelte Werke, Bd. 1, Tübingen
– (1976), »Vorwort«, in: *Hans Lipps, Werke*, Bd. 1, Frankfurt/M., S. VII-XI
– (1988), »Edmund Husserl«, in: H. R. Hepp (Hg.), *Edmund Husserl und die phänomenologische Bewegung*, Freiburg, München

– (1990), »Die Gegenwart der sokratischen Frage in Aristoteles«, in: K.-O. Apel (Hg.), *Zur Rekonstruktion der praktischen Philosophie. Gedenkschrift für K.-H.Ilting*, Stuttgart, Bad-Cannstatt, S. 17-25
Gehlen, Arnold (1940), Der Mensch. Seine Natur und seine Stellung in der Welt, 13. Auflage, Wiesbaden 1986
– (1961), Anthropologische Forschung. Zur Selbstbegegnung und Selbstentdeckung des Menschen, Reinbek bei Hamburg
Gethmann, Carl Friedrich (1974), Verstehen und Auslegung. Das Methodenproblem in der Philosophie Martin Heideggers, Bonn
– (1988), »Heideggers Konzeption des Handelns in *Sein und Zeit*«, in: A. Gethmann-Siefert/O.Pöggeler (Hg.), *Heidegger und die praktische Philosophie*, Frankfurt/M., S. 140-176
Giddens, Anthony (1984), Interpretative Soziologie. Eine kritische Einführung, Frankfurt/M., New York
– (1988), Die Konstitution der Gesellschaft. Grundzüge einer Theorie der Strukturierung. Mit einer Einführung von Hans Joas. Frankfurt/M., New York
Görtz, Heinz-Jürgen (1986), »Erzählen vom Unsagbaren«, in: *Philosophisches Jahrbuch*, 93. Jg., S. 301-317
Grathoff, Richard (1989), Milieu und Lebenswelt. Einführung in die phänomenologische Soziologie und die sozialphänomenologische Forschung, Frankfurt/M.
Grondin, Jean (1991), Einführung in die philosophische Hermeneutik, Darmstadt
Habermas, Jürgen (1981), Theorie des kommunikativen Handelns, Band 1 u. 2, Frankfurt/M.
– (1982), Zur Logik der Sozialwissenschaften, 5., erweiterte Auflage, Frankfurt/M.
Haferkamp, Hans (1975), Soziologie als Handlungstheorie, Opladen
Hahn, Achim (1988), Die Konstitution sozialer Lebensformen. Der Beitrag einer »interpretativen« Soziologie zum Verständnis »regionaler« Sozialgebilde, Frankfurt/M., Bern, New York, Paris
– (1993), »›Statt der Intentionalität ... haben wir tatsächlich nur den konkreten Umgang mit den Dingen‹ – Ein soziologischer Annäherungsversuch an die verschollene Hermeneutik des Hans Lipps«, in: T. Jung/S. Müller-Doohm (Hg.), *»Wirklichkeit« im Deutungsprozeß. Verstehen und Methoden in den Kultur- und Sozialwissenschaften*, Frankfurt/M., S. 70-91
– /Reuter, Friedrich/Vonderach, Gerd (1987), Fremdenverkehr in der dörflichen Lebensumwelt. Zum sozialen Wandel in einem Sielhafenort, Frankfurt/M., New York
Hegel, Georg Wilhelm Friedrich (1970), Vorlesungen über die Ästhetik II, Theorie-Werkausgabe, Werke 14, Frankfurt/M.

Heidegger, Martin (1921/22), Phänomenologische Interpretationen zu Aristoteles. Einführung in die phänomenologische Forschung, Werke Band 61/1985, Frankfurt/M.
– (1922), »Phänomenologische Interpretationen zu Aristoteles (Anzeige der hermeneutischen Situation)«, hg. von H.-U. Lessing, in: *Dilthey-Jahrbuch für Philosophie und Geschichte der Geisteswissenschaften*, hg. von Frithjof Rodi, Bd. 6, Göttingen 1989, S. 235-269
– (1925), Prolegomena zur Geschichte des Zeitbegriffs, Werke Band 20/1988, Frankfurt/M.
– (1950), Die Zeit des Weltbildes. Holzwege, 6. Auflage 1980, Frankfurt/M.
– (1954), Bauen Wohnen Denken. Vorträge und Aufsätze, Pfullingen
– (1939), Vom Wesen und Begriff der Physis. Wegmarken, Werke Band 9/1976, Frankfurt/M.
– (1984), Sein und Zeit, Tübingen
– (1962), Die Frage nach dem Ding, 3. Auflage 1987, Tübingen
– (1989), Beiträge zur Philosophie. (Vom Ereignis), Werke Band 65, Frankfurt/M.
Hennis, Wilhelm (1987), Max Webers Fragestellung. Studien zur Biographie des Werks, Tübingen
Herlyn, Ingrid/Herlyn, Ulfert (1983), Wohnverhältnisse in der Bundesrepublik, Frankfurt/M., New York
Herlyn, Ulfert (1970), Wohnen im Hochhaus. Eine empirisch-soziologische Untersuchung in ausgewählten Hochhäusern der Städte München, Stuttgart, Hamburg und Wolfsburg, Stuttgart, Bern
Höffe, Otfried (1979), »Sittliches Handeln: Ein ethischer Problemaufriß«, in: H. Lenk (Hg.), *Handlungstheorien – interdisziplinär* II, Zweiter Halbband, München, S. 617-641
– (1982), »Philosophische Handlungstheorie als Ethik«, in: H. Poser (Hg.), *Philosophische Probleme der Handlungstheorie*, Freiburg, München, S. 233-261
Husserl, Edmund (1964), Erfahrung und Urteil, hg. von Ludwig Landgrebe, Hamburg
Joas, Hans (1988), »Einführung. Eine soziologische Transformation der Praxisphilosophie – Giddens' Theorie der Strukturierung«, in: Giddens (1988), a.a.O., S. 9-23
Kambartel, Friedrich (1968), Erfahrung und Struktur. Bausteine zu einer Kritik des Empirismus und Formalismus, Frankfurt/M.
Kamlah, Wilhelm (1949), Der Mensch in der Profanität. Versuch einer Kritik der profanen durch vernehmende Vernunft, Stuttgart
– (1973), Philosophische Anthropologie. Sprachkritische Grundlegung und Ethik, Mannheim
– /Lorenzen, Paul (1967): Logische Propädeutik. Vorschule des vernünftigen Redens, Mannheim

Kant, Immanuel (1956), Kritik der reinen Vernunft, nach der ersten und zweiten Original-Ausgabe neu herausgegeben von Raymund Schmidt, Hamburg

Kato, Morimichi (1987), »Aristoteles über den Ursprung wissenschaftlicher Erkenntnis«, in: *PHRONESIS. A Journal for ancient Philosophy*, Volume XXXII, S. 188-205

Kerényi, Karl (1951), Die Mythologie der Griechen, Zürich

Kluge, Friedrich (1963), Etymologisches Wörterbuch der deutschen Sprache, 19. Auflage, Berlin

König, Josef (1926), Der Begriff der Intuition, Halle/Saale

Landgrebe, Ludwig (1956), »Das Problem der ursprünglichen Erfahrung im Werke von Hans Lipps«, in: *Philosophische Rundschau* 3/4, S. 166-182

– (1958), Philosophie der Gegenwart, West-Berlin

– (1971), Der Weg der Phänomenologie, Gütersloh

Lerup, Lars (1986), Das Unfertige bauen. Architektur und menschliches Handeln, Braunschweig, Wiesbaden

zur Lippe, Rudolf (1987), Sinnenbewußtsein. Grundlegung einer anthropologischen Ästhetik, Reinbek bei Hamburg

Lipps, Hans (PdE I, 1927), Untersuchungen zur Phänomenologie der Erkenntnis, 1. Teil: Das Ding und seine Eigenschaften, Werke, Bd. I, Frankfurt/M. 1976

– (PdE II, 1928), Untersuchungen zur Phänomenologie der Erkenntnis, 2. Teil: Aussage und Urteil, Werke, Bd. I, Frankfurt/M. 1976

– (HL, 1938), Untersuchungen zu einer hermeneutischen Logik, Werke, Bd. II, Frankfurt/M. 1976

– (MN, 1941), Die menschliche Natur, Werke, Bd. III, Frankfurt/M. 1977

– (VdS, 1944), Die Verbindlichkeit der Sprache, Werke, Bd. IV, Frankfurt/M. 1977

– (WdM, 1954), Die Wirklichkeit des Menschen, Werke, Bd. V, Frankfurt/M. 1977

Lübbe, Hermann (1954), »Critische Studie. Das Ende des phänomenologischen Platonismus«, in: *Tijdschrift voor Philosophie*, 16. Jg., Nr. 4., Utrecht, S. 639-666

– (1978), »Was aus Handlungen Geschichten macht: Handlungsinterferenz; Heterogonie der Zwecke; Widerfahrnis; Handlungsgemengelagen; Zufall«, in: J. Mittelstraß/M. Riedel (Hg.), *Vernünftiges Denken*, Berlin, New York, S. 237-250

Luhmann, Niklas (1984), Soziale Systeme. Grundriß einer allgemeinen Theorie, 2. Auflage, Frankfurt/M.

MacIntyre, Alasdair (1987), Der Verlust der Tugend. Zur moralischen Krise der Gegenwart, Frankfurt/M., New York

Mackenroth, Gerhard (1952), Sinn und Ausdruck in der sozialen Formenwelt, Meisenheim/Glan

Mackensen, Rainer u. a. (1959), Daseinsformen der Großstadt, Tübingen

Mackensen, Rainer (1992), »Struktur- und Handlungstheorie im Grenzbereich von Wirtschaftswissenschaft und Soziologie«, in: *Berichte, Forschungsinstitut der Internationalen Wissenschaftlichen Vereinigung Weltwirtschaft und Weltpolitik* (IWVWW), Berlin, August 1992, S. 78-97

Mann, Thomas (1986), Lotte in Weimar, 1. Auflage 1939, Frankfurt/M.

Misch, Georg (1949), Geschichte der Autobiographie. Einleitung, Erster Band, erste Hälfte, 3. Auflage, Frankfurt/M.

Noack, Hermann (1962), Die Philosophie Westeuropas im zwanzigsten Jahrhundert, Darmstadt

Nordenstam, Tore (1986), »Ethische Kompetenz in pragmatischer Sicht«, in: D. Böhler/T. Nordenstam/G. Skirbekk (Hg.), *Die pragmatische Wende. Sprachspielpragmatik oder Transzendentalpragmatik?* Frankfurt/M., S. 202-217

– (1986), »Wohlvertrautheit – Gewißheit – kritische Reflexion. Bemerkungen zur Pragmatik-Diskussion«, in: D. Böhler/T. Nordenstam/G. Skirbekk (Hg.), *Die pragmatische Wende. Sprachspielpragmatik oder Transzendentalpragmatik?* Frankfurt/M., S. 321-333

Nusser, Karl-Heinz (1986), Kausale Prozesse und sinnerfassende Vernunft, Freiburg, München

Oevermann, Ulrich (1983), »Zur Sache. Die Bedeutung von Adornos methodologischem Selbstverständnis für die Begründung einer materialen soziologischen Strukturanalyse«, in: L. v. Friedeburg/J. Habermas (Hg.), *Adorno-Konferenz*, Frankfurt/M., S. 234-289

Oevermann, Ulrich (1986), »Kontroversen über sinnverstehende Soziologie. Einige wiederkehrende Probleme und Mißverständnisse in der Rezeption der ›objektiven Hermeneutik‹«, in: S. Aufenanger/M. Leussen (Hg.), *Handlung und Sinnstruktur. Bedeutung und Anwendung der objektiven Hermeneutik,* München, S. 19-83

Peiniger, Enrique (1991), Interpretative Soziologie im Wohnumfeld. Eine architektursoziologische Untersuchung in Britz-Süd, Materialien zur Architektur- und Planungssoziologie, Heft 4, TU-Berlin, Institut für Soziologie, hg. von H. Bodenschatz und A. Hahn

Picht, Georg (1987), Aristoteles' ›De Anima‹. Vorlesungen und Schriften, hg. von C. Eisenbart, Stuttgart

Plessner, Helmuth (1982), Mit anderen Augen. Aspekte einer philosophischen Anthropologie, Stuttgart

Pleines, Jürgen-Eckardt (1970), »G. Buck, Lernen und Erfahrung«, in: *Philosophische Rundschau*, 17. Jg., S. 225-233

Popper, Karl R. (1966), Logik der Forschung, Tübingen

Rentsch, Thomas (1985), Heidegger und Wittgenstein. Existenzial- und Sprachanalysen zu den Grundlagen philosophischer Anthropologie, Stuttgart

Rorty, Richard (1981), Der Spiegel der Natur. Eine Kritik der Philosophie, Frankfurt/M.

– (1991), Kontingenz, Ironie und Solidarität, Frankfurt/M.
Rosenzweig, Franz (1984), Der Mensch und sein Werk. Gesammelte Schriften 3, Zweistromland, Dordrecht
Rossvaer, Viggo (1986), »Transzendentalpragmatik, transzendentale Hermeneutik und die Möglichkeit, Auschwitz zu verstehen«, in: D. Böhler/T. Nordenstam/G. Skirbekk (Hg.), *Die pragmatische Wende. Sprachspielpragmatik oder Transzendentalpragmatik?* Frankfurt/M., S. 187-201
Rothacker, Erich (1930), Geschichtsphilosophie. Handbuch der Philosophie, hg. von Bauemler und Schröter, Bd. IV
– (1954), »Die Wirkung des Kunstwerks«, in: *Jahrbuch für Ästhetik und allgemeine Kunstwissenschaft II*, Wiederabdruck in: Rothacker, Erich, Zur Genealogie des menschlichen Bewußtseins, Bonn 1966
– (1966), Philosophische Anthropologie, Bonn
Schapp, Wilhelm (BPW, 1910), Beiträge zur Phänomenologie der Wahrnehmung, Halle
– (IGv, 1953), In Geschichten verstrickt. Zum Sein von Mensch und Ding, 3. Auflage 1985, Frankfurt/M.
– (PdG, 1959), Philosophie der Geschichten, Leer
– (WiG, 1965), Wissen in Geschichten. Metaphysik der Naturwissenschaft, Den Haag
Schmidt, Ernst A. (1970), »Sind die aristotelischen Ethiken praktizierte Phronesis?«, in: *Philosophische Rundschau*, 17. Jg., S. 249-265
Schmidt, Werner (1974), Theorie der Induktion. Die prinzipielle Bedeutung der Epagogé bei Aristoteles. Humanistische Bibliothek, hg. von Ernesto Grassi, Reihe 1: Abhandlungen, Band 12, München
Schütz, Alfred (1932), Der sinnhafte Aufbau der sozialen Welt. Eine Einleitung in die verstehende Soziologie, 2. Auflage 1981, Frankfurt/M.
– (1945), »Über die mannigfaltigen Wirklichkeiten«, in: *Gesammelte Aufsätze, Band 1*, Den Haag 1971
– (1953), »Wissenschaftliche Interpretation und Alltagsverständnis menschlichen Handelns«, in: *Gesammelte Aufsätze, Band 1.*
Schulte, Joachim (1989), Wittgenstein. Eine Einführung, Stuttgart
– (1990), Chor und Gesetz. Wittgenstein im Kontext, Frankfurt/M.
Seel, Martin (1991), »Die Wiederkehr der Ethik des guten Lebens«, in: *MERKUR. Deutsche Zeitschrift für europäisches Denken*, 45. Jg., Heft 1, S. 42-49
Simmel, Georg (1918), Lebensanschauung. Vier metaphysische Kapitel, München, Leipzig
– (1923), Die Probleme der Geschichtsphilosophie, München, Leipzig
– (1903), »Soziologie des Raumes«, in: *Georg Simmel, Schriften zur Soziologie. Eine Auswahl*, hg. von H.-J. Dahme/O. Rammstedt, Frankfurt/M. 1983, S. 221-242

– (1909), »Brücke und Tür«, in: *Das Individuum und die Freiheit, Essais*, Berlin 1984, S. 7-11

Spaemann, Robert (1974), »Der Verzicht auf Teleologie«, in: R. Vente (Hg.), *Erfahrung und Erfahrungswissenschaften*, Stuttgart u. a., S. 90-95

– (1989), Glück und Wohlwollen. Versuch über Ethik, Stuttgart

Srubar, Ilja (1992), »Grenzen des ›Rational-Choice‹-Ansatzes«, in: *Zeitschrift für Soziologie*, Jg. 21, Heft 3, S. 157-165

Stegmüller, Wolfgang (1975), Hauptströmungen der Gegenwarts-Philosophie. Eine kritische Einführung, Band II, Stuttgart

Stenzel, Julius (1925), »Sinn, Bedeutung, Begriff, Definition. Ein Beitrag zur Frage der Sprachmelodie«, in: *Jahrbuch für Philologie*, 1. Band, S. 160-201

– (1934), Philosophie der Sprache, München, Berlin

Stierle, Karlheinz (1975), Text als Handlung. Perspektiven einer systematischen Literaturwissenschaft, München

Strasser, Stephan (1964), Phänomenologie und Erfahrungswissenschaft vom Menschen. Grundgedanken zu einem neuen Ideal der Wissenschaftlichkeit, Berlin

Szilasi, Wilhelm (1945), Wissenschaft als Philosophie, Zürich

– (1946), Macht und Ohnmacht des Geistes, Bern

– (1959), Einführung in die Phänomenologie Edmund Husserls, Tübingen

– (1961), Philosophie und Naturwissenschaft, Bern

Twenhöfel, Ralf (1985), Handeln, Verhalten und Verstehen. Eine Kritik der verstehenden Soziologie Max Webers und Alfred Schütz', Königstein/Taunus

Vonderach, Gerd/Siebers, Ruth/Ulrich Barr (1992), Arbeitslosigkeit und Lebensgeschichte. Eine empirische Untersuchung unter jungen Langzeitarbeitslosen, Opladen

Vonderach, Gerd (1993), »Geschichtenhermeneutische Fallanalyse und typisierende Fallreihenbildung am Beispiel der lebensgeschichtlichen Bewältigung von Arbeitslosigkeit«, in: T. Jung/S. Müller-Doohm (Hg.), *»Wirklichkeit« im Deutungsprozeß. Verstehen und Methoden in den Kultur- und Sozialwissenschaften*, Frankfurt/M., S. 358-378

Vossenkuhl, Wilhelm (1982), »Zur rationalen Erklärung sozialen Handelns«, in: H. Poser (Hg.), *Philosophische Probleme der Handlungstheorie*, Freiburg, München, S. 285-326

Wagner, Friedrich (1964), Die Wissenschaft und die gefährdete Welt. Eine Wissenschaftssoziologie der Atomphysik, München

Walzer, Michael (1990), »Zwei Arten des Universalismus«, in: *BABYLON. Beiträge zur jüdischen Gegenwart*, Heft 7, S. 7-25

Weber, Max (1988), Gesammelte Aufsätze zur Wissenschaftslehre, Tübingen

– (1980), Wirtschaft und Gesellschaft, Tübingen

Wieland, Wolfgang (1962), Die aristotelische Physik. Untersuchungen über die Grundlagen der Naturwissenschaft und die sprachlichen Bedingungen der Prinzipienforschung bei Aristoteles, Göttingen
– (1972), »Praktische Philosophie und Wissenschaftstheorie«, in: M. Riedel (Hg.), *Rehabilitierung der praktischen Philosophie*, Band 1, Freiburg, S. 505-534
– (1982), Platon und die Formen des Wissens, Göttingen
– (1989), Aporien der praktischen Vernunft, Frankfurt/M.
Wittgenstein, Ludwig (1982), Philosophische Untersuchungen, Frankfurt/M.
– (1984), Bemerkungen über die Farben. Über Gewißheit. Zettel. Vermischte Bemerkungen, Werkausgabe Band 8, Frankfurt/M.
von Wright, Georg Henrik (1986), Wittgenstein, Frankfurt/M.
Zimmermann, Jörg (1975), Wittgensteins sprachphilosophische Hermeneutik, Frankfurt/M.

Namenregister

suhrkamp taschenbücher wissenschaft
Soziologie, Theorie der Gesellschaft

Adorno: Einleitung in die Musiksoziologie. stw 142
– Prismen. stw 178
– Soziologische Schriften I. stw 306
Assmann/Hölscher (Hg.): Kultur und Gedächtnis. stw 724
Baecker: Womit handeln Banken? stw 946
Beck/Bonß (Hg.): Weder Sozialtechnologie noch Aufklärung? stw 715
Bendix: Freiheit und historisches Schicksal. stw 390
– Könige oder Volk. stw 338
Berg/Fuchs (Hg.): Kultur, soziale Praxis, Text. stw 1051
Bertram (Hg.): Gesellschaftlicher Zwang und moralische Autonomie. stw 450
Bonß/Honneth (Hg.): Sozialforschung als Kritik. stw 400
Bourdieu: Entwurf einer Theorie der Praxis. stw 291
– Die feinen Unterschiede. stw 658
– Homo academicus. stw 1002
– Sozialer Raum und »Klassen«. Leçon sur la leçon. stw 500
– Zur Soziologie der symbolischen Formen. stw 107
– *siehe auch Eder*
– *siehe auch Gebauer/Wulf*
Bourdieu u. a.: Eine illegitime Kunst. stw 441
Brandt: Arbeit, Technik und gesellschaftliche Entwicklung. stw 780
Bude: Bilanz der Nachfolge. stw 1020
Cicourel: Methode und Messung in der Soziologie. stw 99
Claessens: Kapitalismus und demokratische Kultur. stw 1041
Coulmas: Die Wirtschaft mit der Sprache. stw 977
Cremerius (Hg.): Die Rezeption der Psychoanalyse in der Soziologie, Psychologie und Theologie im deutschsprachigen Raum bis 1940. stw 296
Dahme: *siehe Simmel*
Duby: Ritter, Frau und Priester. stw 735
Durkheim: Erziehung, Moral und Gesellschaft. stw 487
– Die Regeln der soziologischen Methode. stw 464
– Der Selbstmord. stw 431
– Soziologie und Philosophie. stw 176
– Über soziale Arbeitsteilung. stw 1005
Dux: Die Logik der Weltbilder. stw 370
– Die Zeit in der Geschichte. stw 1025
Edelstein/Habermas (Hg.): Soziale Interaktion und soziales Verstehen. stw 446
Edelstein/Keller (Hg.): Perspektivität und Interpretation. stw 364
Edelstein/Nunner-Winkler (Hg.): Zur Bestimmung der Moral. stw 628

205/1/8.92

suhrkamp taschenbücher wissenschaft
Soziologie, Theorie der Gesellschaft

Eder: Die Entstehung staatlich organisierter Gesellschaften. stw 332
– Geschichte als Lernprozeß ? stw 941
– Die Vergesellschaftung der Natur. stw 714
Eder (Hg.): Klassenlage, Lebensstil und kulturelle Praxis. stw 767
Eisenstadt: Die Transformation der israelischen Gesellschaft. stw 1009
Eisenstadt (Hg.): Kulturen der Achsenzeit. 2 Bde. stw 653
– Kulturen der Achsenzeit II. stw 930
Elias: Engagement und Distanzierung. stw 651
– Die Gesellschaft der Individuen. stw 974
– Die höfische Gesellschaft. stw 423
– Studien über die Deutschen. stw 1008
– Über den Prozeß der Zivilisation. 2 Bde. stw 158/159
– Über die Zeit. stw 756
Korte (Hg.): Gesellschaftliche Prozesse und individuelle Praxis. Bochumer Vorlesungen zu Norbert Elias' Zivilisationstheorie. stw 894
Evers/Nowotny: Über den Umgang mit Unsicherheit. stw 672
Fend: Sozialgeschichte des Aufwachsens. stw 693
v. Friedeburg: Bildungsreform in Deutschland. stw 1015
Frisby: Georg Simmel. stw 926
Fromm: Die Gesellschaft als Gegenstand der Psychoanalyse. stw 1054
Garz (Hg.): Die Welt als Text. stw 1031
Gebauer/Wulf (Hg.): Praxis und Ästhetik. Neue Perspektiven im Denken Pierre Bourdieus. stw 1059
Gerhardt: Gesellschaft und Gesundheit. stw 970
Gerhardt/Schütze (Hg.): Frauensituation. stw 726
Geulen: Das vergesellschaftete Subjekt. stw 586
Geulen (Hg.): Perspektivenübernahme und soziales Handeln. stw 348
Giddens: Die Klassenstruktur fortgeschrittener Gesellschaften. stw 452
Giegel (Hg.): Kommunikation und Konsens in modernen Gesellschaften. stw 1019
Giesen: Die Entdinglichung des Sozialen. stw 908
Giesen (Hg.): Nationale und kulturelle Identität. stw 940
Goffman: Das Individuum im öffentlichen Austausch. stw 396
– Interaktionsrituale. stw 594
– Rahmen-Analyse. stw 329
– Stigma. stw 140
Goldmann: Soziologie des Romans. stw 470
– Der verborgene Gott. stw 491
Goudsblom: Soziologie auf der Waagschale. stw 223

205/2/8.92

suhrkamp taschenbücher wissenschaft
Soziologie, Theorie der Gesellschaft

Greiffenhagen: Das Dilemma des Konservatismus in Deutschland. stw 634

Groethuysen: Die Entstehung der bürgerlichen Welt- und Lebensanschauung in Frankreich. 2 Bde. stw 256

Groh: Anthropologische Dimensionen der Geschichte. stw 992

Habermas: Strukturwandel der Öffentlichkeit. stw 891

– Zur Logik der Sozialwissenschaften. stw 517

– Zur Rekonstruktion des Historischen Materialismus. stw 154

– *siehe auch Edelstein/Habermas*

– *siehe auch Honneth/Joas*

Haferkamp (Hg.): Sozialstruktur und Kultur. stw 793

Haferkamp/Schmid (Hg.): Sinn, Kommunikation und soziale Differenzierung. Beiträge zu Luhmanns Theorie sozialer Systeme. stw 667

Hahn/Kapp (Hg.): Selbstthematisierung und Selbstzeugnis: Bekenntnis und Geständnis. stw 643

Halbwachs: Das Gedächtnis und seine sozialen Bedingungen. stw 538

Haupert/Schäfer: Jugend zwischen Kreuz und Hakenkreuz. stw 952

Hausen/Nowotny (Hg.): Wie männlich ist die Wissenschaft? stw 590

Heinsohn: Privateigentum, Patriarchat, Geldwirtschaft. stw 455

Hirschauer: Die soziale Konstruktion der Transsexualität. stw 1045

Hörning/Gerhard/Michailow: Zeitpioniere. stw 909

Honig: Verhäuslichte Gewalt. stw 857

Honneth: Kritik der Macht. stw 738

Honneth/Joas (Hg.): Kommunikatives Handeln. Beiträge zu Jürgen Habermas' »Theorie des kommunikativen Handelns«. stw 625

Institut für Sozialforschung (Hg.): Kritik und Utopie im Werk von Herbert Marcuse. stw 1037

Jäger (Hg.): Kriminologie im Strafprozeß. stw 309

Jaeggi: Theoretische Praxis. stw 149

Joas: Pragmatismus und Gesellschaftstheorie. stw 1018

– Praktische Intersubjektivität. stw 765

Joas (Hg.): Das Problem der Intersubjektivität. stw 573

Joas/Steiner (Hg.): Machtpolitischer Realismus und pazifistische Utopie. stw 792

Joerges (Hg.): Technik im Alltag. stw 755

Jokisch (Hg.): Techniksoziologie. stw 379

Jung/Müller-Doohm (Hg.): Wirklichkeit im Deutungsprozeß. stw 1048

Kempski: Schriften 1-3. stw 922- 924

205/3/8.92

205/4/8.92

205/5/8.92

205/6/8.92